창업가를 위한

재무로드맵

성공적인 비즈니스의 시작

Essential Financial Skills for ENTREPRENEURS

김동한 • 심형섭 공저

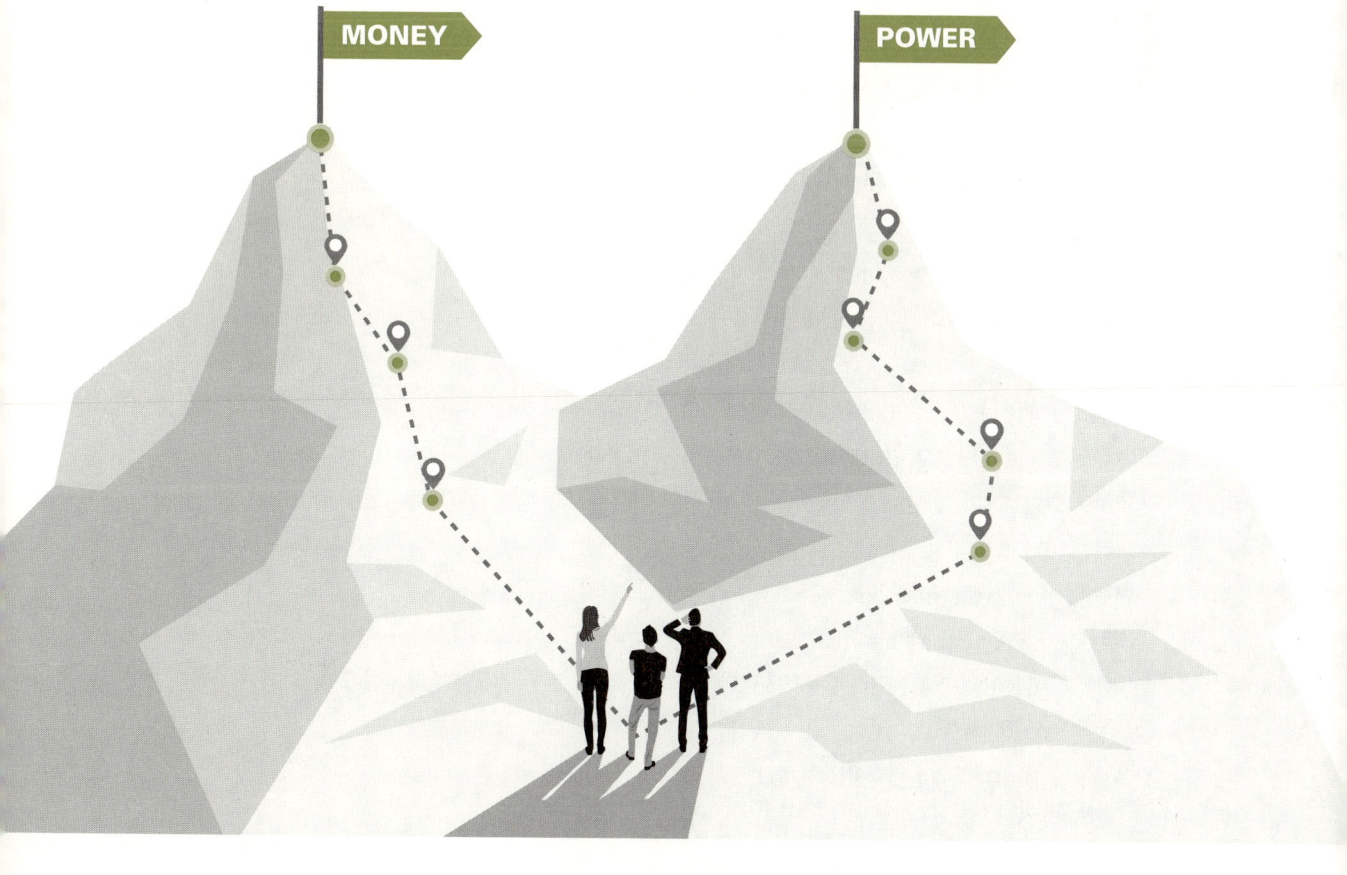

한 경 사

창업가를 위한 재무 로드맵

— 성공적인 비즈니스의 시작

저자	김동한 • 심형섭
발행일	2025년 1월 20일 1쇄
발행처	**한경사**
발행인	이계남
등록사항	제10-1951호 2000년 4월 14일
주소	서울시 마포구 신수로 59-1 (3층)
전화번호	02_717_7264~5
팩스번호	02_717_7226
홈페이지	hankyungsa.co.kr
전자우편	hankyungsa@hanmail.net
ISBN	978-89-6844-510-1 (93320)
가격	35,000원

머리말

김동한(金東漢)
現 법무법인 지평 고문
現 가천대학교 경영학부 겸임교수
現 (주)VF21대표이사(경영컨설팅)
現 범부처 평가위원 후보단(국가연구개발과제 평가위원)
現 한국벤처창업학회 이사
前 신기술금융회사 대표이사(Axis Investment)
前 신한투자증권
가천대학교 경영학 박사(재무관리)
서강대학교 경제학 석사(금융경제)

오늘날 우리는 격변의 시기를 맞이하고 있다. 한국 경제는 코로나19 팬데믹 이후 많은 기업들이 직면한 어려움 속에서 회복을 모색하고 있으며, 글로벌 경제는 고금리와 급변하는 경영 환경으로 인해 더욱 복잡해지고 있다. 이러한 상황 속에서 창업은 새로운 기회를 제공할 수 있지만, 동시에 많은 도전과 위험을 동반한다. 특히, 많은 예비 창업자들은 경제적 불확실성과 자금 조달의 어려움으로 인해 자신의 아이디어를 실현하는 데 어려움을 겪고 있다.

저자는 24년간 증권회사에서 자본시장 경력을 쌓아왔으며, 신기술금융회사의 대표이사로서 많은 중소중견기업을 심사하고 투자했던 경험을 가지고 있다. 이러한 실무 경험을 통해 창업자들이 직면하는 다양한 문제를 깊이 이해하게 되었고, 그 과정에서 얻은 인사이트를 정리할 필요성이 있다고 생각했다. 또한, 대학에서 재무를 가르치면서 실무와 이론을 바탕으로 창업에서 재무의 중요성을 심도 있게 다루게 되었고, 이를 통해 예비 창업가들에게 실질적이고 유익한 노하우를 전달하자고 마음먹은 것이 이 책을 집필하게 된 계기가 되었다. 이러한 맥락에서 이 책은 창업 준비 과정에서 궁금증을 해소하고, 실패율이 높은 창업에서 보다 많은 창업자들이 성공할 수 있도록 가이드를 제공하려고 노력하였다. 또한 창업가 외에도 창업 벤처에 관심이 있는 많은 관계자(투자자, 금융기관 직원, 학생 등)들의 이해를 높이고 관심도를 제고하는 것은 충분한 의미가 있다고 생각한다.

이 책에서는 각 장마다 'Rich vs King'의 관점을 도입하여 전개하고 있다. 노암 와서먼은 하버드 경영대학원의 전 교수이자 스타트업 연구가로, 그의 고전적인 저서 〈창업자의 딜레마〉에서 대부분의 기업가가 재정적 수익을 최적화하는 것('부자')과 회사 통제력을 최적화하는 것('왕') 중에서 의도적으로 선택해야 한다고 설명하고 있다. 이러한 관점은 창업자가 자신의 비즈니스 모델을 어떻게 구축하고 성장시킬지를 결정하는 데 중요한 기준이 된다.

이 책은 창업 기업의 형태와 자본금, 동업, 스톡옵션 등의 실무적인 관점에서 시작하여, 창업과 벤처에 관한 전반적인 개념, 성장 단계, 자금 조달 및 자금 조달 시점 파악, 벤처캐피탈, 계약 조건(Term Sheet), 자본 비용과 구조, 투자 회수 등 주요 내용을 종합적으로 다루고 있다. 이러한 내용들을 통해 우리나라 기업의 창업과 성장, 투자 및 회수를 재무적 관점에서 접근하여 저술하였다. 기존의 벤처 관련 저술들은 대부분 이정표(Milestone) 등에 따른 접근이 대세를 이루었던 것에 비하면 차별화되는 부분이라고 할 수 있다. 또한, 미국의 벤처 제도와 관련된 여러 부분을 비교하여 분석하였으며, 최근 통계와 자료를 반영함으로써 현실성을 높였다. 벤처 제도에 관한 내용은 미국 스탠포드 대학 출판 등 벤처 관련 주요 저술을 참고하여 우리나라 현실을 반영하고, 그림 도표 등의 인용 내용을 병기하여 새롭게 저술하였다. 이 책은 창업자와 예비 창업자들에게 실질적인 노하우와 통찰을 제공하는 데 중점을 두고 있다.

각 장에서는 국내외 사례를 통해 실질적인 인사이트를 제공하며, 독자들이 깊이 있는 이해를 할 수 있도록 하고 있다. 이를 통해 독자들은 이론적 지식뿐만 아니라, 실제 적용 가능한 전략과 전술에 접근하게 될 것이다. 창업이라는 여정을 시작하려는 모든 이들에게 이 책이 길잡이가 되기를 희망하며, 앞으로도 창조적이고 지속 가능한 비즈니스 모델을 구축하는 데 필요한 지혜를 함께 나누고자 한다. 창업의 길은 결코 쉽지 않지만, 올바른 정보와 전략, 그리고 강한 의지를 가지고 있다면 성공의 가능성은 더욱 높아질 것이다. 이 책이 그 여정의 동반자가 되기를 바란다.

끝으로 책을 기획하고 제법 오랜 시간 동안 사무실과 학교를 오가며 같이 고민했던 공동 저자 심형섭 교수님과 나눈 시간에 감사한다. 또한 늘 나의 생각과 힘의 원천이 되어주는 아내의 사랑과 아들의 묵직한 지지가 없었다면 마무리하기 어려웠을 것이다. 표지 작업에 참여해준 동생 미경에게도 감사를 표한다. 동행은 "같은 마음으로" 간다는 현명한 믿음이 깊어지게 되었다.

2024.11. 세종대로

머리말

심형섭(沈亨燮)

現 가천대학교 경영학부 부교수

現 한국금융공학회 이사

前 UNIST 경영학부 조교수

前 삼성종합기술원 전문연구원

MIT Entrepreneurship Development Program 2015

University of Wisconsin Milwaukee PhD (Management Science)

포항공과대학교 물리학 석사 (통계물리)

포항공과대학교 물리학사

IMF 이전 1990년대 중반에는 대학졸업생들이 대기업에 취업하여 안정적인 삶을 꾸려갈 수 있으리라는 희망이 있었고 대기업과 중소기업의 임금차이가 지금처럼 크지 않았기 때문에 대한민국 경제성장의 과실을 많은 국민이 공유할 수 있었다. 하지만 현재는 대학졸업생을 선발하는 대기업은 거의 없고 대기업과 중소기업의 임금격차가 큰 상황에서 취직의 요건으로 실무경험을 요구하는 상황으로 인해 대학졸업생들은 진퇴양난의 상황으로 몰리고 있다. 그들에게 돌파구는 창업을 하거나 중소기업에 일단 취직하고 중고신인으로 대기업 취업의 문을 두드리는 것이다. 또한 AI와 로봇 기술의 비약적인 발전으로 인해 인간의 노동가치가 점점 줄어들고 있는 현 상황에서 회사에 취직한 재직자들도 퇴직 후의 삶을 설계할 때 적어도 한번은 창업을 고려해 보았을 것이다.

저자는 포항공과대학교에서 학사와 석사까지 마치고 삼성종합기술원에 취업하여 연구원으로 8년간 재직하였다. 퇴사하기 전에 여러가지 진로를 고민하고 모색하다가 삼성종합기술원에서 같이 근무했고 저자가 상담을 요청한 당시에 콜럼비아대학교 재무박사과정에 진학한 상태였고 현재는 미시간주립대학교에 정교수로 재직중인 윤하용 박사의 조언을 듣고 재무 분야에 관심을 가지게 되었다. 다행히도 안동현 교수님의 눈에 띄어 서울대학교 경제학과 박사과정에 입학하였고 그분의 지도와 추천에 힘입어 University of Wisconsin Milwaukee(UWM)

재무박사과정에 바로 입학하는 행운을 가져 미국으로 유학을 갈 수 있었다. UWM에서 기업재무를 전공으로 박사를 마치고 UNIST에 임용되었다. UNIST 경영학부 재직시에 2015년 MIT Entrepreneurship Development Program에 참가하면서 창업재무 분야에 관심을 가지게 되었고 2016년에 UNIST에서 학부생을 대상으로 창업재무 과목을 개설하여 Harvard Business School 케이스들과 Stanford University 출판사의 교재로 강의를 한 경험이 있다. 교재와 케이스를 선정할 때 박사과정 후배인 Dr. Timothy Mooney의 조언이 큰 도움이 되었다. 창업재무를 강의한 경험이 이 책의 집필 방향을 잡아주었다.

"창업에 있어서 가장 어려운 문제는 역시 돈의 문제이다. 회사에게 돈은 알파요 오메가이다". 저자가 UNIST에서 창업재무 수업에 포항공과대학교 동문 선배인 카페24의 이재석 대표이사를 초청해서 특강을 실시했을 때 그는 창업 시에 겪었던 가장 어려운 문제가 무엇이냐는 저자의 질문에 위와 같이 말하였다. 그는 학생들에게 "세상에서 제일 부러운 창업자는 하나님의 아들 예수이고 둘째로 부러운 창업자는 왕의 아들 싯다르타이고 그 다음으로 부러운 사람은 부호의 딸을 아내로 맞은 마호메드"라고 농담을 했다. 그리고 자신은 예수, 싯다르타, 마호메드가 가 아니라서 부자 친구와 동업을 하게 되었다고 말하였다. 이후에 저자가 가천대학교로 이직한 후 카페24가 테슬라 상장을 통해 기업공개를 실행하고 공시자료를 통해서 이재석 대표이사의 재산이 수백억 원으로 늘어난 걸 확인했을 때 느꼈던 부러움을 아직도 기억하고 있다. 저자는 한국의 많은 젊은이들이 모험심을 가지고 창업에 도전하고 이재석 대표의 발자취를 따라서 후세대의 일자리를 창출해 주기를 바란다.

창업은 생각보다 많이 어렵다. 왜냐하면 대부분의 창업기업이 소리소문 없이 사라지기 때문이다. 따라서 창업을 낭만적으로 생각하지 않기를 바란다. 하지만 언젠가 여러분이 창업을 심각하게 고려하는 시기를 만날 때 저자는 이 책이 창업에서 가장 힘들다고 하는 돈의 문제를 해결하기 위해 어떻게 해야 하는가에 대한 힌트를 제공하기를 바란다. 사실 인생의 많은 부분이 운에 좌우되는 경우가 많기 때문에 지식이 성공을 담보하지 못하지만 최소한 성공하고서도 타인만 좋게 하는 낭패를 겪지 않기 위해서 이 책에 담긴 지식이 꼭 필요할 것이다.

2024.11. 가천대학교 가천관 연구실에서

차례

머리말 iii

CHAPTER 01
RICH vs KING

1. 회사의 형태와 자본금의 구성 4
    1.1 미국기업과 한국기업의 회사형태 5
    1.2 기업형태와 관련하여 알아두면 좋은 것들 11
2. 주식회사의 지배구조 16
    2.1 의사결정기구 16
    2.2 정관 25
    2.3 지분구조 28
    2.4 자본금과 동업 등 38
    2.5 임직원들에 대한 스톡옵션 등 유지관리 전략 53

CHAPTER 02
창업과 벤처

1. 출항하는 배 63
2. 기업가정신 65
    2.1 벤처의 유형 66
    2.2 벤처의 생존율 70
    2.3 벤처와 경기침체 74
    2.4 벤처의 글로벌 트렌드 74
    2.5 벤처의 다양한 형태 75
3. 벤처의 성장 단계 81
    3.1 벤처의 성장 단계 81
    3.2 마일스톤으로 진행사항 측정 84
    3.3 벤처 성장 단계별 재무성과 87
4. 신생벤처금융의 순서 88
    4.1 순서 88
    4.2 신생벤처의 사업계획 89

CHAPTER 03
신생벤처의 자금조달

1. 리얼옵션 101
   - 1.1 기업가치의 극대화를 위한 벤처의 재무관리와 리얼옵션 101
   - 1.2 자금조달 의사결정을 위한 리얼옵션의 중요성 102
2. 신규벤처 자금조달의 원천 104
   - 2.1 자신, 친구, 가족 104
   - 2.2 엔젤투자자 107
   - 2.3 벤처캐피탈 110
   - 2.4 자산기반 대출기관 116
   - 2.5 벤처리스 117
   - 2.6 정부 프로그램 118
   - 2.7 거래신용 122
   - 2.8 팩토링 124
   - 2.9 프랜차이즈 127
   - 2.10 메자닌 파이낸싱 129
   - 2.11 민간부채 130
   - 2.12 공공부채 131
   - 2.13 주식 및 부채의 사모유치 132
   - 2.14 기업공개(IPO) 133
   - 2.15 직접공모 136
   - 2.16 후기 단계 자금조달 대안 138
3. 기업벤처와 소셜벤처의 자금조달 140
   - 3.1 기업벤처 140
   - 3.2 소셜벤처 146
4. 규제 고려사항 148
   - 4.1 자본시장 접근규제에서의 공모 및 사모규제 148
   - 4.2 증권발행규제 148

CHAPTER 04
자금조달 시점 파악

1. 재무제표 알아가기 153
2. 기업의 현금 순환 과정 157
3. 현금흐름표와 자금조달 시점 파악 159
4. 추정 재무제표 작성 163
5. 지속 가능 성장률 167

CHAPTER 05
벤처캐피탈

1. 벤처캐피탈 시장의 발전 173
   - 1.1 벤처캐피탈의 역사 및 전개 173
   - 1.2 벤처캐피탈 자산운용의 글로벌 추세 177
   - 1.3 벤처캐피탈의 역할 변화 180
   - 1.4 벤처캐피탈 펀드의 자금원 182
   - 1.5 벤처캐피탈과 경제 186
2. 벤처캐피탈 회사의 조직체계 188
   - 2.1 LP와 GP의 역할과 임무 188
   - 2.2 수익배분 190
   - 2.3 LP의 의무 — 캐피탈 콜 193
   - 2.4 투자 과정 194
3. LP의 GP 선택 및 GP의 투자대상기업 선택 199
   - 3.1 LP의 GP 선택 199
   - 3.2 벤처캐피탈의 투자대상기업 선택 202

4. 벤처캐피탈의 역할 및 운의 중요성 205
4.1 벤처캐피탈리스트의 업무 205
4.2 성공할 가능성이 있는 기업가의 선정 206
4.3 벤처캐피탈의 가치 창출 사례 208
4.4 벤처캐피탈의 피투자회사 경영진 또는 이사회 변경 209
4.5 벤처캐피탈 투자 성공에 ‘운’이 작용하는 요소 211
4.6 벤처캐피탈 간의 공동투자 212
5. GP와 LP 간의 계약 215
5.1 LP와 GP 간의 보상 계약 215
5.2 LP와 GP 간의 파트너십 계약 216
6. 벤처캐피탈과 벤처기업의 계약 223
6.1 벤처기업과 벤처캐피탈의 계약에 관한 이론적 근거 223
6.2 벤처캐피탈과 벤처기업 간 계약에서의 표준 조항들 224
7. 명성 있는 벤처캐피탈들과 거래의 이점 227

CHAPTER 06
벤처 거래의 흐름

1. 벤처 거래의 참여자 231
1.1 벤처기업가 232
1.2 변호사 233
1.3 멘토(고문) 235
1.4 엔젤투자자 236
1.5 벤처캐피탈리스트 238
1.6 벤처캐피탈들의 공동투자 239
2. 자금조달 결정 시 고려사항 240
2.1 자금조달 시 고려사항 241
2.2 자금조달을 위한 자료 작성 244
2.3 실사자료 준비와 대응 249
3. 벤처캐피탈과 창업자를 위한 여러 가지 팁 251
3.1 나에게 맞는 벤처캐피탈을 찾기 위한 전략적 접근 251
3.2 벤처 거래에서 흔히 볼 수 있는 함정 254
3.3 벤처 거래 마감 256

CHAPTER 07
계약 조건

1. 계약조건 알아가기 261
2. 주식의 종류와 권한 264
3. 선행조건, 진술과 보장 및 투자자의 동의권과 협의권 268
4. 주식처분 제한 조항들 269
5. 회사의 경영과 관련된 사항들 272

CHAPTER 08
가치 평가

1. 가치 평가 알아가기 278
1.1 가치 평가의 원칙은 무엇인가? 278
1.2 가치 평가 방법론에는 어떤 것이 있는가? 278
2. 상대가치 평가법 279

3. 내재가치 평가법 282
3.1 배당할인 모델 282
3.2 현금흐름할인법 284
3.3 초과이익 모델 286
3.4 내재가치 평가법에서의 할인율 289

CHAPTER 09 자본비용

1. 자본구조 295
2. 부채 자본비용 297
3. 보통주식 자본비용 299
4. 가중평균 자본비용 추정 302
5. 자본비용 추정 사례 303
6. 자본비용을 추정할 때 추가적으로 고려해야 하는 점들 312

CHAPTER 10 투자회수

1. 투자회수 의사결정 316
2. 기업공개(IPO) 318
2.1 IPO를 추진하는 이유 318
2.2 IPO의 혜택 320
2.3 코스닥 상장의 장점 321
2.4 코넥스 시장의 혜택 322
2.5 IPO요건 325
2.6 IPO절차 335
3. SPAC 338
3.1 SPAC의 참여자 339
3.2 SPAC의 상품구조 339
3.3 PEF와 우회상장과의 비교 341
3.4 SPAC IPO의 장점과 단점 342
3.5 최근 IPO시장 동향 343
4. 인수합병 347
4.1 인수합병 347
4.2 적대적 인수합병 355

부록 359
참고문헌 383
찾아보기 385

CHAPTER 01

RICH vs KING

이 장에서 논의하는 Rich versus King 관점

당신이 회사를 창업하는 목적은 무엇인가? 그 목적에 따라서 회사의 정체성을 명확히 해야 한다. 만약 큰 부자가 되기를 원한다면 일단 자본조달을 쉽게 할 수 있는 형태의 회사를 선택해야 한다. 그 이유는 자본조달에 참여하는 투자자들을 유치하고 그들의 자본회수가 용이한 지배구조가 형성되어야 하기 때문이다. 반면 대대로 물려줄 수 있는 회사를 차리겠다면 지배적인 지배구조를 확보하고 유지해야 하므로 자본조달의 용이성은 양보해야 한다. 이 장에서는 어떤 형태의 회사가 큰 부자 또는 지배적인 지배구조에 적합한지를 논의하고 한국과 미국의 사례를 반영하였다. 또한 동업의 형태로 창업할 때 고려해야 하는 사항들을 논의한다. 마지막으로 창업의 핵심요소인 핵심직원을 유치할 때 빈번히 사용되는 전략인 스톡옵션 부여법에 대해 살펴보았다.

1. 회사의 형태와 자본금의 구성
2. 주식회사의 지배구조

Harvard Business Review, The Founder's Dilemma by Noam Wasserman from the Magazine (February 2008) https://hbr.org/2008/02/the-founders-dilemma

노암 와서만(2008)은 모든 기업가들이 외부 자본을 고려할 때 "부자(부유함)와 왕(통제력) 사이의 선택"에 직면해야 한다고 썼다. 그는 벤처캐피탈(VC)은 창업자들이 부자가 되는 데 도움을 줄 수 있지만 왕의 지위를 유지하도록 허락하지 않을 수 있다고 설명한다.

CH 01. **RICH** vs **KING**

회사를 설립하는 목적은 무엇인가? 부자가 되기 위해서인가? 혹은 지배적인 지분구조를 확보하여 본인이 의지대로 영속기업으로 경영해 나가기 위해서인가? 아니면 소셜벤처와 같이 사회에 공헌할 수 있는 회사를 만들기 위해서인가? 창업자는 서로 다른 목표를 가지고 출발한다. 아이디어를 구체화하여 수익을 얻는 회사를 설립하고자 한다면, 이 회사가 당신이 생각하는 방향과 정합성이 있는가? 그렇다면 "어떤 회사를 만들어야 하는가?"

창업의 목적

창업은 개인이나 집단이 새로운 사업을 시작하는 과정을 의미한다. 이는 다양한 목적을 가지고 있을 수 있는데, 대표적인 창업의 목적들은 다음과 같다.

- 경제적 이익추구: 창업의 가장 기본적인 목적은 경제적 이익을 추구하는 것이다. 새로운 사업을 통해 수익을 창출하고, 이를 통해 자신의 생활수준을 향상시키려 한다.
- 자기만족: 창업은 자신의 아이디어나 역량을 실현시키는 데 기여하며 삶에 큰 만족감을 준다. 이는 자신의 비전을 실현하거나, 자신이 중요하다고 생각하는 가치를 추구하는 데 있어 중요한 동기가 될 수 있다.
- 사회적 가치 창출: 창업은 사회적 문제를 해결하거나, 사회에 긍정적인 영향을 미치는 데 중요한 역할을 할 수 있다. 이는 사회적 기업이나 비영리기업의 창업에서 특히 중요한 목적이 될 수 있다. 대체로 이것을 소셜벤처(Social Venture)라고 말한다.
- 일자리 창출: 창업은 새로운 일자리를 창출하고, 이를 통해 사회적 안정과 경제적 성장에 기여할 수 있다.
- 혁신: 기술적 혁신을 통해 새로운 시장을 개척하거나, 기존의 시장에서 경쟁우위를 찾는 것도 창업의 중요한 목적 중에 하나이다.

이렇게 다양한 창업의 목적이 있지만, 이 모든 것이 결국은 창업자 개인의 가치관과 비전, 그리고 그들이 추구하는 목표에 따라 결정된다. 따라서 창업의 목적은 개인이나 집단마다 다르며, 그들이 추구하는 가치와 목표에 따라 달라질 수 있다.

창업자가 목적대로 사업을 운영하려면 회사는 어떻게 경영되어야 하는가?

창업회사가 그들의 창업 목적과 잘 맞게 성장하려면, 다음과 같이 운영되어야 한다.

- 목표 지향적: 창업회사는 그들의 창업 목적과 비전을 명확히 설정하고, 이를 달성하기 위한 전략과 계획을 세워야 한다. 이는 회사의 방향성을 제시하고, 직원들이 효과적으로 협력할 수 있게 해준다.
- 유연성: 시장환경은 빠르게 변하고, 이에 따라 창업회사도 빠르게 변화와 도전에 대응할 수 있어야 한다. 이를 위해, 창업회사는 유연한 조직구조와 문화를 가지고 있어야 한다.
- 혁신성: 창업회사는 새로운 아이디어와 기술을 개발하고, 이를 통해 시장에서 경쟁우위를 찾아야 한다. 이를 위해, 창업회사는 연구개발과 혁신에 투자하고, 창의적인 생각과 실험을 장려하는 문화를 가지고 있어야 한다.
- 사회적 책임: 창업회사는 사회적 가치 창출을 목표로 하는 경우, 사회적 책임을 다하는 것이 중요하다. 이는 창업회사가 그들의 사업활동을 통해 사회적 문제를 해결하고, 지역사회에 기여하는 방식을 찾아야 함을 의미한다.
- 지속 가능성: 창업회사는 장기적인 성장과 성공을 위해, 경제적인 성장뿐만 아니라 환경적으로도 지속 가능성과 사회적인 공정성을 유지해야 한다.

이런 특징들은 창업회사가 그들의 창업목적을 성공적으로 달성하고, 지속적으로 성장하고 발전할 수 있게 해준다. 하지만 이것들을 달성하기 위해서는 창업자의 통찰력과 노력, 그리고 적절한 자원과 지원이 필요하다.

1. 회사의 형태와 자본금의 구성

창업을 위해 어떤 회사의 형태가 적합한가? 실제로 회사의 형태에 따라 자본조달의 방법과 과정이 어떤 차이가 있는가? 이 장에서는 창업자가 목적하는 최적의 회사형태로 창업을 준비할 수 있도록 안내할 것이다. 또한 각 형태의 장단점을 고려함과 동시에 회사 창업의 대표적인 형태인 주식회사의 지배구조와 그 안에 존재하는 의사결정기구 및 창업에 필요한 정관의 구성, 지분구조에 관한 내용을 점검하게 된다. 그리고 회사설립의 근간이 되는 자본금과 동업을 포함한 핵심직원들에 대한 스톡옵션 등에 대하여 살펴보고자 한다.

여기서는 창업 혹은 벤처의 회사의 형태를 설명하기 위해 한국과 미국기업의 형태를 비교하여 그 기업형태를 설명하고자 한다. 미국 벤처창업기업의 역사는 1940~50년대 대학의 연구결과와 혁신을 상업화하는 데 초점을 맞추어 탄생된 반면, 한국은 1980년대 후반부터 정부 주도하에 기술 집약적인 중소기업을 지원하는 정책이 시행되면서부터 본격적으로 시작되었으며, 이후 급속한 경제 성장과 함께 발전해 왔다. 따라서 주어진 환경과 전제가 다를 수도 있다고 생각되기는 하나, 기본적인 회사법이나 제도가 대체로 선진 자본시장으로부터 도입된 제도이므로, 미국의 회사제도와 한국의 회사제도를 함께 비교하여 의미를 찾아보고자 한다.

1.1 미국기업과 한국기업의 회사형태

1.1.1 미국기업의 회사형태

미국의 기업들은 주로 네 가지 형태로 운영된다. 이는 솔로 프로프라이터십(Sole Proprietorship), 파트너십(Partnership), 리미티드 라이어빌리티 컴퍼니(Limited Liability Company: LLC), 그리고 코퍼레이션(Corporation)으로 구분된다.

- 솔로 프로프라이터십(Sole Proprietorship)은 개인사업자의 형태로, 사업의 소유자와 운영자가 동일한 개인이다. 사업자가 모든 이익을 독점하지만, 동시에 모든 채무와 위험에 대한 책임도 부담해야 한다. 이 형태는 사업을 개시하는 것이 가장 쉽고 비용이 적게 드는 형태로, 사업자와 기업이 법적으로 동일한 개체로 간주된다. 그러나 이 형태는 사업자가 사업채무에 대한 전체 책임을 지게 된다.
- 파트너십(Partnership)은 두 명 이상의 사람들이 공동으로 사업을 운영하는 형태를 말한다. 파트너십은 솔로 프로프라이터십과 비슷하게 운영되지만, 여러 사람들이 책임과 이익을 공유한다는 점에서 차이가 있다.
- 리미티드 라이어빌리티 컴퍼니(LLC)는 개인소유자의 책임을 제한하면서도, 소유자가 직접 사업을 운영할 수 있는 형태를 말한다. 이 형태의 기업은 소유자의 개인 재산을 사업의 채무로부터 보호하면서, 사업의 이익에 대한 세금을 개인 소득세로 처리할 수 있어 세금 면에서 이점을 가지고 있다. 이 형태는 법적 보호와 세금 처리의 유연성을 결합하여 중소기업에 인기가 있다.
- 코퍼레이션(Corporation)은 독립적인 법인으로서 사업을 운영하는 형태를 말한다. 이 형태의 기업은 주주들이 소유하고 있으며, 주주들은 기업의 채무에 대해 책임을 지지 않는다. 코퍼레이션은 주식의 발행을 통해 자금을 모집할 수 있으며, 이러한 형태의 기업은 종종 대형 기업이나 공개 기업으로 발전하게 된다. 그러나 이

형태는 이중과세 된다는 단점이 있다. 큰 규모의 사업, 특히 공개 상장을 계획하는 사업에서는 C 코퍼레이션(C Corporation) 형태가 일반적이다.

1.1.2 미국기업 회사형태별 장단점

미국의 기업들은 위에 기술한 것처럼 다양한 형태로 운영되며, 각 형태는 그에 따른 장단점과 특징을 가지고 있다. 사업의 성격, 규모, 소유자의 개인적인 선호 등에 따라 적절한 기업 형태를 선택하게 된다. 〈표 1.1〉은 회사의 형태별 장단점의 정리하여 표시한다. 이와 같이 미국의 기업형태는 각각의 장단점을 가지고 있다.

1.1.3 미국에서 기업형태를 선택할 때 고려해야 할 주요 요소

위의 내용들을 정리해 보면 미국에서 기업의 형태를 선택할 때 고려해야 할 부분은 다음과 같이 요약된다.

표 1.1 미국 회사의 형태별 장점 및 단점

회사형태	장점	단점
솔로 프로프라이터십 (Sole Proprietorship)	• 운영이 간단하고 비용이 적게 든다. • 사업자가 모든 이익을 독점하며, 사업관련 결정에 대한 완전한 통제권을 가진다.	• 자금조달이 어려울 수 있다. • 사업자가 모든 채무와 위험에 대한 책임을 부담해야 한다. 이는 사업자의 개인재산이 고객의 손해배상 청구나 기타채무로 인해 개인변제 위험에 노출될 수 있음을 의미한다.
파트너십 (Partnership)	• 파트너들이 자금, 노력, 전문지식 등을 공유할 수 있다. • 파트너십에는 일반적으로 간단한 법률 문서만 필요하므로 설립이 비교적 쉽다.	• 파트너 간의 의사소통 문제나 의견 충돌이 사업운영에 영향을 줄 수 있다. • 모든 파트너가 사업의 채무에 대해 개인적으로 책임을 질 수 있다.
리미티드 라이어빌리티 컴퍼니 (Limited Liability Company: LLC)	• 소유자의 개인 재산을 사업의 채무로부터 보호할 수 있다. • 소유자가 직접 사업을 운영하면서도 책임을 제한할 수 있다.	• 설립과 유지에 필요한 비용이 높을 수 있다. • 다른 기업형태에 비해 제한된 성장 가능성을 가질 수 있다.
코퍼레이션 (Corporation)	• 기업의 소유주인 주주들은 기업의 채무에 대해 책임을 지지 않는다. • 주식의 발행을 통해 자금을 모집할 수 있다. 이는 기업의 성장을 크게 촉진할 수 있다.	• 설립과 운영이 복잡하며 비용이 많이 든다. • 이중과세 문제가 있을 수 있다. 이는 기업수익에 대한 세금을 기업이, 그리고 이익을 배당 받은 주주가 각각 납부해야 함을 의미한다.

- 법적 책임: 기업형태에 따라 소유자의 법적 책임이 달라질 수 있다. 일부 기업형태에서는 소유자 개인재산이 사업 채무에 대해 보호를 받지만, 다른 기업 형태에서는 그렇지 않을 수 있다.
- 세금: 각 기업형태는 다른 세금규정을 따르므로, 이를 고려하여 가장 효과적인 세금구조를 선택해야 한다.
- 자금조달: 일부 기업형태는 주식을 발행하여 자금을 조달할 수 있지만, 다른 형태의 기업은 그렇게 할 수 없다. 사업의 성장 전략과 자금조달 필요성에 따라 적절한 기업형태를 선택해야 한다.
- 운영구조: 기업형태에 따라 사업의 운영방식이 달라질 수 있다. 예를 들어, 일부 기업형태는 소유자가 사업결정을 직접 내리는 반면, 다른 형태의 기업은 주주들의 의견을 반영해야 할 수 있다.
- 미래의 성장과 전략: 사업의 장기적인 성장 전략과 목표에 따라 적절한 기업형태를 선택해야 한다. 예를 들어, 일부 기업형태는 규모확장이나 상장 등의 성장 전략을 수행하기 적합하다.

이러한 요소들을 고려하여 가장 적합한 기업형태를 선택하게 된다. 이는 사업의 성공을 크게 좌우하는 중요한 결정이므로 신중하게 선택해야 한다.

1.1.4 한국기업의 회사형태

한국에서 기업을 설립하고 운영할 때 선택할 수 있는 회사형태는 다양하다. 각 형태마다 법적, 재무적, 운영적 특성이 다르기 때문에 기업의 목적, 규모, 자본 구조 등을 고려하여 적합한 형태를 선택해야 한다. 주요 회사 형태로는 유한회사, 주식회사, 합명회사, 합자회사가 있으며, 이 외에도 개인사업자, 조합 등이 있다.

- 주식회사(株式會社, Corporation): 주식회사는 한국에서 가장 보편적으로 선택되는 회사형태이다. 주식회사의 특징은 주식의 발행을 통해 자본을 조달하며, 주주의 책임은 그가 소유한 주식의 가치에 한정된다는 점이다. 주식회사는 그 규모에 따라 대기업에서부터 중소기업까지 다양하게 운영될 수 있으며, 소유와 경영을 분리할 수 있는 구조이기 때문에 전문경영인에 의한 경영이 가능하다. 또한, 주식의 양도와 매매가 비교적 자유로워 자본시장과 밀접한 관계를 가진다.
- 유한회사(有限會社, Limited Company): 유한회사는 주주의 수가 적고 주식의 양도가 제한되는 특성을 가진다. 주주의 책임은 그가 출자한 금액에 한정되며, 주식의 양도를 주주총회의 승인을 받아야 한다는 점에서 주식회사와 다르다. 유한회사는

주로 가족이나 친지 등 소수의 인원이 운영하는 중소기업에 적합한 형태로, 개인의 사업에서 법인으로 전환하고자 할 때 자주 선택된다.

- 합명회사(合名會社, General Partnership Company): 합명회사는 모든 사원(동업자)이 무한책임을 지는 회사형태이다. 즉, 회사의 부채에 대해 사원 개인의 전 재산으로 책임을 진다는 의미이다. 합명회사는 사원 간의 신뢰가 매우 중요한 구조이며, 주로 작은 규모의 가족사업이나 전문적인 서비스를 제공하는 사업에서 선택된다.
- 합자회사(合資會社, Limited Partnership Company): 합자회사는 합명회사와 유사하지만, 무한책임 사원과 유한책임 사원이 공존하는 형태이다. 무한 책임사원은 회사의 경영에 참여하며 회사 채무에 대해 개인재산으로 무한책임을 진다. 반면, 유한책임사원은 출자한 금액에 한해 책임을 지며, 경영에는 참여하지 않는다. 이러한 구조는 다양한 투자자의 참여를 유도할 수 있다는 장점이 있다.
- 개인사업자(個人事業者, Sole Proprietorship): 개인사업자는 사업을 운영하는 가장 간단하고 기본적인 형태로, 한 사람이 사업의 모든 책임을 지는 구조이다. 사업자 등록절차가 간단하고, 운영의 유연성이 높으며, 경영의사결정을 신속하게 할 수 있다는 장점이 있다. 그러나, 사업주가 사업과 관련된 모든 채무와 의무를 개인재산으로 책임져야 하며, 사업의 규모확장이나 자본조달에 있어 제한이 있을 수 있다. 개인사업자는 주로 소규모 상점, 개인 서비스 제공업, 프리랜서 등에 적합한 형태이다.
- 조합(組合, Cooperative): 조합은 공동의 목적을 가진 구성원들이 모여 이익을 추구하는 형태로, 이익을 조합원에게 분배하는 방식으로 운영된다. 조합은 구성원 간의 협력을 바탕으로 하며, 구성원의 의사결정 참여를 중시한다. 조합은 농업, 어업, 소비자, 주택, 신용 등 다양한 분야에서 활동할 수 있으며, 구성원들에게 필요한 상품이나 서비스를 공급하거나, 공동의 경제 활동을 통해 생산성을 높이는 것을 목적으로 한다. 조합의 장점으로는 구성원들의 공동 이익추구, 자원의 효율적 사용, 구성원의 경제적 지위 향상 등이 있으나, 의사결정 과정에서의 시간소요, 구성원 간의 이해상충문제 등의 도전과제도 존재한다.

1.1.5 한국기업의 회사형태의 장단점

각 회사형태는 그 특성에 따라 장단점이 있으며, 기업의 성격, 규모, 자본조달 방법, 경영구조 등을 고려하여 적절한 형태를 선택해야 한다. 예를 들어, 대규모 자본이 필요하고 주주와 경영을 분리하고자 하는 경우 주식회사가 적합할 수 있으며, 가족이나 친지 등 소수의 인원으로 구성된 중소기업의 경우 유한회사나 합명회사가 적절할 수 있다. 회사설립과 관련된 결정을 내리기 전에 각 형태의 법적, 재무적 책임과 의무를 충분히 이해하는 것이 중요하다. 〈표 1.2〉는 한국의 회사형태별 장점과 단점을 기술한다.

1.1.6 한국에서 기업형태를 선택할 때 고려해야 할 주요 요소

한국에서 기업을 설립할 때 미국과 마찬가지로 기업형태를 선택하는 것은 중요한 결정 중 하나이다. 기업형태에 따라 세금, 회계 처리, 법적 책임 등 여러 면에서 차이가 발생하기 때문이다. 따라서 다음과 같은 요소들을 고려해야 한다.

- 법적 책임: 개인사업자는 사업과 관련된 모든 법적 책임과 빚을 개인이 진다. 반면, 법인사업자(주식회사, 유한회사 등)는 사업체가 법적인 주체로서 책임을 진다. 기업의 위험도와 사업규모에 따라 적합한 형태를 선택해야 한다.
- 세금: 세금구조는 기업형태에 따라 달라진다. 개인사업자는 소득세를, 법인사업자는 법인세를 납부한다. 특히 법인은 이중과세(회사 이익에 대한 세금과 주주가 받는 배당에 대한 세금)의 영향을 받을 수 있다. 세금부담을 최소화하는 방향으로 기업형태를 결정하는 것이 중요하다.

표 1.2 한국 회사의 형태별 장점 및 단점

회사형태	장점	단점
주식회사 (株式會社, Corporation)	• 책임의 한정성: 주식회사의 주주는 투자한 주식의 가치에 한해 책임을 진다. 개인재산에 대한 위험이 제한되어 있다. • 자본조달의 용이성: 주식 발행을 통해 자본을 조달하기 쉽고, 주식시장을 통한 자금조달이 가능하다. • 지속성: 주주의 변경이 회사의 존속에 영향을 주지 않아 기업의 안정성과 지속 가능성이 높다. • 경영과 소유의 분리: 전문경영인에 의한 경영이 가능하며, 이는 전문성을 바탕으로 한 효율적인 경영을 가능하게 한다.	• 설립 및 운영의 복잡성: 설립절차가 복잡하며, 법적 요구사항이 많아 관리가 어렵다. • 세금부담: 이중과세 문제가 있을 수 있으며, 세금관련 규정이 복잡하다.
유한회사* (有限會社, Limited Company)	• 책임의 한정성: 유한회사의 사원은 투자한 금액에 한해 책임을 진다. 주식회사와 유사한 책임 한정의 장점을 가진다. • 운영의 유연성: 주식회사에 비해 설립 및 운영 절차가 비교적 간단하고, 법적 요구사항이 적다.	• 자본조달의 한계: 주식시장을 통한 자본조달이 불가능하며, 자본확대가 상대적으로 어렵다. • 소유권의 이전 제한: 사원 간의 합의가 필요하므로 소유권 이전이 복잡할 수 있다.

표 1.2 한국 회사의 형태별 장점 및 단점 (계속)

회사형태	장점	단점
합명회사 (合名會社, General Partnership)	• 운영의 유연성: 설립절차가 간단하며, 운영상의 큰 유연성을 가진다. • 경영참여: 모든 사원이 경영에 참여할 수 있어, 의사결정 과정에서의 직접적인 영향력을 가진다.	• 무한책임: 모든 사원이 무한책임을 지므로, 개인재산까지 위험에 노출될 수 있다. • 자본조달의 어려움: 외부에서의 자본조달이 어렵고, 사원개인의 자본에 의존하는 경우가 많다.
합자회사 (合資會社, Limited Partnership)	• 책임의 분리: 운영사원은 무한책임을, 투자사원은 한정책임을 진다. 이로 인해 투자자 보호 및 운영의 유연성을 제공한다. • 투자 유치의 용이성: 투자사원으로부터의 자본조달이 비교적 용이하다.	• 운영사원의 무한책임: 운영사원은 개인재산까지 위험에 노출될 수 있다. • 소유권과 경영권의 복잡성: 운영사원과 투자사원 간의 권리와 의무가 복잡하게 얽혀 있어, 관리 및 운영에 어려움이 있다.
개인사업자** (個人事業者, Sole Proprietor-ship)	• 설립과 운영의 단순성: 개인사업자는 설립절차가 간단하고 운영이 쉽다. 법적 요구사항이나 회계처리가 상대적으로 간단하여 관리가 용이하다. • 결정권: 사업결정에서 개인사업자는 완전한 자율성을 가진다. 모든 결정을 스스로 할 수 있으며, 이는 빠른 의사결정을 가능하게 한다. • 세금혜택: 일부 국가에서는 개인사업자에게 소득세 면에서의 혜택을 제공한다. 개인소득으로 처리되기 때문에 세무관리가 상대적으로 수월할 수 있다.	• 무한책임: 개인사업자는 사업과 개인자산이 법적으로 분리되지 않는다. 이는 사업이 실패하거나 채무가 발생했을 때 개인재산까지 위험에 노출될 수 있다는 것을 의미한다. • 자본조달의 어려움: 개인사업자는 사업 확장을 위한 자본조달이 어려울 수 있다. 은행 대출이나 투자 유치 시, 개인신용도가 중요한 역할을 하게 되며, 이는 한계가 있을 수 있다. • 업무부담: 모든 업무를 개인이 처리해야 하므로, 업무량이 많고 스트레스가 클 수 있다.
조합*** (組合, Cooperative)	• 위험분산: 조합은 조합원들이 위험을 공유하기 때문에 개인사업자보다 재정적 위험이 낮다. 사업실패 시 개인에게 미치는 영향이 상대적으로 적다. • 자본조달 용이: 여러 조합원들로 구성되어 있기 때문에, 자본조달이 상대적으로 용이하다. 조합원들로부터 추가 자본금조달이 가능하다. • 협력과 자원공유: 조합원들 간의 협력을 통해 자원을 공유하고, 경험 및 지식을 나눔으로써 사업운영에 있어 시너지효과를 낼 수 있다.	• 의사결정의 복잡성: 모든 조합원들의 의견을 조율하고 결정을 내리는 과정이 복잡할 수 있다. 이는 의사결정의 속도를 늦출 수 있다. • 이익분배: 조합의 이익은 조합원들 간에 공평하게 분배되어야 한다. 때로는 이익분배 방식에 대한 의견차이로 인해 내부갈등이 발생할 수 있다. • 관리의 어려움: 조합의 운영은 개인사업자에 비해 복잡할 수 있으며, 법적, 회계적 요구사항이 더 많을 수 있다.

* 매일경제 용어사전 참고. 유한책임회사와 유한회사는 명칭이나 내용이 비슷한데 유한책임회사는 업무집행자가 대표하고 유한회사는 대표이사가 대표한다. 또 유한회사는 사원총회가 있으나, 유한책임회사는 사원총회가 자율적이어서 더 개인회사에 가깝다고 할 수 있다.

** 개인사업자는 사업을 개인이 운영하는 형태로 사업자등록을 한 개인이 사업의 모든 책임을 지는 것을 의미한다.

*** 조합은 공동의 목적을 가진 조합원들이 모여 운영하는 협동조합 형태의 사업체이다. 조합원들은 자원을 공유하고 이익을 분배한다.

- 자본조달: 기업의 성장 전략과 자본조달 계획에 따라 적합한 기업형태가 달라질 수 있다. 예를 들어, 주식회사는 주식 발행을 통해 자본을 조달하기 쉽지만, 개인사업자나 유한회사는 그렇지 않다.
- 경영구조와 의사결정: 법인은 이사회 등의 경영구조를 갖추고 있어 의사결정 과정이 복잡할 수 있다. 반면, 개인사업자는 경영자가 모든 결정을 내릴 수 있어 유연성이 높다. 사업의 규모와 관리스타일에 맞는 형태를 선택해야 한다.
- 회계 및 감사 요구사항: 법인은 일반적으로 더 엄격한 회계 기준과 감사 요구사항을 충족해야 한다. 이는 추가적인 비용과 시간이 소요될 수 있으므로, 사업의 규모와 역량을 고려해 결정해야 한다.
- 사업의 목적과 이미지: 일부 사업 분야에서는 법인형태가 더 신뢰감을 줄 수 있으며, 특정계약이나 사업기회를 얻는 데 유리할 수 있다. 사업의 장기적인 목표와 대외 이미지를 고려하여 선택하는 것이 중요하다.

기업형태를 결정할 때는 위와 같은 요소들을 종합적으로 고려하여 사업의 특성, 장기적인 목표, 관리능력 등에 가장 적합한 형태를 선택하는 것이 중요하다. 필요한 경우, 회계사나 법률 전문가의 도움을 받는 것도 좋은 방법이다.

1.2 기업형태와 관련하여 알아두면 좋은 것들

아래의 내용들을 보면 왜 기업형태를 잘 선택해야 하는지 알 수 있게 된다.

1.2.1 유한회사 형태의 법무법인과 회계법인

법무법인이나 회계법인 등과 같은 전문가 조직이 유한회사 형태를 가지는 이유는 여러 가지가 있으며, 주로 법적 책임의 한계, 세제혜택, 운영의 유연성 등에 기인한다. 유한회사는 회사채무에 대해 회사자산으로만 책임을 지고, 회사의 주주(소유주)는 투자한 금액 이상의 책임을 지지 않는다는 특징을 가지고 있다. 이러한 특성 때문에 유한회사는 법무법인이나 회계법인 등 전문 서비스업계에서 선호되는 경향이 있다.

- 법적 책임의 제한: 유한회사의 가장 큰 장점은 소유주의 책임이 제한된다는 점이다. 법무법인이나 회계법인과 같은 전문서비스 기업은 고객에게 제공하는 서비스의 특성상 법적 분쟁의 가능성이 상대적으로 높다. 유한회사 형태는 이러한 법적 위험에서 소유주의 개인자산을 보호할 수 있다.

- 세제 혜택: 유한회사는 세제 혜택을 받을 수 있는 경우가 있다. 법인세율, 소득분배 방식, 이중과세회피 등 세금과 관련된 여러 전략을 수립할 수 있는 유연성 덕분에 전체적인 세부담을 최적화할 수 있다. 특히 전문서비스 기업은 수익구조와 비용구조를 고려하여 세금계획을 세울 때 이러한 유연성이 중요할 수 있다.
- 운영의 유연성: 유한회사는 상대적으로 운영이 유연하다. 주주(소유주)들이 직접 경영에 참여할 수도 있고, 외부에서 경영진을 영입할 수도 있다. 이는 전문서비스 기업이 시장변화나 내부상황에 빠르게 대응하는 데 유리하기 때문이다.
- 전문성 유지 및 파트너십 구조: 법무법인이나 회계법인과 같은 전문서비스 기업은 전문성 유지가 매우 중요하다. 유한회사 형태는 전문가그룹이 소유하고 운영할 수 있어, 기업의 전문성과 지속성을 유지하는 데 도움이 된다. 또한, 신규파트너의 주주로의 편입, 기존 파트너의 퇴직 등 조직 내 변화를 관리하기에도 적합한 구조를 제공한다.

이러한 이유로 법무법인이나 회계법인이 유한회사 형태를 선택하는 경우가 많다.

1.2.2 한국에서 개인사업자와 법인사업자의 세금 차이

개인사업자와 법인사업자는 사업 소득에 대한 과세 방식과 세율 체계에서 명확한 차이를 보인다. 이를 이해하기 위해 먼저 두 사업 형태가 세법상 어떻게 구분되고 적용되는지 살펴볼 필요가 있다. 각 사업 형태에 따라 세금 부과 기준이 달라지기 때문에, 이를 명확히 아는 것이 세금 계획과 절세 전략을 세우는 데 핵심적인 역할을 할 것이다.

1) 개인사업자의 세금

- 종합소득세: 종합소득세는 개인이 지난 1월~12월 간 경제활동으로 얻은 소득에 과세하는 세금으로 세법에 따라 사업소득, 이자소득, 배당소득, 근로소득, 연금소득, 기타소득 등 여섯 가지로 분류되며, 모든 소득을 종합하여 산출한 금액을 신고하고 납부한다. 〈표 1.3〉은 개인사업자의 종합소득세 세율을 표시한다. 개인사업자의 세율 및 누진공제액은 과세표준금액에 따라 달라진다.
- 부가가치세: 재화와 용역이 생산되거나 유통되는 모든 단계에서 생기는 부가가치에 대하여 내는 세금으로 판매가격에 소비자가 부담하는 10%의 세금이 여기에 해당한다. 부가가치세는 물건값에 포함되어 있기 때문에 실제로는 최종소비자가 부담하고, 사업자는 소비자가 낸 세금을 잠시 보관했다가 국가에 납부하는 역할을 수행하는 것으로 이해하면 된다.

표 1.3 종합소득세율 (2023년 귀속)

과세표준	세율
14,000,000원 이하	6%
14,000,000원 초과 50,000,000원 이하	15%
50,000,000원 초과 88,000,000원 이하	24%
88,000,000원 초과 150,000,000원 이하	35%
150,000,000원 초과 300,000,000원 이하	38%
300,000,000원 초과 500,000,000원 이하	40%
500,000,000원 초과 1,000,000,000원 이하	42%
1,000,000,000원 초과	45%

출처: 국세청홈페이지

세율

- 일반과세자: 판매가격(공급대가)의 10%
- 간이과세자: 업종별로 판매가의 1.5~4%

- 원천징수세: 사업자가 직원에게 월급을 지급할 때 일정금액의 세금을 미리 징수하는 것을 원천징수세라고 한다. 일반적으로 근로자는 직접 세금을 내지 않고, 원천징수의무자인 국가, 법인, 개인사업자 등이 미리 세금을 징수하여 국가에 납부한다. 원천징수세는 소득의 종류에 따라 세율이 달라지는데 직원의 월급과 같은 근로소득은 간이세액표에 따라 정해진 세율이 적용되며, 일용근로자에게 지급하는 근로소득에는 6%(단, 15만 원까지 비과세), 프리랜서에게 지급하는 인적용역 사업소득에는 3%의 원천세율이 적용된다. 또한 원천세의 10%에 해당하는 금액은 지방소득세로 함께 납부해야 한다. 그 외에 국민연금, 고용보험, 산재보험, 건강보험 등이 4대보험에 속하며, 국민연금과 고용보험, 건강보험 비용은 매월 사업자와 근로자가 정해진 요율에 따라 부담하게 된다.[1]

1 국세청 종합소득세 개요

2) 법인사업자의 세금

법인사업자는 부가가치세, 원천징수세는 개인사업자와 같고 개인사업자가 종합소득세를 내는 대신 기업은 법인세를 납부해야 한다.

법인세는 주식회사와 같이 법인형태의 사업자의 경우 그 사업에서 생긴 소득에 대해 납부하는 세금이다. 각 사업연도 소득에 대하여 법인세를 납부해야 하고, 지가 급등지역에 소재한 토지 등을 양도하는 경우 토지등 양도소득에 대한 법인세를 추가로 납부해야 한다. 각 사업연도 소득에서 이월결손금, 비과세소득, 소득공제를 차감한 것이 과세대상 수익이며, 거기에 법인세율을 곱하여 산출한다.

각 사업연도소득 = 총 익금 - 총 손금

> **총익금**
> 사업에서 발생하는 수익금액 외에 사업과 관련하여 발생하는 자산의 양도금액, 자산의 평가차익, 무상으로 받은 자산의 가액 등을 포함한다.
>
> **총손금**
> 제품의 원가 및 인건비 외에 사업과 관련하여 지출한 접대비, 복리후생비등을 포함하며, 세법에서 인정하는 특정손금이 있다.

〈표 1.4〉는 국세청에서 고시한 법인의 종류별 법인세율을 표시한다. 법인세율은 각 사업연도의 소득에 따라 변화한다.

1.2.3 장기적인 성장관점에서 사업자 형태 선택

이미 위에서 각 사업형태의 기본적인 차이와 특성에 대해 알아보았다. 이에 따르면, 개인사업자는 사업을 개인의 명의로 운영하는 형태로, 소득세를 납부하며 사업주가 모든 책임을 진다. 법인사업자는 사업을 법인이라는 법적인 단체의 명의로 운영하며, 법인세를 납부하고, 법인과 개인의 법적인 분리가 이루어지게 된다. 각각의 유불리점을 통해 좋은 선택을 찾아보자.

장기적인 성장관점에서 보면, 법인사업자가 세금혜택, 자금조달의 용이성, 법적 책임의 분리 및 사업의 지속성 측면에서 더 유리한 조건을 가지고 있다. 그러나 이는 사업의 규모, 성장 단계, 특성 등을 고려하여 개별사업에 가장 적합한 형태를 선택해야 한다는 점을 명심해야 한다. 초기 단계에서는 개인사업자 형태가 더 유리할 수 있으며, 사업이 성장하고 안정화되면 법인으로 전환하는 것도 하나의 전략이 될 수 있다.

표 1.4 법인세율 (2023년 이후)

소득종류 / 법인종류	각사업연도소득			청산소득		
	과세표준	세율	누진공제	과세표준	세율	누진공제
영리법인	2억 이하	9%	—	2억 이하	10%	—
	2억 초과 200억 이하	19%	2,000만 원	2억 초과 200억 이하	20%	2,000만 원
	200억 초과 3,000억 이하	21%	42,000만 원	200억 초과 3,000억 이하	22%	42,000만 원
	3,000억 초과	24%	942,000만 원	3,000억 초과	25%	942,000만 원
비영리법인	2억 이하	9%	—	—	—	—
	2억 초과 200억 이하	19%	2,000만 원			
	200억 초과 3,000억 이하	21%	42,000만 원			
	3,000억 초과	24%	942,000만 원			
조합법인 (조특법 §72 적용)	20억 이하	9%	—	—	—	—
	20억 초과	12%	6,000만 원			

* 2023.1.1. 이후 개시하는 사업연도 분부터 적용

출처: 국세청홈페이지

표 1.5 다양한 관점에서 개인사업자와 법인사업자의 비교

구분	개인사업자	법인사업자
세금 및 회계 처리	일반적으로 초기 사업 단계에서 세금처리가 간단하고 회계비용이 낮다. 소득세율이 적용되며, 사업소득에 따라 변동적인 세율이 적용된다. 그러나 사업이 성장함에 따라 과세소득이 높아지면 상대적으로 높은 세율의 소득세를 부담할 수 있다.	법인세율이 적용되며, 법인세는 소득구간에 따라 일정하게 적용된다. 초기에는 회계 및 세무 처리비용이 높을 수 있으나, 법인세율이 개인 최고소득세율보다 낮을 경우, 높은 수익을 내는 기업에 유리할 수 있다. 또한, 비용처리의 범위가 넓어 세후 이익을 극대화할 수 있는 방법이 많다.
자금 조달의 용이성	자금조달이 상대적으로 어려울 수 있다. 대출 시 사업주 개인의 신용도가 중요한 판단기준이 되며, 대규모 투자유치는 한계가 있다.	주식 발행을 통한 자본금 확대, 다양한 투자자로부터의 투자유치가 가능하다. 법인의 신용도와 사업의 잠재력을 바탕으로 대규모 자금조달이 용이하다.
법적 책임의 분리	사업주 개인이 모든 법적 책임을 진다. 사업과 관련된 빚이나 채무는 사업주 개인의 책임이 되어 개인자산까지 위험에 노출될 수 있다.	법인과 사업주는 법적으로 분리되어, 사업과 관련된 법적 책임이나 채무는 법인에 국한된다. 사업주의 개인자산은 보호받을 수 있다.
사업의 지속성	사업주가 사망하거나 은퇴할 경우 사업의 지속성이 쉽게 단절될 수 있다.	법인은 독립적인 법적 실체로서 사업주의 변경이나 사망에도 사업의 지속성이 유지된다. 기업의 가치와 브랜드를 장기적으로 유지 및 발전시킬 수 있다.

2. 주식회사의 지배구조

벤처기업의 재무관리는 그 특성상 전통적인 대기업과는 다른 여러 가지 독특한 도전과 기회를 내포하고 있다. 이러한 차이점을 이해하기 위해서는 먼저 벤처기업이 작동하는 기본적인 구조, 특히 주식회사 형태의 지배구조에 대한 이해가 필수적이다. 주식회사의 지배구조는 기업의 의사결정 과정에 있어 중요한 역할을 하며, 이는 벤처기업의 재무관리 전략과 직접적인 연관이 있다.

주식회사의 지배구조는 기업의 이해관계자들 사이의 권력분배와 관리를 규정하는 체계를 의미한다. 이는 주주, 이사회, 경영진 사이의 상호작용을 통해 기업의 목표를 설정하고, 자원을 배분하며, 기업의 성과를 감독하는 과정을 포함한다. 특히 벤처기업에서는 이러한 지배구조가 더욱 중요해지는데, 그 이유는 벤처기업이 처음부터 높은 불확실성과 제한된 자원을 가지고 시작하기 때문이다.

벤처기업의 경우, 초기 투자자와 창업자 간의 관계, 그리고 이들과 경영진 사이의 관계가 기업의 성장방향과 속도를 결정짓는 중요한 요소가 된다. 초기 단계에서는 주로 창업자 또는 소수의 투자자가 대부분의 결정권을 갖고, 이는 기업의 민첩성과 신속한 의사결정을 가능하게 한다. 하지만, 기업이 성장함에 따라 외부로부터의 자본유치가 필요해지고, 이는 지배구조 내에서 권력의 재분배를 요구하게 된다. 이 과정에서 지배구조의 투명성, 공정성, 그리고 효율성은 벤처기업이 시장에서 경쟁력을 유지하고, 지속적인 성장을 달성하는 데 있어 핵심적인 요소가 된다.

따라서, 벤처기업의 재무관리를 논의함에 있어 주식회사의 지배구조를 이해하는 것은 기업의 의사결정 과정, 자본조달 방법, 그리고 위험관리 전략을 분석하는 데 있어 필수적인 출발점이 된다. 이 절에서는 벤처기업의 재무관리와 주식회사 지배구조 간의 연계성을 탐구하며, 이를 통해 벤처기업이 직면한 재무적 도전을 극복하고 성공적인 성장을 이루기 위한 전략적 접근 방법을 모색할 것이다.

2.1 의사결정기구

2.1.1 주주총회

주식회사의 지배구조 내에서 주주총회는 최고 의사결정 기구로서 중요한 역할을 한다. 주주총회는 주식회사의 주주들이 모여 회사의 중대사항에 대해 논의하고 결정을 내리는 장소이며, 주주들이 자신의 권리를 행사하는 주된 수단이다. 주주총회에서 다루어지는 주요 안건에는 이사회 구성원의 선출, 회사의 재무제표 승인, 배당정책, 회사의 합병, 분할, 해산 등 회사경영에 있어 중대한 결정들이 포함된다. 주주총회의 구조는 다음과 같다.

- 정기주주총회: 주로 회계연도가 끝난 후 일정기간 내에 개최되며, 주로 회사의 재무제표 승인, 이사 및 감사의 선출 및 해임, 배당관련결정 등이 이루어진다.
- 임시주주총회: 특별한 사항이 발생했을 때 언제든지 소집할 수 있으며, 주로 중요한 경영 결정이나 긴급한 사안에 대한 논의가 이루어진다.

1) 벤처기업 주주총회의 특이성

벤처기업의 주주총회는 전통적인 대기업의 주주총회와 여러 면에서 차이점을 보인다. 이러한 차이점은 벤처기업의 구조적 특성과 성장 단계에서 기인한다.

- 주주구성: 벤처기업의 주주구성은 상대적으로 소수의 투자자들로 제한적일 수 있다. 이들은 종종 벤처캐피탈, 엔젤투자자, 창업자 및 초기직원 등으로 구성된다. 이에 반해, 대기업은 수천에서 수만 명의 주주로 구성될 수 있다.
- 의사결정의 신속성과 유연성: 벤처기업의 주주총회는 소수의 주주로 인해 의사결정 과정이 비교적 신속하고 유연할 수 있다. 이는 벤처기업이 빠르게 변화하는 시장 환경에 효과적으로 대응할 수 있게 한다.
- 참여 및 영향력: 벤처기업에서는 소수주주들이 회사경영에 직접적으로 참여하고 큰 영향력을 행사하는 경우가 많다. 특히 초기 단계에서는 투자자들이 경영의사 결정에 직접 개입하는 경우도 있다.
- 투명성과 소통의 중요성: 벤처기업에서는 주주사이의 신뢰와 긴밀한 소통이 매우 중요하다. 이는 투자자들이 회사의 비전과 성장 전략에 대해 명확히 이해하고, 이를 지원하기 위해 필요한 결정을 내릴 수 있도록 한다.

결론적으로, 벤처기업의 주주총회는 그 구조와 기능면에서 전통적인 대기업의 주주총회와 다르게 작동한다. 이러한 차이는 벤처기업이 처한 독특한 환경과 성장 단계, 그리고 주주들의 성격과 역할에서 비롯된다. 이러한 차이점은 벤처기업이 효과적으로 성장하고 발전하기 위해 필수적인 요소이다.

2) 벤처기업 주주총회 결정의 중요성

벤처기업에서는 주주총회에서의 결정이 회사의 미래에 더욱 큰 영향을 끼칠 수 있다. 예를 들어, 추가 자본조달, 중대한 전략적 제휴 또는 인수합병(M&A) 결정은 회사의 성공적인 성장 또는 실패를 좌우할 수 있다. 이러한 결정들은 주주들 간의 긴밀한 협의와 합의를 필요로 한다.

- 법적 및 규제 환경: 벤처기업, 특히 초기 단계의 스타트업은 제한된 자원과 인력으로 운영된다. 이로 인해, 대기업에 비해 법적 및 규제 요구사항에 대응하는 데 있어 어려움을 겪을 수 있다. 따라서, 주주총회의 운영과 관련된 법적 요구사항을 충족시키기 위해 외부 전문가의 도움을 받는 경우가 많다.
- 기술 활용: 최근 벤처기업들은 주주총회를 비롯한 여러 경영활동에서 기술을 적극적으로 활용하고 있다. 예를 들어, 온라인 플랫폼을 이용한 가상 주주총회의 개최는 지리적 제약을 줄이고, 주주들의 참여를 증가시킬 수 있다. 이는 주주들이 회사의 중요한 결정 과정에 더 쉽게 참여할 수 있게 하여, 의사결정의 투명성과 효율성을 개선한다.

벤처기업의 주주총회는 이처럼 독특한 특성과 요구사항을 가지고 있기 때문에, 이를 고려한 효과적인 운영과 관리가 필요하다. 이는 회사의 성장과 발전을 지원하는 데 있어 핵심적인 역할을 한다. 주주총회를 통해 주주들은 중요한 경영 결정에 참여하고, 회사의 미래방향에 대해 의견을 나누며, 경영진과의 소통을 강화할 수 있다. 따라서, 벤처기업에 있어 주주총회는 단순히 법적 요구사항을 충족시키는 것을 넘어, 회사의 성장 전략과 비전을 공유하고, 주주가치를 극대화하는 중요한 기회로 활용될 수 있다.

2.1.2 이사회

주식회사의 지배구조에서 이사회는 핵심적인 역할을 수행한다. 이사회의 주요 기능은 회사의 전략적 방향설정, 경영진의 선임 및 감독, 중요한 경영의사결정 등이다. 이사회 구조는 일반적으로 사내이사와 사외이사로 구성된다. 사내이사는 회사의 경영진들로 선출되며, 회사의 일상적인 경영활동에 참여한다. 반면, 사외이사는 회사경영에 직접 관여하지 않으며, 주로 이사회의 독립성과 객관성을 확보하는 역할을 한다.

1) 이사회의 역할

- 경영감독: 이사회는 경영진의 성과를 평가하고, 회사의 중장기 전략과 주요 투자 결정에 대한 승인권한을 가진다.
- 정책 및 전략수립: 회사의 주요 정책과 전략을 수립하며, 중대한 사업결정을 내린다.
- 리스크 관리: 회사의 주요 위험을 식별하고, 이에 대한 관리 및 대응 전략을 수립한다.
- 투명성 및 책임성 확보: 주주 및 기타 이해관계자에게 회사의 운영에 대한 투명성과 책임성을 제공한다.

2) 벤처기업의 이사회 특성 및 차이점

벤처기업의 이사회는 대규모기업의 이사회와 여러 면에서 차이가 있다. 벤처기업은 초기 성장 단계에 있기 때문에, 이사회의 구성과 역할에서 특정한 특징들이 나타난다.

- 구성멤버의 다양성: 벤처기업의 이사회는 창업자, 투자자(주로 벤처캐피탈), 그리고 때로는 외부전문가로 구성된다. 투자자 이사들은 자금을 투자한 대가로 이사회에 참여하며, 회사의 전략적 방향에 영향을 미친다.
- 집중적인 전략적 지원: 벤처기업의 이사회는 경영감독뿐만 아니라, 회사의 성장과 발전을 위한 전략적 조언과 지원에 중점을 둔다. 이는 초기 단계의 벤처기업이 시장에서 생존하고 성장하기 위해 필요한 전략적 결정들을 내리는 데 도움을 준다.
- 유연성과 신속한 의사결정: 벤처기업의 이사회는 대규모 기업에 비해 상대적으로 소규모이며, 이로 인해 더 유연하고 신속한 의사결정이 가능하다. 이는 빠르게 변화하는 시장 환경에 효과적으로 대응할 수 있게 해준다.
- 리스크 관리와 자원확보의 중점: 벤처기업은 리스크가 높은 단계에 있기 때문에, 이사회는 리스크 관리와 함께, 필요한 자원확보에 중점을 둔다. 벤처기업의 이사회는 초기 단계에서 기업이 직면할 수 있는 다양한 리스크들을 관리하고, 필요한 자본, 인재, 기술 등의 자원을 확보하기 위한 전략적 결정을 내린다.

3) 벤처기업 이사회의 도전과제

벤처기업의 이사회는 특유의 구조와 역할을 가지고 있지만, 여러 도전과제에 직면해 있다.

- 이해관계의 충돌: 벤처기업의 이사회에는 다양한 배경을 가진 이사들이 참여하기 때문에, 때로는 이해관계가 충돌할 수 있다. 특히, 투자자 이사들과 창업자 사이에서 전략적 방향성에 대한 견해차가 발생할 수 있다.
- 전문성의 부족: 초기 단계의 벤처기업에서는 특정분야의 전문성을 가진 이사를 찾기 어려울 수 있다. 이로 인해 회사의 성장과 발전에 필요한 전략적 조언을 제공하는 데 한계가 생길 수 있다.
- 신속한 의사결정의 필요성: 벤처기업은 변화하는 시장환경에 빠르게 대응해야 하기 때문에, 이사회의 신속한 의사결정이 요구된다. 그러나, 이해관계자 사이의 의견 조율이 필요한 경우, 의사결정 과정이 지연될 수 있다.

4) 벤처기업 이사회의 최적화 전략

벤처기업의 이사회가 효과적으로 기능하기 위해서는 몇 가지 전략이 필요하다.

- 이해관계자 간의 소통강화: 이사회 내외부의 이해관계자들 간에 투명하고 지속적인 소통을 통해, 이해관계의 충돌을 최소화하고, 신뢰를 구축해야 한다.
- 전문성 확보: 이사회의 다양성과 전문성을 확보하기 위해, 특정분야의 전문가를 이사회에 초빙하는 것이 중요하다. 이는 회사의 전략적 결정에 근거를 제공하고, 리스크 관리에 도움이 된다.
- 유연한 의사결정 구조: 이사회 내에서 신속한 의사결정을 가능하게 하기 위해, 유연한 의사결정구조를 마련해야 한다. 예를 들어, 소규모의 전략위원회를 운영하여 긴급한 사안에 대해 빠르게 결정할 수 있는 시스템을 구축하는 것이다.

벤처기업의 이사회는 회사의 성장과 발전에 있어 중요한 역할을 한다. 따라서, 이사회의 구성과 운영방식을 지속적으로 개선하고, 위에 언급된 전략을 통해 도전과제를 극복해 나가는 것이 중요하다.

2.1.3 대표이사

대표이사는 주식회사의 경영과 관련된 중요한 의사결정을 담당하는 핵심인물이다. 대표이사는 회사의 운영과 관련된 전반적인 사항을 총괄하며, 회사의 대외적인 대표권한을 가진다. 또한, 대표이사는 회사의 비전과 목표를 설정하고, 이를 달성하기 위한 전략을 수립하는 역할을 수행한다. 그리고 대표이사는 회사의 재무상태를 관리하고, 중요한 사업결정을 내리며, 회사의 이해관계자 들과의 관계를 유지하는 데 중요한 역할을 한다.

대표이사의 역할은 회사의 규모와 성격에 따라 차이가 있을 수 있다. 예를 들어, 대규모 기업에서 대표이사는 주로 전략적인 의사결정을 담당하며, 여러 부서와 팀을 관리하는 중간관리자들에게 많은 운영책임을 위임할 수 있다. 반면, 벤처기업에서의 대표이사는 회사의 모든 측면에서 더 활발하게 참여하곤 한다.

1) 벤처기업 대표이사의 특성

벤처기업의 대표이사는 다음과 같은 특성과 차이점을 가지고 있다.

- 다양한 역할수행: 벤처기업의 대표이사는 여러 가지 다양한 역할을 수행해야 한다. 이는 마케팅, 영업, 제품개발, 재무관리 등 회사의 다양한 분야에서 직접적으로 관여하고 결정을 내리는 것을 의미한다. 초기 단계에서는 자금조달과 투자자관리에 더 많은 시간을 할애할 수도 있다.
- 유연성과 적응성: 벤처기업은 변화하는 시장환경에 빠르게 적응해야 하는 경우가 많다. 따라서, 벤처기업의 대표이사는 유연하고 적응력이 뛰어나야 하며, 실패로부터 빠르게 학습하고 전략을 조정할 수 있는 능력이 중요하다.
- 비전과 열정: 벤처기업의 성공은 대표이사의 비전과 열정에 크게 의존한다. 대표이사는 회사의 비전을 명확하게 제시하고, 이를 실현하기 위한 동기부여와 열정을 팀원들에게 전달할 수 있어야 한다.
- 자원의 제한: 벤처기업은 자원이 제한적이기 때문에 대표이사는 자원을 효율적으로 관리하고, 최소한의 자원으로 최대한의 결과를 내야 한다. 이는 종종 창의적인 문제해결과 혁신을 요구한다.
- 리스크 관리: 벤처기업은 높은 불확실성과 리스크를 안고 있다. 따라서, 대표이사는 리스크를 식별하고 관리할 수 있는 능력이 중요하며, 때로는 과감한 결정을 내려야 할 수도 있다.

결론적으로, 대표이사는 회사의 전략적 방향성과 일상의 경영을 책임지는 핵심인물이다. 그러나 벤처기업과 대규모기업에서의 대표이사의 역할과 특성에는 몇 가지 중요한 차이점이 있다.

2) 벤처기업 대표이사에게 추가적으로 요구되는 특성과 역할

- 투자유치 능력: 벤처기업의 성장과 발전을 위해서는 자본조달이 필수적이다. 따라서, 벤처기업의 대표이사는 투자자를 설득할 수 있는 강력한 커뮤니케이션 능력과 투자제안서 작성능력을 갖추어야 한다. 투자유치 과정에서 대표이사의 비전과

회사의 잠재력을 효과적으로 전달하는 것이 중요하다.

- 네트워킹: 벤처기업의 대표이사는 다양한 이해관계자와의 네트워킹 능력을 갖추어야 한다. 이는 투자자, 업계전문가, 잠재적 고객 및 파트너들과의 관계구축을 포함한다. 강력한 네트워크는 비즈니스 기회를 확장하고, 회사의 성장을 가속화하는 데 기여할 수 있다.
- 인재유치 및 팀 구축: 벤처기업의 성공은 대표이사가 구축한 팀에 크게 의존한다. 우수한 인재를 유치하고, 팀원들 간의 협력을 촉진하며, 고무적인 기업문화를 조성하는 것은 대표이사의 중요한 책임 중 하나이다. 대표이사는 팀원들에게 회사의 비전을 공유하고, 각자의 장점을 최대한 활용할 수 있도록 동기를 부여해야 한다.
- 혁신과 빠른 의사결정: 벤처기업은 시장의 변화에 빠르게 대응하고, 혁신적인 아이디어를 실현해야 한다. 이를 위해 대표이사는 빠른 의사결정을 내릴 수 있는 능력이 필요하며, 때로는 전통적인 경로를 벗어난 창의적인 접근 방법을 시도할 필요가 있다.
- 위기관리: 벤처기업은 불확실한 환경에서 운영되므로, 위기상황에 직면할 가능성이 높다. 대표이사는 위기상황에서 침착함을 유지하고, 문제를 신속하게 해결하기 위한 전략을 마련할 수 있어야 한다. 위기관리 능력은 회사가 어려움을 극복하고 성장하는 데 결정적인 역할을 한다.

벤처기업의 대표이사는 회사의 성장과 발전을 위해 다양한 역할을 수행하며, 이는 회사의 성패에 직접적인 영향을 미친다. 따라서, 벤처기업의 대표이사는 전략적 사고, 리더십, 혁신적인 문제해결 능력, 그리고 강력한 커뮤니케이션 능력을 두루 갖추어야 한다. 이러한 능력은 벤처기업의 초기 단계부터 성장과 확장 단계에 이르기까지 회사의 발전을 이끌고, 내외부적으로 다양한 도전과 기회에 효과적으로 대응할 수 있는 기반을 마련한다.

3) 대규모기업 대표이사의 추가적인 특성과 역할

벤처기업에서 성장하여 대규모 기업으로 성장하게 되면 다음과 같은 대표이사의 추가적인 특성과 역할이 필요하게 된다.

- 비전설정과 전략실행: 대규모 기업의 대표이사는 회사의 장기적인 비전과 목표를 설정하고, 이를 달성하기 위한 전략을 수립하는 데 중점을 둔다. 이 과정에서는 시장의 변화를 예측하고, 경쟁사 대비 우위를 확보할 수 있는 방안을 모색해야 한다. 또한, 전략실행을 위해 조직 내 다양한 부서와 팀이 협력하도록 이끌어야 한다.

- 리스크 관리와 지속 가능성 확보: 대규모 기업의 대표이사는 회사의 지속 가능한 성장을 위해 리스크 관리에 주목해야 한다. 이는 재무적 위험, 운영적 위험, 시장위험 등 다양한 형태의 리스크를 식별하고, 이에 대한 대비책을 마련하는 것을 포함한다. 또한, 사회적 책임과 환경적 지속 가능성을 고려한 경영 전략도 중요하다.
- 조직문화와 리더십: 대규모기업에서는 조직 문화가 중요한 역할을 한다. 대표이사는 긍정적이고 혁신적인 조직문화를 조성하고, 이를 유지하기 위한 노력을 기울여야 한다. 이는 직원들의 만족도와 헌신도를 높이고, 장기적으로 회사의 성과와 경쟁력을 강화하는 데 기여한다.
- 글로벌 시장에서의 경쟁력 확보: 많은 대규모 기업이 글로벌시장에서 활동하고 있으므로, 대표이사는 국제적인 시각을 갖고 경쟁력을 확보해야 한다. 이를 위해 글로벌시장의 트렌드를 파악하고, 다국적 운영 전략을 개발하며, 다양한 문화와 규제 환경에 적응하는 능력이 요구된다.
- 기술혁신과 디지털 전환: 기술의 발전은 대규모 기업의 운영방식과 비즈니스 모델에 근본적인 변화를 가져온다. 따라서, 대표이사는 기술혁신을 주도하고, 디지털 전환을 통해 조직의 효율성과 경쟁력을 높여야 한다. 이는 제품과 서비스의 개선, 고객경험의 향상, 운영비용의 절감 등 다양한 이점을 제공한다.

벤처기업과 대규모 기업에서의 대표이사 역할은 회사의 규모, 시장환경, 내부 조직문화 등에 따라 차이가 있지만, 궁극적으로는 회사의 성장과 발전을 이끌어내는 데 중심적인 역할을 한다는 공통점이 있다. 대표이사는 혁신과 변화를 주도하고, 인재 육성과 리더십 개발, 통합적 사고와 의사결정, 이해관계자와의 소통, 위기관리를 해야 하는 막중한 책임을 가지고 있다. 대표이사의 역할은 회사의 성공을 위해 필수적이며, 이러한 다양한 역할을 효과적으로 수행하기 위해서는 전략적 사고, 리더십 능력, 의사소통 기술, 변화관리 능력 등 다양한 능력이 요구된다.

2.1.4 감사

주식회사의 지배구조에서 감사의 역할은 주로 회사운영의 투명성과 적법성을 감시하는 것이다. 감사는 회사의 재무제표가 회계기준에 부합하는지, 경영활동이 법률과 회사의 정관에 따라 이루어지는지를 점검한다. 감사의 주된 임무는 회사의 재무건전성과 경영투명성을 확보하여 회사와 이해관계자의 이익을 보호하는 것이다.

감사는 크게 내부감사와 외부감사로 구분된다. 내부감사는 회사 내부의 감사부서나 감사인이 수행하며, 주로 내부통제 시스템의 적절성과 효과성을 평가한다. 외부감사는 독립된 외부회계법인이 수행하며, 회사의 재무제표가 회계 원칙과 기준에 따라 공정하게 작성되었는지를 검증한다. 하지만 실상 창업벤처기업 입장에서는 감사업무를 소홀히 하거나 여력이 없는 경우가 많다. 결국 벤처기업들 중에서 종종 경영자나 직원들에게서 여러 문제가 발생하는 경우가 심심치 않게 발생하고 있는 것이 현실이다.

벤처기업 감사의 특성 및 차이점 벤처기업의 경우, 전통적인 대기업이나 잘 정립된 회사들과 비교할 때 몇 가지 차이점을 가진다.

- 벤처기업은 대체로 초기 단계에 있어 내부통제 시스템이나 감사체계가 충분히 발달하지 않은 경우가 많다. 이로 인해 내부감사의 역할이 덜 강조되거나, 외부감사에 더 의존하는 경향이 있다.
- 벤처기업은 빠른 성장과 변화가 요구되는 환경에 있기 때문에, 감사의 역할도 이러한 특성을 반영하여 더 유연하고 적응적일 필요가 있다. 예를 들어, 감사는 재무제표의 정확성뿐만 아니라, 회사의 비즈니스 모델과 성장 전략의 지속 가능성에 대한 평가도 수행할 수 있다.
- 벤처기업에서 감사는 투자자와의 신뢰 구축에 중요한 역할을 한다. 초기 단계의 벤처기업은 자금조달을 위해 외부투자자의 지원을 필요로 하는데, 감사를 통해 경영의 투명성과 적법성을 입증함으로써 투자자의 신뢰를 얻을 수 있다.
- 벤처기업의 경우, 감사는 때론 리스크 관리의 중요한 요소로 작용한다. 벤처기업은 상대적으로 위험성이 높은 사업을 추진할 가능성이 크기 때문에, 감사는 잠재적인 위험 요소를 식별하고 대응 전략을 제시하는 데 기여할 수 있다.

결론적으로, 벤처기업의 감사는 전통적인 대기업과 비교하여 더 다양한 역할을 수행하며, 회사의 특성과 성장 단계에 맞추어 유연하게 접근해야 한다. 이는 벤처기업이 직면한 독특한 도전과 기회에 대응하기 위함이다. 벤처기업의 감사는 단순히 규정준수와 재무보고의 정확성을 넘어서, 전략적 파트너로서 역할을 수행하기도 한다. 이러한 접근방식은 벤처기업이 성장하고 시장에서 경쟁력을 유지하는 데 필수적이다.

감사의 이러한 역할확장은 벤처기업이 당면한 특수한 상황 때문이다. 예를 들어, 벤처기업은 혁신적인 아이디어나 기술을 기반으로 하지만, 이는 동시에 높은 재무적 위험과 운영상의 불확실성을 수반한다. 감사는 이런 위험을 관리하고 불확실성을 줄이는 데 중요한 역할을 하며, 이는 벤처기업이 안정적으로 성장하고 장기적인 성공을 달성하는 데 도움을 줄 수 있다.

또한, 벤처기업은 빠르게 변하는 시장환경과 기술발전에 적응해야 한다. 이런 상황에서 감사는 전략적 조언자로서 역할을 수행하여, 경영진이 더 유연하고 혁신적인 결정을 내리도록 돕는다. 감사는 재무데이터와 시장트렌드를 분석하여 중요한 인사이트를 제공하고, 잠재적인 위험을 사전에 식별하여 경영진에게 전략적인 조언을 할 수 있다.

감사는 또한 벤처기업의 지속 가능성과 사회적 책임을 평가하는 데 중요한 역할을 한다. 최근 기업의 사회적 책임(CSR)과 환경, 사회 및 지배구조(ESG) 기준에 대한 관심이 증가함에 따라, 감사는 이러한 요소들이 회사의 전략과 운영에 어떻게 통합되고 있는지를 평가한다. 이는 투자자들에게 회사가 장기적인 가치를 창출하고 사회적으로 책임 있는 방식으로 운영되고 있음을 보여주는 중요한 방법이다.

요약하자면, 벤처기업의 감사는 전통적인 감사의 역할을 넘어서, 회사의 전략적 방향 설정, 위험관리, 지속 가능성평가 등 다양한 분야에서 중요한 기능을 수행한다. 이는 벤처기업이 성공적으로 성장하고 시장에서 지속 가능한 경쟁우위를 확보하는 데 필수적인 요소이다.

2.2 정관

회사의 지배구조에서 정관은 기업 운영의 기본적인 규칙과 원칙을 설정하는 핵심 규범으로, 회사의 설립, 운영, 해산 등과 관련된 중요 사항들을 규정하고 있다. 정관은 회사의 성격, 목적, 조직구조, 주주들의 권리와 의무, 이사회 및 경영진의 권한과 책임 등을 명시함으로써 회사운영의 투명성을 제고하고 내, 외부 이해관계자들 사이의 관계를 명확하게 정립하는 역할을 한다.

2.2.1 정관이란

정관은 회사의 '헌법'으로 불린다. 이는 회사를 운영하는 데 있어 가장 기본이 되는 규범과 원칙을 담고 있기 때문이다. 정관에는 회사의 명칭, 목적, 본사위치, 주식의 종류와 수, 이사회의 구성과 권한 등 회사운영의 기본적인 사항들이 포함된다. 이는 회사를 설립하고 운영하는 데 필요한 기본적인 지침을 제공하며, 회사의 목적과 운영방식을 대외적으로 공시함으로써 법적인 효력을 가지게 된다.

2.2.2 정관의 역할

- 회사 운영의 기본 지침 제공: 정관은 회사의 운영에 관한 기본적인 틀을 제공한다. 이는 회사 운영의 투명성과 예측 가능성을 높이는 데 중요한 역할을 한다.
- 이해관계자 간의 권리와 의무 명시: 주주, 이사회, 경영진 및 기타 이해관계자들의 권리와 의무를 명확히 규정함으로써, 이들 간의 갈등을 최소화하고 효율적인 의사결정을 돕는다.

- 법적 효력 확보: 정관은 법적 문서로서, 회사와 이해관계자 사이의 권리와 의무에 대한 법적 효력을 가진다. 따라서, 정관에 명시된 사항들은 법적으로 준수되어야 한다.
- 회사의 목적과 경영방침 명시: 회사의 목적과 경영방침을 명시함으로써, 회사가 추구하는 방향과 가치를 내외부에 공시한다. 이는 회사의 정체성을 확립하고, 전략적 목표 달성을 위한 기준을 제공한다.
- 투자자 보호: 정관에는 주주의 권리와 이익을 보호하는 내용이 포함되어 있어, 투자자들이 회사에 대한 신뢰를 갖고 투자할 수 있도록 돕는다.

정관의 작성과 개정은 주주총회의 결의를 통해 이루어지며, 회사의 성장과 변화에 따라 적절히 반영되어야 한다. 정관은 회사 운영의 투명성과 효율성을 보장하는 중요한 법적 문서를 제공한다는 점에서, 그 중요성은 매우 크다. 회사 운영에서 정관의 역할과 중요성을 더욱 구체적으로 살펴보면 다음과 같다.

2.2.3 정관의 구성 요소

정관은 일반적으로 다음과 같은 주요 내용을 포함한다.

- 회사의 명칭과 본사 위치: 회사의 공식명칭과 본사의 위치를 명시한다.
- 회사의 목적: 회사가 설립된 목적과 사업범위를 구체적으로 기술한다.
- 자본금과 주식: 발행 가능한 주식의 총 수, 주식의 종류 및 각 주식의 가치 등을 명시한다.
- 주주의 권리와 의무: 주주들의 권리와 의무, 주주총회의 구성 및 운영방식에 대해 규정한다.
- 이사회와 경영진: 이사회의 구성, 선출방식, 권한 및 책임과 경영진의 역할에 대한 내용을 포함한다.
- 회계 및 감사: 회계연도, 재무보고, 외부감사 등에 관한 규정을 담고 있다.
- 정관의 변경: 정관을 변경하는 절차와 필요한 요건에 대해 설명한다.

2.2.4 정관 변경의 중요성

회사의 성장과 시장환경의 변화에 따라, 기존의 정관내용이 더 이상 적합하지 않을 수 있다. 이런 경우, 회사는 경쟁력을 유지하고 법적 위험을 최소화하기 위해 정관을 적시에 개정해야 한다. 정관변경은 주주총회의 승인을 거쳐야 하며, 이 과정에서 주주들의 의견을 반영하는 것이 중요하다. 정관의 적절한 관리와 업데이트는 회사의 건전한 성장을 위해 필수적이다.

정관은 회사 운영의 기본적인 규범과 원칙을 설정하는 핵심 문서로서, 회사의 지배구조를 정립하는 데 중요한 역할을 한다. 정관을 통해 회사의 목적과 운영 방침을 명확히 하고, 이해관계자 간의 권리와 의무를 분명히 함으로써, 회사의 투명성과 효율성을 높이는 것이 가능하다. 따라서, 모든 이해관계자는 정관의 내용을 잘 이해하고, 필요한 경우 적절한 변경을 통해 회사의 지속 가능한 성장을 지원해야 한다.

2.2.5 벤처기업의 정관[2]

벤처기업은 혁신적인 아이디어나 기술을 바탕으로 빠른 성장을 목표로 하는 회사를 말한다. 따라서 벤처기업의 정관은 일반 주식회사의 정관에 비해 몇 가지 차별화된 요소를 포함한다. 차이점은 주로 회사의 성장 단계와 투자유치의 특성에서 비롯된다.

- 주식의 종류와 권리: 벤처기업은 투자자 유치를 위해 다양한 종류의 주식을 발행할 수 있다. 예를 들어, 우선주와 보통주의 차별화된 권리설정이 이에 해당한다. 우선주는 일반적으로 투자자에게 주어지며, 배당우선권이나 액면가회수우선권 등 추가적인 권리가 부여될 수 있다.
- 투자와 관련된 조항: 벤처기업의 정관에는 투자자 보호를 위한 조항이 포함될 수 있다. 예를 들어, 투자자의 동의 없이 특정결정을 할 수 없는 조항, 투자자에게 특정정보를 정기적으로 제공해야 하는 조항 등이 있다.
- 스톡옵션 계획: 벤처기업은 우수한 인재를 유치하고 동기를 부여하기 위해 스톡옵션 계획을 포함시키는 경우가 많다. 이는 직원이나 경영진에게 회사 주식을 미리 정해진 가격으로 구매할 수 있는 권리를 부여하는 것이다.

2.2.6 벤처기업 정관에 포함해야 할 주요 내용

벤처기업의 정관은 그 회사가 직면할 수 있는 독특한 도전과 기회를 반영해야 한다. 정관은 단순히 법적 요구사항을 충족시키는 문서를 넘어서, 회사의 비전과 가치를 담고, 이해관계자 간의 합의를 형성하며, 회사의 장기적 성공을 위한 기반을 마련하는 역할을 한다. 따라서 벤처기업의 정관작성 과정은 매우 신중하게 진행되어야 하며, 필요한 경우 법률 전문가의 조언을 구하는 것이 바람직하다.

---

2 법무법인 별의 스타트업 표준 정관을 참고
https://star-law.kr/template/articles-of-association/

- 회사의 목적: 벤처기업은 특정기술이나 서비스에 집중하는 경우가 많으므로, 회사의 목적을 명확히 규정해야 한다.
- 주식의 종류와 권리: 다양한 종류의 주식과 이에 따른 권리, 특히 우선주와 보통주의 차이를 명확하게 규정해야 한다.
- 이사회와 주주총회의 구성 및 운영: 벤처기업 특성상 이사회 구성이나 주주총회 소집 절차에 있어 유연성이 필요할 수 있다. 이에 대한 명확한 규정이 필수이다.
- 투자와 관련된 조항: 투자자 보호를 위한 조항, 예를 들어 투자자의 동의없이 회사의 중대한 경영의사결정을 할 수 없도록 하는 조항, 주요 정보의 정기적인 제공을 요구하는 조항 등을 포함해야 한다. 이는 투자자의 리스크를 관리하고, 투자자와의 신뢰관계를 구축하는 데 중요하다.
- 스톡옵션 계획: 스톡옵션 계획의 세부사항을 명시하는 것은 중요하다. 이에는 옵션부여 대상, 부여조건, 행사가격, 옵션의 유효기간 등이 포함된다. 스톡옵션은 직원의 성과를 회사의 성공과 연결시키는 중요한 도구이므로, 이를 통한 인센티브 제공방식을 정확히 규정해야 한다.
- 지배구조: 벤처기업은 초기 단계에서는 창업자나 소수의 경영진이 대부분의 결정을 내리지만, 성장함에 따라 보다 복잡한 지배구조가 필요하게 된다. 따라서 정관에는 이사회의 구성과 권한, 주주총회의 역할 및 운영 방식 등을 명시하여, 투명하고 효율적인 의사결정 체계를 확립해야 한다.
- 회사해산 및 청산 절차: 부정적인 상황을 가정하는 것처럼 보일 수 있지만, 회사의 해산과 청산 절차를 미리 정의해 두는 것도 중요하다. 이는 잠재적인 위험을 관리하고, 모든 이해관계자의 권리를 보호하는 데 도움이 된다.

2.3 지분구조

2.3.1 Rich vs King

"Rich vs King"은 스타트업 창업자들이 자신들의 회사를 경영하면서 직면하는 두 가지 대립적인 선택사항을 의미한다. 이 두 가지 선택은 각각 장단점을 가지고 있으며, 창업자의 상황, 회사의 성장 단계, 개인적인 경영철학 등에 따라 결정된다. "Rich" 선택은 빠른 성장과 대규모투자를 추구하는 반면, "King"은 창업자의 독립성과 회사의 고유한 비전을 지키는 데 중점을 맞출 수 있다. 따라서 이 두 가지 선택 사이에서 균형을 찾는 것이 중요하며, 이를 위해 창업자는 자본 확보와 경영권유지 사이에서 어떤 것이 자신과 회사에 더 필요한지를 결정해야 한다. 이는 매우 개인적인 결정이며, 창업자는 자신의 비즈니스에 가장 잘 맞는 선택을 해야 하는 것이다. 투자를 받는 순간 회사는 창업자의 단독소유가 아니고 주주들의 공동자산이 되어버리기 때문이다.

- "Rich" 선택: 이 선택은 창업자가 자본을 확보하고 빠른 성장을 위해 주식의 더 많은 부분을 팔아, 다수의 투자자에게 경영권을 넘기는 것을 의미한다. 이 경우, 기업은 많은 자본을 확보할 수 있게 되지만, 그에 따른 경영권을 상실하게 된다. 이는 투자자들이 주식을 많이 갖게 되어 회사의 중요한 결정에 간섭할 수 있게 되는 것을 의미하기도 한다. 그러므로 극단적으로는 창업자가 자신이 설립한 회사에서 쫓겨날 수 있음을 명심해야 한다.[3]
- "King" 선택: 이 선택은 창업자가 주식의 대부분을 보유하고 경영권을 유지하는 것을 의미한다. 이 경우, 창업자는 회사의 성장속도를 조절하면서 자신의 비전에 따라 회사를 경영할 수 있다. 그러나 이는 자본확보에 어려움을 겪을 수 있으며, 그에 따른 성장속도가 느려질 수 있다(유기적 성장Organic Growth).

2.3.2 벤처기업의 지분구조

벤처기업의 지분구조는 그 회사의 소유권이 어떻게 분배되고, 이를 어떻게 관리할 것인지에 대한 규정을 담고 있다. 이 지분구조는 창업자, 투자자, 그리고 직원 등 다양한 이해관계자들이 회사에서 어떤 비율의 소유권을 가지고 있을지를 결정하는 중요한 요소이다. 지분구조는 회사의 성장과 변화에 따라 빠르게 변화할 수 있다. 이는 투자라운드, 스톡옵션의 실행, 주식의 선호 등 다양한 요소에 의해 결정되기 때문이다. 따라서 벤처기업의 지분구조는 투자와 성장, 그리고 이해관계자와의 협상결과에 따라 유동적으로 변화하는 것이 일반적이다. 이는 회사의 성장과 발전을 위한 필수적인 과정으로 이해할 수 있다.

- 창업자 지분의 관점에서는 벤처기업을 설립한 창업자는 초기에 회사의 대부분 또는 전체지분을 소유하게 된다. 그러나, 투자를 받게 될 경우, 투자자에게 일정

---

3 스티브 잡스 사례: 애플을 공동 창업한 스티브 잡스의 퇴출 과정은 1980년대 중반 IT 업계의 중요한 사건 중 하나이다. 이 과정은 컴퓨터 업계의 경영진과 창업자 간의 권력투쟁과 기업지배구조의 복잡성을 잘 보여주고 있다. 1985년, 애플은 경영상의 어려움을 겪고 있었다. 이 시기에는 매킨토시 컴퓨터의 판매가 예상보다 부진하였고, 이에 따른 재정적인 부담이 커졌다. 잡스는 매킨토시 프로젝트를 주도하였으므로, 그의 지위는 불안정해졌다. 이와 동시에, 잡스와 애플의 CEO였던 존 스컬리 사이의 갈등이 심화되었다. 잡스는 스컬리를 애플의 CEO로 끌어들인 사람이지만, 두 사람은 회사의 미래에 대한 비전과 경영방향에 대해 이견을 가졌다. 잡스는 사회를 변화시키는 혁신적인 제품에 집중하고자 했으나, 스컬리는 보다 안정적인 경영과 수익창출에 초점을 맞추었다. 이러한 갈등이 격화된 결과, 1985년에 애플 이사회는 스컬리 측을 지지하는 결정을 내리게 된다. 이사회는 잡스가 회사의 일상적인 운영에서 배제되는 것을 결정하였고, 이에 잡스는 애플을 떠나기로 결정한다.

비율의 지분을 양도해야 하므로 창업자의 지분은 줄어들게 된다. 이는 투자를 받은 만큼 회사의 경영권을 투자자에게 양도하는 것을 의미한다.

- 투자자지분에 대한 관점으로 보면, 투자자들은 자신들이 투자한 금액을 통해 회사의 일정비율의 지분을 얻게 된다. 투자자들은 투자한 금액과 회사의 가치를 비교하여 지분을 통해 기대수익률을 계산하고, 이를 기반으로 회사의 장래성장성과 가치에 대한 평가를 진행하게 된다.
- 임원지분의 경우 벤처기업에서는 종종 임직원에게 스톡옵션을 제공하여 회사의 성장에 대한 동기부여를 제공하는 경우가 많다. 스톡옵션은 임원들이 일정 기간 안에 특정가격으로 주식을 구입할 수 있는 권리를 의미한다.

2.3.3 벤처기업의 지분구조가 왜 중요한가?

벤처기업에서 지분구조의 중요성은 여러 가지 이유로 부각된다. 깔끔하게 관리되고 잘 조직된 지분구조는 투자자유치, 직원의 동기부여, 그리고 기업가치 평가 등의 중요한 요소에서 핵심적인 역할을 담당하게 되므로, 이는 벤처기업의 성장과 성공, 그리고 지속 가능한 영업활동을 위해 반드시 고려해야 하는 사항이다.

- 지분구조는 기업의 경영권을 결정하는 중요한 역할을 한다. 지분이 많은 이해관계자는 그만큼의 결정권을 가지게 되므로, 회사의 전략적 방향성에 큰 영향력을 행사할 수 있다. 이는 회사의 핵심정책, 사업방향 등 중요한 결정사항에 대한 주도적인 관여를 가능하게 하며, 회사의 성장과 발전을 위해 중추적인 역할을 수행하게 된다.
- 투자유치 과정에서 지분구조는 핵심적인 역할을 한다. 투자자들은 투자를 결정하는 단계에서 기업의 지분구조를 철저히 분석하게 된다. 지분구조가 잘 조직되어 있고, 창업자가 적절한 지분을 보유하고 있는지, 이전 투자자들이 어떤 조건으로 투자했는지 등을 세밀히 검토한다. 이러한 정보는 투자자가 투자 가능성, 투자 후의 수익률, 투자 위험 등을 판단하는 결정적 요소가 되기 때문이다.
- 지분구조는 성과공유에서도 중요한 역할을 한다. 지분은 회사의 성과를 공유하는 매개체이다. 스톡옵션 등을 통해 직원들에게 지분을 부여함으로써, 직원들은 회사의 성공에 대해 개인적인 참여감을 느끼게 되고, 그로 인해 더욱 열심히 노력하게 된다. 이는 직원의 만족도를 높이고 회사의 성장에 기여하게 할 수 있다.
- 기업가치 평가에서 지분구조는 핵심적인 역할을 한다. 투자자들은 지분구조를 바탕으로 회사의 가치를 추정하고, 이를 통해 투자가치를 판단한다. 즉, 지분 구조는 기업의 가치를 측정하고 평가하는 데 중요한 도구로 활용된다.

2.3.4 지분구조가 회사성장에 어떤 영향을 미치는가?

지분구조는 벤처기업의 성장에 광범위하게 영향을 미친다. 또한, 깔끔하게 관리되고 잘 조직된 지분구조는 기업의 성장과 성공에 필수적인 요소로, 이를 통해 기업은 안정적인 성장경로를 확보하고, 지속적인 발전을 이루는 데 필요한 기반을 마련할 수 있다. 따라서, 지분구조는 벤처기업이 시장에서 경쟁력을 유지하고, 지속적으로 성장하며, 장기적인 비전을 실현하는 데 있어 중요한 역할을 담당하게 된다. 지분구조는 의사결정권, 자금조달, 업무동기부여, 그리고 장기적인 비전과 전략구축 등 다양한 측면에 걸쳐 중요한 역할을 하여 벤처기업의 성장에 크게 기여한다.

- 의사결정권: 지분구조는 기업의 최종의사결정권을 규정하는 중추적인 요소이다. 이는 회사의 핵심방향성을 결정하는 데 있어 결정적인 역할을 한다. 지분이 많은 주주는 그 지위를 이용해 회사의 전략적 결정, 사업방향, 그리고 중요한 경영의사결정에 대한 영향력을 행사할 수 있다. 이는 회사의 성장과 발전에 결정적인 역할을 하는데, 이를 통해 올바른 경영 전략과 결정을 바탕으로, 회사의 성장경로를 제어하고 이끌 수 있는 역할을 하기 때문이다.
- 자금조달: 벤처기업의 성장에는 초기 시드(종자)자금부터 첫 번째 라운드투자, 그리고 후속투자 등 다양한 단계의 자금조달이 필요하다. 이러한 자금조달 과정에서 지분구조는 중요한 역할을 수행한다. 투자자들은 투자의사결정 시 지분구조를 자세히 살펴보고, 이를 바탕으로 해당 기업의 투자가치와 잠재적 수익률을 평가하게 된다. 따라서, 잘 구성된 지분구조는 투자자로부터의 투자를 유치하고, 회사의 성장을 돕는 자금을 확보하는 데 큰 도움을 준다.
- 업무동기부여: 지분구조는 직원들의 업무 동기부여에도 큰 영향을 미친다. 특히, 스톡옵션 등을 통해 직원들에게 지분을 제공하는 것은 직원들이 회사의 성공에 대해 개인적인 참여감과 소속감을 느끼게 하고, 이를 통해 더욱 열심히 일하도록 동기를 부여하는 방법이다. 이는 회사의 성장을 촉진하는 데 중요한 역할을 한다.
- 장기적인 비전과 전략구축: 오너십과 책임감을 명확히 하는 지분구조는 회사의 장기적인 성공을 위한 효과적인 전략을 구축하는 데 중요한 요소다. 이는 회사의 지속 가능한 성장과 안정적인 운영을 가능하게 한다.

2.3.5 벤처기업의 지분구조는 어떤 요소에 의해 결정되는가?

벤처기업의 지분구조는 다양한 요소에 의해 복잡하게 결정된다. 이는 창업자의 기여도, 투자자의 기여, 임직원들에게 제공되는 스톡옵션, 회사의 가치와 성장전망, 그리고 투자 라운드와 같은 여러 요소가 복합적으로 작용하며 형성된다. 벤처기업의 지분구조는 회사의 가치, 성장전망, 투자자의 기대 등을 고려하여 조정되어야 한다. 따라서, 지분구조는 기업의 성장 전략, 자금조달 전략, 그리고 인력관리 전략 등을 반영하는 중요한 요소로 볼 수 있다.

- 창업자의 기여도: 벤처기업의 지분구조를 결정하는 첫 번째 요소는 창업자의 기여도이다. 창업자가 초기에 투입한 시간, 노력, 자금, 아이디어 등은 그들이 소유할 지분의 크기를 결정하는 중요한 요소이다. 일반적으로, 창업초기에는 창업자가 대부분 또는 전체지분을 소유하게 된다.
- 투자자의 기여도: 벤처기업이 외부투자를 받게 될 경우, 투자자에게 일정비율의 지분이 배정되는데 투자자는 자신이 투자한 금액에 따라 그에 상응하는 지분을 소유하게 된다. 이러한 과정에서 투자자와 창업자 사이의 협상, 회사의 가치 평가, 그리고 투자자의 투자 목표 등이 중요한 역할을 한다.
- 직원들에게 주어진 스톡옵션: 벤처기업은 임직원에게 스톡옵션을 제공하는 방법을 통해 일정 지분구조를 구성하게 된다. 스톡옵션은 임직원에게 특정기간 동안 주식을 구매할 수 있는 권리를 제공하는 것으로, 이를 통해 임직원들이 회사의 성공에 참여하고, 그 성공을 공유할 수 있도록 한다. 이는 임직원들의 동기부여를 증진시키고, 그들의 노력을 회사의 성공으로 이어질 수 있도록 보상하는 방법이다.
- 회사의 가치와 성장전망: 회사의 가치와 성장전망은 지분구조를 결정하는 중요한 요소이다. 투자자들은 회사의 가치와 성장전망을 고려하여 투자결정을 내린다. 이는 투자자들이 투자할 금액과 그에 따른 지분 비율을 결정하는 데 중요한 역할을 한다.
- 투자 라운드: 벤처기업이 여러 투자 라운드를 거치면서, 각 라운드에서 새로운 투자자들이 들어오게 되고, 이들 투자자들은 투자한 금액에 따라 새로운 지분을 획득한다. 이 과정에서 기존의 창업자와 초기투자자의 지분은 상대적으로 줄어들게 된다.

2.3.6 지분구조가 변화하는 주요 이유는 무엇인가?

벤처기업의 지분구조는 다양한 이유로 변화하게 되는데, 이런 변화는 회사의 성장과 발전을 위해 필요한 것이며, 이를 통해 벤처기업은 시장의 변화와 기회에 더욱 유연하게 대응하게 된다. 벤처기업의 지분구조는 여러 이유로 변화하는데, 그 변화의 주요 원인은 다음과 같다.

- 자금조달: 가장 일반적인 이유는 추가적인 자금조달이다. 벤처기업이 성장하면서 운영자금, 확장자금, 연구 및 개발자금 등 추가적인 자금이 필요해진다. 이런 자금을 조달하기 위해 벤처기업은 주로 투자자에게 주식을 팔아 지분을 매각하게 되는데, 이 과정에서 새로운 투자자들이 들어오게 되고, 기존주주들의 지분은 상대적으로 줄어들게 된다.
- 스톡옵션의 행사: 벤처기업은 종종 임직원들에게 스톡옵션을 제공한다. 스톡옵션은 특정기간 동안 주식을 구매할 수 있는 권리를 제공하는 것으로, 임직원들이 이 옵션을 행사(실행)하면 회사의 지분구조는 변하게 된다.
- 인수합병(M&A): 벤처기업이 다른 회사에 의해 인수되거나, 다른 회사와 합병할 경우 지분구조는 크게 변화하게 된다. 이 경우, 인수회사 또는 합병회사의 주주들이 새로운 지분을 획득하게 되며, 기존주주들의 지분은 상대적으로 감소하게 된다.
- 회사의 재평가: 회사의 가치가 재평가되는 경우도 지분구조에 변화를 줄 수 있다. 예를 들어, 회사의 실적이 예상보다 좋게 나오거나, 새로운 사업기회가 생긴 경우 회사의 가치는 증가하게 된다. 이런 경우, 주식의 가치가 상승하므로, 지분의 비율은 그대로 유지되더라도 그 가치는 증가하게 된다.

2.3.7 어떤 지분구조가 벤처기업 성장에 가장 이상적인가?

벤처기업의 성장에 가장 이상적인 지분구조를 결정하는 것은 매우 복잡한 문제로, 다양한 요소를 고려해야 한다. 그러나 일반적으로, 성공적인 벤처기업의 지분 구조는 다음의 원칙을 따르는 것이 이상적일 수 있다. 이상적인 지분구조는 기업의 특성, 시장상황, 투자자의 요구 등에 따라 달라질 수 있다. 따라서, 벤처기업은 이러한 요소들을 종합적으로 고려하여 지분구조를 결정해야 한다.

- 창업자의 충분한 지분유지: 창업자는 회사의 비전과 전략을 설정하고 이끌어가는 주요 인물로, 그들이 충분한 지분을 지니고 있어야 한다. 이를 통해 창업자는 회사의 방향성을 결정하고, 중요한 결정을 내리는 데 필요한 권한을 갖게 된다. 또한, 이는 창업자가 회사의 성공을 향한 자신의 야망과 노력을 유지하는 데 중요하다. 창업자의 지분이 매우 낮은 성공한 회사들은 외부투자자들만 배불리는 경우가 허다하기 때문이다.
- 투자자의 적절한 지분배분: 투자자들도 회사에 자금을 투입함으로써 중요한 역할을 한다. 그러나 투자자에게 너무 많은 지분을 주는 것은 창업자의 지분을 크게 줄일 수 있으므로, 이를 적절히 조절하는 것이 중요하다. 투자자의 지분은 그들이 투자한 금액과 회사의 가치를 고려하여 결정되어야 한다.

- 직원들에게 스톡옵션 제공: 임직원들에게 스톡옵션을 제공하는 것은 회사의 성장을 촉진하는 데 중요한 역할을 한다. 이는 임직원들이 회사의 성공에 대해 개인적인 참여감을 느끼게 하고, 그로 인해 더욱 열심히 일하도록 동기를 부여한다.
- 지분구조의 유연성유지: 벤처기업의 성장 과정에서는 다양한 상황이 발생할 수 있다. 새로운 투자자의 등장, 추가적인 자금조달 필요, 인수합병 등의 상황에서 유연하게 대응할 수 있는 지분구조를 유지하는 것이 중요하다.
- 장기적인 비전에 부합하는 지분구조: 벤처기업의 지분구조는 그 기업의 장기적인 비전과 전략에 부합하는 방식으로 구성되어야 한다. 이는 기업의 성장 전략, 자금조달 전략, 인력관리 전략 등을 반영해야 한다.

2.3.8 한국 상법을 적용할 때 특별결의와 일반결의사항을 감안한 이상적인 지분구조를 설계할 수 있는가?

한국 상법에 따르면, 주식회사의 중요 의사결정은 일반적으로 주주총회에서 이뤄지며, 이에는 일반결의와 특별결의 두 가지 유형이 있다. 일반 결의는 출석한 주주의 의결권의 과반수와 발행주식총수의 4분의 1 이상의 수로써 의결되는 사항이다(상법 368조 ①). 특별 결의는 출석한 주주 의결권의 3분의 2이상의 수와 발행주식총수의 3분의 1 이상의 찬성을 요구한다(상법 434조). 일반결의는 임원선임, 재무제표 승인과 같은 일상적인 회사 운영에 대한 결정을 위해 사용되며, 특별결의는 합병, 분할, 해산, 정관변경과 같은 회사의 중대한 사항을 결정하기 위해 사용된다. 이를 고려하여 이상적인 지분구조를 설계하는 경우, 다음과 같은 원칙을 고려할 수 있다. 이상적인 지분구조는 회사의 특성, 시장상황, 투자자의 요구 등에 따라 달라질 수 있다. 따라서, 벤처기업은 아래에 기술한 요소들을 종합적으로 고려하여 지분 구조를 결정해야 한다.

- 창업자의 지배적 지분: 창업자 또는 경영진이 회사의 주요 결정을 주도하려면, 그들이 충분히 큰 지분을 소유하고 있어야 한다. 이렇게 하면 일반결의 사항에 대해 결정권을 행사할 수 있다. 이는 출석한 주주의 과반수의 찬성이 필요하므로, 창업자나 경영진이 50% 이상의 지분을 보유하고 있다면 이들의 의사가 반영될 가능성이 높아진다.
- 투자자와의 협력: 투자자들은 자금을 제공하는 대신에 일정량의 지분을 요구한다. 이들 투자자들은 종종 회사의 경영에 관여하려 할 수 있으므로, 이를 고려하여 지분을 배분해야 한다. 특히, 투자자들이 투자 후에도 창업자나 경영진이 충분한 지분을 유지할 수 있도록 하는 것이 중요하다.
- 특별결의를 위한 지분 고려: 회사의 중요한 사항, 예를 들어 회사의 합병, 분할, 해

산 등에 대한 결정을 내리는 경우에 해당하는데, 이런 중요한 결정을 내릴 수 있도록, 창업자나 경영진이 지분희석을 고려하여 2/3 이상의 지분을 유지하는 것이 이상적일 수 있다.

- 직원들에게 스톡옵션 고려: 직원들에게 스톡옵션을 제공하는 것은 그들의 동기부여를 증진하고, 회사의 성장에 기여하는 데 중요하다. 이를 위해 '옵션풀'이라고 해서 일정량의 지분을 예약해 두는 것이 좋다.

2.3.9 창업 시 동업자들과 이상적인 지분구조를 설계하고자 한다면?

창업초기에 동업자들과 함께 지분구조를 설계하는 것은 매우 중요한 단계이다. 아래에 몇 가지 사항을 고려해야 한다. 이상적인 지분구조는 창업자와 동업자들 간의 협상과 합의를 통해 결정되어야 한다. 이는 공정하고 투명한 과정을 통해 이루어져야 하며, 모든 동업자들이 지분구조에 만족하고, 회사의 성공을 위해 함께 노력할 수 있도록 해야 한다. 이를 위해, 전문가의 도움을 받는 것도 좋은 선택일 수 있다.

- 동업자 간의 기여도 평가: 동업자들 간에 지분을 분배하는 가장 기본적인 원칙은 각자의 기여도에 따라 지분을 배분하는 것이다. 기여도는 자금, 시간, 노력, 전문지식 등 다양한 요소를 포함할 수 있다. 분배는 공평성을 유지하면서도 각 동업자의 기여에 대해 적절한 보상을 제공해야 한다.
- 장기적인 약속 고려: 동업자들이 회사에 장기적으로 기여할 것이라는 약속이 있다면, 이는 지분배분에 반영될 수 있다. 예를 들어, 어떤 동업자가 초기에는 다른 동업자들보다 적은 기여를 하지만, 장기적으로 회사에 큰 기여를 할 것이라는 확실한 계획이 있다면, 이를 고려하여 지분을 배분할 수 있다.
- 주식취득 옵션 또는 배당계획: 일부 동업자들이 초기에는 적은 지분을 가지지만, 이후에 주식을 추가로 취득하거나, 배당을 받아 지분을 늘릴 수 있는 계획을 세울 수 있다. 이런 옵션을 통해 동업자들이 회사에 대한 장기적인 약속을 유지하고, 그들의 지분을 시간이 지나면서 늘릴 수 있게 할 수 있다.
- 확장계획 고려: 회사가 성장하고 확장할 계획이 있다면, 이는 지분구조 설계에 반영되어야 한다. 예를 들어, 향후 투자를 받을 계획이 있다면, 이를 위해 일정량의 지분을 예약해 두어야 할 수 있다.
- 법적 문제 및 계약문제 고려: 지분구조 설계는 법적인 문제와 계약문제를 고려해야 한다. 예를 들어, 일부 동업자가 회사를 떠나거나, 새로운 투자자가 들어오는 경우를 대비하여, 주주 간의 계약에 이런 상황에서의 지분변동에 대한 규정을 포함시킬 수 있다.

2.3.10 창업자와 동업자 간의 지분 배분

창업초기의 지분배분은 회사의 성공을 결정짓는 중요한 요소 중 하나이다. 창업자와 동업자들 사이의 지분배분에 대한 결정은 여러 요소를 고려해야 하며, 이는 회사의 특성, 창업자와 동업자들의 기여도, 그리고 장기적인 사업 전략에 따라 다르게 될 수 있다고 위에서 설명한 바 있다. 그렇다면 공평한 지분배분과 창업자가 주도적 지분을 가지는 경우에 대해 알아보자.

- 공평한 지분 배분: 창업자와 동업자가 공평하게 지분을 나눌 경우엔 모든 동업자들이 동등한 기여를 하고, 회사의 성공에 대해 동등한 책임을 지게 된다. 이는 동업자들 간의 협력을 촉진하고, 모든 동업자들이 회사의 성공을 위해 노력하도록 동기를 부여할 수 있다. 그러나, 이 경우 창업자가 주도적인 역할을 하기 어려울 수 있으며, 중요한 결정을 내리는 데에 복잡함을 초래할 수 있다. 즉 "사공이 많은 배가 산으로 가기 쉽다."
- 창업자가 주도적인 지분을 가지는 경우: 이 방식은 창업자가 주도적인 역할을 하고, 회사의 주요 결정을 내릴 수 있도록 하는 것을 의미하는데, 이는 창업자가 회사의 비전을 구현하고, 회사의 성장 전략을 결정하는 데 필요한 권한을 갖게 해준다. 그러나, 이 경우 동업자들이 덜 참여하거나, 그들의 기여가 충분히 인정받지 못할 수 있으므로, 이를 잘 관리해야 한다.

따라서, 창업자와 동업자들 사이의 이상적인 지분배분은 이 두 가지 접근법 사이의 균형을 찾는 것이 중요하다. 이는 창업자가 충분한 지분을 가지고 회사를 주도하면서도, 동업자들의 기여를 인정하고 그들에게 적절한 지분을 배분하는 것이 좋으며, 실제로 창업자가 지배적인 지분구조를 유지하지 못하면 향후 자금조달 라운드에서 투자자로부터 유리한 평가를 받기 어렵다.[4] 이를 위해, 창업초기에는 모든 참여자들의 기여도, 기대치, 그리고 역할에 대해 명확히 이해하고 합의해야 한다. 이는 투명성을 유지하고, 모든 참여자들이 지분배분에 대해 만족할 수 있도록 해야 한다. 이 과정에서는 법적인 문제를 고려하고, 필요한 경우 전문가의 도움을 받는 것이 좋다.

2.3.11 주주 간 계약서의 작성

창업초기에 주주 간 계약서를 작성하는 것은 매우 중요한 일이다. 이 계약서는 주주들 간의 권리와 의무를 명확하게 규정하며, 미래에 발생할 수 있는 갈등을 방지하는

4 실무적으로 주력주주가 없는 벤처기업에 투자를 꺼리는 경우가 많다.

역할을 한다. 이제부터, 주주 간 계약서에 포함해야 할 주요 항목들을 자세하게 살펴보자. 다음의 항목들을 계약서에 포함함으로써, 주주들 간의 권리와 의무를 명확히 하고, 미래의 가능한 갈등을 미리 방지할 수 있다. 이 과정에서 법적인 문제를 고려하고, 필요한 경우 법률 전문가의 도움을 받는 것이 좋다. 이렇게 작성된 계약서는 주주들 간의 신뢰를 높이고, 회사의 성장과 발전을 위한 기반을 마련하는 역할을 할 것이다. 주주 간 계약서에 관한 자세한 내용은 다음 절의 '주주 간 계약서' 항목에 기술되어 있다.

2.3.12 복수의결권 제도

복수의결권 제도(Dual-Class Voting System)는 주식종류에 따라 의결권이 다르게 부여되는 주식구조를 말한다. 이 구조에서는 특정 주식을 보유하고 있는 주주들이 다른 주주들보다 더 많은 의결권을 가질 수 있다. 이 시스템은 특히 창업자나 경영진이 회사의 주요 결정권을 유지하면서도 외부에서의 투자를 유치할 필요가 있을 때 사용된다.

복수의결권 제도의 주요 장점 중 하나는 창업자의 지배력을 유지하면서도 필요한 자금을 확보할 수 있다는 점이다. 기업이 성장하고 확장되면서 추가적인 투자가 필요할 때, 창업자나 경영진은 자신들의 지배력을 유지하면서도 외부자본을 유치할 수 있다. 하지만 이 시스템은 공정성과 투명성 면에서 문제를 일으킬 수 있다. 복수의결권 제도가 도입된 경우, 일부 주주들이 과도한 통제력을 가지게 되어, 다른 주주들의 권리를 침해할 수 있으며, 이는 기업 지배구조 문제를 야기할 수 있다.

한국에서의 복수의결권 제도 도입은 아직 초기 단계에 있다. 2019년에 개정된 상법에 따라 특정조건을 만족하는 비상장기업에 한해 복수의결권 제도를 도입할 수 있도록 허용하였다. 개정된 벤처기업법이 2023년 11월 17일부터 시행되면서, 주식회사인 비상장 벤처기업은 존속기간을 10년 이내의 범위에서 정관으로 정하는 바에 따라 주주총회의 결의로 복수의 의결권 있는 주식을 발행할 수 있게 되었다.[5]

반면 미국에서는 복수의결권 제도가 보다 널리 사용되고 있다. 특히 기술분야의 대표적인 기업들이 이 시스템을 활용하고 있다. 예를 들어, 페이스북(현 메타)의 창업자인 마크 저커버그 CEO는 소수의 주식을 보유하면서도 회사의 의사결정권을 활용하여 기업을 통제하고 있다. 또한, 구글의 모회사인 알파벳도 복수의결권 제도를 도입하여 창업자인 래리 페이지와 세르게이 브린이 회사의 주요 결정에 영향력을 유지

5 벤처기업법 제16조의11 제1항, 기타 복수 의결권주식 발행에 관한 사항은 중소벤처기업부, 비상장 벤처기업 복수 의결권주식 가이드라인(2023.11)을 참고

하고 있다. 이들 기업은 복수의결권 제도를 통해 창업자의 지배력을 유지하면서도 대규모의 투자를 유치할 수 있었다.

2.4 자본금과 동업 등

자본금은 회사가 주주로부터 받은 출자의 총액을 의미한다. 이는 회사의 기본적인 운영자금으로 사용되며, 회사가 설립될 때 결정되고 주식의 발행을 통해 조성된다. 자본금은 회사의 재무건전성과 신용도를 나타내는 지표 중 하나로 활용되기도 한다.

주식회사가 설립시의 정관에서 발행예정주식을 정하고 그 일부분을 설립시에 발행하고 나머지 주식은 설립 후 회사의 필요에 따라서 이사회의 결의로 발행할 수 있는 제도를 수권자본제도라고 한다. 수권자본제에 의하면 회사가 발행을 예정하는 주식 총 수만을 정관에 기재하고 이 주식 총 수의 인수는 필요하지 않다. 그러므로 이 제도는 회사의 설립을 용이하게 하고 또한 증자(增資)를 할 때 정관변경 기타의 복잡한 절차를 밟을 필요가 없으므로 자본조달에 편리하다.

2.4.1 창업을 위한 적정 자본금

창업을 위한 적정자본금은 창업하려는 사업의 종류, 운영규모, 예상되는 초기비용, 시장진입장벽 등 다양한 요소에 따라 달라질 수 있다. 적정자본금을 결정하기 위해서는 다음과 같은 사항을 고려해야 한다.

- 초기설립비용: 사무실 임대료, 인테리어 및 설비 비용, 사업자등록과 관련된 법적 비용 등 초기사업을 시작하기 위해 필요한 기본적인 비용을 고려해야 한다. 특히 업종에 따라 요구되는 최소 자본금의 기준이 있다면 확인해야 한다.
- 운영자금: 최소 6개월에서 1년 간의 운영비용을 포함해야 한다. 이는 임대료, 급여, 유틸리티 비용, 마케팅비용 등을 포함한다.
- 비상금: 예상치 못한 지출을 대비하기 위한 비상금도 고려해야 한다. 시장변동성, 예상치 못한 비용증가 등에 대비할 수 있어야 한다.
- 시장조사 및 사업계획: 자신이 진입하고자 하는 시장의 규모와 경쟁상황, 목표 고객 등에 대한 면밀한 시장조사를 바탕으로 사업계획을 수립해야 한다. 이를 통해 필요한 자본금을 보다 정확하게 예측할 수 있다.

2.4.2 적정자본금의 중요성

적정자본금을 확보하는 것은 사업의 성공적인 시작과 지속 가능한 성장을 위해 매우 중요하다. 충분한 자본금이 없다면, 사업초기 단계에서 벌어질 수 있는 여러 가지 위험요소들(예: 매출부진, 비용초과 등)에 대응하기 어렵다. 반대로, 너무 많은 자본금을 확보하는 것도 회사의 재무건전성에 부담을 줄 수 있으므로, 사업계획과 시장조사를 통해 적정수준의 자본금을 결정하는 것이 중요하다. 끝으로, 적정자본금은 창업자의 사업계획과 목표, 시장조건 등에 따라 개별적으로 달라질 수 있으므로, 전문가의 조언을 구하거나 유사한 업종에서의 사례를 참고하는 것도 좋은 방법이다.

자본금에 대해 추가적으로 알아야 할 몇 가지 중요한 사항들이 있다. 자본금과 관련된 보다 심도 있는 이해를 위해 다음 내용을 살펴보아야 한다.

1) 자본금의 적정성 평가

- 예상비용 대비: 사업계획을 수립할 때, 초기비용 뿐만 아니라 운영비, 임대료, 인건비 등 예상되는 모든 비용을 고려하여 자본금을 산정해야 한다. 이를 통해 자본금이 사업을 안정적으로 운영할 수 있는 충분한 금액인지 평가할 수 있다.
- 유동성 관리: 자본금 중 일부는 사업운영 중 발생할 수 있는 예기치 않은 지출을 위한 유동성확보 목적으로 보유하는 것이 중요하다. 이는 사업의 안정성을 높이는데 기여한다.

2) 자본금 조달 방법

- 자기자본과 타인자본의 비율: 자본금은 자기자본(창업자나 동업자가 직접 투자하는 금액)과 타인 자본(은행대출, 투자자로부터의 자금 등)으로 구성될 수 있다. 이 두 자본의 적절한 비율을 설정하는 것이 중요하며, 이는 사업의 재무구조와 리스크 관리에 영향을 미친다.[6]
- 다양한 자금조달 방법 고려: 정부지원금, 크라우드펀딩, 엔젤투자 등 다양한 자금조달 방법을 고려해야 한다. 각 방법의 장단점을 이해하고, 사업의 특성과 목표에 가장 적합한 방법을 선택하는 것이 중요하다.

6 자세한 내용은 9장의 자본구조를 참고

3) 자본금의 활용계획

- 자본금의 목적별 할당: 자본금을 구체적인 용도별로 할당하는 것이 좋다. 예를 들어, 설비투자, 마케팅비용, 운영자금 등으로 구분하여 각 목적에 필요한 자금을 계획적으로 사용할 수 있도록 해야 한다.
- 비용 효율성: 자본금을 사용할 때는 비용대비 효과를 고려하여 효율적으로 활용해야 한다. 불필요한 지출을 줄이고, 사업성장에 직접적으로 기여하는 활동에 자본을 집중하는 전략이 필요하다.

4) 법적 요구사항 및 세금 고려

- 법적 최소자본금 요구사항: 사업을 시작하기 전에 해당 사업업종이나 형태(예: 주식회사, 유한회사 등)에 따라 정해진 법적 최소자본금 요구사항을 확인해야 한다.
- 세금계획: 자본금조달 및 사용 시 발생할 수 있는 세금문제를 사전에 검토하고 계획하는 것이 중요하다. 특히, 투자유치 시 발생할 수 있는 세금문제나 정부지원금의 세금처리 방법 등을 감안해야 한다.

5) 자본금의 변경과 증자

사업을 운영하면서 자본금의 변경이 필요한 경우가 발생할 수 있다. 확장, 신제품개발, 시장진출 등의 이유로 추가 자금이 필요할 때 증자를 고려해 볼 수 있다.

- 증자 방법: 증자에는 여러 방법이 있다. 대표적인 방법으로는 신주발행, 구주매입, 무상증자 등이 있다. 각 방법은 사업의 상황, 주주들의 이해관계, 재무상태 등에 따라 선택된다.
- 증자의 영향: 증자는 회사의 재무구조에 중요한 영향을 미친다. 신주발행으로 인한 희석효과, 주식가치의 변동 등을 고려해야 한다. 따라서 증자결정 시에는 주주들과 충분한 소통과 합의 과정이 필요하다.
- 자본금의 회수: 투자자나 창업자는 특정시점에서 자본금의 일부 혹은 전부를 회수하고자 할 수 있다. 이를 위해서는 사업의 수익성, 현금흐름, 재무상태 등을 고려해야 한다.
- 이익 재투자 대비 배당: 사업이 수익을 내기 시작하면, 이익을 재투자하여 사업을 확장할지, 아니면 주주들에게 배당을 통해 이익을 분배할지 결정해야 한다. 이는 사업의 장기적인 전략과 성장계획에 따라 달라질 수 있다.

- 자본금 회수 전략: 투자자가 자본금을 회수하는 방법으로는 사업매각, IPO(기업공개), 주식매도 등이 있다. 각 방법은 사업의 성숙도, 시장상황, 투자자와 창업자의 목표(Rich vs King) 등에 따라 선택된다.

6) 자본금과 관련된 위험 관리

- 재무 위험관리: 사업운영 중 발생할 수 있는 다양한 재무 위험(예: 유동성위기, 비용증가, 수익성 저하 등)에 대비하는 것이 중요하다. 이를 위해 충분한 유동성 확보, 비용관리, 수익다각화 전략 등을 수립해야 한다.
- 법적 위험관리: 자본금과 관련하여 발생할 수 있는 법적 문제(예: 세금문제, 주주간분쟁, 법적 최소자본금미달 등)에 대비하여, 관련법규를 준수하고 사전에 변호사(법무사)에게 법적 조언을 구하는 것이 중요하다.

2.4.3 자본금 활용계획

자본금 활용계획을 수립할 때 유용한 몇 가지 팁을 안내하고자 한다. 효율적인 자본금관리는 사업의 성공을 좌우할 수 있기 때문에 신중하게 계획하는 것이 중요하다.

- 명확한 사업계획 수립: 사업의 목표와 방향성을 명확히 하고, 그에 따라서 자본금이 어떻게 사용될지 구체적으로 계획해야 한다. 비즈니스 모델, 시장분석, 예상수익 및 비용 등을 포함한 사업계획서를 작성하는 것이 좋다.
- 우선순위 설정: 모든 사업활동에 동시에 자금을 투입하는 것보다, 우선순위를 정하여 단계적으로 자금을 배분하는 것이 효율적이다. 가장 중요하고 긴급한 사업활동부터 자본금을 사용해야 한다.
- 예산작성: 각각의 사업활동에 대한 예산을 세우고, 자본금을 그 예산에 맞추어 할당한다. 이 과정에서 비용을 과소평가하지 않도록 주의해야 한다. 예상치 못한 지출을 위해 여유자금을 남겨두는 것도 중요한 팁이다.
- 유동성 관리: 사업운영 중에 발생할 수 있는 갑작스러운 자금수요에 대비하여, 일정부분의 자본금을 유동성이 높은 형태로 보유하는 것이 좋다. 이는 위기상황에서 사업의 안정성을 유지하는 데 도움이 된다.
- 비용절감: 기업의 재무건전성을 유지하고, 효율적인 자원배분을 통해 장기적인 성장을 도모하는 중요한 전략이다. 비용절감은 단순히 지출을 줄이는 것을 넘어, 기업운영의 효율성을 증가시키고, 경쟁력을 강화하는 방법이다. 이는 특히 초기 단계의 기업이나 자본이 제한된 벤처기업에서 더욱 중요하다.

- 투자대비 수익분석: 자본금을 사용하여 예상되는 수익과 그에 따른 리스크를 면밀히 분석해야 한다. 모든 투자결정은 투자대비 수익률(ROI)을 기반으로 이루어져야 한다. 사업의 다양한 부분에 자본금을 투자하기 전에, 해당투자로 얻을 수 있는 잠재적 수익과 가능한 리스크를 평가해야 한다.
- 재무 모델링 및 예측: 재무 모델을 구축하여 사업의 재무상태를 예측해야 한다. 이를 통해 수익성, 유동성, 부채상황 등을 더 명확히 이해할 수 있으며, 자본금 활용계획을 보다 효율적으로 조정할 수 있다. 재무 모델링은 또한 미래의 자금조달 요구사항을 예측하는 데도 도움이 된다.
- 유연성 유지: 시장상황, 경쟁환경, 고객의 요구 등은 시시각각 변할 수 있다. 따라서 자본금 활용계획을 수립할 때는 일정부분 유연성을 포함시켜, 필요시 신속하게 계획을 조정할 수 있도록 해야 한다.
- 자본금 사용의 기록 및 모니터링: 자본금의 사용내역을 정확하게 기록하고, 정기적으로 이를 검토해야 한다. 이는 예산의 초과지출을 방지하고, 자본금이 계획대로 효율적으로 사용되고 있는지를 확인하는 데 필수적이다. 또한, 이러한 모니터링은 미래의 자본금 활용계획을 개선하는 데 도움을 준다.
- 전문가와의 상담: 필요한 경우, 회계사나 재무 컨설턴트와 같은 전문가와 상담하여 자본금 활용계획을 수립하도록 하자. 전문가의 조언은 사업의 재무관리를 개선하고, 잠재적인 위험을 미리 식별하여 대비할 수 있도록 도와준다.

자본금 활용계획을 수립할 때는 장기적인 관점을 유지하고, 사업의 성장과 지속가능성을 최우선으로 고려하는 것이 중요하다. 면밀한 계획과 철저한 모니터링을 통해 자본금을 효과적으로 관리를 통해 사업을 성공적으로 이끌어 갈 수 있다.

2.4.4 대표이사(혹은 구성원)의 가수금과 가지급금

제한된 자본으로 창업을 하는 경우 회사는 항상 자금난에 시달리게 된다. 이때 대표이사의 가수금 및 가지급금은 회사재무관리에서 중요한 역할을 하게 된다. 이 두 용어는 회사와 대표이사(또는 다른 구성원) 간의 금전적 거래를 나타내며, 자본금이 부족할 때 유용하게 사용될 수 있다. 하지만 이러한 거래는 회사의 재무건전성과 세무처리에 영향을 미칠 수 있으므로, 정확한 이해와 적절한 관리가 필요하다.

1) 대표이사 가수금

대표이사 가수금은 대표이사(또는 다른 구성원)가 회사에게 임시로 자금을 대여하는 형태이다. 이는 회사가 일시적인 자금난을 겪고 있을 때, 긴급하게 필요한 운영자금을 확보하기 위해 사용될 수 있다. 대표이사 가수금은 회사가 해당금액을 대표이사에게 상환할 의무가 있는 대여금으로, 회사의 부채로 분류된다.

2) 가수금의 관리와 주의사항

- 명확한 계약: 가수금 거래는 반드시 문서화되어야 하며, 대여금액, 이자율(해당되는 경우), 상환조건 등을 명확하게 기재해야 한다.
- 이자의 처리: 상환조건에 따라 이자를 부과하기로 한 경우, 이자율은 시장금리(법정이자율)를 반영하도록 하여 실질적인 대여거래로 인정받을 수 있도록 해야 한다.
- 세무처리: 가수금은 회사의 부채로 처리되므로, 회사의 세무신고 시 이를 적절히 반영해야 한다.

3) 대표이사 가지급금

가지급금은 회사가 대표이사(또는 다른 구성원)에게 일시적으로 지급하는 금액이다. 이는 대표이사의 개인적인 용도로 사용될 수 있으며, 회사의 자산 중 일부를 빌려 사용하는 형태이다. 가지급금은 회사가 대표이사에게 회수해야 할 금액으로, 회사의 자산으로 분류된다.

4) 가지급금의 관리와 주의사항

- 회수계획: 가지급금은 회사의 자산이므로, 명확한 회수계획을 수립하고 이를 문서화해야 한다. 회수기한, 방법 등을 명시해야 한다.
- 세무처리: 가지급금은 회사의 자산으로 처리되며, 장기간 회수되지 않는 가지급금은 세무상 이슈를 야기할 수 있다. 따라서 세무신고 시 이를 정확히 반영하고, 필요한 경우 세무전문가의 조언을 구해야 한다.
- 이자의 적용: 회사가 대표이사에게 가지급금을 제공할 때 이자를 적용하는 경우, 이 역시 시장금리(법정이자율)를 반영한 적정이자율을 설정해야 한다.

제한된 자본금상황에서 대표이사 가수금 및 가지급금을 활용하는 것은 일시적인 자금조달 방법이 될 수 있지만, 이에 대한 정확한 관리와 세무처리가 매우 중요하다. 이러한 거래가 회사의 재무상태, 세무신고, 그리고 대외신용도에 미치는 영향을 이해하고 적절히 대처하는 것이 필수적이다. 스타트업에서 대표이사의 가수금 활용은 제한된 자본금을 감안할 때 단기적인 자금조달 방법으로 유용할 수 있지만, 장기적인 재무 전략의 일부로 고려되어야 한다. 가수금거래가 회사의 재무건전성과 성장 전략에 부합하는지 면밀히 검토하는 것이 중요하다.

2.4.5 동업

> **"동업으로 성공하는 것은 참으로 어려운 일이다."**

창업자들은 사업을 시작할 때의 초심을 끝까지 유지하면서 사업을 일으키고 성공을 합작하여 성과를 분배하는 아름다운 과정을 누구나 꿈꾸며 동업을 시작한다. 사업을 시작할 때는 세상에 둘도 없는 사이로 지내다가 사업이 진행되면서 서로 보지 못했던 모습을 보게 되고, 전화도 받지 않는 사이가 되는 경우가 적지 않다. 때로는 친구들과 직장동료들과 혹은 가족이나 지인들과 사업을 시작하게 되는데, 이러한 어려운 과정을 잘 헤쳐 나가기 위해 동업의 관점으로 창업에서 성공에 이르기까지 참고해야 할 부분들을 재무적 관점에서 정리해 보고자 한다.

동업으로 창업을 진행할 때, 성공적인 사업운영을 위해서는 여러 가지 주의해야 할 점들이 있다. 이러한 점들을 미리 심사숙고하여 준비하고 고려하는 것이 사업의 성공 가능성을 높일 수 있다.

- 명확한 역할분담: 각 동업자가 맡은 역할과 책임, 그리고 기대치를 명확하게 정의하고, 이를 서면으로 기록하는 것은 필수적이다. 이 과정을 통해 업무 중 겹치는 부분이나 오해가 발생하는 것을 미연에 방지할 수 있으며, 각 동업자가 자신의 전문성을 최대한 발휘할 수 있는 기반이 마련될 것이다.
- 공정한 이익분배 방안마련: 사업을 통해 발생하는 수익과 손실을 어떻게 분배할지에 대한 명확한 기준을 사전에 설정하는 것은 매우 중요하다. 이는 동업자 간의 불필요한 갈등을 최소화하며, 장기적인 관계를 유지하는 데 큰 도움이 된다.
- 투명한 재무관리 시스템을 구축: 사업의 재무상태를 정확하고 투명하게 관리하는 것은 동업자 간의 신뢰 구축뿐만 아니라, 외부투자자나 금융기관으로부터의 신뢰를 얻는 데에도 필수적인 요소이다. 이를 위해 전문적인 회계시스템이나 전문가의 도움을 받는 것도 고려해 볼 수 있다.
- 동업계약서(주주 간 계약서)를 작성: 동업자(주주)간의 권리와 의무, 역할, 이익분배, 출자조건, 해산조건 등을 명시하는 동업계약서를 사전에 작성해야 한다. 이 계약

서는 향후 발생할 수 있는 분쟁을 예방하고, 각자의 권리를 보호하는 데 중요한 역할을 하게 된다.[7]

- 효과적인 의사소통 체계를 확립: 정기적인 미팅을 비롯하여 효율적인 커뮤니케이션 채널을 통해 동업자 간의 정보공유와 의견교환을 촉진하는 것은 사업 운영에서 매우 중요하다. 이를 통해 의사결정 과정에서의 오해를 줄이고, 동업자 간의 팀워크를 강화할 수 있다.
- 출구 전략 준비: 사업이 예상대로 진행되지 않거나, 동업자 중 한 명이 사업에서 빠지고자 할 경우를 대비해 출구 전략을 명확하게 준비하는 것은 매우 중요하다. 이는 사업의 지속 가능성을 보장하며, 동업자들 간의 관계를 보호하는 데 필수적이다.
- 정기적인 성과평가 실시: 사업의 진행상황과 성과를 주기적으로 평가하여 사업의 목표에 도달하기 위한 전략을 조정하는 것은 필수적이다. 이 과정에서 필요한 경우 역할의 재분배나 전략의 수정 등을 고려할 수 있다. 이러한 정기적인 성과평가는 사업이 올바른 방향으로 나아가고 있는지 확인하고, 필요한 조정을 시의적절하게 할 수 있게 해준다.

요약하면, 동업으로 창업을 진행함에 있어 이러한 사항들을 철저히 고려하고 준비하는 과정은 간단하지 않을 수 있다. 그러나 이러한 준비 과정은 사업초기에 투자되는 시간과 노력이 장기적으로 볼 때 매우 중요한 가치를 지니고 있다. 명확한 역할 분담은 각 동업자가 자신의 전문성을 최대한 발휘할 수 있는 환경을 조성하며, 공정한 이익분배 방안은 동업자 간의 신뢰를 구축하고 장기적인 관계를 유지하는 데 필수적이다. 투명한 재무관리 시스템은 사업의 건전성을 유지하며, 동업(주주)계약서는 미래의 가능한 분쟁을 예방하는 역할을 한다. 효과적인 의사소통 체계는 동업자 간의 오해를 최소화하며, 출구 전략은 사업이 예상치 못한 상황에 직면했을 때 각자의 이익을 보호할 수 있도록 한다. 마지막으로, 정기적인 성과평가는 사업이 지속적으로 성장하고 발전할 수 있도록 도와주는 중요한 도구가 된다.

이렇듯 동업으로 창업을 할 때는 다양한 주의사항과 준비사항이 있다. 철저한 준비와 고민을 통해서만 향후 발생할 수 있는 다양한 문제를 예방하고, 성공적인 사업을 이끌어갈 수 있다. 동업자 간의 신뢰와 상호존중이 기반이 되어야 하며, 각 단계마다 세심한 주의와 계획이 필요하다. 이러한 과정을 통해 구축된 사업은 안정성과 지속 가능성을 보장받을 수 있으며, 동업자 모두에게 보람과 성공을 안겨줄 것이다.

7 부록의 주주 간 계약서 양식 참고

2.4.6 동업관점으로 볼 때 자본금

자본금을 출자할 때 독립 창업과 동업하는 경우에 따라 유의해야 할 점이 다르다. 각각의 상황에서 고려해야 할 사항들을 점검해 보아야 한다. 그렇다면 독립 창업하는 경우와 동업으로 창업하는 경우를 비교하여 자본금과 관련된 이슈를 확인해 보자.

1) 독립 창업 시 자본금 관점

- 철저한 자금계획: 독립 창업의 경우, 모든 자본금이 창업자 본인에게서 나오므로, 사업계획에 따른 자금의 흐름을 면밀히 계획해야 한다. 초기비용뿐만 아니라 운영자금과 비상금까지 고려하여 자본금을 산정해야 한다.
- 재무 위험 관리: 모든 재무적 위험을 창업자 혼자 부담해야 하므로, 사업실패 시 위험을 최소화하기 위한 방안을 마련해야 한다. 예를 들어, 다양한 금융상품을 활용하여 위험을 분산시키거나 예상치 못한 상황에 대응하기 위한 예비자본확보, 비용절감을 위한 재무관리 전략 등이 있다.
- 자금조달 방법의 다변화: 은행대출, 정부지원금, 크라우드펀딩 등 다양한 자금조달 방법을 고려해야 한다. 이는 자본금 조달의 유연성을 높여 줄 수 있다.

2) 동업 창업 시 자본금 관점

동업으로 창업할 때, 사업의 기반을 탄탄히 다지기 위해 자본금과 관련된 여러 중요한 사항들에 주의를 기울여야 한다. 이러한 사항들은 사업의 초기 단계부터 명확하게 정립되어야 하며, 모든 동업자 간의 투명한 합의와 상호이해를 바탕으로 진행되어야 한다.

- 자본금 분담의 명확화(분담비율 결정): 동업자 각자가 사업에 기여하는 자본금의 비율은 사업의 기본구조를 결정하는 중요한 요소이다. 이 비율은 사업운영 과정에서 발생하는 이익과 손실을 분배하는 기준이 되므로, 모든 동업자가 동의하는 명확한 기준을 정해야 한다.
- 기여형태 구분: 자본금은 현금뿐만 아니라 물품, 기술, 특허, 노하우 등 다양한 형태로 기여될 수 있다. 각각의 기여형태의 가치를 공정하게 평가하고, 이를 기반으로 한 합의를 도출하는 과정은 사업의 공정한 운영을 위해 필수적이다.

3) 자본금의 사용계획

- 예산계획 수립: 사업을 시작하기 전, 초기 자본금의 사용 계획을 세우는 것은 필수적이다. 이를 통해 필수 비용항목을 식별하고, 우선순위에 따라 자금을 할당할 수 있다. 또한, 비용 최적화를 위한 다양한 전략을 고려해야 한다.
- 비상금 설정: 사업초기 단계는 특히 불확실성이 높기 때문에, 예상치 못한 지출이나 수익성의 불안정성에 대비하여 일정 비율의 자본금을 비상금으로 적립하는 것이 좋다.

4) 동업(주주)계약서의 작성

- 자본금 관련조항 포함: 사업운영 중 발생할 수 있는 다양한 상황을 예측하고, 이에 대비한 자본금 관련 조항을 동업(주주)계약서에 포함시켜야 한다. 이는 미래에 발생할 수 있는 분쟁을 방지하고, 모든 동업자의 권리와 의무를 명확히 할 수 있는 방법이다.
- 변경사항에 대한 합의절차: 사업운영 과정에서 자본금의 추가조달이나 재분배가 필요할 수 있다. 이에 대한 명확한 합의절차와 기준을 사전에 정해두는 것은 향후 발생할 수 있는 문제를 사전에 방지하는 효과적인 방법이다.

5) 투명한 회계관리

- 정기적인 재무보고: 사업의 재무상태를 정기적으로 검토하고, 이를 모든 동업자에게 투명하게 공유하는 것은 신뢰구축과 재무적 문제에 대한 조기대응을 가능하게 하는 핵심요소이다. 정기적인 재무보고는 사업의 현재상태를 서로 정확하게 파악하고, 필요한 조정을 시의적절하게 수행할 수 있도록 돕는다. 또한, 이는 동업자 간의 의사소통을 강화하고, 모든 이해관계자가 동일한 정보를 바탕으로 의사결정을 내릴 수 있도록 보장한다.
- 외부전문가의 활용: 때때로, 자본금관리와 관련된 복잡한 문제들은 내부적인 지식만으로는 해결하기 어려울 수 있다. 이 경우, 회계사나 재무 컨설턴트와 같은 외부전문가의 도움을 받는 것이 현명할 수 있다. 전문가들은 복잡한 재무관리, 세무계획, 법적 문제 등에 대한 전문적인 조언을 제공할 수 있으며, 이를 통해 사업의 재무건전성을 강화하고 장기적인 성공을 도모할 수 있다.

6) 동업자 간의 소통과 합의의 중요성

- 동업자 간의 긴밀한 소통: 동업으로 창업하는 과정에서, 자본금과 관련된 모든 결정은 동업자 간의 긴밀한 소통과 명확한 합의를 통해 이루어져야 한다. 이는 사업의 초기 단계뿐만 아니라, 사업의 전반적인 운영 과정에서도 지속적으로 유지되어야 한다. 동업자 간의 투명한 소통은 신뢰를 구축하고, 공동의 목표달성을 위한 협력을 강화하게 한다.
- 동업자 간의 합의: 사업운영 과정에서 발생할 수 있는 다양한 문제들에 대해 미리 대비하고, 이에 대한 해결책을 공동으로 모색하는 과정 또한 중요하다. 이러한 과정에서 동업자 각자의 의견과 제안을 존중하고, 합리적인 합의점을 찾는 것이 매우 중요한 일이다.

요약하면, 동업으로 창업할 때 자본금 관련사항은 사업의 성공을 위한 중요한 기반이다. 자본금 분담의 명확화, 사용계획의 수립, 동업계약서의 작성, 투명한 회계관리 등은 모두 사업을 안정적으로 운영하고 장기적인 성장을 도모하기 위해 필수적인 요소들이다. 이 과정에서 동업자 간의 긴밀한 소통과 합의는 사업의 성공을 위한 핵심적인 열쇠가 된다. 따라서, 사업초기 단계에서 이러한 사항들에 대한 충분한 논의와 합의를 이루는 것이 중요하며, 사업운영 과정에서도 이러한 원칙들을 지속적으로 유지하는 것이 매우 중요하다.

2.4.7 주주 간 계약서(동업계약서)

1) 주주 간 계약서의 의미와 필요성

주주 간 계약서는 회사의 주주들 사이에 체결되는 법적 문서로, 주주들의 권리와 의무, 회사의 운영 및 관리에 대한 상세한 규정을 담고 있다. 이 계약서는 주로 비상장회사에서 주주들 사이의 관계를 명확히 하고, 잠재적인 분쟁을 예방하며, 회사의 안정적인 성장을 도모하기 위해 사용된다.

주주 간 계약서의 필요성은 여러 가지 측면에서 드러난다. 우선, 주주 간의 의사소통을 명확히 하고 기대치를 일치시킨다. 회사의 운영과 관련하여 주주들 간에 다양한 의견과 기대가 존재할 수 있는데, 주주 간 계약서는 이러한 기대를 문서화하여 모든 주주가 동일한 이해를 가질 수 있도록 한다. 이는 추후 발생할 수 있는 오해나 분쟁의 소지를 줄이는 데 중요하다. 또한, 주주 간 계약서는 주주들의 권리와 의무를 명시함으로써 회사 내에서의 각 주주의 역할과 책임을 분명히 한다. 예를 들어, 주주들의 의사결정 과정, 이익배당, 신규주식 발행, 주식의 양도제한 등에 관한 규정을 포함할 수 있다. 이러한 규정은 회사의 운영에서 주주들의 권리를 보호하고, 동시에 회사의 장기적인 이익을 위해 주주들이 취해야 할 책임을 명확히 한다.

주주 간 계약서는 또한 잠재적인 분쟁을 예방하고 해결하는 메커니즘을 제공한다. 분쟁이 발생했을 때의 해결절차, 중재나 법적 절차의 이용 여부 등을 사전에 정의함으로써, 분쟁이 발생했을 때 신속하고 효율적으로 해결할 수 있는 기반을 마련한다. 이는 회사의 운영에 불확실성을 줄이고, 회사의 자원이 분쟁해결이 아닌 핵심사업에 집중될 수 있도록 한다.

회사의 성장 단계에 따라, 주주 간 계약서는 회사의 향후 방향성 및 전략에 대한 합의를 담을 수도 있다. 예를 들어, 회사의 확장계획, 추가 자본조달, 기술개발, 시장진출 전략 등에 대한 주주들의 공동의 이해와 목표를 설정하고, 이를 지원하기 위한 구체적인 조치들을 규정할 수 있다. 이러한 합의는 회사가 일관된 방향으로 성장하는데 기여하며, 주주 간의 신뢰를 구축하는 데 중요한 역할을 한다.

종합적으로 볼 때, 주주 간 계약서는 회사의 안정적인 운영과 성장을 지원하기 위한 필수적인 도구이다. 주주들 사이의 명확한 합의를 바탕으로 회사의 운영방향을 설정하고, 잠재적인 분쟁을 예방하며, 주주들의 권리와 의무를 명확히 하는 등의 역할을 통해 회사의 지속 가능한 발전을 도모한다.

특히, 주주 간 계약서는 회사의 주요 결정 과정에서 주주들 간의 균형을 유지하는 데 중요한 역할을 한다. 예를 들어, 특정주주의 지분비율이 높아도 계약에 따라 다수결이 아닌 합의에 의한 결정을 요구할 수 있다. 이는 모든 주주의 의견이 고려되고 존중될 수 있도록 하여, 소수주주의 권리를 보호하고 회사운영에 있어서 더 넓은 합의를 이끌어낼 수 있다.

또한, 주주 간 계약서는 회사의 지분구조 변화에 대비하여 설계될 수 있다. 예를 들어, 주주중에 한 명이 자신의 지분을 팔고자 할 경우, 다른 주주들에게 우선매수권을 부여하거나 회사에 재매입권을 설정하는 등의 조항을 포함할 수 있다. 이러한 조항은 회사의 지배구조가 예기치 않게 변화하는 것을 방지하고, 기존 주주들의 이익을 보호할 수 있다.

주주 간 계약서는 또한 회사가 위기상황에 직면했을 때의 대응방안을 제공한다. 경영위기, 자금조달의 필요, 주요 주주의 탈퇴 등 다양한 상황에서 회사와 주주들이 취할 수 있는 행동지침을 사전에 정의함으로써, 위기상황에서 신속하고 효과적으로 대응할 수 있도록 한다. 이는 회사의 안정성을 유지하고, 장기적인 성공을 위한 기반을 다지는데 중요한 역할을 한다.

마지막으로, 주주 간 계약서는 회사의 성공을 위한 공동의 비전과 목표를 명시함으로써, 모든 주주가 동일한 방향으로 나아갈 수 있도록 한다. 이는 내부적인 일치와 팀워크를 강화하고, 회사의 목표 달성을 위해 주주들이 상호협력하는 문화를 조성한다.

결론적으로, 주주 간 계약서는 회사의 안정적인 운영, 주주들 간의 투명한 의사소통, 위기대응, 그리고 장기적인 성장 전략에서 중요하다. 따라서, 회사와 주주 모두에게 주주 간 계약서의 중요성과 필요성은 매우 크며, 이를 통해 회사의 성공적인 미래를 구축하는 데 필수적인 기반이 마련된다.

2) 동업계약서와 주주 간 계약서의 차이

동업계약서와 주주 간 계약서는 비즈니스 운영과 관련된 두 가지 중요한 법적 문서이지만, 그 목적과 적용범위에서 차이가 있다. 각각의 문서는 다른 유형의 비즈니스 구조와 상황에 적합하게 설계되었으며, 그에 따라 내용과 중점을 둔 부분이 다르다.

목적과 적용범위의 차이

동업계약서는 주로 동업자 간의 관계를 규율하는 문서로, 동업자들이 공동으로 비즈니스를 운영하기 위해 체결한다. 이 계약서는 비즈니스의 목적, 각 동업자의 기여(자본, 노력, 자원 등), 이익 및 손실의 분배, 의사결정 과정, 분쟁해결 방법 등을 명시한다. 동업계약서는 주로 소규모 비즈니스나 파트너십에서 사용되며, 법인이 아닌 비즈니스 형태에 적합하다.

반면, 주주 간 계약서는 주식회사의 주주들 사이의 권리와 의무를 규정하는 문서로, 주주들의 합의에 기반하여 회사의 운영과 관련된 특정사항을 정한다. 이 계약서는 주식의 양도 제한, 주주의 권리보호, 의사결정절차, 이익배당정책 등 회사운영과 직접적으로 관련된 사항들을 다룬다. 주주 간 계약서는 주식회사형태의 비즈니스에서 주로 사용된다.

법적 구조의 차이

동업계약서는 동업자들이 공동의 목적을 위해 자본이나 노력을 투자하고, 이익과 손실을 공유하기로 합의한 관계를 기반으로 한다. 이는 동업자 개개인이 비즈니스에 대해 직접적인 법적 책임을 지는 구조이다.

그러나 주주 간 계약서는 주식회사의 주주들 사이의 관계를 규율하는데, 주식회사는 독립적인 법적 주체로서 회사와 주주, 회사와 제3자, 주주상호 간의 법적 관계를 정의한다. 이는 주주가 회사의 부채에 대해 제한적인 책임만을 지는 구조이다.

의사결정과 운영의 차이

동업계약서에서는 동업자들이 비즈니스의 일상적인 운영과 중대한 의사결정에 대해 공동으로 결정할 수 있는 방식을 정할 수 있다. 이는 동업자들이 비즈니스에 대해 보다 직접적인 관리와 통제를 수행한다는 것을 의미한다.

주주 간 계약서에서는 주주들이 회사의 운영에 간접적으로 관여한다. 의사결정은 주로 이사회를 통해 이루어지며, 주주 간 계약서는 주주들의 특정 권리를 보호하고, 큰 틀에서의 회사운영 방향에 영향을 미칠 수 있는 조항을 포함할 수 있다. 예를 들어, 주요 경영의사결정이나 전략적 방향성에 대한 주주들의 동의요구, 특정한 상황에서 주주들에게 우선적인 의사결정 권한을 부여하는 등의 내용이 담길 수 있다.

계약의 세부사항과 범위의 차이

동업계약서는 동업자 개인의 기여와 역할을 상세히 규정하고, 비즈니스의 운영과 관련된 거의 모든 측면을 포함할 수 있다. 그 범위는 비즈니스의 시작부터 해산까지, 그리고 이익분배방식, 개인의 책임과 의무, 업무분담 등 광범위하다.

주주 간 계약서는 주로 주주의 권리와 의무, 주식의 양도제한, 경영 참여방식 등 회사운영과 직접적으로 관련된 사항에 초점을 맞춘다. 이 계약은 주주들 사이의 관계뿐만 아니라, 주주와 회사 간의 관계도 규정하기 때문에, 동업계약서보다는 좀 더 법적인 구조 내에서 운영되는 비즈니스의 특성을 반영한다.

분쟁 해결방식의 차이

동업계약서에서는 동업자 사이에 분쟁이 발생했을 때, 일반적으로 협상, 중재, 조정과 같은 비교적 비공식적인 방식으로 해결을 모색하는 경우가 많다. 이는 동업자들이 개인적인 관계를 바탕으로 비즈니스를 운영하는 경향이 있기 때문이다.

주주 간 계약서에서는 주주들의 분쟁해결방식도 규정되어 있으나, 주식회사의 법적 구조 내에서 발생하는 분쟁을 해결하는 데 더 중점을 둔다. 따라서 법적 소송이나 공식적인 중재절차를 포함할 수 있으며, 이는 주주들 사이뿐만 아니라 주주와 회사 간의 분쟁에도 적용될 수 있다.

결론적으로, 동업계약서와 주주 간 계약서는 각각 다른 비즈니스 구조와 운영방식에 적합하게 설계되었다. 동업계약서는 보다 개인적이고 직접적인 비즈니스 운영에 초점을 맞추는 반면, 주주 간 계약서는 주식회사의 법적 구조와 주주들의 권리와 의무에 더 많이 주목한다. 각각의 계약서는 비즈니스의 성공적인 운영과 장기적인 안정을 위해 매우 중요하며, 해당 비즈니스 유형과 요구사항에 맞게 세심하게 작성되어야 한다.

이어서 주식회사로 만들어진 벤처 스타트업이 대다수를 차지하고 있는 우리나라에서 활용되는 주주 간 계약서에 포함되어야 할 세부내용을 점검해 보자.

3) 주주 간 계약서에 포함되어야 할 주요 내용

주주 간 계약서에는 다음의 내용들이 포함되어야 한다.

- 각 주주의 지분비율을 명확하게 명시해야 한다. 지분비율은 각 주주의 권리와 의무의 기반이 되며, 이를 통해 주주들 간의 균형을 유지하고 공정성을 보장할 수 있다.
- 주주들의 의결권을 명시해야 한다. 의결권은 일반적으로 주주들의 지분비율에 따라 결정되며, 회사의 중요한 결정을 내리는데 있어 주주들의 영향력을 규정한다. 만약 특정 주주가 특별한 의결권을 가지고 있다면, 이를 명확하게 명시하여 미래에 발생할 수 있는 갈등을 미연에 방지해야 한다.
- 주주들이 자신의 주식을 어떻게 양도할 수 있는지에 대한 규정을 계약서에 포함해야 한다. 이를 통해 주식의 양도를 제한하거나, 다른 주주들이 우선적으로 주식을 구매할 권리(우선매수권)를 가지도록 할 수 있다. 이는 회사의 지배구조를 안정시키고, 주주 간 또는 주주와 회사 간의 갈등을 최소화하는 데 도움이 된다.
- 주주들 간에 갈등이 발생할 경우 이를 어떻게 해결할 것인지에 대한 절차를 명시해야 한다. 이는 중재, 조정, 법적 절차 등을 포함할 수 있다. 이러한 절차를 미리 명시해 두면, 갈등이 발생했을 때 신속하고 효과적으로 문제를 해결할 수 있는 기반을 마련할 수 있다.
- 주주들이 추가적인 주식을 구매할 수 있는 옵션을 가지고 있다면, 이에 대한 계획과 절차를 명시해야 한다. 이를 통해 주주들이 회사의 성장에 따라 추가적인 이익을 얻을 수 있는 기회를 제공하고, 이는 회사의 발전을 위한 추가적인 자금을 확보하는 방법이 될 수 있다.
- 창업자가 회사에 대한 특별한 의무를 가지고 있다면, 이를 명시해야 한다. 예를 들어, 창업자가 회사를 운영하는 동안 다른 경쟁 회사에 참여하지 않을 의무 등을 포함할 수 있다. 이는 회사의 이익을 보호하고, 창업자의 충실성을 확보하는 데 중요한 역할을 한다.
- 주주가 회사를 떠나거나 해고되는 경우, 그의 지분을 어떻게 다룰 것인지에 대한 규정을 포함해야 한다. 이는 주식의 재구매, 다른 주주들에게 주식매도 등 다양한 방법을 포함할 수 있다.

4) 주주 간 계약서의 주요 조항들

주주 간 계약서는 주주들 간의 권리와 의무, 그리고 회사의 운영에 관한 상세한 내용을 정하는 중요한 문서이다. 이 계약서에 포함되는 주요 조항들은 다음과 같다.

- 정의 및 해석: 계약서에서 사용되는 용어와 정의를 명시하여, 계약내용의 명확성을 확보한다.
- 주식의 매수와 매도: 주주가 자신의 주식을 어떤 조건하에서, 어떻게 매수하거나 매도할 수 있는지에 대한 규정을 포함한다.
- 우선매수권(Pre-Emptive Rights): 주주들이 새로 발행되는 주식이나 다른 주주가 판매하려는 주식을 우선적으로 매수할 수 있는 권리에 대해 설명한다.
- 태그얼롱 권리(Tag-Along Rights): 소수주주입장에서 대주주가 자신의 주식을 팔려고 할 때, 동일한 조건으로 자신의 주식을 팔 수 있는 권리에 대해 설명한다.
- 드래그얼롱 권리(Drag-Along Rights): 대다수 주주가 회사 전체 또는 주요 지분의 매각에 찬성할 경우, 소수주주를 강제로 매각에 동참시킬 수 있는 권리를 의미한다.
- 주주의 의무와 권리: 회사운영에 참여, 정보접근, 회의소집 등 주주의 권리와 의무에 대한 상세한 규정을 담는다.
- 경영진의 권한과 책임: 회사의 경영진, 특히 이사회의 권한과 책임범위를 명시한다.
- 이사회의 구성과 회의: 이사회의 구성, 이사의 선출 및 해임, 회의의 소집 및 진행방식 등에 관한 규칙을 정한다.
- 정보제공: 회사가 주주에게 제공해야 하는 재무정보, 경영상태 등에 관한 규정을 포함한다.
- 분쟁해결: 주주 간 또는 주주와 회사 간의 분쟁이 발생했을 때의 해결 절차에 대해 규정한다.
- 계약의 변경과 해지: 계약서를 변경하거나 해지하는 조건과 절차에 대해 설명한다.
- 기타: 비밀유지, 준거법, 계약의 전체성 등 계약서 운영과 관련된 기타 사항들을 포함한다. 또한, 회사의 해산에 대해 설명하는 경우도 있다.

주주 간 계약서는 회사와 주주 간의 관계를 명확히 하고, 장기적인 파트너십을 구축하는 데 중요한 역할을 하기 때문에 계약서작성 시 법적 자문을 받는 것을 권장한다.[8]

2.5 임직원들에 대한 스톡옵션 등 유지관리 전략

스타트업 종사자라면 누구나 알고 있는 스톡옵션(Stock Option). 하지만 구체적인 내용을 물어보면 제대로 알고 있는 사람이 드문 것도 스톡옵션이다. 스타트업 대표는 인재유치를 위해, 스타트업 임직원은 열심히 일한 노력을 보상받기 위해 스톡옵션에 대해 정확히 알고 있어야 한다.

8 자세한 주주 간 계약서 양식은 부록(Appendix)을 참고

주식을 살 수 있는 '권리', 스톡옵션
상법에서 '주식매수 선택권'이라고 부르는 스톡옵션(Stock Option)은 회사가 임직원에게 부여하는 권리로 일정기간이 지난 후에 회사의 주식을 미리 정해둔 가격으로 살 수 있는 권리를 말한다. 여기서 중요한 사실은 스톡옵션은 주식을 살 수 있는 권리를 주는 것이지 주식자체를 주는 것은 아니라는 점이다.

2.5.1 스톡옵션을 부여하는 이유

벤처기업이 스톡옵션을 직원들에게 부여하는 이유는 최고의 인재를 유치하고 회사 내에서 유지, 직원과 주주의 이익을 동일화, 직원의 성장에 대한 인센티브 제공 등이다.

- 최고의 인재유치 및 유지: 스톡옵션은 우수한 인재를 회사에 끌어들이고, 그들이 회사에 장기적으로 기여하도록 유도하는 강력한 도구이다. 이는 특히 초기 단계의 스타트업에 중요한데, 현금이 부족한 상황에서도 경쟁력 있는 보상 패키지를 제공할 수 있기 때문이다.
- 직원과 주주의 이익일치: 스톡옵션을 통해 직원들은 회사의 주주가 될 수 있는 기회를 갖게 된다. 이는 직원들이 회사의 성공을 위해 더욱 노력하도록 동기를 부여하며, 결과적으로 회사의 가치 상승에 기여하게 된다.
- 회사성장에 도움: 스톡옵션은 직원들이 회사의 성장과 성공에 직접적으로 기여하고 그 성공을 공유할 수 있도록 한다. 이는 직원들이 회사의 목표와 비전에 더욱 몰입하게 만들며, 장기적으로 회사의 성장에 긍정적인 영향을 미치게 될 것이다.

따라서 스톡옵션이 부여된 사람은 회사가 성장하기 전 가치로 주식을 구매한 후, 회사가 성장하여 주가가 상승하면 그 차액만큼 이익을 얻을 수 있게 된다. 기업입장에서는 당장의 현금지출 부담을 줄일 수 있고, 스톡옵션이 부여된 사람 입장에서는 열심히 일하여 회사가 성장한 만큼 이익을 얻을 수 있다는 장점이 있다. 그래서 스타트업은 우수인재를 채용할 때 스톡옵션을 인센티브로 활용한다.

2.5.2 과도한 스톡옵션 발행의 자제

회사도 좋고 임직원도 좋은 스톡옵션을 도입하지 않을 이유가 없겠지만, 스톡옵션 부여 시 고려할 사항이 있다. 스톡옵션을 지나치게 많이 발행하면 기존 주주들의 주식가치가 희석되기 때문이다. 예를 들어 우수인재 영입을 위해 발행주식 총 수의 50%

에 해당하는 스톡옵션을 발행했다고 하자. 의무 근속기간을 채운 임직원에게 부여된 스톡옵션을 모두 행사하면 기존 주주들의 지분율은 50%씩 떨어지게 된다. 이처럼 지나친 스톡옵션 발행은 기존 주주들의 이익을 침해할 수 있으므로 상법은 몇 가지 안전장치를 마련하고 있다.

- 기존 주주들을 위한 스톡옵션 안전장치: 스톡옵션 부여는 주주총회에서 결의사항이다. 스톡옵션 부여계약은 연봉계약과 달리 대표이사가 단독으로 결정할 수 있는 사안이 아니며, 반드시 주주총회 특별결의를 통해 스톡옵션 부여 결의를 해야 한다.[9]
- 스톡옵션 부여 대상 및 수량 제한: 비상장회사(일반기업)는 이사, 집행임원, 감사, 자사 임직원에게만 스톡옵션을 부여할 수 있고, 부여할 수 있는 주식의 수량도 발행주식 총 수의 10/100으로 한정되어 있다.[10]
- 벤처기업을 위한 스톡옵션 부여 특례: 벤처기업으로 선정된다면 스톡옵션 부여 대상 및 수량 제한에 특례가 적용된다. 부여한도가 발행주식 총 수의 50%까지 늘어나기 때문이다. 이것은 스톡옵션 제도를 인재영입에 적극적으로 활용하라는 취지인데, 법적으로 부여한도가 늘어났어도, VC를 통해 투자를 유치했다면 스톡옵션 부여에 제한을 받을 수 있다. 많은 VC가 투자계약 과정에서 스톡옵션부여를 발행주식 총 수의 10%로 제한하고 있기 때문이다. 주주 간 계약을 통해 스톡옵션부여를 투자자 동의사항으로 정하기도 한다.[11]
- 발행대상이 자사임직원에서 외부전문가로까지 확대: 많은 스타트업이 새로운 사업을 시도하는 만큼 전문가의 자문을 받을 일이 많은데, 자문비용을 모두 현금으로 지불하면 기업에 큰 부담이 될 수 있다. 벤처인증기업은 이러한 전문가 자문비용을 스톡옵션으로 지불할 수도 있다.[12]

2.5.3 스톡옵션 계약의 핵심 두 가지

부여 한도와 대상 범위 내에서 스톡옵션 부여결의를 성공적으로 했다면, 스톡옵션 계약서를 작성해야 하는데, 계약서를 작성하기 전에, 대표이사와 스톡옵션을 받는 직원 모두 다음의 두 가지는 꼭 알고 있어야 한다.

---

9 상법 340조의2 ①

10 상법 340조의2 ③

11 벤처기업육성에 관한 특별조치법 제16조3

12 벤처기업육성에 관한 특별조치법 제16조3 제1항 제3호

1) 스톡옵션 행사 기간과 베스팅

만약, 스톡옵션이 부여된 즉시 행사할 수 있도록 계약서를 작성했다면 어떠했겠는가? 스톡옵션이 부여된 사람은 바로 스톡옵션을 행사하여 주식을 취득한 후 다른 회사로 이직할 수도 있다. 이러한 행동은 스톡옵션의 취지에 어긋나기 때문에 상법에서는 스톡옵션의 행사기간을 주주총회 결의일로부터 2년 이상 재직한 후로 정하고 있다.[13]

관련 가이드: 퇴사 후 스톡옵션 행사 가능한가? 스톡옵션 베스팅

부여일을 기준으로 2년 이상 재직하지 않은 상태에서 행사한 스톡옵션은 계약서의 내용과 상관없이 법적으로 무효가 된다. 반대로, 행사기간을 2년 이상으로만 정하면 별다른 제한이 없다. 많은 스타트업이 재직기간에 따라 스톡옵션 행사 기간에 차등을 주는 베스팅(Vesting)을 사용하고 있다.

베스팅은 최근 스타트업에서 가장 많이 사용하는 방식은 2년 뒤 50%, 3년 뒤 75%, 4년 뒤 100%를 모두 행사할 수 있는 조건이다. 스톡옵션 부여시점 이후로 2년 6개월을 근무하고 퇴사하는 경우, 처음 부여된 스톡옵션의 50%만 행사할 수 있고 나머지 50%는 퇴사와 동시에 부여가 자동으로 취소되는 방식이다. 행사기간은 회사마다 개인마다 차이가 있을 수 있으므로 스톡옵션 계약서를 검토할 때 가장 중점적으로 확인을 해야 한다.

2) 스톡옵션의 행사가

스톡옵션을 행사하면 회사의 성장하기 이전의 가치로 주식을 취득하고, 회사가 성장하여 주가가 상승하면 그 차액을 얻을 수 있다. 따라서 성장 전 가치를 얼마로 평가할 것인가가 중요하게 된다. 상법에 따라 기본적으로 스톡옵션 행사가격은 액면가액과 시가(실질가액) 중 큰 금액이어야 한다. (벤처기업일 경우, 부여자가 임직원이라면 액면가 이상, 시가 이하로 발행 가능) 정확한 시가를 계산하기 위해서는 회계법인을 통해 상속세 및 증여세법 시행령에 따라 비상장주식 가치 평가를 받아야 한다. 따라서 스톡옵션이 부여된 시점에 따라 행사가격이 달라진다. 즉, 기업가치가 낮은 시점에 스톡옵션이 부여된 사람은 그만큼 낮은 가격에 주식을 매수할 수 있게 된다. 예를 들어, 똑같이 스톡옵션 1,000주를 부여되었더라도 투자 전이나 씨드 투자 단계에 부여된 사람은 액

---

13 주식매수청구권 행사요건 중 재직기간 요건에 관하여, 상법은 비상장회사의 경우 "주식매수청구권을 부여하는 주주총회 결의일부터 2년 이상 재임 또는 재직하여야 이를 행사할 수 있다(상법 제340조의4 제1항)." 고 규정하고 있으나, 상장회사의 경우에는 "대통령령으로 정하는 경우를 제외하고는 주식매수 선택권을 부여하기로 한 주주총회 또는 이사회의 결의일부터 2년 이상 재임하거나 재직하여야 주식매수 선택권을 행사할 수 있다(상법 제542조의3 제4항)."고 규정하면서도, 동법 시행령에서는 "주식매수 선택권을 부여받은 자가 사망하거나 정년이나 그 밖에 본인의 귀책사유가 아닌 사유로 퇴임 또는 퇴직한 경우(시행령 제9조 제5항, 이하 "비자발적인 퇴직")"에는 예외적으로 주식매수 선택권 행사가 가능하다고 규정하고 있다.

면가로 받았을 것이다. 한편 시리즈 A 투자를 유치하여 기업가치가 100억이 된 후 부여된 사람은 해당가치가 반영된 만큼 더 높아진 가격으로 행사가가 결정된다.[14]

2.5.4 직원 유지관리 전략: 클리핑과 RSUs

1) 직원을 유지, 관리하게 하는 스톡옵션 전략 클리핑[15]

클리핑(Cliffing)이란 일정 기간 동안 근무해야 스톡옵션을 행사할 수 있는 권리가 주어지는 것을 말하며, 최초로 베스팅이 진행될 때까지 걸리는 기간을 의미한다. 그래프로 표현할 경우 클리프(절벽)처럼 가파르게 행사 가능한 수량이 변동된다고 하여 붙여진 명칭이다.

한국의 경우, 상법상 스톡옵션은 주주총회의 결의일로부터 2년 이상 재직해야 행사할 수 있다고 명시되어 있기 때문에, 국내 법인에 의해 부여된 모든 스톡옵션은 최소 2년의 클리프를 자동으로 가지게 된다. 그러나 미국의 경우는 클리프가 법적으로 강제되어 있지 않다.

일반적으로 스톡옵션의 베스팅(Vesting) 기간은 4년이며, 그 중 첫 2년은 클리프 기간이다. 즉, 입사 후 2년 동안 근무해야 비로소 스톡옵션을 행사할 수 있는 권리가 주어지는 것이다. 클리핑의 효과는 다음과 같다.

- 직원유지: 클리핑 기간을 통해 회사는 신입직원들이 최소 2년 이상 근무하도록 유도할 수 있다. 이는 회사 입장에서 직원 이직률을 낮추고 인력유지에 도움이 된다.
- 동기부여: 클리핑 기간이 지나면 직원들은 스톡옵션을 행사할 수 있게 되므로, 이는 직원들에게 강력한 동기부여 요인이 된다. 직원들은 회사에 더 오래 남아 회사 성장에 기여하게 될 것이다.
- 위험 관리: 클리핑 기간을 통해 회사는 신입직원들이 입사 후 2년 내에 퇴사할 경우 스톡옵션을 행사하지 못하게 함으로써 재무적 위험을 관리할 수 있다.

따라서 스톡옵션의 클리핑은 회사와 직원 모두에게 중요한 의미를 가지며, 직원유지, 동기부여, 위험관리 등의 측면에서 필요하다.

위 개념들을 적용하여 스톡옵션의 예시를 만들어 보면, 다음과 같다.

---

14 스타트업 직원을 위한 스톡옵션(주식매수 선택권) 정리, 작성자 ZUZU
https://zuzu.network/resource/blog/option-guide-for-startups/

15 스톡옵션 베스팅/클리프/행사가 알아보기, QuotaBook 비즈니스 인사이트
https://quotabook.com/ko-blog/terms-of-stock-options

A: 2년 클리프 50%/총 베스팅 기간 4년/주기 1년

B: 2년 후 50%/1년 후 25%/1년 후 25%로 행사 가능 수량 발생

A는 B와 동일한 의미이며, 그래프로 표현하면 〈그림 1.1〉과 같다.

2) RSUs

RSUs(Restricted Stock Units)는 직원에게 부여되는 일종의 주식보상제도이다. 직원에게 실제주식이 아닌 주식단위(Unit)가 부여되며, 일정조건을 충족하면 이를 실제주식으로 전환할 수 있다. RSUs는 직원에게 고용주기업의 지분참여 기회를 제공하는 것이 목적이다.

RSUs의 주요 특징은 다음과 같다.

- 베스팅 조건: RSUs는 일반적으로 시간경과에 따른 베스팅 조건이 있다. 예를 들어 4년에 걸쳐 매년 25%씩 베스팅되는 방식이다.
- 실제 주식전환: RSUs가 베스팅되면 직원은 해당 주식단위를 실제주식으로 전환할 수 있다. 이때 세금이 부과된다.

그림 1.1 스톡옵션 예시

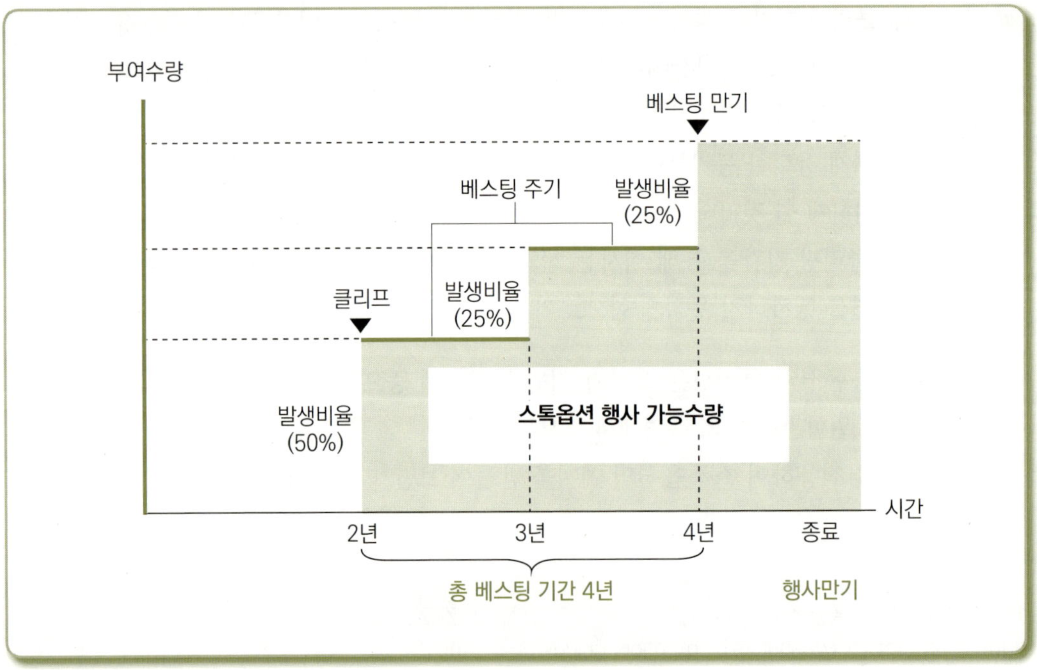

출처: QuotaBook 비즈니스 인사이트

일부기업에서는 RSUs를 현금으로 지급하는 옵션을 제공하기도 하며, RSUs 보유자는 실제주식을 보유하지 않기 때문에 배당금을 받을 수 없다.

RSUs의 장단점

직원에게 기업지분 참여기회를 제공하고 장기적인 직원유지 및 동기를 부여하며, 현금유출 없이 보상제공 가능하나, 실제 주식보유가 아니므로 배당금수령 불가하고, 세금납부 시점에 현금유출 발생하며, 주가하락 시 가치하락 위험이 있다.

추가로 Restricted Stock Awards(RSAs)는 RSUs와 유사한 개념으로 Restricted Stock Awards(RSAs)가 있다. RSAs는 직접적인 주식지급방식으로, 일정조건 충족 시에 실제주식을 받게 된다. RSAs는 RSUs보다 직원에게 더 많은 권한을 부여한다.

종합적으로 RSUs는 직원보상 및 동기부여를 위한 유용한 수단이지만, 세금 및 주가변동 리스크 등의 단점도 고려해야 한다. 기업은 이를 적절히 활용하여 인재 유치 및 유지에 활용할 수 있다.

CHAPTER 02

창업과 벤처

이 장에서 논의하는 Rich versus King 관점

당신이 회사를 창업하고 난 후에 어떤 과정을 거칠 것으로 예상하는가? 창업회사가 시장에서 오래 살아남기는 매우 어렵다. 특히 혁신적인 기업을 창업하여 큰 부자(Rich)가 되려면 더욱 그렇다. 왜냐하면 자금조달을 잘못하면 창업가는 고생했지만 적합한 보상을 받지 못하고 창업회사로부터 퇴출되는 경험을 할 수도 있기 때문이다. 하지만 지배구조가 단단하고 느리게 성장하는 회사로 만족하면 이런 문제는 겪지 않을 것이다. 따라서 큰 부자가 되기를 열망하는 창업가는 회사의 성장 단계에 부합하는 자금조달 전략을 확실히 이해해야 하고 사업계획을 수립해야 한다.

1. 출항하는 배
2. 기업가정신
3. 신규벤처의 성장 단계
4. 신생벤처금융의 순서

이 장은 Stanford University Press에서 출간한 Entrepreneurial Finance Strategy, Valuation & Deal Structure의 Chapter 1을 일부 인용하였고 책에 있는 오래된 통계는 저자들이 최근 데이터를 찾아서 갱신하였다. 상기한 책의 인용 내용을 이 책에 수록하기 위해서 미리 절차를 거쳐 허락을 받았다.

CH 02. 창업과 벤처

창업벤처의 성공은 여러 요인에 따라 결정되며, 이들 중 대부분은 초기 단계에서 어려움에 직면한다. 많은 기업들이 새로운 도전을 시작하지만, 치열한 경쟁과 불확실한 시장환경 속에서 좌초하기도 한다. 일부 기업은 살아남아도 두드러진 성과를 내지 못하고, 투자금만 간신히 회수하는 경우가 많다. 그러나 그들 중 아주 일부만이 성공적으로 목표를 달성하며, 그 과정에서 혁신적인 아이디어와 철저한 실행력이 중요한 역할을 한다.

실패한 기업들은 처음부터 시작하지 않는 것이 더 나았을 것이라는 생각을 하게 되며, 성공적인 여정을 거친 경우에도 자본배분의 실수로 창립자가 적절한 보상을 받지 못하는 일도 발생한다. 비유해 보면 스타트업은 항해하는 배와 같아서, 많은 배가 바다로 나가지만 거친 파도와 장애물에 부딪혀 침몰할 위험이 있는 것과 같다.

이 책은 신생 창업기업의 재무적 결정에 대해 탐구하며, 가치 있는 기회를 분석하고 경제적 이론과 금융기법을 활용해 기업의 잠재력을 증대시킬 수 있는 방법을 알아본다. 또한, 다양한 벤처의 형태에 대한 적용 여부도 논의할 것이다.

1. 출항하는 배

벤처사업을 출항하는 배에 비유하기도 한다. 복잡한 항해와 마찬가지로 벤처는 단계적으로 진행되며, 각 항해 단계에서 성과를 보일 경우 더 많은 연료(자금)를 조달하게 되고, 이를 통해 더 큰 목표를 지향할 수 있다. 반대로, 중간에 길을 잃거나 예상치 못한 장애물에 부딪히면 자금조달이 어려워지고 방향을 잃을 위험이 커진다. 중간 기착지에 도착할 때마다 상황에 따른 판단이 필요하며, 이러한 판단이 성공적인 항해에 결정적인 영향을 미친다. 대부분의 신규벤처는 운영비용을 충당하거나 미래성장을 위한 충분한 자금을 창출하지 못하기 때문에 초기자본이 필요하다. 일반적으로는 각 성장 단계에서 충분한 자금을 확보하여 벤처에 활력을 불어넣는 것이 중요하다. 이 시점에서 성공이 예상되는 벤처는 더 유리한 조건으로 추가 자금을 조달할 수 있을 것으로 기대된다.

이 과정에서도 중간 기착지에 도착할 때마다 상황에 맞춰 판단하고 조치를 취하는 것이 필수적이다. 신규 벤처도 마찬가지로 자금을 단계적으로 조달하면서 항해를 이어갈 수 있다. 이렇게 함으로써 최종적으로 벤처기업가는 더 가치 있는 지분을 소유할 수 있게 된다.

또한, 배의 항해에서 중요한 점은 목표의 유연성이다. 출항하는 배는 목적지가 명확하지만, 중간 기착지에 도착할 때마다 새로운 상황에 따라 경로를 수정할 수 있다. 신규벤처의 경우, 창업시점에 목표를 정의하기 어렵고, 시장의 변화나 새로운 정보에 따라 목표를 재설정할 수 있는 여지가 있다. 이때도 중간 기착지에서의 판단이 중요한 역할을 한다. 시간이 지나면서 벤처기업가들은 시장의 흐름과 그들의 노력이 가져올 잠재적 성공에 대해 더 많은 통찰을 얻게 되고, 이로 인해 방향전환이 더 높은 가치를 창출할 기회가 생길 수 있다는 것을 알게 된다.

이와 같이 출항하는 배의 비유를 통해 벤처의 항해 과정에서 자금조달과 목표 수정, 그리고 중간 기착지에서의 상황판단의 중요성을 더욱 강조할 수 있다.

장애물과 거친 환경을 극복하기 위한 나침반과 해도, 항해정보 등 운항시스템 필요

그림 2.1 출항하는 배

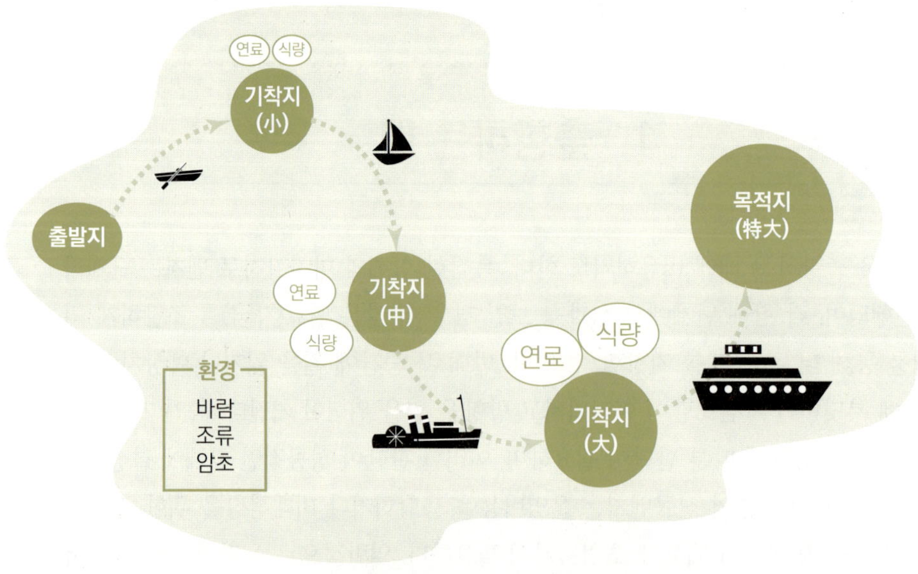

기착지1(연료식량 小) → 기착지2(연료식량 中) → 기착지3(연료식량 大) → 최종목적지 特大
여러 과정을 통해 도달한 목적지는 계획된 목적지일까? 수정된 목적지일까?

2. 기업가정신

기업가정신의 역사적 배경은 다양한 학자들의 이론적 기여를 통해 발전해 왔으며, 이는 경제, 사회, 문화 전반에 걸쳐 중요한 역할을 해왔다. 기업가정신이란 단순히 사업을 하는 것을 넘어 새로운 기회를 찾아내고, 혁신을 이루며, 가치를 창출하는 활동을 의미한다. 이를 이해하기 위해 몇몇 주요 학자들의 이론과 개념을 살펴볼 필요가 있다.

기업가정신의 초기 개념: 리처드 칸티용

기업가라는 개념은 18세기 프랑스에서 처음 등장했으며, 리처드 칸티용이 이를 경제학적 맥락에서 정의한 최초의 학자로 꼽힌다. 칸티용은 기업가를 '불확실성을 감수하는 사람'으로 설명했다. 즉, 시장에서 발생할 수 있는 위험을 감수하면서도 기회를 활용해 이익을 얻는 사람을 기업가로 보았다. 그는 기업가가 단순히 상품을 사고파는 상인이 아니라, 자본을 투자하고 생산 과정을 조직하며 위험을 감수하는 존재로 설명했다. 이러한 초기 개념은 기업가정신이 경제 활동에서 중요한 역할을 한다는 인식을 널리 퍼뜨리는 계기가 되었다.

자원 배분과 경제 발전: 장 밥티스트 세이

프랑스 경제학자 장 밥티스트 세이(J. B. Say)는 기업가의 역할을 자원의 효율적인 배분자로 보았다. 세이는 기업가가 생산 요소들을 가장 생산성이 높은 곳으로 옮겨 경제적 가치를 극대화한다고 주장했다. 예를 들어, 기업가는 자본, 노동, 토지 등의 자원을 적절히 활용해 새로운 제품을 만들고, 이를 통해 사회 전체의 부를 증대시키는 역할을 한다고 보았다. 세이의 이론은 기업가가 단순한 관리자 이상의 역할을 하며, 경제 성장에 필수적인 인물이라는 점을 강조했다.

혁신과 경제 발전의 원동력: 조셉 슘페터

20세기 초, 오스트리아 경제학자 조셉 슘페터(Joseph Schumpeter)는 기업가정신을 혁신과 관련지어 설명했다. 슘페터는 기업가를 '창조적 파괴(Creative Destruction)'의 주체로 보았으며, 이들이 새로운 제품이나 서비스를 도입하고, 새로운 시장을 개척하며, 새로운 생산 방식을 개발함으로써 경제 발전을 이끈다고 주장했다. 그의 이론에 따르면, 기업가는 기존의 질서를 깨고 새로운 것을 창조함으로써 시장에서 경쟁력을 확보하고, 이를 통해 경제가 지속적으로 발전하게 만든다. 이러한 슘페터의 관점은 기업가정신이 단순한 자원 관리가 아니라 혁신을 통한 지속적인 발전을 추구하는 활동임을 강조했다.

불확실성의 관리: 프랭크 나이트

프랭크 나이트(Frank Knight)는 기업가정신을 불확실성 관리와 연결시켜 설명했다. 나이트는 위험과 불확실성을 구분하면서, 기업가는 불확실성을 관리할 수 있는 능력을 가진 사람이라고 보았다. 위험은 측정 가능하고 예측 가능한 반면, 불확실성은 예측할 수 없는 상황을 의미한다. 나이트에 따르면, 기업가는 이러한 불확실성 속에서도 창의적이고 신중한 결정을 내려야 하며, 이를 통해 시장에서 성공을 거둘 수 있다. 이는 기업가가 단순한 위험 감수자가 아니라, 불확실한 상황에서도 전략적으로 대응할 수 있는 능력이 중요하다는 것을 보여준다.

현대적 기업가정신: 기회 인식과 가치 창출

현대에 이르러 기업가정신은 단순히 자본을 소유한 사람들만의 것이 아니라, 누구나 발휘할 수 있는 능력으로 확장되었다. 피터 드러커(Peter Drucker)는 기업가정신을 기회를 인식하고 이를 통해 새로운 가치를 창출하는 능력으로 정의했다. 드러커의 이론에 따르면, 기업가는 변화하는 환경 속에서 기회를 찾아내고, 이를 실현함으로써 경제적, 사회적 가치를 동시에 창출할 수 있다. 이러한 현대적 관점에서는 영리 목적뿐만 아니라 비영리적인 사회적 문제해결에도 기업가정신이 중요하게 작용한다. 이는 기업가정신이 경제 활동을 넘어 사회적 혁신과 지속 가능한 발전을 이끄는 중요한 요소임을 보여준다.

기업가정신의 사회적, 문화적 중요성

기업가정신의 역사적 발전은 이를 단순한 경제적 활동으로만 보지 않고, 사회적, 문화적 맥락에서도 중요한 의미를 가진다는 것을 강조한다. 기업가정신은 혁신을 통해 새로운 가치를 창출하고, 불확실한 상황에서도 기회를 찾아내며, 자원을 효과적으로 활용하는 방식으로 경제와 사회의 발전을 이끄는 핵심 요소로 자리 잡고 있다. 따라서 기업가정신은 현대 사회에서 개인과 조직 모두가 필수적으로 갖춰야 할 중요한 능력이며, 지속 가능한 발전과 미래의 도전을 준비하는 데 필요한 핵심 역량이라고 할 수 있다.

2.1 벤처의 유형

벤처창업은 그 동기와 목표에 따라 다양한 유형으로 분류될 수 있으며, 각 유형에 따라 창업자가 접근하는 방식과 성공 전략이 다르게 나타난다. 이러한 구분은 창업자가 시장에서 어떻게 경쟁우위를 확보하고 지속 가능한 성장을 이룰 수 있을지 예측하는 데 중요한 역할을 한다. 주요 벤처창업 유형으로는 기회에 의한 창업, 필요성에 의한 창업, 기술기반 창업, 라이프스타일 창업, 그리고 사회적 창업이 있다.

그림 2.2 혁신적인 벤처기업가의 역할

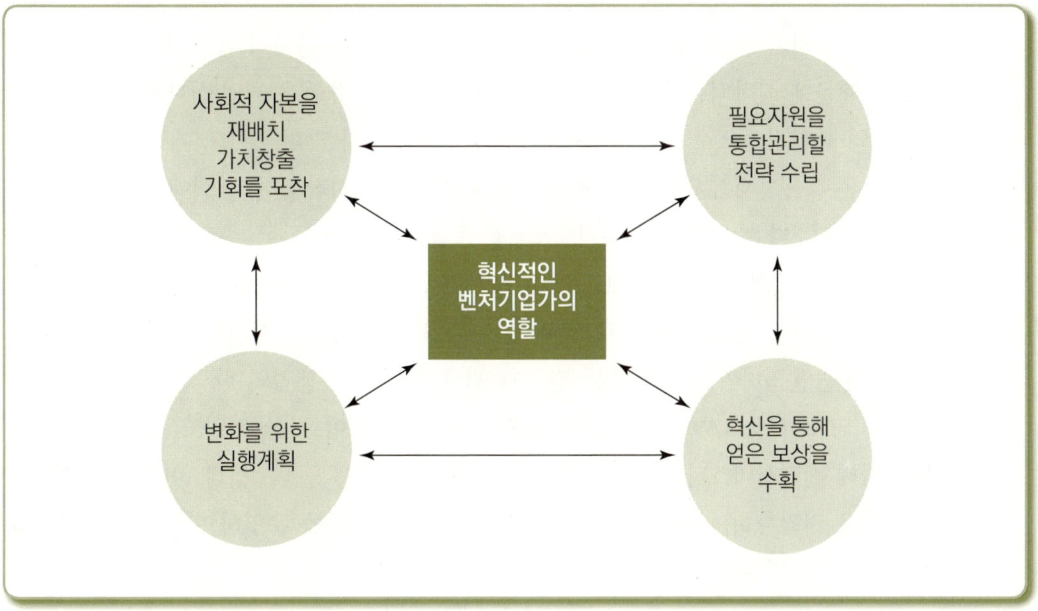

2.1.1 기회에 의한 창업

기회에 의한 창업(Opportunity-based Entrepreneurship)은 창업자가 시장에서 새로운 기회나 수익성을 발견하고 이를 활용하기 위해 자발적으로 사업을 시작하는 경우를 말한다. 이 유형의 창업자들은 주로 혁신적인 기술이나 비즈니스 모델을 도입하여 경쟁우위를 확보하려고 한다. 기회에 의한 창업은 빠른 성장과 확장을 목표로 하며, 벤처캐피탈 등의 외부 자금을 유치하여 사업을 확장하는 전략을 취한다. 이러한 창업자들은 새로운 시장에서 성공할 가능성이 높으며, 창조적 파괴의 주체로서 경제 발전에 기여할 수 있다.[1]

대표적인 사례로는 전기차 제조업체 테슬라(Tesla)가 있다. 테슬라는 기존의 내연기관 자동차 시장에서 전기차라는 새로운 기회를 발견하고, 이를 바탕으로 사업을 시작했다. 테슬라는 혁신적인 배터리 기술과 자율주행시스템을 통해 기존 자동차 제조업체들과 차별화된 경쟁력을 확보했다. 이처럼 테슬라는 전통적인 자동차산업에 혁신을 도입하여 시장에서 빠르게 성장했으며, 현재는 전기차와 에너지솔루션분야에서 선도적인 기업으로 자리매김하고 있다. 테슬라의 성공은 기회에 의한 창업이 어떻게 기술혁신을 통해 시장에서 차별화되고, 경쟁우위를 확보할 수 있는지 보여주는 좋은 사례이다.

1 슘페터의 창조적 파괴이론

2.1.2 필요성에 의한 창업

필요성에 의한 창업(Necessity-based Entrepreneurship)은 경제적 압박이나 생계 유지의 필요 때문에 시작되는 창업을 의미한다. 이러한 창업자들은 실업 상태에 있거나 직장에서의 불안정성으로 인해 자영업을 선택하는 경우가 많다. 필요성에 의한 창업자는 생계 유지와 경제적 안정성을 확보하기 위해 사업을 시작하며, 기회에 의한 창업자와 달리 혁신보다는 안정적인 수익 창출에 중점을 둔다. 이들은 주로 기존의 기술이나 비즈니스 모델을 따르며, 비교적 낮은 리스크를 감수하면서 운영한다.

예를 들어, 경제 불황으로 인해 일자리를 잃은 개인이 자신의 지역에서 작은 식료품점을 운영하기로 결정하는 경우가 필요성에 의한 창업의 한 사례이다. 또 다른 예로, 코로나19(COVID-19) 팬데믹 동안 많은 사람들이 직장을 잃고, 생계를 유지하기 위해 배달서비스나 온라인쇼핑몰을 시작한 경우를 들 수 있다. 이러한 창업자들은 주로 지역사회 내에서 활동하며, 작은 규모로 사업을 운영하여 안정적인 수익을 창출하고자 한다.

2.1.3 기술 기반 창업

기술 기반 창업(Tech-based Entrepreneurship)은 첨단기술이나 과학적 발견을 활용하여 새로운 제품이나 서비스를 개발하는 벤처를 말한다. 이 유형의 창업자는 기술을 통해 경쟁우위를 확보하고자 하며, 연구개발(R&D)을 통해 새로운 기술을 상업화하는 데 중점을 둔다. 기술기반 창업은 일반적으로 고위험 고수익을 목표로 하며, 기술적 성공 여부에 따라 사업의 성패가 크게 달라질 수 있다. 창업자는 기술적 전문성과 지식을 바탕으로 사업을 운영하며, 고도로 숙련된 인력과 협력하여 혁신을 추진한다.

구글(현 알파벳)은 검색 알고리즘이라는 기술혁신을 바탕으로 시작된 벤처로, 오늘날 세계에서 가장 영향력 있는 기술 기업 중 하나로 성장했다. 구글은 초기에는 검색엔진기술을 혁신적으로 개선하여 빠르고 정확한 검색결과를 제공함으로써 시장에서 차별화되었다. 이후 다양한 기술개발과 인수합병을 통해 사업영역을 확장하면서 글로벌 기술기업으로 성장했다. 구글의 사례는 기술기반 창업이 어떻게 혁신을 통해 시장에서 독보적인 위치를 확보하고, 장기적인 성장을 이룰 수 있는지를 보여준다.

2.1.4 라이프스타일 창업

라이프스타일 창업(Lifestyle Entrepreneurship)은 창업자가 자신의 관심사나 열정을 바탕으로 창업을 하는 경우를 말한다. 이러한 창업자는 경제적 이익보다는 개인적인 만족과 균형 잡힌 생활을 추구한다. 라이프스타일 창업자는 주로 대규모 성장을 목표로 하지 않으며, 개인적 운영이 가능한 작은 규모의 사업을 선호한다. 이들은 사업 운영에 있어 시간적, 공간적 유연성을 중요시하며, 이를 통해 생활의 질을 높이고자 한다.

한 예로, 요가강사가 자신의 요가스튜디오를 여는 경우를 들 수 있다. 이 창업자는 주로 자신의 요가실력을 활용하여 지역사회에 서비스를 제공하고, 이를 통해 자신의 삶의 방식을 유지하며 만족감을 얻고자 한다. 또 다른 예로, 사진작가가 자신의 포토스튜디오를 운영하며 자신이 원하는 방식으로 창의적인 작업을 수행하는 경우가 있다. 이러한 라이프스타일 창업은 개인의 삶과 일의 균형을 중요시하는 현대인의 욕구를 반영하고 있다.

2.1.5 사회적 창업

사회적 창업(Social Entrepreneurship)은 사회적 문제를 해결하고 공공의 이익을 증진하기 위해 설립된 벤처를 의미한다. 이 유형의 창업자는 경제적 이익보다는 사회적 가치 창출을 사업의 주요 목표로 삼으며, 사회적 문제해결, 환경보호, 빈곤퇴치 등의 사회적 목표를 우선시한다. 사회적 창업자는 사업의 지속 가능성을 유지하면서도 사회적 가치를 창출하기 위해 다양한 비즈니스 모델을 개발한다.

그라민 은행(Grameen Bank)은 저소득층을 대상으로 소액금융 서비스를 제공하여 빈곤 문제를 해결하려는 사회적 창업의 대표적인 사례이다. 그라민은행은 전통적인 금융서비스에 접근할 수 없는 사람들에게 소액대출을 제공함으로써 그들이 경제적으로 자립할 수 있도록 도왔다. 이와 같은 사회적 창업은 경제적 성장을 촉진하면서도 사회적 문제해결에 기여하는 중요한 역할을 한다.

벤처창업은 그 동기와 목표에 따라 다양한 유형으로 구분되며, 각 유형은 창업자의 접근 방식과 전략에 따라 다른 결과를 낳는다. 크게는 혁신적인 창업과 복제적인 창업으로 구분하기도 한다. 기회에 의한 창업은 혁신과 기술발전을 통해 새로운 시장을 창출하고, 필요성에 의한 창업은 생계 유지와 경제적 안정성을 목표로 한다. 기술기반 창업은 첨단기술을 활용하여 경쟁우위를 확보하고, 라이프스타일 창업은 개인의 삶의 만족과 균형을 중시한다. 마지막으로, 사회적 창업은 사회적 가치를 창출하고 사회문제를 해결하는 데 중점을 둔다. 이러한 벤처 창업의 다양한 유형은 경제와 사회 전반에 걸쳐 중요한 영향을 미치며, 창업자가 자신의 목표와 환경에 맞는 창업 유형을 선택함으로써 성공적인 벤처를 구축하는 데 도움을 줄 수 있다.

2.2 벤처의 생존율

성공적인 혁신이 반드시 보상을 가져온다는 것을 시사하는 것 같지만, 물론 이것은 사실과 거리가 멀다. 성공하려면 기업가는 전략적 선택과 실행결정이 성공에 따른 보상에 어떤 영향을 미칠지에 대해 명확하게 알고 있어야 한다.

미국의 경우 최신 데이터에 따르면 최대 90%의 스타트업이 실패한다. 미국 노동통계국에 따르면 거의 모든 산업 분야에서 1년차 평균 실패율은 10%에 달한다. 그러나 2년차에서 5년차 사이에는 신규 사업의 70%가 실패한다. 창업 실패율은 시간이 지남에 따라 증가하며, 실패하는 기업의 가장 중요한 비율은 10년 미만의 기업이다. 장기적으로 볼 때 스타트업의 90%는 실패하게 되는데, 이것은 스타트업 카테고리의 기업 10개중 1개만이 궁극적으로 살아남는다는 의미가 된다. 사업 실패율은 1990년대 이후 대부분의 산업분야에서 어느 정도 일관되게 유지되었다.

미국 노동통계국의 스타트업 관련 산업데이터는 스타트업의 실패에 대한 귀중한 인사이트를 제공하고 있다. 통계를 살펴보면 신규 스타트업의 20%가 처음 2년 이내에 실패한다. 신규 스타트업의 45%는 5년을 넘기지 못하며, 신규 스타트업의 65%가 첫 10년 동안 실패한다. 미국 스타트업의 75%가 첫 15년 동안 폐업하는 것을 알 수 있다. 일반적으로 신규 스타트업의 성공률은 장기적으로 약 10~20%이다.

통계를 살펴보면 스타트업 실패의 34%는 제품의 시장적합성 부족으로 인한 것이다. 또한, 실패한 비즈니스의 22%는 올바른 마케팅 전략을 실행하지 못했기 때문이다. 스타트업의 18%는 팀 문제 및 기타 인적자원 관련 문제로 인해 실패한다. 실패의

그림 2.3 스타트업 실패율

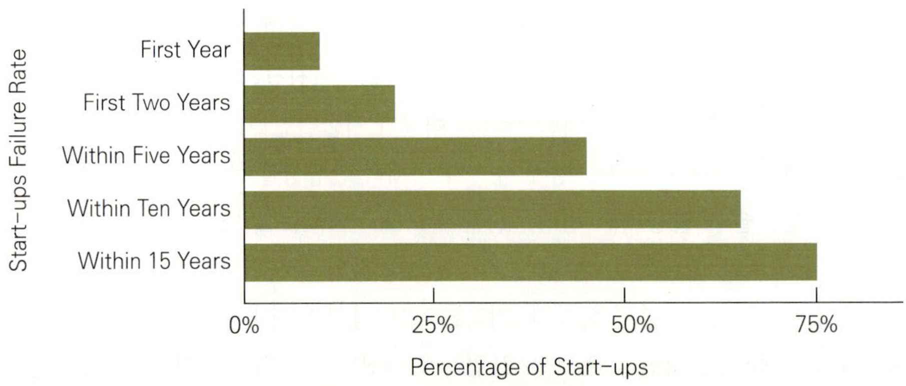

출처: 엠브로커, 리뷰42, 미국 노동통계국, 중소기업동향, SSRN

스타트업이 실패하는 주요 이유

스타트업은 왜 실패하는가? 스타트업의 실패율이 상대적으로 높은 이유는 여러 가지가 있지만, 가장 큰 이유는 제품시장 적합성부재, 마케팅 전략수립 및 실행실패, 현금흐름문제 등이다.

예를 들어, 스타트업 소유주가 종합적인 사업계획을 세우지 못했거나 장기적으로 지속 가능한 비즈니스 모델을 구축하지 못했다고 가정해 보자. 이 경우 스타트업은 손실이 발생하고 운영상의 문제가 발생하며 법적인 문제에 직면할 수 있다. 불충분한 마케팅은 높은 사업실패율의 또다른 주요 원인인데, 올바른 마케팅 전략을 통해 스타트업은 전략적으로 목표 고객과 제안을 공유하고 잠재고객의 문제에 대한 해결책으로 제품과 서비스를 제시할 수 있다. 그러나 스타트업의 제품이나 서비스에 대한 시장이 존재하지 않는다면 아무리 창의적이고 잘 실행된 마케팅 전략도 실패할 것이다. 제품과 시장의 적합성을 확인하기 위해서는 광범위한 시장조사가 필수적이다. 성공한 스타트업도 제품시장 적합성문제에 직면한다. 그러나 이러한 비즈니스의 스타트업 팀은 광범위한 시장조사를 수행하고 마케팅예산을 준수하면서 효과적인 마케팅 전략을 수립한다. 또한 현금흐름문제 역시 미국의 사업실패율에 크게 기여하고 있다. 불충분한 자금, 시장과 무관한 제품 또는 서비스 가격, 낙관적인 매출예측으로 사업을 시작하는 대부분의 기업가들은 결국 실패로 끝난다. 어떤 경우에는 창업자가 필요한 자격이나 경험을 갖추지 못해서 스타트업이 실패하기도 한다. 창업자는 충분한 비즈니스경험을 갖춘 업계전문가여야 한다.

그림 2.4 스타트업 실패 이유

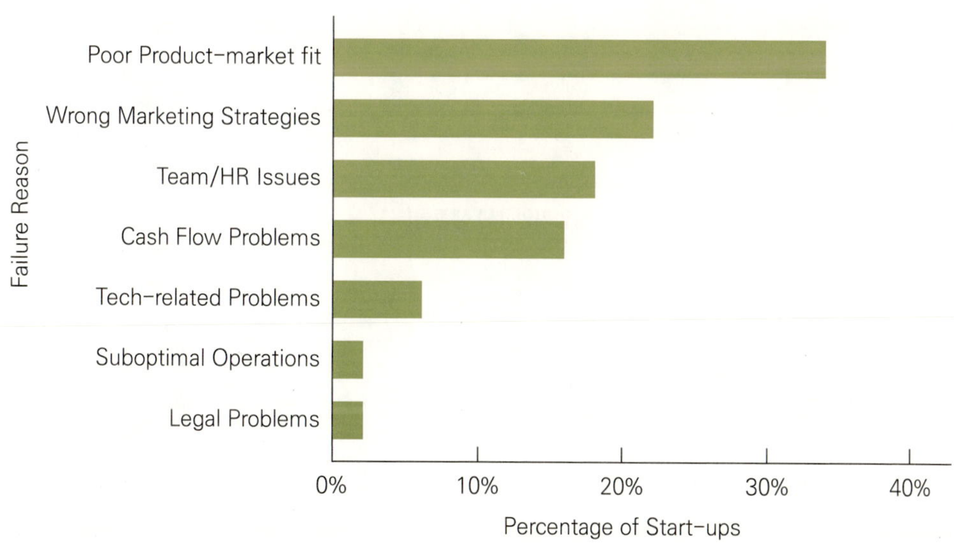

출처: Failory, 비즈니스 뉴스데일리, 인베스토피디아, CB 인사이트, 리뷰42

16%는 현금흐름 문제 및 기타 재정적 문제로 인해 발생하며, 6%는 사이버보안 및 오래된 솔루션 등 기술 관련문제로 인해 발생한다. 2%는 최적화되지 않은 운영으로 인해 실패하며, 2%의 스타트업은 라이선스문제, 부적합한 법인구조, 각 공동 창업자의 이익을 보호하는 파트너십 계약서 미작성 등 법적 문제로 인해 실패한다.[2]

한국의 창업률(Birth Rate)은 7개 주요국(美中日英獨佛韓) 중 총 활동기업 수 대비로는 15.0%로 3위이나 인구 수 대비로는 1.83%로 1위를 기록하고 있다. 활동기업 수 대비 신규 창업률은 중국이 19.6%로 1위를 기록하였으며 독일(19.0%)이 2위 일본(4.7%), 미국(7.8%)로 하위권을 기록했다. 인구 수 대비 신규 창업률은 한국 다음으로 중국이 2위(1.53%), 프랑스(1.04%)가 3위를 기록하였으며 일본(0.08%) 미국(0.17%)이 하위권을 기록하였다. 그렇지만 주요 7개국의 1년과 5년 생존율을 살펴보면, 시사하는 바가 있다.

일반적으로 해외 주요국 간의 창업기업의 1년과 5년 생존율의 상대적 우위는 유사하게 나타나나 미국은 상대적으로 단기(1년) 대비 장기(5년) 생존율이 우수한 것

그림 2.5 창업기업 1년/5년 생존율 국가별 비교

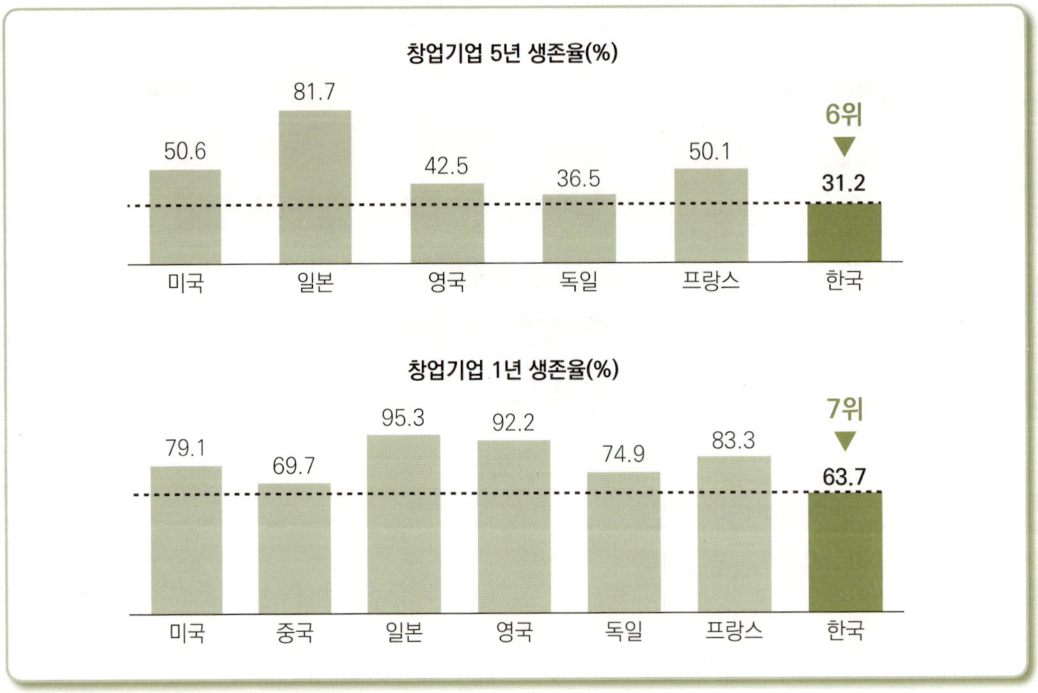

출처: 한국의 창업생태계 경쟁력 제고를 위한 국제비교 연구. 2021. 아산나눔재단

2 Startup Failure Rate Statistics by Josh Howarth November 3, 2023

으로 나타났다. 이는 미국의 창업기업은 시장경쟁력이 부족한 경우 빨리 도태되나 장기적으로는 경쟁력 있는 기업비중이 다른 국가에 비해 상대적으로 높은 것으로 보인다. 다른 국가에 비해 창업기업의 생존율이 낮게 나타나는 한국과 중국의 경우 기회형 창업 대비 생계형 창업 비중이 상대적으로 높게 나타나는 공통점이 있다. 생계형 창업의 경우 기회탐색 및 준비가 충분히 이루어지지 못하고 비즈니스 모델의 경쟁력이 부족하며 시장 내 경쟁강도도 높아 생존 가능성이 상대적으로 낮게 나타날 가능성이 높다. 일본의 높은 창업기업 생존율은 기본적으로 낮은 창업율과 창업기업에 대한 신중한 태도, 생존기업에 대한 집계 방식 등 복합적인 요인이 작용한 것으로 보인다. 일본의 초기창업활동(Total Early-stage Entrepreneurial Activity: TEA) 수준은 낮은 반면, 창업기업의 생존율이 높은 것은 상대적으로 생존 가능성이 높은 창업활동에 집중하기 때문으로 여겨진다. 일본의 기업생존율은 데이터베이스에 기업정보가 수록되어 있는 기업만을 집계하고 있으며 데이터베이스 수록까지는 어느 정도의 시간이 필요하기 때문에 실제생존율 보다 높게 산출될 가능성이 있다.

그림 2.6 OECD 주요국 창업기업5년 후 생존율

(2020년 기준)

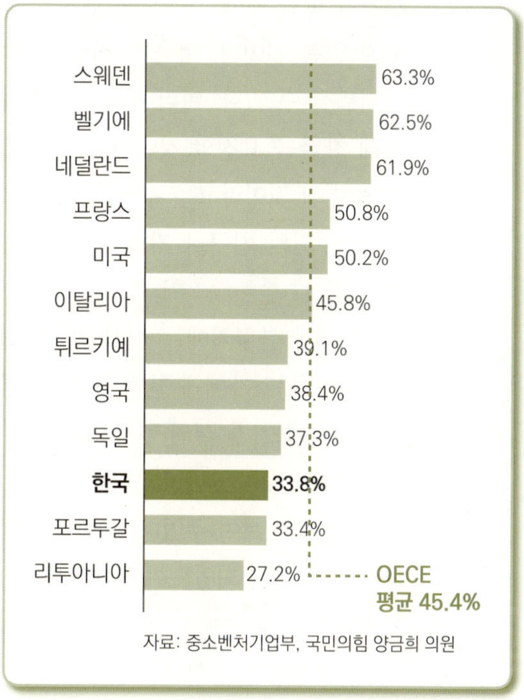

출처: 연합뉴스 2023. 10. 3.

이러한 데이터가 의미하는 바는 창업기업의 생존율에 영향을 미치는 창업형태 및 창업준비 역량검증이 필요하다는 것이다. 생계형 창업보다는 기회형 창업, 그리고 모방형 창업보다는 혁신 아이디어기반 창업을 장려함으로써, 창업기업의 경쟁력을 높이고 창업실패 가능성을 줄이기 위해 노력해야 한다. 창업의 기회의 문을 넓히되, 기업가정신 및 창업실무교육과 비즈니스 모델의 시장성 및 성공 가능성 등에 대한 사전검증 등을 통해 창업에 대한 충분한 준비와 역량을 갖추고 창업할 수 있도록 유도해야 실패를 줄일 수 있다.[3]

3 한국의 창업생태계 경쟁력 제고를 위한 국제비교 연구. 2021. 아산나눔재단

2.3 벤처와 경기침체

경기가 좋을 때에도 새로운 벤처를 시작하거나 기존 중소기업을 지속 경영하는 것은 쉽지 않은 일이다. 더욱이 시장이 침체되면 자본공급이 줄어들어 자금조달이 더욱 어려워질 수 있다. 여러 자금제공자들은 기업가들이 기회를 활용하기보다는 필요에 의해 자금을 요청할 것이라는 우려를 가지며, 경기 불황기에 투자 받은 벤처의 성과가 늦어질 것이라고는 우려를 가질 수 있다. 구체적으로, 벤처캐피탈의 투자, 은행의 대출, 주변의 친구나 가족도 모두 경제적으로 어려워지면서 자금조달이 어렵게 될 수 있다.

그러나 불황기에는 벤처창업에 긍정적인 요소도 존재한다. 전통적인 취업기회가 줄어들면 기업가에게 창업의 기회비용이 낮아진다. 경쟁이 덜 치열해지고, 유능한 인재를 채용하기가 쉬워지며 결국 운영비용이 전반적으로 감소할 수 있다. 예를 들어, 에어비엔비(Airbnb)나 우버(Uber)와 같은 혁신적인 기업들은 경제적 어려움 속에서 성장 가능성을 보여 주었다. 또한, 현재 S&P 500 지수에 포함된 많은 기업들이 경기침체기 동안 설립되었으며, 2008년 금융위기 이후에도 많은 스타트업이 창업되는 등 경제적 어려움 속에서도 새로운 기회를 찾는 사례가 많다.

글로벌위기 상황 시, 새로운 신기술의 등장, 뉴노멀화로 혁신을 앞당기거나 새로운 비즈니스 기회가 창출될 것으로 예상하고 있으며, 최근 30년간의 위기(911 테러, 서브프라임 사태)는 보안, 재해복구, 클라우드 등 신기술 등장 및 시장성장 촉매로 작용한바 있고, 코로나19 확산으로 재택근무, 원격수업 확대 등으로 비대면 산업이 활성화되고, 제조업에서도 산업데이터 활용기반이 구축되는 등 디지털전환이 촉진되는 추세로 이어질 것으로 예상하고 있다. 즉, 수요측면에서 비대면(Untact), 온라인, 인공지능 기반 예측·진단, 원격관리 협업수요 증가가 예상되므로, DNA(Data, Network, AI)·O2O(Online to Offline)·로봇(의료, 배송, 방역 등)·온라인 협업/원격솔루션(교육 등)·스마트 팩토리·e-Health(비대면 의료 등)에서 기회가 생길 것으로 전망하고 있다.[4]

2.4 벤처의 글로벌 트렌드

벤처창업은 현재 거의 모든 지역에서 활발히 이루어지고 있으며, 폐쇄적이었던 통제된 경제국가에서도 예외가 아니다. 기술의 발전, 특히 개인용 컴퓨터, 모바일, 인터넷의 확산 덕분에 투자자들은 이전에는 접근할 수 없었던 시장으로 쉽게 진출할 수 있게 되

4 2021 글로벌 ICT 이슈리포트

었다. 유럽연합, 유엔, 세계은행과 같은 주요 국제 기구들은 벤처창업이 일자리 창출과 경제 성장에 필수적이라는 점을 인식하고, 이를 촉진하기 위해 다양한 프로그램을 지원하고 있다. 각국 정부 역시 창업을 촉진하기 위한 정책을 마련하고 재정적 지원을 늘려 나가고 있다. 창의적인 아이디어와 자본조달을 위한 경쟁이 최근 2~30년 동안 급증했으며, 이러한 글로벌경쟁은 특히 경제적으로 발전한 국가에서 더욱 활발하다.

세계은행은 창업 환경의 지원 정도에 따라 각 국가의 순위를 평가한다. 이러한 순위는 국제적인 경쟁력을 보다 명확하게 보여준다. 〈그림 2.7〉에서는 190개 국가 중 상위 60개 국가를 나타내며, 높은 순위를 기록한 국가는 고성장 스타트업을 지원할 수 있는 환경을 갖춘 것으로 간주된다. 일본, 한국과 같은 국가는 사업의 가능성은 높지만 창업하기에는 어려운 경향이 있는 이들 국가는 주로 기존기업 및 기업집단을 통해 고성장 기업활동이 이루어지는 반면, 인도네시아, 인도와 같은 국가는 창업하기 쉬운 환경을 가지고 있지만 사업활동의 가능성이 낮아 인프라가 취약하고 규제가 적다. 두 가지 모두 낮은 국가는 정치적 불안정과 독재 또는 군사정권의 영향 아래 있는 격동의 상황에 처해 있다.

지역별로 살펴보면(그림 2.8) OECD 고소득국가들과 유럽 및 중앙아시아 지역이 특히 높은 점수를 기록하고 있다. 이것은 이 지역에서 사업을 시작하는 데 필요한 절차가 잘 정립되어 있고, 비교적 쉽게 사업을 시작할 수 있음을 의미하며, 남아시아와 중동 및 북아프리카지역은 다른 지역에 비해 상대적으로 낮은 점수를 보인다. 이는 사업시작 절차의 복잡성, 높은 비용, 긴 시간이 소요될 수 있음을 시사한다.

2.5 벤처의 다양한 형태

2.5.1 사내벤처

많은 기업활동은 기존 기업 내에서 또는 기업 간의 전략적 협력을 통해 이루어진다. 기업의 혁신활동은 대규모 연구팀과 전문 테스트장비를 필요로 하며, 긴 개발 주기를 가진 경우가 많다. 예를 들어, 대형기술기업은 주로 그 기업만의 독점적인 기술혁신을 추구한다. 또한, 새로운 대형전기차의 출시 역시 관련 제조업체 간의 전략적 제휴를 통해 진행된다.

기업의 혁신활동은 쉽게 진행될 수도 있지만, 다른 한편으로는 도전과제가 존재한다. 그 중 하나는 대규모조직 내에서 기존직원과 신규혁신을 담당하는 직원 간의 괴리감을 줄이면서 회사를 위한 노력에 대한 보상구조를 공평하게 설계해야 한다. 때로는 이러한 혁신활동이 핵심사업의 중심이 되고, 전체 R&D 전략이 되기도 한다.

그림 2.7 창업에 대한 지지도의 국가별 차이

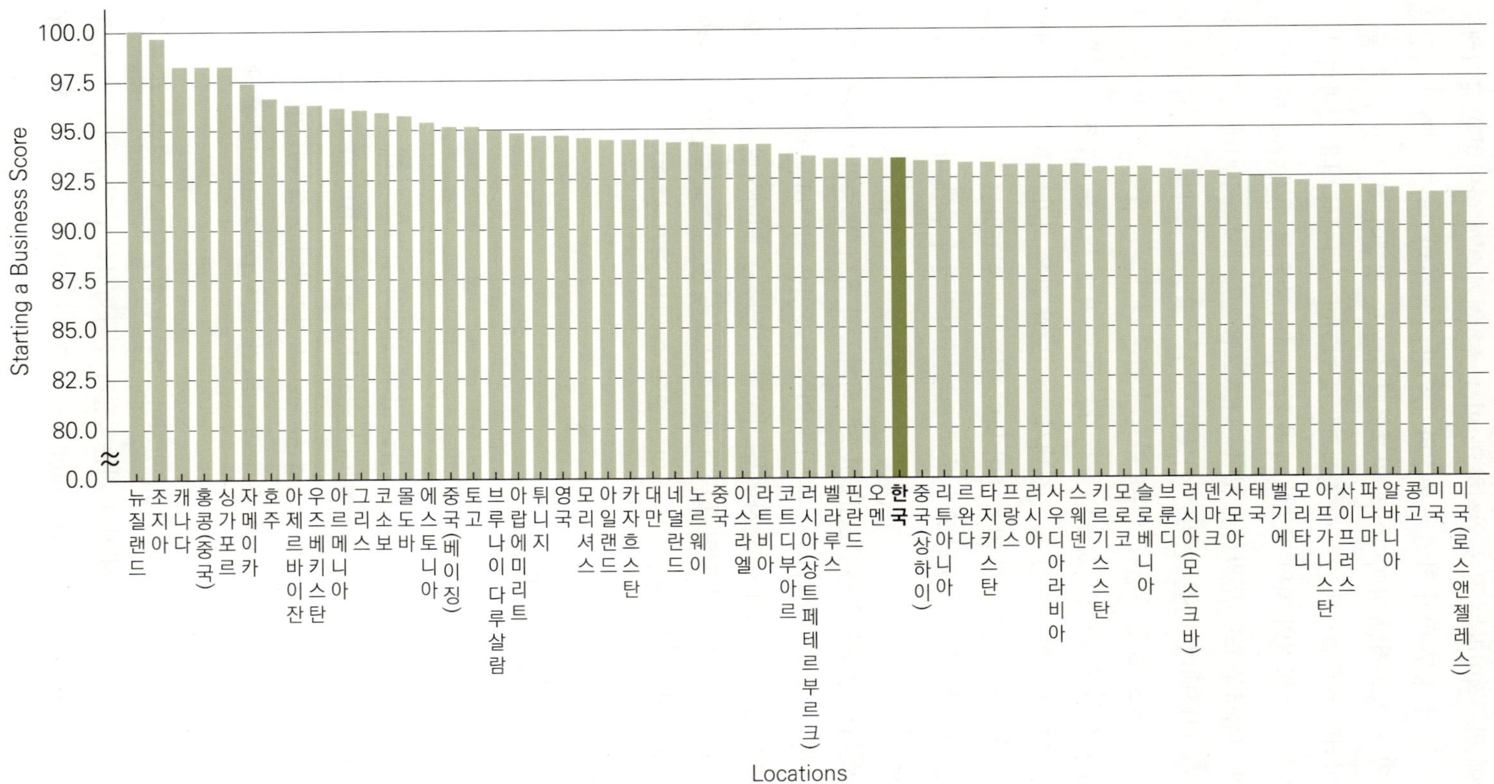

출처: 월드뱅크 2019 https://archive.doingbusiness.org/en/data/exploretopics/starting-a-business

그림 2.8 창업에 대한 지지도의 지역별 차이

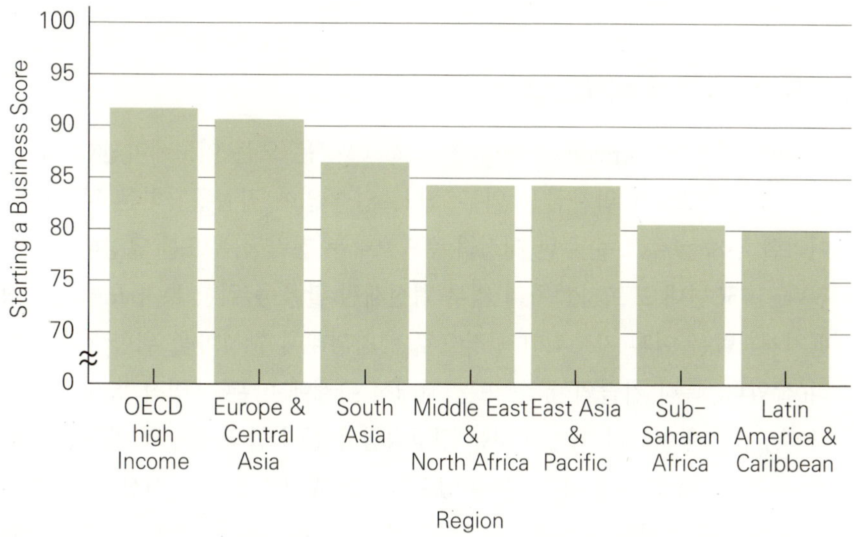

출처: 월드뱅크 2019 https://archive.doingbusiness.org/en/data/exploretopics/starting-a-business

2.5.2 독립벤처

모기업이 전체 지분을 소유한 자회사를 설립하여 운영하는 경우가 있으며, 이를 독립벤처라고 한다. 독립벤처는 대기업이나 모회사로부터 자율적으로 운영되는 새로운 사업이다. 이러한 기업은 기존 조직의 틀에서 벗어나 보다 창의적이고 자유로운 환경에서 사업을 전개할 수 있다. 독립벤처는 대기업의 자회사와는 달리 독립적으로 운영되며, 이는 자율적인 경영과 독립적인 의사결정을 가능하게 한다. 이러한 구조는 혁신적인 아이디어를 신속하게 실행할 수 있는 유연성을 제공하며, 일반적으로 고위험, 고수익의 비즈니스 모델을 채택한다. 이는 대기업이 감당하기 어려운 위험을 감수하면서 혁신적인 제품이나 서비스를 개발하는 데 초점을 맞추기 때문이다. 독립벤처는 스타트업 경험을 갖춘 전문가들로 구성된 경영진에 의해 운영되며, 대기업의 관료적 구조에서 벗어나 효율적인 의사결정에 집중한다. 대표적인 사례로, 우버의 자율주행기술 개발부서인 ATG(Advanced Technologies Group)는 독립적으로 운영되며, 자율주행차 분야의 혁신을 선도하고 있다. 또한, 아마존(Amazon)의 Lab126은 독립벤처로서, 알렉사(Alexa)와 같은 혁신적인 기술을 개발을 주도하고 있다. 에어비엔비의 럭스(Luxe) 서비스도 독립벤처로, 고급 숙소시장에 집중하고 있다. 독립벤처는 대기업의 자원과 네트워크를 활용하면서도 스타트업의 창의성과 신속한 실행력을 갖추게 해준다. 이를 통해 대기업이 새로운 비즈니스기회를 발굴하고 기술혁신을 선도하며 장기적으로 성장하는 데 기여하고 있다.

2.5.3 기업벤처캐피탈

기업벤처캐피탈(Corporate Venture Capital: CVC)은 오픈 이노베이션(Open Innovation) 전략의 일환으로 기업자금을 외부 스타트업 기업에 직접투자하는 것을 의미하는데, 이러한 투자는 주로 순수한 재정적 수익보다는 전략적 목표를 달성하기 위해 이루어진다. 1950년대 포드자동차의 외부 혁신재원 활용을 위한 투자 모델로 시작한 기업벤처캐피탈은 이후 지속적인 성장으로 벤처생태계 활성화를 위한 기술금융으로 자리 잡았다. 특히 기술의 유출 또는 지배적 관계에 따른 부정적 평가에도 불구하고, 자본투입뿐만 아니라 기업이 갖는 성장경험과 전략 등의 전수와 공유를 통한 벤처성장에 있어 최선의 파트너가 될 수 있으며, M&A 의사결정도 시장관점에서 효율적으로 진행될 수 있다는 인식확립은 CVC 성장의 주요 동력이라 할 수 있다. 현시점에서 CVC의 역할과 기능이 더 강조되고 중요한 이유는 4차 산업혁명으로 표현되는 지능형 디지털전환시대의 혁신환경 변화는 기술, 자본, 네트워크 자원을 모두 보유한 전략적 파트너에 대한 필요가 더욱 강해졌기 때문이다. 즉, 투자를 하는 기존기업도 투자를 받는 신규 벤처기업도 상호 전략적 파트너로서 기능할 수 있는 CVC 모델이 중요한 시기이다.[5]

최근의 글로벌 CVC 환경과 트렌드를 살펴보면 2021년 10%였던 시드 라운드가 2022년에는 전체기업 지원거래의 18%를 차지하며 초기 단계 투자에 더욱 적극적으로 나서고 있다. 이는 초기 단계의 혁신(글로벌 벤처)을 육성하는데 대한 관심이 증가하고 있음을 나타낸다. 기업지원 투자를 받는 주요 분야로는 IT, 금융서비스, 의료, 비즈니스 서비스, 미디어, 소비재 등이 있다. 클린테크와 게임에 대한 투자에 힘입어 에너지와 미디어부문에서 주목할 만한 성장이 있었다. 미국은 여전히 CVC 활동의 주요 지역이지만, 아시아와 유럽의 기업들도 상당수 참여하고 있다. 예를 들어, 태국에서는 특히 물류, 전자상거래, 금융 기술분야에서 기업벤처가 급증하고 있다.

주목할 만한 CVC 및 최근 투자는 미국기업인 엔비디아가 특히 AI 분야에 대한 벤처투자를 크게 늘리고 있는 것이다. 2023년에 엔비디아는 벤처투자를 거의 4배로 늘리고 38개의 펀딩 라운드에 참여했다. 이러한 전략은 알파벳이나 소프트뱅크와 같

5 기업벤처캐피탈(CVC) 기능에 대한 고찰과 정책시사점 (중소기업금융연구 제38권 제4호 2018.1 25 - 51 (27page)

은 다른 거대기술기업이 벤처활동을 축소한 것과는 대조적이다.[6] 소프트뱅크는 전반적인 활동 둔화에도 불구하고 여전히 최고의 기업투자자 중 하나이다. 기술 및 물류를 포함한 다양한 분야에서 중요한 거래에 참여하고 있으며, 구글의 모기업인 알파벳도 CVC 분야에서 두각을 나타내고 있다. 2022년 알파벳은 기술 및 청정에너지와 같은 분야에 중점을 둔 최대규모의 라운드에 참여한 상위 투자자 중 하나였다.[7]

최근 대형 거래

- AI 및 클린테크: 미국에서는 AI 회사인 앤스로픽(Anthropic)의 40억 달러 투자유치와 배터리회사인 어센드 엘리먼츠(Ascend Elements)의 7억 4,000만 달러 투자유치(KPMG) 등이 성사되었다.
- 유럽: 지속 가능한기술에 초점을 맞춘 스웨덴의 에이치투 그린 스틸(H2 Green Steel)이 52억 달러를 조달하였다(KPMG).
- 아시아: 중국에서는 전기차회사 아이엠 모터스(IM Motors)의 11억 달러 투자유치와 AI 기반 챗봇회사 유지안미안(YueZhiAn-Mian)의 10억 달러 투자 유치(KPMG) 등 대형거래가 있었다.

CVC는 다양한 분야와 지역에서 혁신을 주도하는 데 중요한 역할을 하고 있다. 신중한 투자 환경에도 불구하고 이들은 특히 AI, 클린테크, 핀테크와 같은 신흥기술분야에서 전략적 목표에 부합하는 스타트업을 지속적으로 지원하고 있다.

출처: 베인 앤 컴퍼니, KPMG, S&P 글로벌, 글로벌 벤처링 사례참고

2.5.4 소셜벤처(사회적 기업/ESG)

소셜벤처(Social Venture)는 사회적 문제를 해결하거나 공공의 이익을 증진하기 위해 설립된 기업을 말한다. 이들 기업은 전통적인 이윤추구 기업과 달리, 경제적 이익뿐만 아니라 사회적 가치를 창출하는 것을 주요 목표로 삼는다. 소셜벤처는 환경보호, 빈곤완화, 교육기회확대, 공중보건개선 등 다양한 사회, 환경적 문제 해결에 중점을 두고 있으며, 이를 통해 사회에 긍정적인 영향을 미치려 한다. 이들은 일반적으로 비즈니스 모델과 혁신적인 접근 방식을 통해 지속 가능한 발전을 추구하고, 경제적 이익을 사회적 목표를 위해 재투자하는 방식으로 운영된다.

소셜벤처는 빈곤, 교육, 환경 문제와 같은 사회적 이슈에 대한 솔루션을 제공하며, 저소득층을 위한 금융서비스 제공이나 친환경제품개발 등을 통해 사회적 불평등과 환경문제를 완화한다. 또한, 이들은 지속 가능성을 추구하며, 수익을 창출하면서

6 S&P Global

7 Global Venture

도 사회적 가치를 함께 창출하는 비즈니스 모델을 통해 장기적인 경제적 안정성과 사회적 영향을 동시에 달성할 수 있다. 소셜벤처는 지역사회 활성화에도 기여한다. 지역사회에 기반을 둔 소셜벤처는 지역 주민들에게 일자리를 제공하고, 지역경제를 활성화하며, 지역사회의 복지와 생활의 질을 개선하는 데 중요한 역할을 한다. 사회적 문제해결을 위해 창의적이고 혁신적인 접근 방식을 개발하여 기존의 문제해결 방식을 개선하고 새로운 솔루션을 제시한다. 이러한 혁신은 기술을 활용하여 비용을 절감하고 더 나은 서비스를 제공하는 형태로 나타나기도 한다.

소셜벤처의 대표적인 사례로는 그라민은행이 있다. 방글라데시에서 설립된 그라민은행은 저소득층을 대상으로 소액대출을 제공하여 빈곤 문제를 해결하는 데 중점을 둔다. 담보 없이도 대출을 받을 수 있는 마이크로파이낸스 모델을 통해 수백만 명의 사람들이 경제적으로 자립할 수 있는 기회를 제공했다. 다른 사례로는 탐스슈즈(TOMS Shoes)가 있다. 미국의 신발 브랜드 탐스(TOMS)는 'One for One' 모델을 통해, 소비자가 신발 한 켤레를 구매할 때마다 한 켤레의 신발을 신발이 필요한 아이들에게 기부한다. 탐스는 이러한 모델을 통해 글로벌 빈곤 완화와 교육기회 확대에 기여하고 있다. 이외에도 테라사이클(TerraCycle)은 폐기물을 재활용하거나 재사용할 수 있는 방법을 개발하는 소셜벤처로, 다양한 폐기물관리 프로그램을 통해 소비자와 기업이 폐기물을 줄이고 재활용 가능한 자원을 효과적으로 활용할 수 있도록 돕고 있다.

최근 소셜벤처의 트렌드 중 하나는 디지털 기술의 활용이다. 많은 소셜벤처가 디지털 기술을 활용하여 더 큰 사회적 영향을 미치고 있다. 예를 들어, 모바일 앱을 통해 원격 의료 서비스를 제공하거나, 온라인 플랫폼을 통해 교육 기회를 확대하는 등 기술을 활용한 다양한 방식으로 사회적 문제를 해결하고 있다. 또한, 소셜벤처에 대한 임팩트 투자가 증가하고 있다. 임팩트 투자는 수익뿐만 아니라 사회적, 환경적 문제 해결을 목표로 하는 투자 방식으로, 이러한 투자에 대한 관심이 높아지면서 소셜벤처에 대한 자본유입이 늘어나고 있다. 이는 소셜벤처가 더 많은 자원을 확보하여 더 큰 사회적 가치를 창출할 수 있도록 돕는다. 지속 가능한 개발목표(SDGs)와의 연계도 최근 소셜벤처 트렌드 중 하나다. 소셜벤처들은 유엔의 지속 가능한 개발목표와 연계하여 비즈니스 모델을 설계하고 있으며, 이를 통해 글로벌 차원의 문제를 해결하는 데 기여하고 있다. 이와 함께 다양한 협력과 파트너십이 강화되고 있다. 소셜벤처는 정부, 비영리단체, 기업 등 다양한 기관과 협력하여 자원의 효율적 사용과 사회적 영향 극대화를 목표로 하고 있다.

3. 벤처의 성장 단계

3.1 벤처의 성장 단계

신규벤처는 다양한 성장 단계를 거치며 발전하게 되며, 각 단계는 기업의 성격, 시장 상황, 전략 등에 따라 다르게 나타날 수 있다. 일반적으로 벤처는 기회인식에서부터 시작해 연구개발, 스타트업, 초기 성장, 빠른 성장, 그리고 출구 전략에 이르는 단계를 거친다. 이러한 과정에서 벤처는 빠른 성장을 이루거나, 느린 성장을 경험할 수도 있으며, 때로는 실패를 겪을 수도 있다. 아래는 각 단계별로 벤처의 성장 과정과 각 단계에서 발생할 수 있는 시나리오를 설명한 것이다.

- 기회인식 단계(Opportunity Recognition Stage): 이 단계는 벤처가 성장의 시작점에서 잠재적인 사업기회를 발견하고 이를 바탕으로 창업 아이디어를 구체화하는 시기이다. 창업자는 시장의 요구나 문제를 분석하고 이를 해결할 방법을 모색한다. 이 과정에서 기술 혁신이나 새로운 트렌드를 통해 기회를 인식할 수 있다. 예를 들어, 전기차 시장의 잠재력을 인식한 테슬라는 전통적인 내연기관 자동차에 대한 대안을 제공하기 위해 창업 아이디어를 구체화했다.
- 연구개발 단계(Research and Development Stage): 기회가 인식된 후, 벤처는 연구개발을 통해 아이디어를 실제 제품이나 서비스로 전환하는 과정을 거친다. 이 단계에서는 기술적 타당성을 검토하고, 프로토타입을 개발하며, 시장의 피드백을 받는 등의 활동이 이루어진다. 이 단계에서 기술적 문제가 해결되지 않으면 벤처는 실패할 수 있다. 예를 들어, 새로운 배터리 기술 개발에 성공한 스타트업은 연구개발 단계에서 성공을 거두어 시장진입 준비를 할 수 있다.
- 스타트업 단계(Startup Stage): 스타트업 단계에서는 벤처가 제품이나 서비스를 시장에 출시하고, 초기고객을 확보하기 위해 노력한다. 이 단계는 벤처의 초기운영이 시작되는 시점으로, 마케팅 전략 실행과 초기 판매를 통해 제품의 시장성을 검증하게 된다. 이 시기에는 자금확보와 고객유치가 중요한 과제이다. 예를 들어, 새로운 소셜 미디어 플랫폼을 출시한 스타트업은 초기사용자 반응을 통해 제품의 개선점을 파악하고, 사용자기반을 확장하기 위한 전략을 세운다.
- 초기 성장 단계(Early Growth Stage): 제품이 시장에서 긍정적인 반응을 얻고 초기고객을 확보한 후, 벤처는 초기 성장 단계로 넘어간다. 이 단계에서는 매출이 증가하고, 사업 확장을 위한 추가 자본이 필요할 수 있다. 벤처는 추가 자금을 확보하

기 위해 벤처캐피탈을 유치하거나, 사업영역을 확장할 수 있다. 예를 들어, 음식 배달서비스 스타트업이 특정도시에서 성공적인 서비스를 제공한 후, 다른 도시로 서비스를 확장하는 경우가 초기 성장 단계의 사례가 될 수 있다.

- 빠른 성장 단계(Rapid Growth Stage): 빠른 성장 단계는 벤처가 시장에서 강력한 수요를 경험하며 급격히 확장하는 시기이다. 이 단계에서는 고객기반이 빠르게 확대되고, 매출도 급격히 증가한다. 벤처는 새로운 시장으로 진출하거나, 제품라인을 확장하며 성장동력을 강화한다. 이 시기에는 조직관리와 효율적인 운영이 중요하며, 내부 프로세스의 최적화가 필요하다. 예를 들어, 우버는 초기성공을 바탕으로 빠른 성장 단계에서 전 세계적으로 서비스를 확장하며 급격한 성장을 이루었다.
- 출구 전략 단계(Exit Strategy Stage): 출구 전략 단계는 벤처가 초기투자자들과 기업가가 투자에 대한 수익을 실현하기 위한 시점이다. 이 단계에서 벤처는 주식공개(IPO), 기업매각(M&A), 또는 자산매각 등의 방법을 통해 시장에서 회수 전략을 실행한다. 이 단계는 벤처의 성공적인 마무리를 의미할 수 있으며, 경우에 따라 실패한 벤처는 사업을 종료하거나 구조조정을 통해 정리되기도 한다. 예를 들어, 페이스북(Facebook)은 성공적인 IPO를 통해 대규모 자금을 확보하고, 출구 전략을 통해 초기 투자자들에게 수익을 제공했다.

〈그림 2.9〉를 참고하여 각 단계에서 기업가는 실행을 위한 제한된 리얼옵션 세트를 구분해야 한다. 이러한 리얼옵션은 다음 단계로 계속 이동하는 것과, 기회의 잠재성이 명확해질 때까지 기다리는 것, 벤처사업을 완전히 포기하는 것, 또는 R&D 전략을 수정하는 것과 같은 선택사항 들이며, 이는 일반적으로 사업계획을 수정하는 것을 포함하며 자금조달에도 영향을 미칠 수 있다.

이 분석은 한 번에 하나의 리얼옵션구조에 대해 실행되며 해당 전략에 적합한 각 재무구조와 일치된다. 리얼옵션구조와 자금조달 구조는 상호의존적이다. 따라서 기업가는 특정 리얼옵션구조를 보완하기 위해 가장 적합한 자금조달 구조를 찾아야 한다.

성과평가는 연속적인 프로세스이며 〈그림 2.9〉와 같이 반영되어 있다. 벤처의 진행상황에 대한 재평가는 성장 단계 전반에 걸쳐 이루어진다. 실행 및 자금조달 결과가 일반적으로 기대와 일치하는 경우 필요한 것은 사업계획을 주기적으로 개선하고 업데이트하는 것뿐이다. 그렇지 않을 경우는 전략을 의심해야 하고 기업가는 주요 리포커싱(Refocusing)에서 포기에 이르기까지 다양한 대안을 고려하여 전략계획을 재검토해야 한다. 그림에서 알 수 있듯이 성공적인 벤처의 마지막 단계는 투자자와 기업가

그림 2.9 신규벤처기업의 발전 단계

단계 (Stage)	기회 (Opportunity)	연구개발 (R&D)	스타트업 (Start-up)	초기 성장 (Early-growth)	빠른 성장 (Rapid-growth)	출구 (Exit)
할일 (Action)	• 종자돈 확보 • 기회요소 평가 • 전략적 대안 평가 • 조직구조결정 (Structure) • 조직형태 결정 (Form) • 사업계획서 준비	• R&D 자금조달 • 연구팀 구성 • 특허확보/프로토타입 개발/웹사이트 구축/시장 테스트 및 시장조사 • 사업계획평가, 업데이트	• 창업자금조달 • 사업계획평가/업데이트 • 초기수익창출확보 • 생산시작 • 초기 재고구축 • 영업 및 마케팅팀 구축 • 시설 및 장비획득	• 초기 성장자금 확보 • 초기 BEP 확보에 주력 • 필요에 따라 팀 확장 • 필요에 따라 시설 확장 • 사업계획평가/업데이트	• 급속한 성장자금 확보 • 입증된 생존 가능 방향으로 주력 • 필요에 따라 팀 확장 • 필요에 따라 시설 확장 • 트랙레코드 확보 • 사업계획평가/업데이트	• 지속적으로 자금확보 IPO, 인수, 차입매수(Buyout) • 초기 투자자 회수 • 사업계획평가/업데이트
옵션 (Real Option)	• 다음 단계로 계속 진행 • 컨셉 수정 • 포기	• 다음 단계로 계속 진행 • 단계 연장/자금조달 • R&D 전략 수정 • 포기	• 다음 단계로 계속 진행 • 제품 수정/자금조달 • 마케팅 수정/자금조달 • 포기	• 다음 단계로 계속 진행 • 단계 연장/자금조달 • 포기	• 다음 단계로 계속 진행 • 단계 연장/자금조달	• 출구형태 선택
설명	모든 활동은 사업계획서 작성을 거쳐 상당한 비용이 발생하기 전에 이뤄져야 함	모든 R&D 활동은 수익창출 활동이 시작되기 전에 완료되어야 함	모든 활동은 생산과 마케팅과 초기 수익창출의 시작과 연관되어 있음	모든 활동은 벤처가 현금흐름상 손익분기점에 도달하는 매출수준까지 진행되어야 함	모든 활동은 손익분기점 이후 지속 가능한 생존 가능성이 확립되기 전까지 진행되어야 함	모든 활동은 지속적인 자금조달 확립과 초기 투자자의 투자회수와 연관되어 있음

표는 기회식별 단계부터 출구 전략 단계까지 신규벤처기업의 표준발전 진행 과정을 보여주고 있다. 각 단계별로 해야 할 일과 벤처기업가가 직면하게 될 옵션들을 보여주고 있다.

출처: Smith, J. K., Smith ,R. L., & Bliss, R. T. (2011). Entrepreneurial Finance: Strategy, Valuation, and Deal Structure. Stanford University Press. Chapter 1, page 16.

가 투자금을 회수할 수 있는 출구 전략이다.[8]

3.2 마일스톤으로 진행사항 측정

벤처의 성장 단계를 마일스톤으로 측정하는 것은 벤처의 성과를 구체적이고 체계적으로 평가하는 데 유용한 접근방식이다. 벤처기업은 일반적으로 높은 불확실성과 빠른 변화가 특징이므로, 전통적인 재무지표만으로는 기업의 실제성과를 평가하기 어려운 경우가 많다. 마일스톤은 특정목표나 주요 활동의 완료를 나타내는 이정표로, 이를 통해 벤처의 진행 상황을 단계적으로 평가할 수 있다. 마일스톤은 벤처가 목표를 달성하고 있는지, 사업 전략이 효과적인지를 평가할 수 있는 구체적인 기준을 제공한다. 또한, 마일스톤은 투자자와 이해관계자에게 벤처의 성과와 진척 상황을 명확히 전달할 수 있는 도구로 활용될 수 있다.

마일스톤을 활용하여 벤처의 성장을 평가하는 데는 여러 가지 이점이 있다. 첫째, 마일스톤은 벤처의 성장 과정을 구체적인 단계로 구분하여 관리할 수 있도록 해준다. 이를 통해 벤처는 각 성장 단계에서 달성해야 할 목표를 명확히 하고, 이를 바탕으로 효과적인 전략을 수립할 수 있다. 둘째, 마일스톤은 목표달성 여부를 정량적으로 평가할 수 있는 기준을 제공하여, 성과관리와 피드백 과정에서 중요한 역할을 한다. 셋째, 마일스톤은 벤처의 위험을 관리하고, 자원배분을 최적화하는 데 도움을 준다. 벤처가 특정 마일스톤을 달성하지 못할 경우, 이를 조기에 인식하여 전략을 수정하거나 추가적인 지원을 확보할 수 있다.

마일스톤의 성장 단계별 주요 쟁점 및 사례를 보면 다음과 같다.

- 기회 인식 및 연구개발 단계: 초기 아이디어 검증, 시장조사, 프로토타입 개발 등이 주요 마일스톤으로 설정된다. 주요 쟁점은 아이디어의 타당성, 시장진입 가능성, 기술적 타당성 등에 대한 평가이다. 예를 들어, 자율주행 기술을 개발하는 스타트업의 경우, 첫 번째 마일스톤으로 파일럿 프로그램에서의 성공적인 테스트 완료를 설정할 수 있다. 이 마일스톤이 달성되면, 기술의 실현 가능성을 검증한 것으로 평가할 수 있다.
- 스타트업 단계: 이 단계에서는 제품 또는 서비스 출시, 초기고객 확보, 첫 번째 매출발생과 같은 것들이 주요 마일스톤이 된다. 주요 쟁점은 고객의 반응, 제품시장 적합성(Product-Market Fit), 초기매출 생성 여부이다. 예를 들어, 신선식품 배

8 Smith, J. K., Smith ,R. L., & Bliss, R. T. (2011). Entrepreneurial Finance: Strategy, Valuation, and Deal Structure. Stanford University Press. Chapter 1, p. 17.

달 스타트업이 첫 번째 마일스톤으로 1,000명의 유료 고객을 확보하는 것을 설정할 수 있다. 이 목표를 달성하면 제품의 시장 수요와 고객 만족도를 확인할 수 있다.

- 초기 성장 단계: 벤처가 확장 가능한 비즈니스 모델을 확인하고, 고객기반을 확장하기 시작하는 단계이다. 주요 마일스톤으로는 시장확장, 매출목표 달성, 추가 투자유치 등이 있다. 주요 쟁점은 확장 전략의 효과성, 자금 사용의 효율성, 성장속도 유지 가능성이다. 예를 들어, 소프트웨어 서비스 벤처가 두 번째 마일스톤으로 특정 지역에서 매출 100만 달러 달성과 같은 것들을 목표로 설정할 수 있다. 이 목표는 시장확장 전략의 성공 여부를 평가하는 기준이 될 수 있다.
- 빠른 성장 단계: 급속한 성장이 이루어지는 단계로, 대규모 고객확보, 글로벌시장 진출, 제품라인 확장 등이 주요 마일스톤으로 설정된다. 주요 쟁점은 성장의 지속가능성, 운영 효율성, 리스크 관리이다. 예를 들어, 핀테크 벤처가 세 번째 마일스톤으로 글로벌 확장을 목표로, 5개 국가에서 서비스 론칭을 달성하는 것을 설정할 수 있다. 이 마일스톤은 벤처의 국제적인 확장 가능성과 시장수용성을 평가하는 지표가 된다.
- 출구 전략 단계: 이 단계에서는 투자자와 창업자가 수익을 실현하기 위한 전략을 계획하는 단계로, IPO(주식공개, 상장)나 M&A(인수합병)가 주요 마일스톤으로 설정된다. 주요 쟁점은 기업가치 평가, 시장환경, 투자자 및 이해관계자의 기대관리이다. 예를 들어, AI 기반 헬스케어 스타트업이 네 번째 마일스톤으로 IPO 준비완료와 상장을 목표로 설정할 수 있다. 이 목표는 벤처의 성숙도와 시장에서의 신뢰도를 반영하는 기준이 된다.

또한, 마일스톤은 벤처의 성격에 따라 진행상황을 평가하고 성장을 촉진하는 데 유용한 도구가 된다. 마일스톤을 설정하고 이를 평가함으로써 벤처는 자신들이 어디에 있는지, 어떤 방향으로 나아가야 하는지를 명확히 이해할 수 있다. 특히, 마일스톤을 통해 벤처는 자원을 효율적으로 배분하고, 성과를 구체적으로 측정할 수 있다. 예를 들어, 그라민 은행은 마이크로파이낸스 프로그램의 성공적인 실행을 주요 마일스톤으로 설정하고, 이를 달성함으로써 저소득층의 경제적 자립을 촉진하고 사업 확장을 도모했다.

마일스톤은 또한 투자자와의 커뮤니케이션에서 중요한 역할을 한다. 벤처는 명확하고 달성 가능한 마일스톤을 제시함으로써 투자자들에게 신뢰를 주고, 추가 자금을 유치하는 데 필요한 근거를 제공할 수 있다. 또한, 마일스톤을 통해 벤처는 투자자들에게 정기적인 업데이트를 제공하고, 목표달성 여부에 대한 피드백을 받을 수 있다.

이를 통해 벤처는 성장 과정에서 발생할 수 있는 리스크를 조기에 인식하고 대응할 수 있는 능력을 갖추게 된다.

이를 통해 벤처는 자신의 발전 상태를 명확히 파악하고, 성공적인 성장을 위한 전략적 결정을 내릴 수 있게 된다.

〈그림 2.10〉은 블록과 맥밀란(Block and MacMillan, 1985)이 제안한 몇 가지 예를 도식화하였다.[9]

그림 2.10 벤처의 성장을 촉진하는 마일스톤별 점검사항

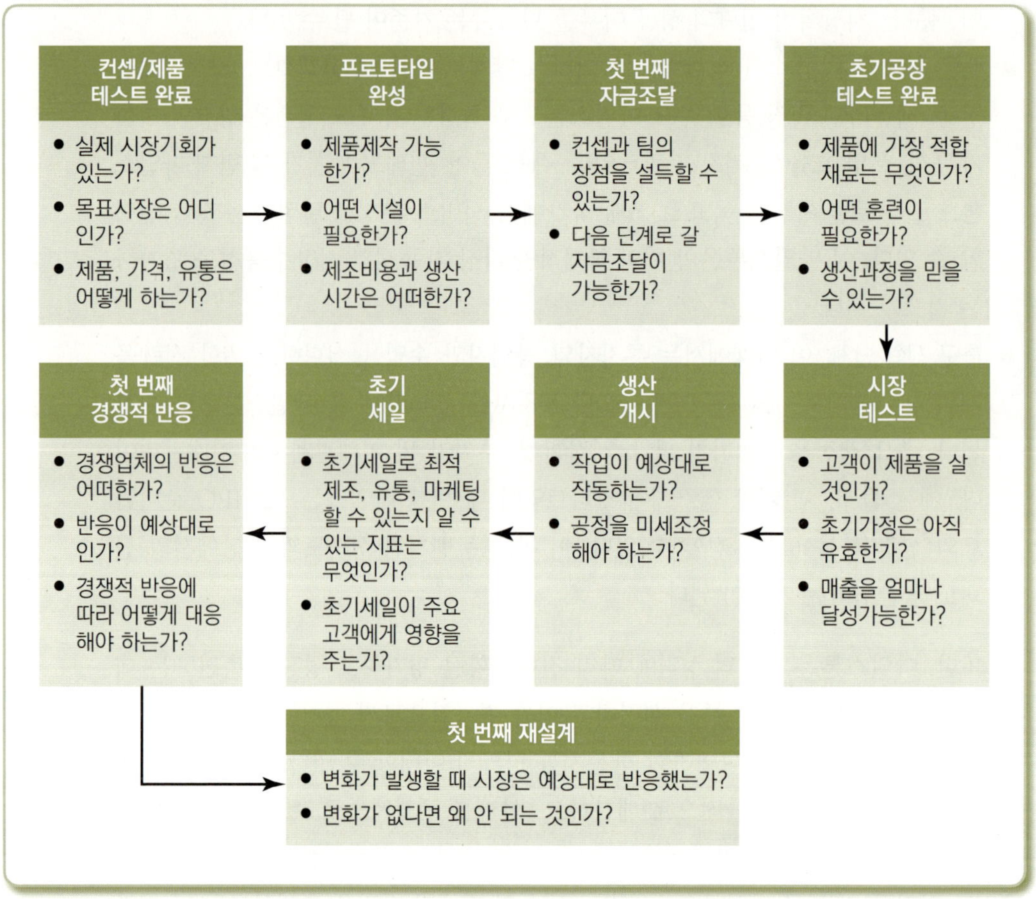

9 Block, Z., & MacMillan, I. C. (1985). "Milestones for Successful Venture Planning," Harvard Business Review, 63(5), pp. 184-196.

3.3 벤처 성장 단계별 재무성과

〈그림 2.11〉은 재무성과를 사용하여 신규벤처 성장 단계를 설명하는 방법을 보여준다. 그림은 기회가 식별되고 진행결정이 내려진 후 〈그림 2.9〉에 표시된 것과 동일한 단계를 반영하였다. 가로축은 시간을 측정하고 세로축은 수입을 표시하고 있다. 시간 0은 판매 시작을 나타내고 있다. 그림의 세 곡선은 매출수익, 순이익, 그리고 투자자가 이용할 수 있는 현금흐름이다. 매출수익과 순이익은 발생주의회계를 사용하는 회사의 전통적인 방식으로 측정된다. 투자자가 이용할 수 있는 현금흐름은 그림에서 세후 및 이자비용 전 영업현금흐름에서 수익 수준을 달성하고 미래성장을 준비하는 데 필요한 운전자본 및 고정자산에 대한 순신규 투자를 뺀 금액으로 정의한다. 투자자가 이용할 수 있는 현금흐름이 마이너스인 경우 벤처기업은 부족분을 조달해야 한다. 현금흐름이 플러스인 경우 회사는 잉여금을 사용하여 부채에 대한 이자지불, 부채상환, 배당금, 주식환매 등을 포함하여 투자자에게 수익을 지불하거나 다른 투자 기회를 추구할 수 있다.

개발 단계 R&D 단계에서 기업가는 제품의 생산 및 판매를 시작하는 데 필요한 인프라에 아직 투자를 시작하지 않았다. 개발(Development) 기간 동안 벤처는 수익을 창출하지 않는다. 순이익은 음수이며 제품개발에 참여하는 사람의 수가 증가함에 따라 점점 음수가 될 수 있다. 회사가 개발에 필요한 자본, 장비에 투자하기 때문에 초기현금흐름은 매우 부정적이다. 기존 회계관례에 따르면 기업은 시간이 지남에 따라 장비의 감가상각비를 기장해야 한다. 결과적으로 순이익은 현금흐름만큼 마이너스가 되지 않는다.

그림 2.11 재무적 성과와 신사업개발 단계

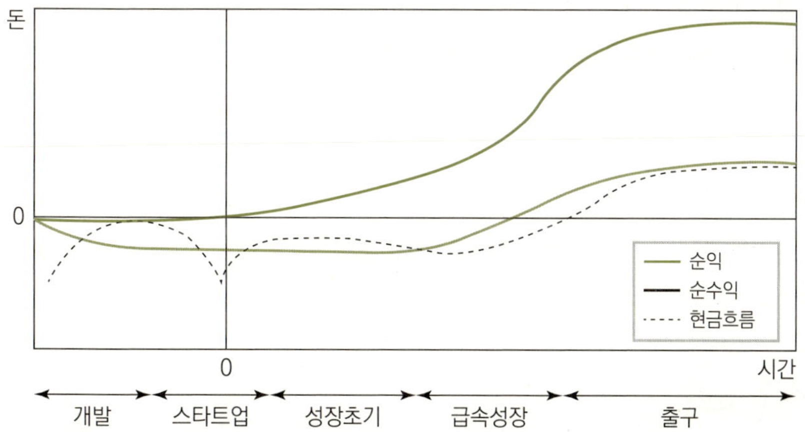

출처: Smith, J. K., Smith ,R. L., & Bliss, R. T. (2011). Entrepreneurial Finance: Strategy, Valuation, and Deal Structure. Stanford University Press. Chapter 1, p. 17.

스타트업 단계 개발과 스타트업(Start-Up)의 경계는 기업이 제품을 생산하는 데 필요한 시설, 장비, 직원을 확보하기 시작하는 시점이다. 창업이전의 현금흐름 감소는 생산장비, 시설 및 순운전자본에 대한 투자를 반영한다.

초기 성장 단계 초기 성장(Early-Growth) 단계에서는 수익이 (아마도 빠르게) 증가하고 있다. 투자자가 이용할 수 있는 순이익과 현금흐름 모두 마이너스이다. 현금흐름이 순이익을 초과하는데, 그 이유는 정기적인 감가상각비가 수익성장을 지원하는 데 필요한 운전자본 및 고정자산에 대한 투자증가보다 크기 때문이다. 이를 초기 성장 단계라고 하는데, 성장률이 백분율측면에서 높을 수는 있지만 이는 수익성장을 계산하는 기준이 낮기 때문이다. 따라서 투자자가 이용할 수 있는 현금흐름은 순이익을 초과한다.

빠른 성장 단계 초기 성장 단계와 빠른 성장(Rapid-Growth) 단계 사이에는 명확한 경계선이 없다. 많은 신생벤처가 초기 단계에서 성장을 경험하지만 사업을 유지하기에 충분한 매출을 달성하기 전에는 흐지부지되고 만다. 따라서 기업가는 벤처가 빠른 성장 단계에 도달했다는 징후를 인식함으로써 이익을 얻을 수 있다. 〈그림 2.9〉에서 볼 수 있듯이 순수익은 증가율대로 늘어나고 있다(즉, 수익곡선의 기울기가 증가하고 있다). 더 중요한 점은, 급격한 매출성장으로 인해 기업가는 이에 상응하는 운전자본 및 고정자산의 성장을 유지하는 데 필요한 자금조달처를 찾아야 한다는 부담이 크다. 빠른 성장 단계에서 벤처가 생존하려면 순이익이 플러스가 되어야 한다.

출구 단계 출구(Exit) 단계에서 벤처의 성장률은 감소하지만 투자자가 이용할 수 있는 현금흐름이 플러스인 지점까지 도달하게 된다. 벤처는 외부자금조달을 늘릴 필요없이 부채 및 지분 투자자에게 수익을 제공할 수 있다. 지금은 투자자들이 투자수익을 회수하고 이익을 실현할 수 있는 확실한 시기이다.

4. 신생벤처금융의 순서

4.1 순서

〈그림 2.9〉와 〈그림 2.11〉의 단계는 대체로 측정 가능한 이정표와 일치한다. 이정표와 외부자금유치기회 사이도 대체로 일치하는 모습을 볼 수 있다.

그림 2.12 신규벤처의 자금조달 순서

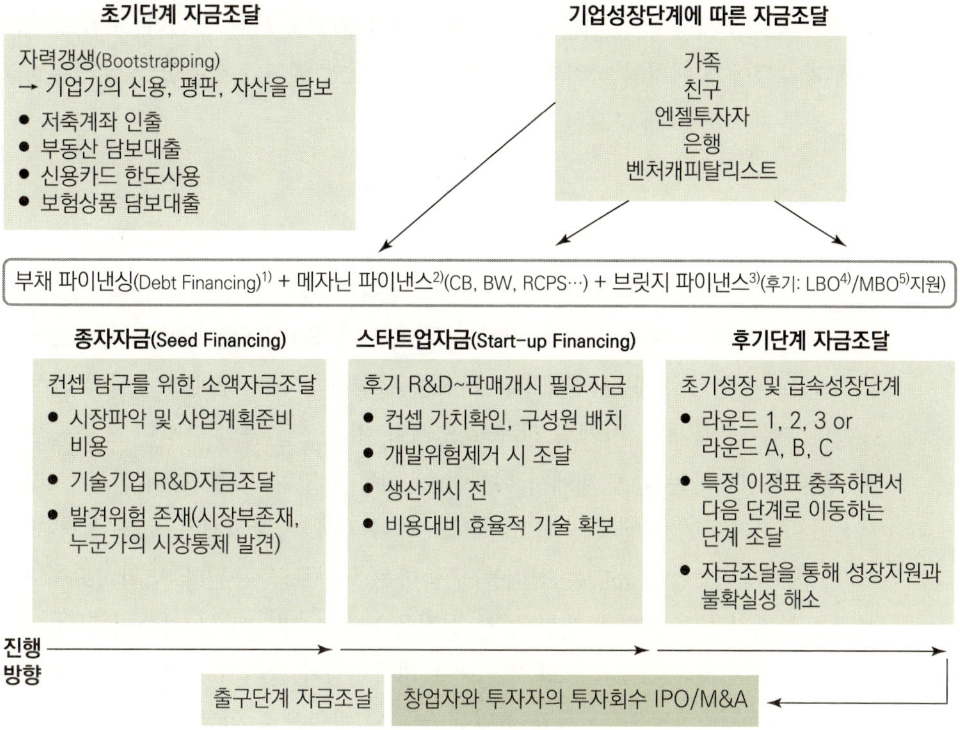

1) 부채 파이낸싱(Debt Financing)은 기업이 자금을 조달하기 위해 외부에서 돈을 빌리고, 일정 기간 동안 원금과 이자를 상환하는 방식이다(주식을 발행하는 지분 파이낸싱과 대조적 개념).

2) 메자닌파이낸싱(Mezzanine Financing)은 전통적인 부채 파이낸싱과 지분 파이낸싱의 중간 성격을 가진 혼합금융(하이브리드) 방식이다. 대표적으로 전환사채(Convertible Bond: CB), 신주인수권부사채(Bond with Warrant: BW), 전환상환우선주(Convertible Redeemable Preferred Stock: RCPS) 등이 있다.

3) 브릿지 파이낸싱(Bridge Financing)은 기업이 일시적인 자금부족을 해소하기 위해 단기적으로 자금을 조달하는 금융 방식이다.

4) LBO(Leveraged Buyout)는 기업 인수 방식 중 하나로, 인수자가 인수 대상 기업의 자산을 담보로 대규모 부채를 조달하여 인수 자금을 마련하는 구조를 의미하며, 주로 사모펀드(Private Equity Firms)가 활용하는 전략이다.

5) MBO(Management Buyout)는 기업의 기존 경영진이 외부자금을 활용해 회사의 주식을 매입하고, 경영권을 인수하는 거래를 의미한다. 즉, 경영진이 주도하여 현재의 기업소유구조를 변경하고, 경영진이 직접 소유권을 확보하는 방식이다.

4.2 신생벤처의 사업계획

신규벤처의 사업계획은 벤처가 목표로 하는 사업의 성공을 위해 마련하는 구체적이고 체계적인 로드맵이다. 이 계획은 단순히 창업 아이디어만을 기반으로 작성되는 것이 아니라, 벤처의 발전 단계와 시장의 변화, 기업의 내부역량 등을 종합적으로 고려하여 수립된다. 사업계획의 목적은 창업아이디어를 명확히 정의하고, 이를 실행 가능한 전략으로 구체화하며, 이를 통해 벤처의 성장을 촉진하는 것이다. 또한, 사업계획은 투자자들에게 벤처의 비전과 목표를 이해시키고, 벤처가 성공할 가능성을 평가하는 근거를 제공하는 데 중요한 역할을 한다.

4.2.1 신규벤처 사업계획의 목적

사업계획은 벤처의 비전과 장기적인 목표를 명확히 정의한다. 이를 통해 창업자는 자신이 무엇을 달성하려고 하는지, 어떤 방향으로 나아가야 하는지를 구체적으로 인식할 수 있어야 한다. 또한 사업계획은 목표를 달성하기 위한 구체적인 실행 전략을 제공한다. 이는 제품개발, 마케팅 전략, 운영계획, 자금조달 등의 다양한 요소를 포함하며, 벤처가 성장하는 각 단계에서 취해야 할 행동을 명확히 제시해야 한다. 그리고 잠재적인 투자자들에게 벤처의 비즈니스 모델, 수익성, 시장잠재력 등을 설명하고, 벤처가 성공할 가능성이 높다는 신뢰를 구축하는 도구로 사용된다. 명확하고 구체적인 계획은 투자자들이 벤처에 대한 투자 결정을 내리는 데 중요한 기준이 된다. 마지막으로, 신규벤처의 사업계획은 벤처의 내부 의사결정과 관리의 기준을 제공한다. 이를 통해 벤처의 경영진과 팀은 목표에 맞춰 일관된 방향으로 업무를 진행할 수 있으며, 필요할 때 계획을 재평가하고 수정할 수 있는 기준을 마련할 수 있다.

신규벤처는 발전 단계에 따라 서로 다른 전략을 요구한다. 초기 단계에서는 시장 진입과 제품개발에 집중해야 하고, 성장 단계에서는 고객확대와 운영 효율성 개선에 중점을 두어야 한다. 따라서, 벤처 전략은 단순히 아이디어에 기반한 것이 아니라, 벤처가 현재 위치한 단계와 향후 목표를 고려하여 계획되어야 한다. 각 단계에 맞는 전략을 수립함으로써 벤처는 자원을 효율적으로 배분하고, 리스크를 최소화하며, 지속 가능한 성장을 도모할 수 있다.

사업계획은 단순한 예측이 아니라, 시장분석과 데이터에 기반하여 논리적으로 설계되어야 한다. 이는 사업계획이 벤처가 직면한 기회와 도전에 대한 실질적인 평가를 반영해야 함을 의미한다. 벤처는 시장의 수요, 경쟁자분석, 기술적 가능성 등을 고려하여 계획을 수립해야 하며, 이를 통해 사업의 성공 가능성을 높일 수 있다. 논리적 기대를 반영한 계획은 벤처의 비전이 현실적으로 달성 가능함을 보여주고, 투자자와 이해관계자들에게 벤처가 신뢰할 수 있는 비즈니스 파트너임을 증명할 수 있다.

또한, 사업계획은 기업가의 사고 방식과 비전을 반영하는 중요한 도구이다. 기업가는 사업계획을 통해 자신의 비즈니스에 대한 인식을 구체화하고, 이를 다른 사람들과 공유할 수 있다. 이는 기업가가 자신의 비전을 어떻게 현실화할 것인지, 어떤 전략을 통해 목표를 달성할 것인지에 대한 명확한 이해를 가지고 있음을 나타낸다. 따라서, 사업계획은 기업가의 능력과 통찰력을 평가하는 중요한 지표로 작용한다.

벤처의 성공을 위해서는 모호한 계획보다 명확하고 구체적인 전망과 이정표를 제시하는 것이 중요하다. 명시적인 전망은 벤처가 향후 목표를 달성하기 위해 필요한 단계와 그 시점을 명확히 정의함으로써, 실행계획을 구체화하고, 진행상황을 효과적으로 모니터링할 수 있게 한다. 이정표는 벤처가 올바른 방향으로 나아가고 있는지를 평가할 수 있는 기준을 제공하며, 필요시 계획을 수정하거나 조정할 수 있는 근거를 마련해 준다.

구체적인 사업계획은 투자자들이 벤처의 진행상황을 체계적으로 관리하고 감독할 수 있도록 한다. 이는 투자자가 벤처의 성과를 평가하고, 필요한 경우 지원을 제공하거나 전략을 수정할 수 있는 근거를 제공한다. 구체적인 계획은 투자자에게 신뢰를 주며, 벤처가 계획적으로 성장하고 있다는 믿음을 심어준다. 예를 들어, 스타트업이 구체적인 매출목표와 시장점유율 목표를 설정하고 이를 달성하기 위한 이정표를 명시한다면, 투자자들은 해당 스타트업의 실적을 객관적으로 평가할 수 있고, 장기적인 신뢰관계를 구축할 수 있다.

1) 신규벤처의 사업계획과 기존기업의 사업계획의 차이점

신규 벤처의 사업계획은 기존의 기업의 사업계획과 몇 가지 중요한 차이점을 가지고 있다. 이러한 차이점은 신규벤처의 고유한 특성과 성장환경, 그리고 자본조달의 필요성에 기인하며, 이를 통해 벤처는 초기 단계에서 성공적인 궤도에 오르기 위한 전략을 수립할 수 있다. 다음에서는 신규벤처의 사업계획이 기존기업의 사업계획과 어떻게 다른지, 그리고 이러한 차이가 사업계획의 구성과 내용에 어떤 영향을 미치는지를 알아보자.

첫째, 신규 벤처는 본질적으로 높은 불확실성과 리스크에 직면한다. 신규벤처는 새로운 시장에 진입하거나, 혁신적인 제품이나 서비스를 개발하려는 경우가 많아, 시장의 수요예측이 어렵고 기술적 성공 가능성이 불확실할 수 있다. 따라서 신규벤처의 사업계획은 리스크 관리 전략을 명확히 포함해야 한다. 이는 시장 진입 전략의 다양화, 유연한 운영계획, 빠른 피벗(Pivot) 옵션 등으로 구체화된다. 기존기업의 사업계획이 주로 안정적인 성장과 운영 효율성에 중점을 두는 것과 달리, 신생벤처는 불확실성을 다루고, 이에 대한 대응책을 제시하는 데 중점을 둔다.

둘째, 신규벤처는 초기 단계에서 자금이 부족한 경우가 많기 때문에 사업계획에서 자본조달 전략이 핵심적인 역할을 한다. 이들은 엔젤투자자, 벤처캐피탈, 크라우드 펀딩 등 다양한 출처에서 자금을 유치하려고 한다. 사업계획에는 명확한 자금조달 목표, 예상되는 투자 라운드, 투자금을 활용한 성장계획이 포함된다. 기존기업의 사업계획이 내부 자원 활용과 자본효율성을 강조하는 반면, 신규벤처의 사업계획은 외부 자금 유치와 투자자들에게 매력적인 수익 잠재력을 제시하는 데 집중한다.

셋째, 신규벤처의 사업계획은 시장 검증과 제품-시장 적합성 확보에 중점을 둔다. 이는 초기 고객 피드백을 반영하고, 신속한 반복테스트(Iterative Testing)를 통해 제품이나 서비스가 실제로 시장의 수요를 충족할 수 있는지 검증하는 과정이 중요하다. 사업계획에는 시장조사 결과, 초기테스트 결과, 고객 인터뷰 등과 같은 자료가 포함되어 제품의 타당성과 수요를 입증한다. 기존기업의 사업계획이 기존제품의 시장 점유율 확대와 고객유지 전략에 초점을 맞추는 것과 대조적으로, 신규벤처는 제품의 첫 번째 성공적인 출시와 초기고객 획득을 목표로 한다.

넷째, 신규벤처의 사업계획은 빠른 성장과 확장을 목표로 하는 스케일링 전략을 포함한다. 초기 단계에서 성공을 거둔 제품이나 서비스를 어떻게 대규모로 확장할 것인지에 대한 구체적인 계획이 제시된다. 여기에는 신규시장 진입 전략, 인프라 확장계획, 인재채용계획 등이 포함된다. 기존 기업은 안정적인 성장과 지속 가능한 운영을 목표로 하는 경우가 많기 때문에, 신규벤처와 달리 급격한 성장보다는 장기적인 안정성을 강조한다.

다섯째, 신규벤처의 사업계획에는 명확한 출구 전략(Exit Strategy)이 포함된다. 이는 투자자들에게 수익을 실현할 수 있는 방법을 제시하기 위한 것으로, 주식공개 상장(IPO), 인수합병(M&A), 전략적 매각 등이 이에 해당한다. 출구 전략은 투자자들에게 벤처의 장기적인 비전을 보여주고, 투자회수 가능성을 평가할 수 있는 기준을 제공한다. 기존기업의 사업계획은 대개 장기적인 운영과 성장을 목표로 하기 때문에 출구 전략을 명확히 포함하지 않는 경우가 많다.

여섯째, 신규벤처의 사업계획은 창업자의 비전과 리더십을 강조하는 경향이 있다. 초기 단계의 벤처는 창업자의 역량과 리더십에 크게 의존하므로, 사업계획은 창업자의 경험, 전문성, 네트워크를 상세히 기술하고, 그들이 벤처를 성공으로 이끌 수 있는 능력을 부각한다. 이는 기존기업의 사업계획이 회사의 기존성과와 팀의 집단적 역량을 강조하는 것과 다르다.

신규벤처의 사업계획은 높은 불확실성, 자본조달, 시장검증, 성장 전략, 출구 전략, 창업자의 리더십 등 고유의 특성을 반영하는 점에서 기존기업의 사업계획과 차별화 된다. 이러한 차이점은 신규벤처가 초기 단계에서 직면하는 도전과 기회를 효과적으로 다루고, 성공적인 성장을 이루기 위해 필수적이다. 명확하고 구체적인 사업계획을 통해 신규벤처는 자신들의 비전과 전략을 투자자와 이해관계자에게 명확히 전달하고, 성공적인 경영을 위한 기반을 마련할 수 있다.

2) 신규벤처의 사업계획에서의 궤도 이탈

기존벤처 혹은 기존기업의 경우, 사업계획에서 벗어나는 것은 더 큰 리스크와 의미를 갖는다. 이미 성숙한 기업은 일반적으로 정교하게 수립된 사업계획과 운영절차를 가지고 있으며, 이를 통해 안정적인 수익성과 시장지위를 유지한다. 이러한 기업에서 계획에서 벗어난다는 것은 비즈니스환경의 급격한 변화, 내부운영의 문제, 또는 예기치 못한 리스크에 직면했음을 의미할 수 있다. 따라서 기존벤처의 경우, 사업계획에서 벗어나는 것은 위기관리가 필요함을 나타내며, 기업의 장기적인 안정성과 신뢰성에 부정적인 영향을 미칠 수 있다. 그러나 신규벤처는 본질적으로 높은 불확실성과 빠르게 변화하는 시장환경에서 운영되기 때문에, 초기사업계획에서 벗어나는 것은 흔히 발생하는 일이다. 이러한 벤처는 시장의 피드백, 고객의 요구, 기술적 도전 등을 빠르게 반영하여 사업 전략을 조정할 필요가 있다. 신규벤처가 계획에서 벗어난다는 것은 피벗(Pivot)의 필요성을 의미하며, 이는 초기사업계획을 재평가하고 더 유망한 방향으로 전략을 수정하는 과정이다.

3) 신규벤처의 사업계획이 가지는 다양한 활용성

신규벤처의 사업계획은 회사의 사업을 진행하기 위한 내부 사업자료로 사용되지만, 사실 주로 외부자금조달을 위한 문서로 사용된다. 초기 단계의 벤처는 자체자본이 부족한 경우가 많기 때문에 외부투자자(예: 엔젤투자자, 벤처캐피탈, 은행 등)로부터 자금을 유치하는 것이 필수적이다. 이때 사업계획은 벤처의 비전, 목표, 시장기회, 수익성, 그리고 리스크 관리 전략 등을 명확히 제시하여 투자자들을 설득하는 도구로 사용된다. 그러므로 투자자의 기대를 충족시킬만한 설득요소를 강조하는 부분이 포함되어야 하고, 출구 전략 명시함으로써 투자자들에게 투자이후의 이익실현 가능성을 보여주어야 한다. 또한 리스크 및 관리계획을 제시하여 투자자들이 투자위험을 평가하는 데 중점을 두기 때문에, 리스크 분석과 대응방안이 상세히 기술되는 것이 중요하다. 그러나 기존벤처의 경우 운영의 효율성, 장기적인 전략목표, 내부 의사결정지원에 중점을 두며 전략적 목표달성을 위한 지침서로 활용되는 경우가 많다.

4) 사업계획에 들어 있는 사업가의 설득력

아이디어는 벤처의 출발점이며, 혁신적인 아이디어는 벤처의 잠재적 성공을 보여주는 강력한 신호일 수 있다. 그러나 아이디어는 그것이 시장에서 현실화되고, 지속 가능한 수익을 창출할 수 있는지 여부에 따라 가치가 결정된다. 투자자들은 단순한 아이디어가 아닌, 그 아이디어가 실현 가능하며, 수익성을 가지고 있다는 점을 중요시한다. 아이디어만으로 승부를 보려는 벤처는 다음과 같은 이유로 자금조달에 실패할 가능성이 있다. 투자자들은 여기서 중요한 것은 사업계획에 제시된 사업계획을 완성하고자 하는 기업가의 헌신과 신념이 담긴 증거들은 자금확보에 매우 중요하다.

사업계획서에 기업가의 헌신과 신념이 담겨 있다는 것은 그 계획이 단순한 문서 이상의 의미를 가지며, 기업가가 자신의 비전과 목표를 진심으로 실현하고자 하는 강한 의지를 가지고 있음을 나타낸다. 이는 투자자와 이해관계자들에게 신뢰를 주고, 벤처의 성공 가능성을 높이는 중요한 요소로 작용한다. 다음은 사업계획에 창업가의 헌신과 신념이 반영된 구체적인 증거들이다.

- 기업가가 자신의 개인자산을 투자하거나 자본을 투입하는 것은 헌신의 강력한 증거이다. 이는 기업가가 벤처의 성공에 대한 강한 신념을 가지고 있으며, 자신도 리스크를 공유하겠다는 의지를 보여준다. 개인적인 투자는 외부 투자자에게 신뢰를 줄 수 있는 강력한 신호로 작용한다.
- 기업가가 명확하고 구체적인 목표를 설정하고, 장기적인 비전을 계획서에 포함시키는 것은 그들이 벤처의 장기적인 성공을 진지하게 고려하고 있음을 보여준다. 이는 단기적인 이익보다는 벤처의 지속 가능한 성장을 목표로 하고 있음을 나타낸다.
- 사업계획서에 구체적이고 세부적인 실행 계획이 포함되어 있다면, 이는 기업가가 철저하게 준비하고 있음을 증명한다. 예를 들어, 시장진입 전략, 제품개발 단계, 마일스톤 설정 등은 기업가가 철저하게 계획하고 준비하고 있음을 나타내며, 이는 헌신의 중요한 증거로 간주될 수 있다.
- 기업가가 기술개발, 시장조사, 고객 피드백 수집 등에 많은 시간을 투자하고 노력한 흔적이 사업계획서에 나타나면, 이는 그들이 벤처의 성공에 얼마나 진지한지를 보여주는 중요한 증거이다. 이러한 헌신은 사업계획서의 품질과 신뢰도를 높인다.
- 기업가가 강력하고 전문적인 팀을 구성하고, 필요한 인재를 유치하기 위한 노력을 기울였다는 것은 그들이 벤처의 성공에 진심으로 헌신하고 있음을 보여준다. 이는 기업가가 자신의 비전에 맞는 인재를 찾고, 함께 일할 수 있는 팀을 구축하기 위해 투자한 시간과 노력을 반영한다.

- 창업 단계에서 전직장의 퇴사는 기업가의 신뢰도를 평가할 때 중요한 요소가 된다. 퇴사를 하면 대개 새로운 벤처에서 생길 기회를 염두에 두고 그 기회를 잡기 위해 더 열심히 노력하게 되는 동기가 된다. 하지만 퇴사했다고 해서 기업가가 최종적으로 선택한 벤처에 완전히 헌신하고 신뢰하고 있다는 의미는 아니다. 이런 상황에서 투자자는 기업가가 정말로 그 기회에 매력을 느끼고 있는지, 아니면 단지 그렇게 매력적이지 않은 가능성들 중에서 가장 나아 보이는 것을 선택한 것인지 판단하려고 한다. 이를 알기 위해 투자자는 기업가의 열정, 준비된 자세, 그리고 시장에 대한 깊은 이해를 관찰하게 된다.

4.2.2 사업계획에서 피해야 하는 요소

런던 경영대학원(London Business School)의 존 멀린스(John Mullins) 교수는 다른 접근 방식을 가지고 있는데, 그는 기업가가 사업계획에서 피해야 할 다섯 가지를 꼽았다(그림 2.13).

그림 2.13 사업계획에 피해야 할 요소

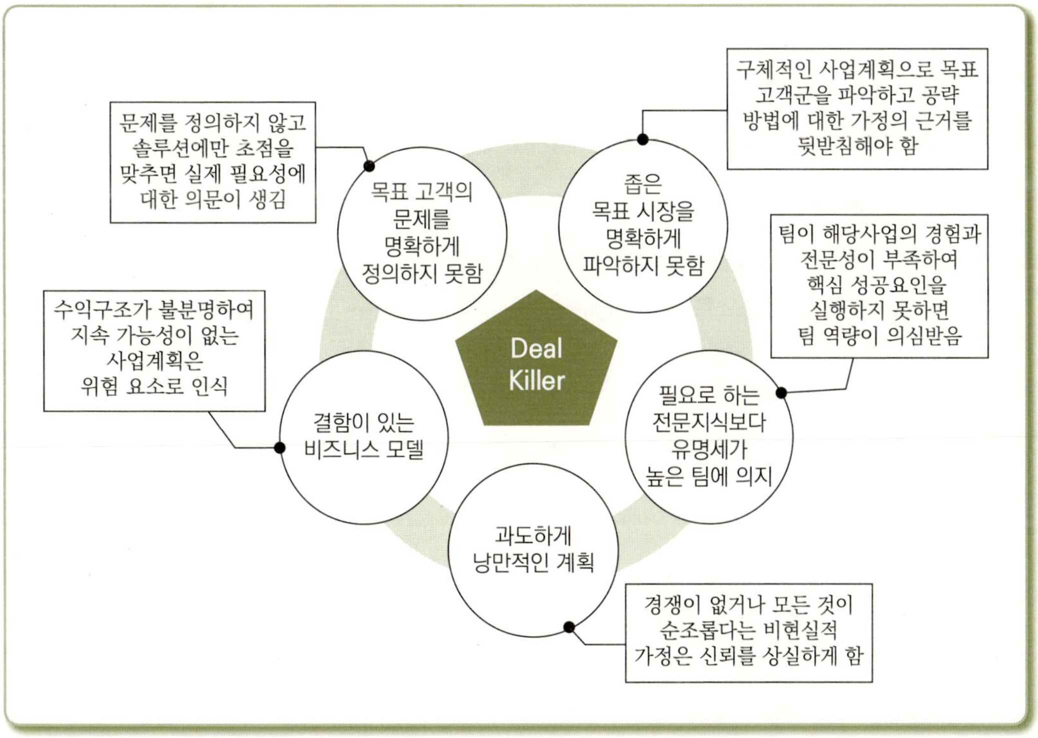

출처: Mullins, J. (2006). The New Business Road Test: What Entrepreneurs and Executives Should Do Before Launching a Lean Start-up (2nd ed.). FT Press. 딜 킬러조항 도식화

그림 2.14 멀린스의 사업계획에서 신중해야 할 표현과 투자자의 냉정한 해석

사업계획에 자주 보이는 문구에 대한 투자자의 냉정한 해석에 따라 벤처사업가는 곤경에 빠질 수 있다.

사업계획서에 보이는 문구	투자자들의 냉정한 해석
우리의 지향하는 시장은 매우 크다.	이 사업의 시장잠재력에 대한 신뢰할 수 있는 데이터는 중요하지 않다고 생각한다.
우리는 시장을 보수적으로 예측한다.	중요 성능지표에 대한 신뢰할 만한 정보를 얻기 위해 노력하기보다는 우리가 생각하기에 그럴 듯 해 보이는 몇 가지로 추측했다.
우리가 가진 혁신적이고 창의적인 기술은…	우리의 대상고객들은 우리가 하는 일에 관심이 있는지 없는지 아직 파악하지 못하고 있다.
우리는 그렇게 될 것이라고 믿고 있다.	여러 가지 일이 많아서 실질적인 증거를 수집하지 못했다.
우리에겐 경쟁자가 없다.	우리는 우리의 대상시장을 잘 알지 못한다.

설득 실패 → 자금조달 실패

▼

사업계획의 모든 부분은 진정성 있는 메시지 전달에 집중해야 한다.

출처: Mullins, J. (2006). The New Business Road Test: What Entrepreneurs and Executives Should Do Before Launching a Lean Start-up (2nd ed.). FT Press. 딜 킬러조항 도식화

멀린스는 또한 사업계획서를 작성할 때 실수할 수 있는 몇 가지 사업계획의 문구를 지적하고 있다. 〈그림 2.14〉는 사업계획에서 자주 볼 수 있는 여러 내용들 중에서 투자자들의 시선으로 '투자자의 냉정한 해석'을 볼 수 있는 사례를 도식화하였다.

CHAPTER 03

신생벤처의 자금조달

이 장에서 논의하는 Rich versus King 관점

자금조달의 중요성을 이해했다면 당신은 회사에 투자하는 투자자들을 보다 잘 이해해야만 한다. 그들은 자금조달의 원천이며 사업의 공동참여자로 회사의 운영에 간섭할 수도 있기 때문이다. 이것이 자금조달이 가져오는 불편함이다. 이번 장에서는 다양한 종류의 투자자들을 이해하고 그들에게서 자금을 조달하기 위해 최근 동향을 파악한다. 이 장에서는 자금조달의 과정에서 기업가가 직면한 문제와 투자자들이 당면한 규제와 투자계약을 달성하기 위한 실무사항 등을 소개한다.

1. 리얼옵션
2. 신규벤처 자금조달의 원천
3. 기업벤처와 소셜벤처의 자금조달
4. 규제 고려사항

이 장은 Stanford University Press에서 출간한 Entrepreneurial Finance Strategy, Valuation & Deal Structure의 Chapter 2를 일부 인용하였고 한국 실정에 해당하는 부분은 추가하였다. 또한 책에 있는 오래된 통계는 저자들이 최근 데이터를 찾아서 갱신하였다. 상기한 책의 인용 내용을 이 책에 수록하기 위해서 미리 절차를 거쳐 허락을 받았다.

CH 03. 신생벤처의 자금조달

우리가 일상적으로 사용하는 혁신적인 제품들 중 상당수는 시장을 변화시키고 새로운 역사를 만들어낸 사례로 남아 있다. 예를 들어, 애플의 첫 번째 컴퓨터부터 테슬라의 전기자동차, 그리고 현대의 각종 디지털 플랫폼들에 이르기까지, 이들 제품들은 단순한 아이디어에서 시작해 혁신적이고 성공적인 사업으로 성장했다. 그러나 이러한 제품들이 어떻게 자금을 조달하여 상품화되었고, 시장에 성공적으로 출시될 수 있었는가?

혁신적인 아이디어만으로는 사업의 성공을 보장할 수 없다. 특히, 신생벤처기업은 짧은 업력과 불확실한 미래로 인해 초기 자금조달에서 큰 도전에 직면하게 된다. 이때 벤처사업가가 어떤 자금조달 방식을 선택하는지에 따라 그 기업이 나아갈 길은 크게 달라질 수 있다. 자금조달 방식은 기업의 성장 가능성, 지분구조, 나아가 최종적으로 벤처사업가가 얻게 될 가치에까지 큰 영향을 미친다.

이 장에서는 재무의사결정의 기본 원칙을 바탕으로, 신생벤처가 각 단계에서 자금을 어떻게 조달할 수 있는지에 대해 단계별로 분석해 보고자 한다. 특히, 연구개발(R&D) 단계에서의 초기투자, 스타트업의 설립과 성장기, 급성장기, 그리고 최종적으로 성공적인 출구(Exit)에 이르기까지 각 단계에서 자금조달의 원천과 그 역할에 대해 점검할 것이다. 또한, 한국과 미국의 벤처 자금조달 동향을 살펴보며, 각국의 기업들이 자본시장에서 어떻게 성공적으로 자금을 유치하고 있는지 설명할 것이다.

결국, 벤처사업가는 자신이 가진 아이디어를 어떻게 자금조달하여 사업화할 것인가의 문제에 직면하게 된다. 자금조달에서는 다양한 선택지가 존재하며, 그 과정에서 적합한 파트너를 찾고, 불확실한 미래를 극복하기 위한 전략적 결정을 내리는 것이 중요하다. 이번 장이 이러한 과정에서 신생벤처사업가들에게 유용한 지침이 될 것이다.

이미 1장에서 창업기업들의 회사의 형태에 대해 한 번 점검하였다. 이것은 창업을 할 때, 기업의 형태를 선택하는 일은 매우 중요한 일이기 때문이다 기업의 형태는 단순한 법적 요건을 넘어서, 자금조달의 용이성, 책임구조, 그리고 장기적인 성공 가능성까지 영향을 미친다. 특히 신생벤처는 자금이 부족하고 미래가 불확실하기 때문에, 적합한 기업 형태를 전략적으로 선택하는 것이 필수적이다. 자금조달을 논의하기에 앞서 자금조달 관점에서 기업의 형태를 간단하게 리마인드 해보자.

첫 번째로 고려할 점은 책임의 범위와 소유구조다. 예를 들어, 개인사업자 형태로 사업을 시작하면 설립 과정이 간단하고 모든 수익을 창업자가 가져간다. 하지만 모든 책임 역시 창업자가 전적으로 져야 하므로, 외부 투자자들이 투자에 신중해질 수 있다. 반면, 법인(Corporation) 형태는 법적으로 창업자와 기업이 분리되어 있어, 투자자들이 더 안정적이라고 느낀다. 주식을 발행할 수 있어 외부에서 자금을 조달하기가 쉬워지고, 이로 인해 벤처캐피탈(VC)이나 엔젤투자자들이 투자에 더 적극적으로 나서게 된다.

둘째로, 과세구조도 중요한 요소다. 예를 들어, 법인형태는 기업 소득에 대해 법인세를 내고, 주주가 배당을 받을 때 추가로 소득세를 내는 이중과세 문제가 발생할 수 있다. 반면, 유한책임회사(LLC)는 과세가 개인소득으로 처리되어 단일과세로 끝난다. 이 때문에 초기 단계에서는 LLC 형태가 투자자들에게 더 매력적으로 보일 수 있다. 따라서 창업자는 사업 초기부터 세금구조를 신중하게 검토해야 한다.

셋째로, 자금조달의 용이성이 중요하다. 예를 들어, 벤처캐피탈이나 엔젤투자자들이 신규벤처에 투자할 때는 주로 법인형태를 선호한다. 법인구조는 주식을 발행하여 투자자에게 지분을 제공할 수 있어, 투자자 입장에서 명확한 권리와 수익을 보장받을 수 있기 때문이다. 특히 C 코퍼레이션(C-Corp) 형태는 벤처캐피탈이 자주 선호하는 구조다. 이 형태는 주식 상장(IPO)이나 매각 등의 출구 전략에도 유리해, 성장 가능성이 큰 스타트업에 적합하다.

마지막으로, 경영통제도 고려해야 한다. 개인사업자 형태는 창업자가 모든 결정을 직접 내리므로 빠른 의사결정이 가능하지만, 경영부담이 크다. 반면, 법인이나 파트너십구조에서는 여러명이 경영에 참여해 책임을 나누지만, 그만큼 의사결정 과정이 복잡해질 수 있다. 예를 들어, 한 스타트업이 파트너와 함께 사업을 시작했는데, 투자유치 후 경영권을 둘러싼 분쟁이 발생한 사례도 있다. 이런 문제를 피하려면, 초기 단계에서부터 경영권구조를 명확하게 설정하는 것이 중요하다.

결론적으로, 창업자는 자금조달 전략을 염두에 두고 적합한 기업형태를 선택해야 한다. 예를 들어, 연구개발 단계에서는 정부지원금이나 보조금이 유리할 수 있지만, 이후 성장 단계에서는 외부 투자유치에 적합한 법인화가 필요하다. 이렇게 상황에 맞는 기업형태를 선택하면, 자금조달 과정이 훨씬 수월해지고 성공 가능성이 높아진다.

이 장에서는 신생벤처의 자금조달 출처, 조직형태 선택, 자금조달 선택과 관련된 규제와 고려사항에 대한 개요를 제공하고자 한다. 관련된 시스템과 용어를 이해하는 것이 중요하며 여기부터가 기업가와 투자가의 밀고 당기기의 출발점이 된다.

1. 리얼옵션

1.1 기업가치의 극대화를 위한 벤처의 재무관리와 리얼옵션

이 책은 주로 신규 창업자의 시각을 중심으로 하지만, 투자자들에게도 똑같이 중요한 통찰을 제공한다. 벤처캐피탈리스트와 엔젤투자자와 같은 이들도 기업가와 마찬가지로 가치를 극대화하는 데 목표를 두고 있기 때문이다. 벤처의 가치 평가와 계약 과정에서 양측 모두 상대방의 관점을 이해할 때 더욱 큰 이익을 얻을 수 있다. 따라서 이 책은 기업가와 투자자 두 측면에서 주제를 다루며, 양자의 입장을 모두 반영하고 있다.

벤처기업이 자금을 조달할 때 가장 궁극적으로 달성하려는 목표는 기업가치의 극대화다. 기업가치 극대화는 단순히 자금을 확보하는 것 이상의 의미를 가진다. 이는 자본비용을 최소화하고, 위험과 수익의 균형을 맞추며, 적절한 자본구조를 유지하는 등 재무관리의 기본 원칙들을 바탕으로 한 체계적인 접근이 필요하다. 이 세 가지 요소는 벤처기업의 자금조달 과정에서 기업가치에 직접적인 영향을 미치며, 장기적인 성장과 성공을 가능하게 하는 중요한 역할을 한다.

자금조달의 대원칙은 이러한 가치 극대화를 달성하기 위한 구체적인 전략으로, 자본비용 최소화, 위험과 수익의 균형, 그리고 자본구조와 재무레버리지의 관리가 핵심이다. 이제, 이러한 재무관리의 명제를 바탕으로 자금조달 과정에서 벤처기업이 고려해야 할 요소들을 체계적으로 살펴보자.

- 자본비용 최소화: 첫 번째 원칙은 자본비용을 최소화하는 것이다. 재무관리에서 자본비용은 기업이 자금을 조달하는 데 드는 비용을 의미하며, 이는 기업의 자본조달 방식에 따라 달라진다. 벤처기업은 초기 단계에서 자산이 부족하고 현금흐름이 불확실하기 때문에 부채보다는 자기자본을 통해 자금을 조달하는 경우가 많다. 부채는 일반적으로 자본보다 낮은 비용을 수반하지만, 벤처기업의 경우 상환 부담이 클 수 있기 때문에 신중해야 한다. 대원칙은 가능한 한 자본비용을 최소화하여 기업가치를 극대화하는 것이다.
- 위험과 수익의 균형: 두 번째 원칙은 위험과 수익의 균형을 맞추는 것이다. 재무관리의 기본 명제 중 하나는 높은 수익을 기대하려면 높은 위험을 감수해야 한다는 것이다. 자금조달 과정에서도 이 명제는 적용된다. 예를 들어, 벤처캐피탈을 통한 자금조달은 대규모자금을 제공받는 대신, 경영권이 희석되고 투자자들의 요구를

충족해야 하는 위험이 따른다. 반면, 대출을 통한 자금조달은 경영권에 영향을 미치지 않지만, 상환의무와 이자비용이 부담이 될 수 있다. 이 원칙은 위험과 수익의 균형을 고려해 적합한 자금조달 방식을 선택하는 것이다.

- 자본구조와 재무레버리지: 세 번째 원칙은 적절한 자본구조와 재무레버리지를 설정하는 것이다. 자본구조는 부채와 자기자본 간의 비율을 뜻하며, 이는 기업의 재무상태와 성과에 중요한 영향을 미친다. 초기 단계의 벤처기업은 부채보다 자기자본에 의존할 수밖에 없지만, 성장 단계에서는 부채를 적절히 활용해 재무 레버리지를 증가시킬 수 있다. 이를 통해 주주의 수익률을 높일 수 있으나, 과도한 부채는 파산 위험을 증가시키기 때문에 신중한 관리가 필요하다. 대원칙은 부채와 자기자본의 비율을 적절히 조정해 기업 가치를 극대화하는 것이다.

결국 자금조달의 대원칙은 자본비용을 최소화하고, 위험과 수익의 균형을 유지하며, 적절한 자본구조와 재무 레버리지를 설정하는 것으로 요약된다. 이러한 원칙들은 벤처기업이 자금을 효율적으로 조달하고, 장기적인 성공을 이끌기 위한 필수적인 기준이 된다.

1.2 자금조달 의사결정을 위한 리얼옵션의 중요성

리얼옵션(Real Options)은 벤처기업의 자금조달 및 투자의사결정에서 중요한 역할을 한다. 이는 불확실한 상황에서 벤처기업이 유연한 결정을 내릴 수 있게 해주는 전략적 도구로, 자금조달과 밀접하게 연관된다. 리얼옵션은 전통적인 순현재가치(NPV) 평가 방식의 한계를 보완하며, 벤처기업이 자금조달 시 불확실성을 관리하고 기회를 최적화할 수 있도록 돕는다. 이를 통해 벤처기업과 투자자 모두에게 더 나은 선택지를 제공하는 중요한 요소로 작용한다.

벤처기업은 본질적으로 시장의 변동성, 기술발전, 경쟁상황 등의 불확실성에 직면해 있다. 이러한 상황에서 리얼옵션은 벤처기업이 자금을 단계적으로 조달하거나 유연하게 투입할 수 있도록 해준다. 이는 벤처기업이 필요할 때마다 자금을 투입하거나, 투자자들이 리스크를 최소화하면서 점진적으로 투자할 수 있게 하는 방식을 제공한다.

1.2.1 리얼옵션의 유형과 자금조달 전략

벤처기업이 자금조달에 활용할 수 있는 리얼옵션의 유형은 여러 가지가 있다. 확장옵션은 벤처기업이 사업을 성공적으로 확장할 수 있을 때 추가 자금을 투입하는 방식으로, 시장 반응을 보고 전략적으로 확장을 선택할 수 있게 한다. 연기옵션은 투자결정을 연기하고, 불확실성이 해소될 때까지 기다리는 선택권을 제공한다. 철수옵션은 예상 수익이 발생하지 않을 때 사업을 중단하거나 축소할 수 있는 옵션으로, 손실을 최소화하는 전략으로 활용된다. 따라서, 리얼옵션을 효과적으로 활용하면 벤처기업은 변화하는 시장 상황에 따라 자금을 효율적으로 배분하고, 장기적으로 기업 가치를 극대화할 수 있다.

1) 초기 자금조달에서의 리얼옵션

벤처기업이 초기자금을 확보하기 어려운 이유는 미래 수익성이 불확실하기 때문이다. 이때 리얼옵션을 활용해 기업은 목표를 단계별로 설정하고, 일정한 성과를 달성할 때마다 추가 자금을 조달할 수 있다. 예를 들어, 벤처캐피탈이나 엔젤투자자들은 특정 개발목표가 달성될 때마다 추가투자를 약속하는 계약을 맺을 수 있다. 이는 초기자금조달 시 리스크를 줄여주고, 성장 가능성이 확인될 때 더 많은 자금을 유치하는 데 유리하게 작용한다.

2) 성장 단계에서의 리얼옵션

성장 단계에 있는 벤처기업은 더 많은 자금이 필요하지만, 동시에 시장의 변동성으로 인한 불확실성도 커진다. 이때 확장 옵션을 활용해 벤처기업은 시장상황에 따라 자금을 점진적으로 확대할 수 있다. 예를 들어, 제품 출시 후 시장반응에 따라 생산을 확대하거나 축소하는 선택을 할 수 있으며, 이는 추가 자금조달 시 투자자들에게 더 유리한 조건을 제공할 수 있다. 또한, 철수옵션을 통해 예상보다 성장이 더딜 경우 추가 자금 투입을 멈추고 손실을 최소화할 수 있다.

1.2.2 자금조달에서 리얼옵션의 전략적 중요성

1) 확실성 관리 도구로서의 리얼옵션

투자자들은 벤처기업의 불확실성 때문에 자금조달에 신중할 수밖에 없다. 리얼옵션은 투자자들에게 자금 투입 시 리스크를 관리할 수 있는 도구를 제공한다. 예를 들어, 벤처캐피탈은 초기에는 소규모 자금을 투자하고, 기업이 일정 목표를 달성할 때마다 추가투자를 통해 위험을 관리할 수 있다. 이는 투자자가 모든 자금을 한 번에 투입하는 대신, 단계적으로 자금을 투입해 위험을 분산할 수 있게 한다.

2) 자금조달 비용절감

리얼옵션을 활용하면 벤처기업은 필요한 자금을 단계적으로 조달해 자본비용을 줄일 수 있다. 예를 들어, 확장옵션을 통해 성공 가능성이 확인된 후 더 많은 자금을 유치할 수 있기 때문에 초기 자금조달 시 지나치게 높은 자본비용을 지불하지 않아도 된다. 이는 자금의 낭비를 막고, 필요한 만큼만 유연하게 자금을 조달할 수 있게 해준다.

3) 유연한 재무 전략을 통한 기업가치 극대화

리얼옵션은 벤처기업이 자금조달 및 투자결정을 유연하게 내릴 수 있게 하여 재무 전략의 유연성을 높여준다. 벤처기업은 시장상황과 성장 가능성에 따라 자금을 점진적으로 투입하거나 축소할 수 있으며, 이를 통해 경직된 재무구조를 피할 수 있다. 이러한 유연성은 벤처기업의 재무 건전성을 유지하고, 기업 가치를 극대화하는 데 기여한다.

2. 신규벤처 자금조달의 원천

일반적인 벤처의 성장 단계별 자금조달과 해당 단계에서 자금조달의 원천에 대한 목록은 〈그림 3.1〉을 통해 알 수 있다. 어떤 자금조달 방법이 적합한지는 자금조달원 별로 벤처의 종류, 자금수요의 정도, 필요기간 등 여러 요인에 따라 달라진다. 그림에서 알 수 있듯이 기업이 성숙해짐에 따라 조달 가능한 자금조달처가 달라진다.

2.1 자신, 친구, 가족

자력갱생 조달(Bootstrap Financing)은 외부자금에 의존하지 않고 창업자가 자신의 자원과 수익을 최대한 활용하여 사업을 시작하고 성장시키는 전략이다. 외부투자 없이 사업을 확장하는 과정에서 창업자는 자기자본, 가족 및 지인투자, 수익 재투자, 비용절감 등 다양한 방법을 활용한다. 이 방식은 초기자본이 부족한 창업자에게 매우 유용하며, 외부투자자나 대출에 의존하지 않음으로써 창업자는 경영권을 유지하고 사업에 대한 유연성을 높일 수 있다.

자력갱생의 주요 전략과 사례를 다음과 같이 나눠 볼 수 있다.

그림 3.1 신규벤처기업의 자금조달 출처

자금조달 출처 \ 단계	연구개발	스타트업	초기 성장	빠른 성장	출구
벤처기업가 본인	■	□			
친구와 가족	■	□			
엔젤투자자	■	■	□	□	
기업의 전략적 파트너		■	■	■	
벤처캐피탈		■	■	■	
자산기반 대출기관		■	■	■	
벤처대상 리스회사		■	■	■	
정부 벤처 프로그램		□	■	■	
무역신용장/벤더 파이낸스			■	■	
팩토링			■	■	
프랜차이징			■	■	
은행대출				■	
메자닌(기관) 조달				■	■
공공부채(Public Debt)					■
IPO					■
인수/LBO/MBO					■

진한 부분은 주요 조달처/옅은 부분은 2차 조달 및 후보 조달처

출처: Smith, J. K., Smith ,R. L., & Bliss, R. T. (2011). Entrepreneurial Finance: Strategy, Valuation, and Deal Structure. Stanford University Press. Chapter 2, p. 38.

- 자기자본(Self-funding): 초기 창업자는 자신의 저축이나 개인 자산을 사용하여 사업을 시작한다. 예를 들어, 스팽스(Spanx)의 창업자 사라 블레이클리는 자신의 저축 5,000달러로 회사를 설립했다. 외부투자 없이 초기자금을 모았고, 마케팅과 판매를 직접 맡아 비용을 최소화하면서 회사를 운영했다. 그녀는 처음부터 외부자금에 의존하지 않고 자원을 최대한 활용하여 스팽스를 글로벌 의류 브랜드로 성장시켰다.
- 지인대출 또는 투자: 친구나 가족으로부터 초기 자금을 빌리거나 투자를 받는 방식도 일반적이다. 스타벅스의 하워드 슐츠는 초기자금을 모으기 위해 자신의 가

족과 친구들로부터 소액투자를 받았다. 이 자금은 스타벅스의 첫 번째 커피매장을 설립하는 데 사용되었으며, 그 후 슐츠는 수익을 재투자하여 매장을 확장해 나갔다. 이처럼 신뢰할 수 있는 네트워크를 활용해 초기자금을 마련하는 것이 자력갱생 조달의 중요한 요소다.

- 수익 재투자(Reinvesting Profits): 창업자는 초기수익을 다시 사업에 재투자해 확장하는 방식으로 자금을 마련한다. 메일침프(Mailchimp)[1]는 전적으로 자력갱생으로 성장한 대표적인 예다. 초기 이메일 마케팅 소프트웨어를 개발한 창업자들은 외부투자를 전혀 받지 않고, 고객으로부터 얻은 수익을 다시 사업에 재투자하며 성장을 지속했다. 그 결과 메일침프는 오늘날에도 독립성을 유지하며 업계에서 강력한 위치를 차지하고 있다.
- 비용절감(Efficient Cost Management): 창업자는 초기비용을 줄이기 위해 각종 비용절감 전략을 사용한다. 예를 들어, 고프로(GoPro)의 창업자 닉 우드먼은 서핑여행 중 자신이 직접 테스트한 카메라를 판매하면서 초기비용을 절감했다. 그는 마케팅비용을 줄이기 위해 초기 고객들과 직접 소통하며 입소문 마케팅을 활용했다. 이를 통해 큰 자본 없이도 고프로는 글로벌 카메라 브랜드로 성장할 수 있었다.
- 선주문 또는 선결제 방식: 고객에게 제품을 미리 판매하여 자금을 확보하는 방식도 자력갱생의 중요한 전략이다. 델(Dell) 컴퓨터는 초기제품을 고객들에게 선주문 방식으로 판매하면서 자금을 확보했다. 고객의 주문을 받은 후에 제품을 제작하여 운영자금을 마련했고, 이는 외부투자 없이 사업을 확장할 수 있는 계기가 되었다. 이 방식은 창업자가 현금을 미리 확보하고, 재고부담을 줄이는 데 효과적이다.

여러 연구에 따르면, 많은 초기 창업자가 다양한 방법으로 자금을 조달한다. 자기자본을 활용하는 창업자가 약 80%에 이르고, 지인 투자를 통해 초기 자금을 조달하는 경우가 38%에 달한다. 또한 수익 재투자 방식으로 성장하는 기업이 약 60%에 이른다. 이처럼 자력갱생 조달은 많은 창업자가 선택하는 현실적인 자금조달 방법이다.[2]

많은 벤처기업이 자력갱생으로 자금조달을 시작했음에도 불구하고 성공을 거두었다. 스티브 잡스와 그의 파트너 스티브 워즈니악은 초기 자금을 마련하기 위해 폭스바겐 미니밴과 HP 계산기를 팔아 1,350달러를 모았다.[3] 빌 게이츠(Bill Gates)는 1975

---

1 메일침프(Mailchimp): 소규모 비즈니스와 개인을 대상으로 한 이메일 마케팅 플랫폼 및 자동화도구이다. 2001년 조지아주 애틀랜타에서 설립되었으며, 2021년 미국의 소프트웨어 기업 Intuit에 약 120억 달러에 인수되었다.

2 Global Entrepreneurship Monitor(GEM) 2021/2022 보고서

3 Computer History Museum 및 Wikipedia.

년에 게이츠의 기숙사 방에서 폴 앨런(Paul Allen)과 함께 사업을 시작했고, 나중에 앨버커키의 호텔방으로 이사했다. 그들은 저축을 통해 창업자금을 조달했고, 2023년 매출 2,200억 달러의 마이크로소프트사로 성장시켰다. 또 깃허브(GitHub)는 자력갱생을 통해 성장한 소프트웨어 개발 플랫폼으로, 초기에 외부투자 없이 자체자금을 활용해 사업을 운영했다. 창업자들은 깃허브의 유료서비스에서 발생한 수익을 재투자하여 사업을 확장했다. 결국 깃허브는 마이크로소프트에 75억 달러에 인수되었고, 자력갱생 방식으로 시작한 성공 사례로 손꼽힌다. 마지막으로 파타고니아(Patagonia)의 창업자 이본 쉬나드는 초기자금을 모으기 위해 스스로가 만든 장비를 판매하고 그 수익을 사업에 재투자했다. 환경을 고려한 경영방침으로 유명한 파타고니아는 외부자금에 의존하지 않고 지속 가능한 방식으로 사업을 확장했다. 이러한 성공들이 있음에도 불구하고 자력갱생 조달로 시작한 더 많은 사업들이 비참하게 실패했다. 몇몇 사업들은 의심할 여지없이 좋은 아이디어에 기반을 두었지만 자금조달에 어려움을 겪었다.

2.2 엔젤투자자

엔젤투자(Angel Investment)는 부유한 개인투자자가 창업초기 단계에 있는 기업에 자금을 제공하는 형태의 투자방식으로, 그 역사는 19세기 후반에 시작되었다. 엔젤투자는 일반적으로 벤처캐피탈보다 투자 규모는 작지만, 창업초기의 자금부족문제를 해결해주며, 스타트업이 발전할 수 있는 중요한 기초자본을 마련해 준다.

엔젤투자의 기원은 19세기 말 미국의 연극계에서 시작되었다. 당시 브로드웨이에서 공연을 제작하기 위해 자금을 조달하는 방식으로, 개인후원자들이 예술적 공연을 지원하며 '엔젤(Angel)'이라고 불렸다. 이들은 공연제작에 필요한 자금을 제공하고, 공연이 성공하면 수익을 배분 받았다. 이 방식은 오늘날 스타트업에 초기자금을 제공하는 엔젤투자자들의 역할과 유사하며, 연극계에서 유래된 이 용어가 지금의 스타트업 자금조달 방식을 설명하는 데도 그대로 사용되고 있다.

엔젤투자는 20세기 중반 실리콘밸리의 탄생과 함께 주요한 역할을 하기 시작했다. 1950년대와 1960년대 기술 혁신의 중심지였던 실리콘밸리에서 많은 엔지니어와 과학자들이 새로운 기술 기업을 창립했지만, 이들에게는 초기 자본을 마련하는 것이 큰 도전이었다. 당시 윌리엄 쇼클리(William Shockley)가 창업한 반도체 연구소에서 분리된 엔지니어들이 창립한 페어차일드 반도체(Fairchild Semiconductor)는 엔젤투자의 초기사례 중 하나로, 엔젤투자자 아서 록(Arthur Rock)의 도움으로 창립되었다. 페어차일드는 이후 많은 실리콘밸리 스타트업에 영감을 주었고, 엔젤투자의 중요성을 확립하는 계기가 되었다.

오늘날 엔젤투자는 창업초기 단계에서 매우 중요한 자금조달 방법으로 자리 잡았다. 많은 엔젤투자자들은 단순한 자금 제공뿐만 아니라, 멘토링과 네트워킹을 통해 창업자의 성장에 기여한다. 예를 들어, 에어비엔비(Airbnb)는 초기 엔젤투자자로부터 자금을 유치해 시장 진입에 성공한 대표적인 사례다. 엔젤투자자들은 에어비엔비의 초기 성장 과정에서 중요한 멘토링과 자문을 제공했다. 이러한 멘토링을 통해 창업자들은 사업 전략을 정교하게 다듬고, 초기시장에서의 도전을 극복할 수 있었다. 또한 최근에는 크라우드펀딩과 같은 플랫폼이 등장하면서, 더 많은 개인들이 소규모 자본으로도 창업에 참여할 수 있는 기회가 열렸다. 이러한 변화는 엔젤투자가 더욱 대중화되고, 전 세계적으로 확산되는 데 기여하고 있다.

엔젤투자는 벤처캐피탈과 달리 투자 규모가 작고, 자금을 제공하는 동시에 멘토링, 네트워킹, 경영 자문 등의 비금전적 지원을 제공하는 경우가 많다. 엔젤투자는 초기 단계 기업의 높은 리스크를 감수하는 대신, 성공할 경우 상당한 수익을 기대할 수 있는 특성을 가진다. 따라서 엔젤투자자는 일반적으로 투자한 기업의 운영에 깊이 관여하지 않지만, 경험과 네트워크를 바탕으로 멘토링, 전문적인 조언, 그리고 사업 전략에 대한 도움을 제공한다. 그들의 관심사는 기업이 성장 가능성을 실현할 수 있도록 초기 단계에서 올바른 경영방향을 설정하는 데 있으며, 창업자와 함께 주요 의사결정을 돕기도 한다.

투자 기간은 주로 창업초기 단계에서 이루어지며, 투자금액은 대개 5만 달러에서 수백만 달러에 이른다. 엔젤투자는 시드 또는 초기 성장 단계에서 이루어지며, 비즈니스 모델 검증, 제품 개발, 시장진입 등을 위해 사용된다. 엔젤투자는 보통 5~7년 후에 수익을 회수할 기회를 기다리지만, 이는 기업의 성장속도와 출구 전략에 따라 변동될 수 있다. IPO(기업공개)나 M&A(인수합병)를 통한 자금 회수가 일반적인 출구 전략이다.

엔젤투자의 호라이즌[4]은 보통 5~10년 사이로 설정된다. 엔젤투자자는 장기적 성장을 목표로 하며, 창업자가 회사를 성장시키고 시장에서 성공적으로 자리 잡을 때까지 기다린다. 엔젤투자는 창업자가 사업을 확장하고 후속 벤처캐피탈 투자를 유치하는 데에도 중요한 역할을 한다. 이러한 투자는 기업이 성공적인 출구 전략을 통해 수익을 회수할 수 있을 때까지 장기적으로 이루어지며, 이는 엔젤투자자가 단기 이익보다는 기업의 성장과 성공을 목표로 하기 때문이다.

2023년 미국의 총 엔젤투자 규모는 약 240억 달러였고, 약 64,000개의 기업이 투자를 유치했다. 이 수치는 약 25만 명의 활동적인 엔젤투자자가 다양한 분야의 수

4 투자자가 자금을 투자한 후, 이익을 회수하기까지의 기간을 의미한다. 즉, 투자자가 일정한 수익을 기대하며 자금을 투자하고, 그 자금이 회수될 때까지 기다리는 시간이다.

많은 스타트업을 지원하는 등 초기 단계 투자환경에서 활발한 활동이 이루어지고 있음을 나타내고 있다.[5]

미국의 엔젤네트워크는 수십년 동안 스타트업 생태계에서 핵심 자금원으로 중요한 역할을 해왔다. 현재 미국에는 400개 이상의 공식적인 엔젤투자그룹이 활동 중이며, 각 그룹은 특정산업과 지역에 맞춰 투자 전략을 세우고 있다. 대표적인 엔젤투자 네트워크로는 테크 코스트 엔젤스(Tech Coast Angels), 라이프 사이언스 엔젤스(Life Science Angels), 골든 시즈(Golden Seeds), 뉴욕 엔젤스(New York Angels), 그리고 얼라이언스 오브 엔젤스(Alliance of Angels)가 있다. 이들은 기술, 바이오테크, 생명과학, 여성 창업자, 북동부와 북서부 지역을 중심으로 다양한 산업에 투자한다. 테크 코스트 엔젤스는 미국 최대의 엔젤투자 네트워크 중 하나로, 로스앤젤레스를 중심으로 기술 및 바이오테크 분야의 창업가들에게 멘토링과 네트워킹을 제공한다. 골든 시즈는 여성 창업자를 지원하는 네트워크로 산업의 다양성을 높이는 데 기여한다.

최근 보고서에 따르면, 엔젤투자자들은 창업자의 성공 가능성을 높이기 위해 멘토링과 비즈니스 네트워크를 제공하며, 초기 단계 스타트업에 중요한 자금조달원으로 활발히 활동한다. 2023년 엔젤 펀더스 레포트(Angel Funders Report)는 엔젤투자 활동이 미국 전역에서 활발하게 이루어지고 있으며, 다양한 산업에서 혁신을 지원하고 있다고 보고하고 있다.[6]

엔젤투자자들은 공동으로 기회를 조사하고 논의할 수 있지만, 미국증권법은 각 투자자가 독립적으로 투자를 결정하고 자신의 실사(Due Diligence)에 대해 책임져야 한다고 규정하고 있다. 이러한 그룹에 속한 사람들은 한 회사에 25,000~50,000달러를 투자하는 것이 일반적이다. 투자를 결정한 엔젤그룹의 구성원들의 총 투자액은 보통 25만 달러에서 75만 달러 정도이다. 2023년 미국의 평균 엔젤투자 금액은 일반적으로 1.5만~25만 달러 사이였다. 투자금액의 중간 값은 약 2.5만 달러였지만, 특정 거래와 투자자 네트워크에 따라 크게 달라질 수 있다. 더 큰 규모의 투자는 경우에 따라 최대 50만 달러에 달할 수도 있다.[7]

한국에서도 엔젤투자활동이 활발하게 이루어지고 있다. 2023년 한국의 엔젤투자총액은 약 한화 약 1,740억 원에 달했고, 엔젤투자를 받은 스타트업의 수는 약 3,700개에 달했다. 한국정부는 국내혁신과 기업가정신 육성을 위한 다양한 지원 프

---

5 Wealth Pursuits, Paul College UNH, Pitch Book

6 Angel Capital Association(ACA), MorganBrook Capital, Harvard Business School

7 Wealth Pursuits, Business Angel Institute, UpCounsel

로그램과 인센티브를 통해 이러한 추세를 적극 장려하고 있다.[8]

한국에도 한국엔젤투자협회(Korea Business Angels Association: KBAA), 디캠프(D.-CAMP), 매쉬업엔젤스(Mashup Angels) 등 한국의 창업생태계를 지원하고 촉진하는 역할을 하는 엔젤네트워크들이 있는데, 이들 역시 초기자본 제공과 멘토링 및 네트워킹, 엔젤투자 활성화를 위해 한국정부가 운영하는 정부프로그램과 연계를 통해 신생벤처를 지원하고 있다.

한국의 경우 한국엔젤투자협회(KBAA)는 엔젤투자자 인증제도를 운영하고 있다. 투자자는 협회를 통해 엔젤투자자 인증을 받아야 한다. 이는 투자자의 신뢰성을 높이고, 정부의 지원 혜택을 받을 수 있는 기반을 마련한다. 투자자의 진정성을 확인하기 위한 조치로 엔젤투자자는 특정금액 이상의 투자를 해야 하는 경우가 있다. 또한 엔젤투자를 촉진하기 위해 엔젤투자자는 초기투자금에 대해 소득공제 혜택을 주기도 한다. 엔젤투자협회의 자료에 따르면, 한국의 엔젤투자자들의 평균 투자금액은 약 2억 원에서 3억 원 정도로 나타나고 있다.[9]

2.3 벤처캐피탈

벤처캐피탈(VC) 투자는 초기 단계의 혁신적인 스타트업에 자금을 제공하는 방식으로, 기업이 성장한 후 IPO(기업공개)나 M&A(인수합병)와 같은 출구 전략을 통해 수익을 실현하는 것을 목표로 한다. 이 과정에서 VC 펀드는 LP(유한책임사원)와 GP(무한책임사원)의 구조로 운영된다.

LP(Limited Partner)는 주로 기관투자자나 고액자산가로, 자금을 제공하지만 경영에는 관여하지 않으며 투자손실에 대한 책임은 투자한 금액에 한정된다. 반면, GP(General Partner)는 펀드를 관리하고 투자결정을 내리는 주체로, 투자기업을 선별하고 자금을 관리하며, 손실에 대한 무한책임을 진다.

펀드의 운영 기간은 보통 10년 정도로 설정되며, 초기 5년 동안은 자금을 투자하고, 이후 5년은 투자한 기업의 성장을 통해 수익을 회수하는 단계로 나뉜다. GP는 투자성과에 따라 성과보수(Carried Interest)라는 형태로 수익을 배분 받으며, LP에게도

---

8 Crunchbase News, Pitch Book
한국의 경우 엔젤투자는 벤처캐피탈과 달리 개인 투자실적에 대한 신고 및 보고의 의무가 없다. 따라서 국내 엔젤투자 공식통계는 소득공제신청자 기준으로 엔젤투자 규모를 산정한다. 21년8,899억 1,428개 기업, 22년 4,637억, 1092개 기업에 투자되었다. 한국엔젤투자협회 뉴스레터 (자세한 통계 링크참고) http://test3.narangdesign.com/mail/kban/202304/b1.php

9 PitchBook

비율에 따라 투자이익이 분배된다.

벤처캐피탈은 사모펀드(Private Equity: PE)와 유사한 점이 있지만, 몇 가지 중요한 차이점이 있다. 벤처캐피탈은 주로 초기 단계의 기업에 투자하는 반면, 사모펀드는 성숙 단계에 있는 기업을 인수해 경영에 개입하는 방식으로 수익을 창출한다. 또한, 벤처캐피탈은 작은 지분을 통해 기업성장에 참여하지만, 사모펀드는 전체 또는 대부분의 지분을 인수하여 경영에 깊이 관여하는 특징이 있다.

정부규제 측면에서, 벤처캐피탈은 사모펀드로 분류되며, 미국 증권거래위원회(SEC)의 규제를 받는다. 다만, 벤처캐피탈은 상대적으로 낮은 규제를 받으며, 특히 기업운영에서는 비교적 자율성을 유지할 수 있다.

VC가 지원하는 회사는 일반적으로 대출의 기반인 담보가 거의 없다. 그들은 또한 높은 수익성과 높은 성장을 달성할 수 있는 잠재력을 가지고 있지만, 그에 상응하는 높은 위험을 감수해야 한다. VC는 고성장을 가능하게 하는 핵심이기 때문에 5장에서 포괄적인 설명을 할 예정이다. 여기서는 기업가가 VC 자금조달 시기를 결정하는데 도움이 되는 몇 가지 고려사항을 더 촘촘하게 알아보는데 초점을 두고자 한다.

2000년부터 2020년까지의 벤처캐피탈(VC) 투자는 기술 발전과 글로벌 경제 상황에 따라 급격한 변화를 겪고 있다. 2000년대 초반, 닷컴버블 붕괴로 인해 VC투자가 크게 감소했지만, 2003년부터는 시장회복과 함께 다시 증가하고 있다. 특히 2010년대에는 기술혁신이 급속히 이루어지며 기록적인 투자 성장을 보이고 있다.

2010년대 후반에 들어서면서 VC 투자액은 급격히 증가하고 있으며, 2019년에는 약 2,100억 달러에 이르고 있다. 이 시기에는 주로 핀테크, AI, 생명공학과 같은 기술기반 스타트업에 투자가 집중되고 있으며, 특히 실리콘밸리와 중국이 글로벌 VC시장을 주도하고 있다. 2019년에는 글로벌 VC투자의 절반 이상이 미국에서 이루어지고 있으며, 유니콘 기업들이 증가하고 IPO를 통해 많은 기업들이 수익을 실현하였다.

2020년에는 코로나19 팬데믹으로 인한 경제 불확실성에도 불구하고, VC 투자가 지속적으로 증가하였다. 2020년 글로벌 VC 투자액은 2,600억 달러를 기록하고 있으며, 미국에서는 1,640억 달러의 투자가 이루어지고 있다. 특히 후기 단계 기업에 대한 대규모 투자, 이른바 1억 달러 이상의 대규모 투자인 메가라운드가 투자 시장을 주도하고 있으며, Waymo는 30억 달러의 투자를 유치하며 단일거래에서 큰 금액을 기록하기도 하였다.[10]

최근 코로나 이후 고물가, 고금리에 따른 글로벌 경기둔화로 세계각국의 벤처투

10 Nexit Ventures, PitchBook, PwC/CB Insights MoneyTree Report

그림 3.2 혁신벤처 창업기업 자금지원 및 경쟁력 강화방안

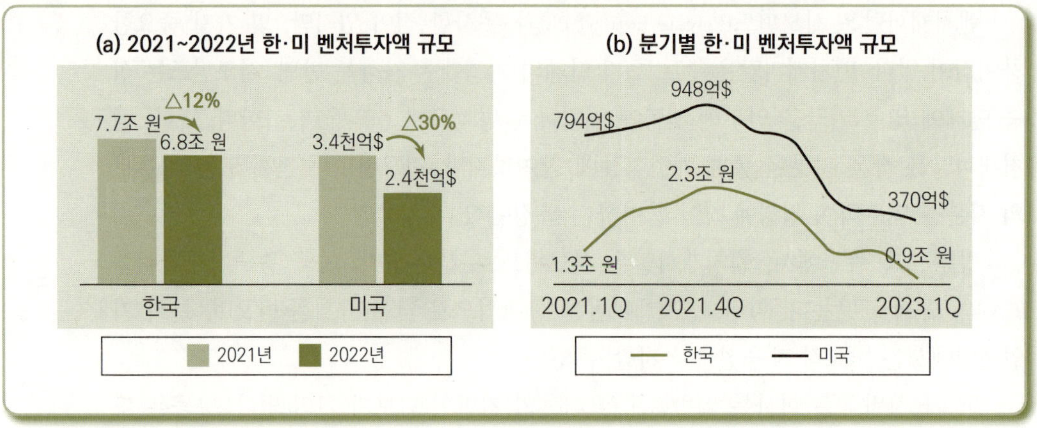

출처: 중소벤처기업부, 금융위원회 2023.4.20

자위축이 전 세계적으로 진행중이며, 2022년에서 2023년까지 투자 규모는 감소세를 보이고 있다. 2022년 각국의 투자 증감률(전년대비, %) 역시 이스라엘 △40.8, 중국 △33, 미국 △30.1, 한국 △11.9로 각각 감소했다.

그러나 2023년에는 신규 투자(11조 원)·펀드결성(13조 원) 모두 분기별 실적이 늘면서 중장기로도 견조한 성장세를 보이고 있다. 미국이나 유럽보다 양호한 분기별 투자액(조 원) (1Q) 1.8 → (2Q) 2.7 → (3Q) 3.2 → (4Q) 3.3을 보이고 있으며, 분기별 펀드 결성액(조 원)도 (1Q) 1.7 → (2Q) 3.0 → (3Q) 3.8 → (4Q) 4.2를 보이고 있다.

2023년 벤처투자 규모(11조 원)는 2021~2022년 제외 시 역대 최고수준으로, 2008년 이후 연평균 16% 증가수준을 보였다. 달러 환산 시 84억 달러로, 2020년(69억 달러)보다 22% 늘어 미국(△1%, 1,731억 달러 → 1,706억 달러)·유럽(+4%, 595억 달러 → 619억 달러)보다 양호한 수준을 보였다.

기업가의 관점에서 볼 때, 기업가가 벤처캐피탈(VC)을 선택할 때는 다음과 같은 다양한 요소를 고려해야 하며, 이는 회사의 장기적인 성장과 성공에 중대한 영향을 미친다.

첫째, VC가 제공할 수 있는 네트워크는 기업가가 진출하고자 하는 시장에서 매우 중요한 자산이다. 벤처캐피탈의 네트워크는 기업가치 증대와 시장진입에 있어 핵심적인 역할을 한다. VC는 창업자에게 잠재적인 비즈니스 파트너, 고객 또는 전략적 인수자를 연결해줄 수 있으며, 이는 사업의 확장에 큰 도움이 될 수 있다. 또한, VC가 연결할 수 있는 고위 임원이나 경영진채용 또한 창업 초기 단계에서 중요한 결정 중 하나이다.

둘째, 벤처는 벤처캐피탈리스트가 전문지식을 갖고 있는 산업분야에 속해야 한

그림 3.3 벤처투자 현황진단 및 대응방안

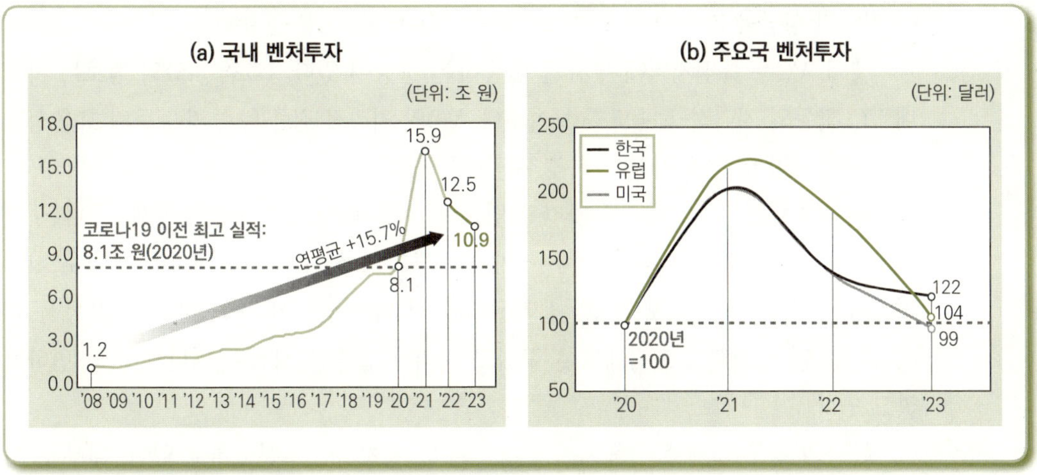

출처: 관계부처합동 2024.5 보도자료

다. 〈그림 3.4〉는 VC 펀드가 일반적으로 투자하는 부문을 보여준다. 벤처캐피탈의 경험은 창업자가 속한 산업에서 얼마나 성공적인 투자를 해왔는지에 따라 평가된다. 기업가가 속한 특정 산업에 대한 깊은 이해와 전문성이 있는 VC는 단순히 자금만 제공하는 것이 아니라, 경영 전략, 제품개발, 시장진입 등에 실질적인 조언을 제공할 수 있다. 예를 들어, 기술분야에 특화된 VC는 기술기반 스타트업이 직면할 수 있는 문제

그림 3.4 2023 미국 업종별 신규 투자

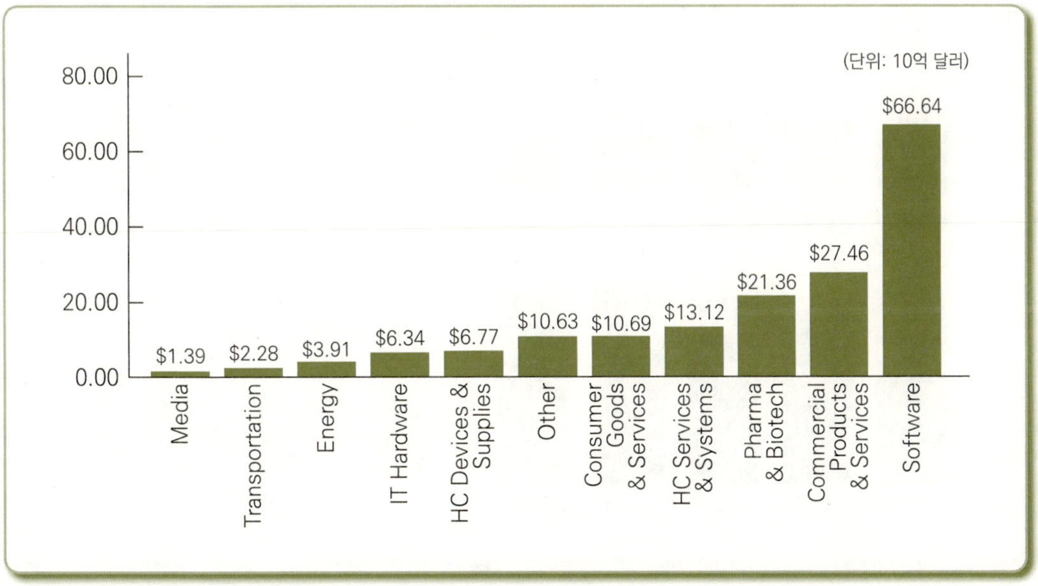

출처: NVCA(National Venture Capital Association, United States)/Pitch Book data, http://www.nvca.org/.

를 더 잘 이해하고, 실질적인 해결책을 제시할 수 있다. 이와 같은 전문성을 가진 VC는 기업의 성장을 가속화하고 리스크를 줄이는 데 큰 도움을 준다.

셋째, VC는 특정지역에 투자를 집중하는 경향이 있다. 〈그림 3.5〉의 정보는 미국 내 VC 활동의 지리적 집중도를 보여준다. VC의 지리적 집중은 투자활동의 효율성과 성공에 중요한 영향을 미친다. 특정 지역에 집중하는 VC는 그 지역의 산업환경, 규제, 네트워크에 대한 깊은 이해를 가지고 있으며, 이를 바탕으로 창업자에게 더 나은 지원을 제공할 수 있다. 미국의 경우 전체 VC 투자의 상당부분이 매사추세츠(보스턴) 지역과 뉴욕, 북부 캘리포니아의 실리콘밸리 세 지역에서 이루어진다. 기업활동을 육성하려는 많은 지역의 노력에도 불구하고 지리적 집중은 시간이 지나도 거의 변하지 않고 있다.

한국의 경우 대체로 서울 수도권에 다수의 벤처기업이 분포하고 있어, 대부분 서울, 수도권을 중심으로 VC들이 활동하고 있으며, 최근에는 대전, 세종을 포함한 여러 지자체들의 창업지원활동이 활발해지면서 지역 VC들이 늘어나고 있는 추세이다.

넷째, VC의 펀드규모와 자금조달 능력은 기업이 성장하면서 필요한 자본을 계속해서 지원받을 수 있는지를 결정짓는다. 초기투자 외에도 추가적인 자금조달 라운드를 통해 기업 성장을 지원할 수 있는 능력을 가진 VC는 매우 중요하다. 또한 VC가 투자하는 단계와 기업의 성장 단계가 일치하는지도 중요한 요소다. 예를 들어, 시드 단계에서 투자하는 VC는 상대적으로 작은 금액을 투자하고, 후기 성장 단계에서는 메가라운드를 통해 수백만 달러를 제공할 수 있는 VC가 필요할 수 있다. 따라서 VC

그림 3.5 한국 업종별 신규 투자 비중

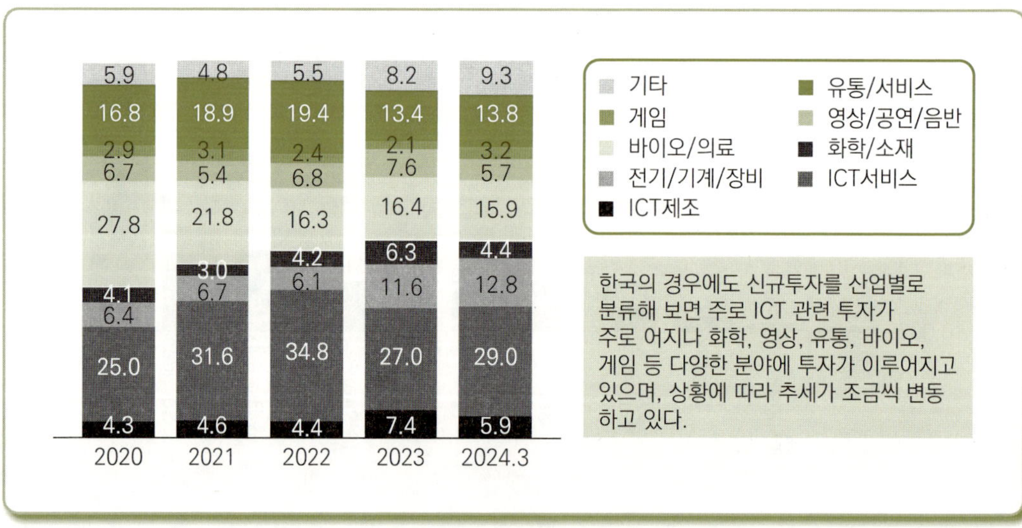

출처: 한국벤처캐피탈협회 2024년 1분기 Venture Capital Market Brief

표 3.1 미국의 주별 연도별 벤처캐피탈 자금조달 (단위: 100만 달러)

주	2016	2017	2018	2019	2020	2021	2022	2023
캘리포니아	31,317.94	22,597.70	42,810.26	40,119.96	41,891.06	87,669.35	89,570.80	36,982.64
뉴욕	3,792.12	3,689.31	12,101.18	8,230.12	18,005.85	30,918.51	35,379.61	11,630.05
매사추세츠	6,239.48	6,992.53	6,206.81	6,949.85	9,211.85	14,622.42	10,726.04	5,808.53
플로리다	131.62	90.70	563.02	5,979.38	1,637.22	5,851.73	11,883.46	723.11
텍사스	1,414.88	2,036.11	1,811.72	2,615.23	2,505.33	5,626.31	3,847.53	1,197.09
메릴랜드	10.00	3,439.39	842.21	1,165.28	2,436.74	5,337.50	5,279.80	896.27
일리노이	1,667.02	1,881.70	842.21	1,165.28	2,436.74	5,337.50	5,279.80	896.27
워싱턴	499.08	1,709.26	2,652.92	870.34	4,759.28	2,708.34	4,065.92	781.15
버지니아	666.07	321.55	1,223.49	490.50	661.71	2,828.77	792.28	1,876.81
컬럼비아 특별구	840.31	624.40	273.24	687.46	2,376.64	470.65	3,193.03	598.57

출처: NVCA (National Venture Capital Association, United States)/Pitch Book data, http://www.nvca.org/.

그림 3.6 한국벤처기업의 권역별 분포 현황

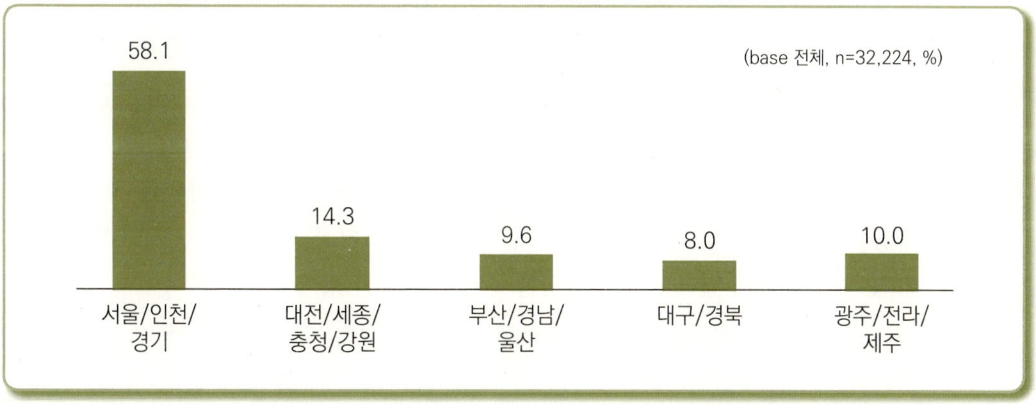

출처: 벤처기업정밀실태조사(2023.12); 중소벤처부, 벤처기업협회

의 자금조달 능력과 더불어 장기적인 자금조달이 가능한지를 평가해야 한다.

다섯째, VC가 기업 경영에 얼마나 깊이 관여할지를 결정하는 것은 창업자가 원하는 경영자율성과 VC의 지원수준 사이에서 균형을 맞추는 것이 중요하다. 일부 VC는 이사회에 참여하고 주요 경영의사결정에 깊이 관여하는 반면, 다른 VC는 비교적 수동적인 방식으로 창업자의 자율성을 존중하면서 필요한 경우에만 지원을 제공한다. 창업자는 자신의 경영 스타일과 VC의 참여 수준이 잘 맞는지를 확인해야 한다. 예를 들어, VC의 경영 관여가 너무 강하면 창업자가 원치 않는 방향으로 경영을 이끌 가능성이 있으며, 반대로 너무 수동적인 경우에는 필요한 도움을 받지 못할 수 있다.

마지막으로 VC의 명성은 후속 투자유치나 비즈니스 파트너십 형성에 매우 중요한 역할을 한다. 유명하고 평판이 좋은 VC는 다른 투자자나 시장에서 신뢰를 받을 수 있으며, 이는 기업의 추가 자금조달이나 비즈니스 협력에 긍정적인 영향을 미친다. 또한, VC가 과거에 투자한 기업들의 성과, 특히 성공적인 IPO나 M&A 사례가 많은 VC는 기업가에게 더욱 매력적일 수 있다. 이러한 명성과 성과는 VC가 제공하는 가치제안을 신뢰하게 하는 중요한 지표이다.

2.4 자산기반 대출기관

자산기반 대출기관(Asset-Based Lender)은 기업이 보유한 자산을 담보로 자금을 제공하는 대출기관이다. 이러한 자산에는 재고, 매출채권, 기계 및 설비, 부동산 등이 포함되며, 대출금액은 주로 자산의 평가가치에 따라 결정된다. 이는 주로 재무상태가 불안정하거나 신용이 낮은 기업들이 자금을 조달할 때 활용하는 방식이다.

자산기반 대출은 일반적으로 운영자금이나 성장자금을 필요로 하는 기업들이 활용하며, 대출기관은 담보자산의 현금화 가능성에 중점을 두기 때문에, 신용도보다 자산의 가치가 중요한 평가기준이 된다. 이러한 대출은 주로 제조업, 유통업, 소매업과 같이 자산이 많은 산업에서 널리 사용된다.

이 방식의 장점은 대출자가 보유자산을 담보로 활용해 보다 유연한 자금조달이 가능하다는 점이다. 반면, 담보자산의 가치 변동에 따른 리스크가 존재하며, 자산관리 및 대출상환에 있어 비교적 엄격한 조건이 부과될 수 있다.

미국의 총 자산기반 대출은 2023년 6월 에이비엘 어드바이저(ABL Advisor)가 보고한 바에 따르면, 2021년 미국의 총 대출액은 5,023억 달러에 달해 2020년 대비 10% 증가했으며, 향후 몇 년간 급속한 성장이 예상되고 있다. 연평균 복합성장률(CAGR) 12.5%로 2028년에는 1조 2,600억 달러로 성장할 것으로 보인다. 예측기간에 예상되는 성장은 글로벌경제 추세와 변동성 증가, 비전통적인 금융솔루션에 대한 수요증가, 국경 간 거래의 역할확대, 운전자본 최적화에 대한 집중강화, 산업별 맞춤화에 기인하고 있다.[11]

---

11 Asset-based Lending Global Market Report 2024.2 The Business Research Company

2.5 벤처리스

벤처리스(Venture Leasing)는 스타트업이나 벤처기업이 자본 집약적인 설비나 장비, 기술 장비 등을 구입할 자본이 부족할 때, 이를 구입하는 대신 리스를 통해 사용하는 방식이다. 벤처리스는 전통적인 벤처캐피탈이나 대출방식과 달리 자산을 직접 소유하지 않고도 필요한 장비를 사용하면서 자금을 절약할 수 있는 전략적 자금조달 방법이다. 이 방식은 주로 초기 단계 기업이나 성장 단계 기업이 자본비용을 절감하고 현금흐름을 안정적으로 유지하는 데 도움을 준다. 벤처리스는 주로 신용이 낮거나 재정적으로 불안정해 자산구입에 자금을 사용할 여력이 없는 기업들이 장비나 설비를 임대해 사용하는 금융방식이다.

벤처리스 기관은 기업이 필요로 하는 설비나 장비를 구매한 후, 이를 기업에 임대해 주고, 기업은 임대료를 지불하는 방식으로 운영된다. 벤처리스는 특히 기술장비, IT 인프라, 의료장비와 같은 고가의 자산을 필요로 하는 스타트업에서 많이 사용된다.

대표적인 벤처리스 활용 사례로는 정보기술(IT) 스타트업이 고가의 서버, 컴퓨터 장비 등을 구매하지 않고 벤처리스 계약을 통해 이를 임대하여 사용하는 경우가 있다. 예를 들어, 클라우드 기반의 기업들은 초기 단계에서 서버와 데이터 저장장비에 큰 비용을 들일 수 없기 때문에, 이러한 장비를 리스하는 방식을 선택한다. 또 다른 예로는 의료기기 스타트업이 고가의 의료장비를 벤처리스를 통해 도입하는 사례가 있다. 이를 통해 기업은 초기투자 부담을 줄이고, 기술 발전에 따라 더 나은 장비로 교체하는 유연성을 가질 수 있다.

벤처리스는 여러 가지 장점들이 있는데, 우선 자산을 직접 구입하는 대신 임대료를 지불함으로써 초기 자본부담을 크게 줄일 수 있어 현금흐름을 개선할 수 있다. 이는 기업이 자산을 구입하는 데 큰 자금을 투입하기보다는 운영자금을 더 효과적으로 관리할 수 있게 도와준다. 또한, 고가의 장비를 구입할 때 발생하는 감가상각 리스크를 줄일 수 있다. 기술 장비는 시간이 지나면서 가치가 빠르게 하락할 수 있는데, 벤처리스를 활용하면 기업은 이런 감가상각 리스크를 피할 수 있다. 그리고, 벤처리스를 통해 기업은 기술발전에 따라 쉽게 더 나은 장비로 업그레이드할 수 있는 유연성을 확보할 수 있다. 이는 기술기반 스타트업에 매우 중요한 요소로, 지속적인 기술혁신을 반영할 수 있다. 마지막으로 벤처리스는 벤처캐피탈이나 은행대출과 같은 전통적인 자금조달 방법을 대신할 수 있는 대안이 될 수 있다. 이는 특히 신용도나 재무상태가 불안정한 기업들에게 큰 장점이 된다.

그러나 벤처리스 활용에는 현실적인 과제도 있다. 첫째, 벤처리스는 장비사용기간 동안 임대료를 지속적으로 지불해야 하므로 장기적으로는 자산을 구매하는 것보다 비용이 더 클 수 있다. 둘째, 리스계약의 조건이 기업에 불리하게 작용할 수 있다. 예를 들어, 리스기간이 끝난 후에도 장비를 사용할 필요가 있으면, 추가비용이 발생할 수 있다. 마지막으로, 벤처리스를 통해 도입한 자산은 기업이 소유하지 않기 때문에, 자산기반의 추가 대출을 받기 어려워질 수 있다.

2.6 정부 프로그램

2.6.1 미국의 중소벤처기업 지원을 위한 프로그램

미국의 중소벤처기업 지원 프로그램은 다양한 형태로 제공되며, 각각의 프로그램은 기업의 성장 단계와 필요에 맞춤형 지원을 제공한다.

1) SBA 프로그램

미국 중소기업청(Small Business Administration: SBA)은 중소기업을 위한 다양한 자금 지원 프로그램을 운영하고 있다. SBA는 주로 은행 및 기타 금융기관이 제공하는 대출에 대한 보증인이며 중소기업에 직접 대출을 제공하지는 않는다. SBA는 여러 프로그램을 통해 대출 보증을 제공한다.

- 7(a) 대출 프로그램(7(a) Loan Program): 중소기업이 운영자금이나 부동산, 장비 구매에 필요한 자금을 조달할 수 있는 대표적인 대출 프로그램이다. SBA가 대출금의 일정 부분을 보증하여, 은행이 더 쉽게 자금을 제공할 수 있도록 한다.
- 504 대출 프로그램(504 Loan Program): 중소기업이 장기적인 고정 자산을 구입할 때, 고정 이자율로 대출을 제공하는 프로그램으로, 주로 부동산과 기계 장비 구입에 사용된다.
- 소액 대출 프로그램(Microloan Program): 중소규모 기업이나 창업 초기 기업에 최대 5만 달러의 소액 대출을 제공하여, 초기 자본 마련에 도움을 준다.
- SBIC: SBIC(Small Business Investment Company)는 사기업이지만 중소기업청의 인가를 받는다. 이 회사는 VC와 거의 동일한 단계에서 자금조달에 참여하지만 자금조달의 일반적인 이자부담구조로 인해 일반적인 VC 투자를 받는 회사보다 위험이 작은 회사에 더 적합하다. SBIC는 운전자본에 대한 자금조달이 필요하고 수익성 있는 운영을 신속하게 달성할 수 있는 능력이 있는 성장잠재력이 제한적인 회사를 선호한다.

위의 프로그램들 중에서 7(a) 대출 프로그램과 504 대출 프로그램이 가장 인기 있는 프로그램들이다. SBA가 504 대출 프로그램으로 2022년에는 약 591억 달러, 2023년에 366억 달러를 대출했고, 7(a) 대출 프로그램으로 2022년 약 130억 달러, 2023년에 148억 달러를 신규 대출을 보증하거나 주선했다.[12]

2) SBIR 프로그램

SBIR(Small Business Innovation Research) 프로그램은 혁신적인 기술 개발을 위한 중소기업을 지원하는 정부 연구개발(R&D) 자금 지원 프로그램이다.

- Phase I에서는 기술 아이디어의 실현 가능성을 검증하기 위한 초기자금을 제공하며, 최대 25만 달러의 지원금을 받을 수 있다.
- Phase II에서는 개발된 아이디어를 프로토타입으로 제작하고, 상업화 가능성을 높이는 단계로 최대 100만 달러의 자금이 지원된다.
- Phase III에서는 상업화를 추진하는 단계로, 연방정부의 추가 자금지원은 없지만, 기업이 기술을 시장에 내놓을 수 있도록 돕는다.

3) STTR 프로그램

STTR(Small Business Technology Transfer) 프로그램은 연구기관과 중소기업이 협력하여 기술을 상업화할 수 있도록 지원하는 프로그램이다. 연구소와 대학과 같은 연구기관과 중소기업 간의 파트너십을 통해 혁신적인 기술을 개발하고 상용화하는 데 필요한 자금을 제공한다. 이는 주로 SBIR과 유사하지만, 연구기관과의 협력이 필수라는 점에서 차별화되고 있다.

4) STEP

STEP(State Trade Expansion Program)은 중소기업의 해외진출을 지원하는 프로그램이다. 각 주정부와 협력하여, 중소기업이 글로벌시장에 진출할 수 있도록 교육, 컨설팅, 그리고 수출관련 비용을 지원한다. 이를 통해 중소기업은 수출활동을 확대하고, 해외시장에서 경쟁력을 높일 수 있다.

12 7(a) and 504 Activity Reports as of 4/30/2024, SBA

5) EIDL

EIDL(Economic Injury Disaster Loan) 프로그램은 자연재해나 경제적 위기 상황에서 피해를 입은 중소기업에 저금리 대출을 제공하는 프로그램이다. 특히 코로나19 팬데믹 기간 동안, 많은 중소기업들이 EIDL 대출을 통해 경제적 타격을 극복하고 운영자금을 확보할 수 있었다.

6) PPP

PPP(Paycheck Protection Program)는 코로나19로 인한 경제위기 속에서 중소기업이 직원들의 급여를 지속적으로 지급할 수 있도록 도와주는 대출 프로그램이다. 일정조건을 충족할 경우 대출상환이 면제되며, 중소기업들이 고용을 유지하고 운영을 지속하는 데 큰 역할을 했다.

2.6.2 한국의 정부 프로그램

한국 정부는 중소벤처기업을 지원하기 위해 다양한 프로그램을 운영하고 있으며, 이는 창업초기부터 성장 단계까지 기업이 직면할 수 있는 다양한 도전에 대응할 수 있도록 자금 지원, 기술개발, 시장진출 등의 여러 방면에서 도움을 준다. 주요 프로그램을 살펴보면, 다음과 같다.

1) 중소벤처기업부

중소벤처기업부는 한국 정부의 중소기업 및 벤처기업을 지원하는 핵심 기관으로, 창업, 성장, 혁신, 글로벌 진출을 위한 다양한 정책과 프로그램을 운영한다.

- 창업진흥원: 창업기업을 위한 종합적인 지원을 제공한다. 예비창업패키지는 창업 초기 단계의 기업에 사업자금을 지원하며, 창업 후 3년 이내의 기업을 대상으로 초기창업패키지를 통해 자금과 멘토링을 제공한다. 이 프로그램들은 창업자가 사업 아이디어를 실현하고 성공적으로 성장할 수 있도록 돕는다.
- 창업성장기술개발사업: 이 사업은 창업기업의 기술개발을 지원하기 위해 연구개발(R&D) 자금을 제공한다. 기술 혁신을 통해 경쟁력을 강화하고 시장에서 성공할 수 있도록 기술개발을 촉진하는 프로그램이다.

2) 기술보증기금

기술보증기금(Korea Technology Finance Corporation: KOTEC)은 기술력을 보유한 중소기업을 대상으로 기술을 기반으로 한 보증과 자금 지원을 제공하는 기관이다. 기술평가를 통해 기술력 있는 기업에 자금을 대출해주거나 투자 유치를 위한 보증을 제공한다.

기술보증 프로그램은 기술평가를 통해 잠재력을 보유한 기업에 신용대출이 어려운 경우에도 자금을 지원할 수 있는 보증서를 발급한다. 이를 통해 기술기반 중소기업이 자금을 확보하고, 신제품 개발이나 기술상용화를 촉진할 수 있다.

3) 중소기업기술정보진흥원

중소기업기술정보진흥원(KOREA Technology and Information Promotion Agency for SMEs: TIPA)는 중소기업의 기술 혁신을 지원하기 위한 다양한 프로그램을 운영한다.

- 산학연 협력 기술 개발: 중소기업이 대학, 연구소 등과 협력하여 기술개발을 추진할 수 있도록 지원하는 프로그램이다. 산학연협력을 통해 중소기업은 기술력향상과 더불어 상업화 가능성을 높일 수 있다.
- 기술혁신 개발사업: 기술개발 역량을 갖춘 중소기업이 연구개발을 통해 신제품을 개발하고 시장 진입에 성공할 수 있도록 연구자금을 지원한다. 이를 통해 중소기업은 기술혁신을 통해 경쟁력을 확보할 수 있다.

4) 한국벤처투자

한국벤처투자(Korea Venture Investment Corporation: KVIC)는 중소기업 및 벤처기업의 성장발전을 위한 투자촉진을 위해 「벤처기업육성에 관한 특별조치법」에 의거 2005년 6월 설립된 중소기업투자 모태조합 운영 전담회사로 중소벤처기업부 소관 공공기관이다. 벤처투자자금을 시장에 공급하는 마중물 역할을 수행하는 글로벌 모태펀드(Mother Fund) 전문운용기관으로 일자리창출펀드, 해외진출 글로벌펀드 등 다양한 형태의 벤처투자자금을 공급한다. 정책효율성 제고를 위해 투자재원 공급은 정부가 하되, 투자의사결정은 전문기관 '한국벤처투자(주)'가 담당하고 있다. 한국벤처투자는 창업, 성장, 회수, 재투자의 선순환 벤처생태계를 만들기 위해 노력하고 있다.[13]

---

13 기획재정부 시사경제용어사전

5) 소상공인시장진흥공단

소상공인시장진흥공단은 소상공인을 위한 다양한 지원 프로그램을 제공한다. 소상공인들은 경영 애로를 겪는 경우, 정부의 자금 지원 및 경영 컨설팅을 받을 수 있다.

- 소상공인 자금 지원: 창업 초기 자금이나 긴급 자금이 필요한 소상공인을 위해 저금리 대출 프로그램을 제공한다. 또한 소상공인의 경영안정자금도 지원하여 경제적 어려움에 처한 소상공인이 사업을 계속할 수 있도록 돕는다.
- 컨설팅 프로그램: 소상공인의 경영 효율성을 높이기 위해 맞춤형 컨설팅을 제공한다. 마케팅, 재무 관리, 고객 서비스 개선 등 실질적인 경영 노하우를 제공하여 소상공인의 경쟁력을 강화한다.

6) K-스타트업 프로그램

K-스타트업 프로그램은 다양한 창업 지원 프로그램을 총괄하는 정부 포털 사이트로, 창업 경진대회부터 사업화 자금 지원까지 다양한 정보를 제공한다. 정부의 창업지원 프로그램에 참여하고 싶은 창업자는 K-스타트업을 통해 필요한 정보를 쉽게 얻을 수 있다.

이러한 프로그램들은 한국의 중소기업과 벤처기업이 지속적으로 성장하고, 글로벌시장에서 경쟁력을 확보할 수 있도록 전방위적인 지원을 제공한다.

또한 한국은 중소기업창업지원법 등을 근거로 중앙정부 및 지자체가 여러 측면에서 창업 및 벤처지원을 위한 프로그램을 운영하고 있다. 2023년 창업지원사업 공고에 따르면, 2022년에 14개의 중앙부처에서 100개의 사업에 3조 5,578억의 지원사업을 했고, 17개 광역 지자체에서 152개 사업에 885억의 지원사업이 있었으며, 63개 기초 지자체에서 126개 사업에 205억 원의 지원사업이 공고되었다.

2023년에는 중앙부처에서 14개 기관, 102개 사업, 3조 5,078억, 지자체에서 89개 기관 324개 사업 1,529억의 지원사업이 공고된 바 있다.

2.7 거래신용

거래신용(Trade Credit), 즉 공급자 금융(Vendor Financing)은 판매자가 구매자에게 제공하는 자금지원방식을 의미한다. 즉, 공급자(벤더)가 자사의 제품이나 서비스를 구매하는 고객(구매자)에게 직접 자금을 대여해 주는 형태의 금융지원이다. 이 방식은 특히 자금을 바로 마련하기 어려운 기업들이 제품을 구매할 때 사용되며, 벤더가 제

표 3.2 2023년 창업지원사업 통합공고

(단위: 개, 억 원)

구분	중앙부처			지자체(광역)			지자체(기초)		
	기관명	사업 수	예산	기관명	사업 수	예산	기관명	사업 수	예산
1	중기부	50	32,914.4	서울	8	362.1	서울(12)	24	34.3
2	고용부	1	589.0	경기	22	186.5	경기(8)	24	65.3
3	문체부	13	516.0	부산	15	104.1	부산(3)	9	3.7
4	농림부	8	280.8	전남	9	94.6	전남(7)	8	19.2
5	교육부	3	168.0	충북	19	75.5	인천(2)	3	6.8
6	환경부	4	166.5	인천	19	60.4	대전(1)	1	1.0
7	과기부	6	141.6	대전	8	58.8	광주(3)	4	2.5
8	특허청	4	142.7	광주	5	57.5	경남(6)	21	40.9
9	해수부	3	90.9	경남	5	42.6	대구(0)	—	—
10	농진청	1	30.6	대구	11	40.9	충북(1)	1	—
11	복지부	4	23.5	제주	16	38.4	제주(2)	3	23.4
12	법무부	1	8.4	경북	3	38.0	경북(7)	8	6.7
13	산림청	2	4.5	전북	9	33.7	전북(8)	20	47.0
14	국토부	3	0.8	강원	5	22.5	강원(9)	15	23.8
15				울산	3	11.5	울산(2)	5	11.0
16				세종	7	9.3	세종(0)	—	—
17				충남	2	7.2	충남(1)	1	0.3
계	14	102	35,078	17	176	1,243	72	148	286

전체: 103개 기관 / 426개 사업 / 36,607억 원

출처: 중소벤처기업부 공고 제2022-606호

공하는 금융서비스는 신용을 기반으로 이루어진다. 구매자는 벤더로부터 자금을 빌려 자산을 구매하고, 대금은 일정기간에 걸쳐 분할 상환하는 구조다.

미국과 신흥국에서의 거래신용의 효용은 각각의 경제 상황과 시장 구조에 따라 다르게 나타난다. 미국에서는 거래신용이 대기업부터 중소기업에 이르기까지 널리 사용된다. 특히 기술산업에서는 IT 장비, 소프트웨어 등 고가의 자산을 구매할 때 거래신용이 중요한 역할을 한다. 예를 들어, 대규모 프로젝트를 위한 IT 장비를 일시에

구매하기 어려운 중소기업은 벤더 파이낸싱을 통해 필요한 자산을 조달한 후, 수익창출을 통해 상환할 수 있다. 이는 기업이 필요한 장비를 확보하면서도 현금흐름을 안정적으로 유지하는 데 유리하다. 그러나 신흥국에서는 금융시장이 덜 발달한 경우가 많기 때문에, 전통적인 은행대출에 의존하기 어려운 경우 거래신용이 중요한 역할을 한다. 신흥국의 기업들은 벤더 파이낸싱을 통해 기술 장비, 기계설비 등을 확보하고, 이후 성과를 통해 자금을 상환할 수 있다. 이는 특히 자본이 부족한 중소기업들이 성장하는 데 큰 도움이 되며, 거래 파트너인 벤더입장에서도 신흥 시장에 진출할 기회를 제공한다.

거래신용의 실무에서는 계약조건과 상환방식에 따라 손익이 달라진다. 벤더는 대금을 즉시 받지 못하고, 상환기간 동안 자금을 회수하게 되므로 그에 따른 리스크 관리가 중요하다. 벤더는 구매자의 신용도를 평가하여 상환 가능성을 미리 분석하고, 이에 따라 이자율과 상환 조건을 설정한다. 거래신용을 제공하는 벤더는 이자수익을 통해 추가적인 수익을 얻을 수 있으며, 이를 통해 수익성을 높일 수 있다. 그러나 반대로 구매자가 상환불이행 상태에 빠질 경우, 손실이 발생할 수 있다. 이를 방지하기 위해 벤더는 담보를 요구하거나 상환 지연 시 추가 수수료를 부과하는 조건을 포함시키기도 한다.

회계 처리 측면에서, 거래신용은 매출채권으로 처리된다. 벤더는 구매자에게 자산을 판매한 후 대금을 즉시 수령하지 않기 때문에, 매출 발생 시점에 미수금(Accounts Receivable) 항목으로 기록된다. 이후 구매자가 상환할 때마다 이 미수금 계정이 감소하고, 이자수익이 발생한 경우에는 이자수익 계정에 반영한다. 하지만 상환불이행이 발생할 경우에는 대손상각비(Bad Debt Expense)로 처리하여 손실을 반영한다. 실무에서는 벤더가 구매자의 상환 가능성을 평가하고, 이를 바탕으로 적절한 대손충당금을 설정하여 예상손실에 대비하는 것이 중요하다.

〈그림 3.7〉은 지난 5년간 한국의 월별 거래신용(Trade Credit)이 표시되어 있으며, 2019년부터 2023년까지의 거래신용 트렌드와 변화를 볼 수 있다. 이 도표는 한국에서도 거래 신용이 해마다 증가하고 있음을 보인다.

2.8 팩토링

팩토링(Factoring)은 벤처기업이 자금조달을 위해 사용 가능한 금융기법 중 하나로, 매출채권을 금융기관에 양도하고 그 대가로 자금을 미리 지급받는 방식이다. 벤처기업이 고객에게 제품이나 서비스를 제공한 후, 그에 대한 대금을 바로 받지 못하는 경우가 많다. 이때 팩토링을 통해 미수금(매출채권)을 금융기관에 매각하거나 담보로

그림 3.7 지난 5년간 한국의 월별 거래신용

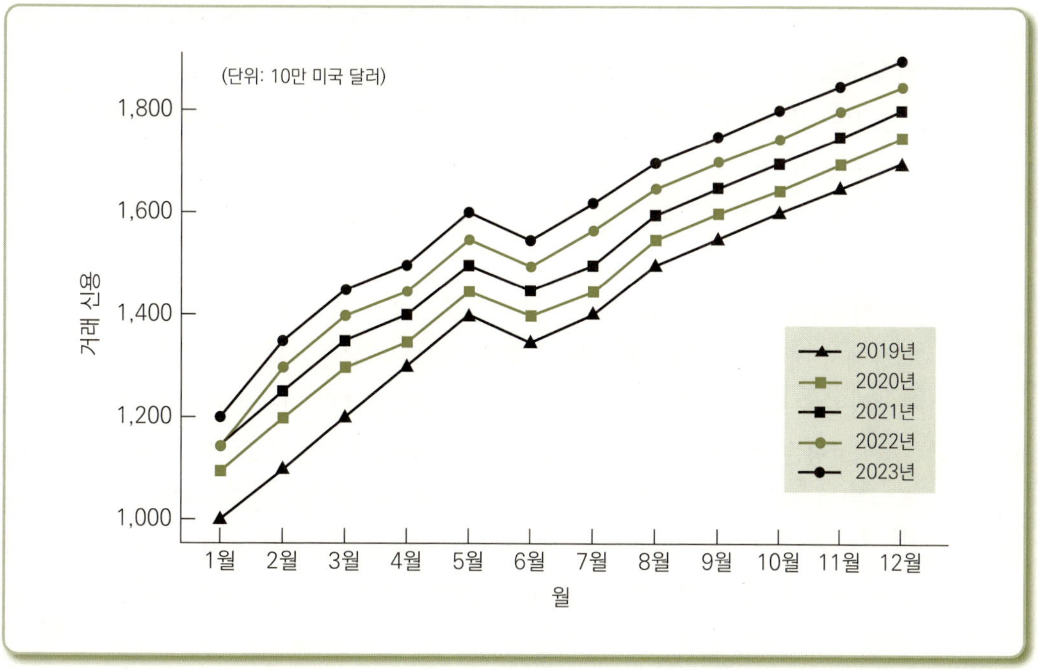

출처: 기획재정부, 산업자원부, 통계청, KDI자료

제공하고, 일정수수료를 지불하는 대신 즉시 자금을 확보할 수 있다.

팩토링의 주요 작동방식은 벤처기업이 보유한 미수금을 팩토링 회사(또는 금융기관)에 양도하고, 해당기관이 미수금을 회수할 때까지 자금을 미리 지급하는 구조로 이루어진다. 팩토링 회사는 미수금회수에 대한 리스크를 부담하는 경우도 있으며, 미수금의 일정비율을 할인하여 벤처기업에 지급한다. 이를 통해 벤처기업은 운영자금을 신속하게 확보할 수 있으며, 특히 현금흐름이 불안정한 경우 팩토링은 중요한 자금조달 방법이 된다. 벤처기업은 일반적으로 초기자본이 제한되어 있기 때문에, 새로운 고객을 확보하거나 대규모 계약을 체결한 후에도 현금흐름 문제로 인해 자금조달이 어려울 수 있다. 팩토링은 이러한 자금 흐름 문제를 해결하는 데 효과적이다. 즉, 벤처기업이 거래 후 수개월에 걸쳐 지급받을 예정인 매출채권을 팩토링 기관에 양도함으로써, 자금을 즉시 확보할 수 있으므로, 이를 통해 급여, 운영비, 재투자 자금을 신속하게 조달할 수 있다. 또한, 벤처기업이 매출채권을 양도하면, 해당 채권의 회수 리스크가 팩토링 기관에 넘어간다. 이는 벤처기업이 채권불이행이나 지연상환에 대한 위험을 줄이는 데 도움이 된다.

팩토링을 벤처기업은 거래 후 대금을 기다리지 않고, 신속히 자금을 확보하여 현금 흐름을 안정화할 수 있고, 팩토링은 벤처기업의 신용도보다는 매출채권의 품질을 기준으로 자금이 지급되므로, 신용점수가 낮은 기업도 자금을 확보할 수 있으며, 팩토링을 통해 확보한 자금은 부채로 인식되지 않기 때문에 기업의 재무구조에 부정적인 영향을 미치지 않는다는 장점을 가진다.

그렇지만 팩토링 기관은 미수금의 일정비율을 수수료로 차감하기 때문에, 자금조달 비용이 다른 방식에 비해 상대적으로 높을 수 있고, 매출채권 회수 과정에서 팩토링 기관이 직접 고객과 소통하게 되므로, 벤처기업의 고객관리에 영향을 미칠 수 있다는 한계가 있다.

팩토링을 통해 자금을 조달한 경우, 벤처기업은 매출채권을 양도하면서 이를 회계상에서 자산항목에서 제거하고, 대가로 받은 자금을 현금항목에 추가하게 된다. 팩토링 수수료는 비용항목으로 기록되며, 이는 자금조달 비용으로 처리된다.

팩토링은 국제적으로 다양하게 사용된다. 미국에서는 팩토링의 사용이 정체되어 있는 반면, 팩토링은 전 세계적으로 성장하고 중요한 자금조달 원천이다. 이러한 추세는 일부국가에서 팩토링을 더욱 매력적으로 만드는 은행대출에 대한 대출불가와 같은 제도적 제약을 보완하고 있다. 이는 또한 일반적인 기업규모와 산업구성의 차이를 반영할 수도 있다.

글로벌 팩토링 시장은 최근 다양한 경제적 요인과 트렌드에 힘입어 크게 성장하고 있다. 2022년 FCI 세계 팩토링 통계에 따르면 전 세계 팩토링 규모는 전년대비 18.3% 증가하여 3,659억 유로에 달했다. 이러한 성장은 2021년 12.3% 증가에 이은 것으로, 코로나19 팬데믹의 경제적 영향으로부터 견고한 회복세를 보이고 있음을 보여준다. 이러한 성장의 요인으로는 상당한 정부부양책, 소비자 수요급증, 인플레이션 상승 등이 있다.[14]

2023년에도 팩토링 시장은 상승세를 이어갔다. 2023년 시장규모는 3조 5,913억 달러로 평가되었으며, 2024년에는 8.0%의 연평균 성장률(CAGR)로 3조 8,768억 달러로 성장할 것으로 예상된다. 이러한 성장세는 신흥시장의 강력한 경제성장, 무역활동증가, 중소기업(SME)의 운전자본 수요증가에 원인이다.

지역별로는 유럽이 전체시장의 68%를 차지하며 여전히 전 세계 팩토링 규모에 가장 큰 기여를 하고 있다. 아시아, 태평양지역도 상당한 성장세를 보이며 전 세계 규모의 약 24%를 차지했으며, 중국과 인도의 기여도가 컸다. 미주지역은 규모는 작지만 특히 중남미에서 눈에 띄는 성장률을 보였다.[15]

클라우드를 기반으로 한 팩토링 플랫폼과 인공지능의 도입과 같은 기술혁신이 시

---

14 무역금융 글로벌, FCI

15 무역금융 글로벌, 리서치 및 시장

장성장을 더욱 촉진할 것으로 예상된다. 또한 전 세계 각국 정부는 중소기업의 금융 접근성 향상을 위한 이니셔티브를 통해 팩토링 부문을 지원하고 있다.[16]

2.9 프랜차이즈

프랜차이즈(Franchise)는 특정 브랜드나 비즈니스 모델을 소유한 본사가 독립적인 사업자인 가맹점주(Franchisee)에게 상표 사용권, 경영 노하우, 제품 및 서비스를 판매할 권리를 제공하고, 그 대가로 로열티나 수수료를 받는 사업 구조를 뜻한다. 이 시스템은 본사가 표준화된 운영 방식을 제공하면서 가맹점주의 사업 성공을 지원하는 것이 특징이다.

프랜차이즈를 도입하는 이유는 본사와 가맹점주 양측에서 다양하게 나타난다. 본사는 프랜차이즈 시스템을 통해 빠르게 시장을 확장하고 브랜드 인지도를 높일 수 있으며, 자체 자본을 크게 소모하지 않고도 사업을 확장하는 장점이 있다. 또한, 지속적인 로열티 수입을 통해 안정적인 수익을 창출할 수 있다. 가맹점주의 경우, 검증된 비즈니스 모델과 브랜드의 지원을 통해 상대적으로 낮은 리스크로 창업할 수 있고, 본사의 교육, 마케팅, 제품공급 등의 지원을 받음으로써 경영 노하우를 쉽게 습득할 수 있다.

자금조달 관점에서 프랜차이즈는 가맹점주의 자금조달 장벽을 낮추는 역할을 한다. 가맹점주는 이미 성공적으로 자리잡은 브랜드를 운영하게 되므로, 금융기관이나 투자자들로부터 자금을 조달하기가 독립 창업보다 용이하다. 프랜차이즈의 성공사례와 안정적인 운영 모델은 투자자에게 신뢰를 주기 때문이다. 일부 프랜차이저는 가맹점주에게 직접적인 금융지원을 제공하거나, 대출기관과 파트너십을 맺어 가맹점주가 대출을 받을 때 우대 조건을 받을 수 있도록 지원한다. 이는 가맹점주가 초기투자비용을 마련하는 데 큰 도움을 주며, 자금조달 과정을 간소화한다.

프랜차이즈의 장점은 가맹점주가 검증된 비즈니스 모델과 브랜드를 활용하여 사업을 운영할 수 있다는 데 있다. 이를 통해 성공 가능성이 높아지며, 프랜차이저는 교

---

16 Trade Finance Global — Breaking: FCI releases World Factoring Statistics survey, reports double-digit growth / tradefinanceglobal.com

Mordor Intelli — Factoring Market Size & Share Analysis - Industry Research Report - Growth Trends / mordorintelligence.com

Research and Markets — Factoring Global Market Report 2024 - Research and Markets / researchandmarkets.com

FCI — Press Release: FCI World Factoring Statistics Confirms Strong Double-Digit Growth | FCI / fci.nl

육, 마케팅, 재고 관리 등의 지원을 통해 가맹점의 운영 효율성을 높인다. 또한, 프랜차이즈의 높은 브랜드 인지도 덕분에 초기 마케팅 비용을 절감하고, 고객 유치에 유리한 위치를 차지할 수 있다. 이러한 안정적인 비즈니스 모델은 가맹점주가 금융기관이나 투자자들로부터 자금을 조달하는 데 도움이 된다. 그렇지만 프랜차이즈에는 단점도 있다. 가맹점주는 본사의 운영 지침과 규정을 엄격히 따라야 하며, 독립적으로 경영 전략을 수립할 수 있는 자율성이 제한될 수 있다. 또한, 프랜차이즈 계약에 따라 본사에 일정한 로열티와 수수료를 지속적으로 지불해야 하므로, 수익성에 영향을 미칠 수 있다. 같은 브랜드 내 가맹점 간의 경쟁이 심화될 경우, 수익성이 낮아질 위험도 있다.

미국의 대표적인 프랜차이즈 브랜드로는 맥도날드(McDonald's)와 스타벅스(Starbucks)가 있다. 맥도날드는 전 세계에 수만 개의 매장을 운영하며, 철저하게 표준화된 시스템과 운영지침을 제공하여 가맹점이 브랜드 일관성을 유지하도록 한다. 스타벅스 또한 프랜차이즈 모델을 통해 글로벌시장을 개척했으며, 가맹점주에게 매장운영, 직원교육, 제품공급 등 다양한 측면에서 지원을 제공한다. 이러한 대형 프랜차이즈들은 가맹점주가 초기자금을 조달하는 데 있어 높은 브랜드 인지도를 활용하여 투자자나 금융기관의 신뢰를 얻을 수 있도록 돕는다.

한국에서는 BBQ와 교촌치킨 같은 치킨 프랜차이즈가 대표적인 성공사례다. 한국의 치킨 프랜차이즈들은 본사에서 가맹점주에게 조리 방법, 마케팅 전략, 재료공급 등을 지원하며, 표준화된 매뉴얼과 엄격한 품질 관리 시스템을 통해 브랜드의 일관성을 유지한다. 또한, 한국 프랜차이즈 본사들은 가맹점주의 초기 자금조달을 위해 금융 지원 프로그램을 운영하거나, 금융기관과 협력하여 대출 우대 혜택을 제공하기도 한다.

한국의 프랜차이즈 시장은 최근 몇 년간 꾸준한 성장을 이어가고 있다. 2022년 한국 소매 시장의 전체규모는 약 440.5조 원에 달했으며, 이 중 상당 부분이 프랜차이즈 업종에서 발생했다. 특히 편의점 시장은 빠르게 성장하여, 2021년 기준 매출이 24.7억 달러에 이르렀고, 전국에 49,300개 이상의 매장이 운영되고 있다. 주요 편의점, 외식업, 미용 및 건강사업을 중심으로 빠르게 성장하고 있으며, 디지털화, 건강 및 웰빙, 지속 가능성 등의 트렌드가 시장을 주도하고 있다. 이러한 추세는 앞으로도 지속될 것으로 예상되고 있다.[17]

---

17 Global Data — South Korea Retail Market Size by Sector and Channel including Online Retail, Key Players and Forecast to 2027 / globaldata.com

McKinsey & Company — Top trends in South Korean grocery in 2023 | McKinsey/ mckinsey.com

2.10 메자닌 파이낸싱

메자닌 파이낸싱(Mezzanine Financing)[18]은 전통적인 부채(채권)와 자본(주식) 사이에 위치하는 하이브리드 금융 방식으로, 기업이 자금을 조달할 때 주로 사용하는 전략 중 하나다. 여기서 '메자닌'은 건물의 중간층을 뜻하는 용어로, 이 금융방식도 채권과 주식의 중간 단계에 있다는 의미를 갖는다. 기업이 자금을 조달하면서도 기존 주주지분의 희석을 최소화하려 할 때 사용된다. 특히 기업이 새로운 프로젝트를 추진하거나 인수합병(M&A)을 진행할 때, 메자닌 파이낸싱은 중요한 자금조달 수단이 된다. 이 방식은 채권자에게 높은 이자 수익과 주식 가치 상승에 따른 추가 수익 기회를 제공하지만, 그만큼 리스크도 큰 편이다.

메자닌 파이낸싱은 혼합형 투자로, 주식과 채권의 특성을 모두 가진다. 이를 통해 투자자는 고정된 이자 수익뿐만 아니라 주식으로 전환했을 때 주가상승에 따른 수익도 기대할 수 있다. 일반적인 채권투자보다 높은 리스크를 감수하지만, 기업이 성공적으로 성장할 경우 그 보상도 크다. 반면 기업은 부채형태의 자금을 도입해 주식을 추가 발행하지 않기 때문에 기존 주주의 지분희석을 최소화할 수 있다. 이와 같은 유연성 때문에 메자닌 파이낸싱은 성장 단계의 기업에 매력적인 자금조달 방법으로 꼽힌다.

메자닌 파이낸싱의 대표적인 종류를 살펴보면 다음과 같다.

- 전환사채(Convertible Bond: CB): 채권의 형태로 발행되지만, 일정기간 이후에 주식으로 전환할 수 있는 권리가 부여된다. 투자자는 이자수익을 받으면서도, 주식으로 전환하여 주가 상승에 따른 이익을 얻을 수 있다.
- 신주인수권부사채(Bond with Warrant: BW): 채권에 신주를 일정가격에 매수할 수 있는 권리를 부여한 형태다. 투자자는 채권이자와 함께 주식을 매수할 수 있는 권리를 행사하여 자본 수익을 얻을 수 있다.
- 우선주(Preferred Stock): 주식의 한 종류지만, 배당우선권과 잔여재산분배권이 있어 일반 주식보다 우선적으로 배당금을 받을 수 있다. 이는 채권에 비해 높은 배당을 받을 수 있으면서도, 기업이 부도 시 보통주보다 먼저 잔여재산을 분배받을 수 있다는 특징이 있다.

메자닌 파이낸싱의 주요 목적은 주주지분의 희석을 최소화하면서 추가 자금을 조달하는 것이다. 기업이 성장하기 위해 대규모 프로젝트를 진행하거나 인수합병을

18 메자닌(Mezzanine)은 이탈리아어인 "mezzano"에서 유래했으며, 건축용어에서 건물의 1층과 2층 사이에 위치한 중간층을 의미하며, 그 위치로 인해 상층과 하층을 연결하는 역할을 한다. 이 개념이 금융분야에 적용되면서 메자닌 파이낸싱이라는 용어가 생겨났다.

추진할 때, 메자닌 파이낸싱은 주식 발행 없이도 필요한 자금을 확보할 수 있는 유용한 방법이 된다. 투자자 입장에서는 이 방식이 주식과 채권의 혼합형 투자라는 점에서 높은 수익잠재력을 제공한다. 채권형태로 고정이자를 받는 동시에, 주식 전환옵션을 통해 기업의 성장에 따른 추가 수익을 기대할 수 있기 때문이다.

메자닌 파이낸싱은 높은 수익을 추구하기에, 일반 채권보다 높은 리스크를 감수해야 한다. 기업이 채무 불이행을 겪을 경우, 투자자는 변제 순위에서 밀릴 수 있으며, 이는 투자 손실로 이어질 수 있다. 일반부채에 비해 비용구조가 다소 높고 발행조건이 까다롭기도 하다. 그러나 이와 같은 리스크를 관리하고 적절히 활용하면, 투자자와 기업 모두에게 높은 수익과 성장의 기회를 제공할 수 있다.

2.11 민간부채

벤처기업의 자금조달에서 민간부채는 은행, 사모펀드, 신용기관, 대출업체 등 민간금융 기관을 통해 자금을 차입하는 것을 말한다. 벤처기업은 창업초기 단계나 성장 단계에서 안정적인 현금흐름을 확보하지 못해 은행대출이나 채권발행과 같은 전통적인 부채조달이 어려울 수 있다. 이때, 민간부채는 자금조달의 대안이 될 수 있다. 일반적으로 민간부채에는 은행대출, 사모대출, 신용대출 등이 포함되며, 이들은 주로 벤처기업의 현금흐름과 자산을 기반으로 자금을 제공한다.

민간부채는 기업의 지분을 발행하지 않고 자금을 조달하는 방식이므로, 기존주주의 지분이 희석되지 않는다. 이는 기업가와 기존 주주가 경영권을 유지하는 데 유리하며, 기업이 성공할 경우 높은 수익을 보존할 수 있다. 또한 부채조달 시 발생하는 이자비용은 세금계산 시 비용으로 처리되므로, 법인세부담을 줄일 수 있다. 즉, 이자비용은 과세소득에서 공제되기 때문에, 민간부채를 활용하면 세후 수익을 증가시킬 수 있는 잠재적 이점이 있으며, 상대적으로 자금조달 절차가 신속하고 유연하다.

민간부채 조달의 주요 대상은 주로 초기 단계 벤처기업, 성장 단계 기업, 혁신적인 기술기업 등이다. 특히, 은행대출을 받기 어려운 스타트업이나 캐시플로우가 불규칙한 기업들이 주로 민간부채를 통해 자금을 확보한다. 사모펀드와 전문대출기관은 벤처기업의 미래성장 가능성과 기술혁신에 높은 가치를 부여하기 때문에, 전통적인 금융기관에 비해 벤처기업에 자금을 투입하는 데 적극적이다. 사모펀드나 전문대출기관은 벤처기업의 비즈니스 모델과 성장 가능성을 평가하여 빠르게 대출을 결정할 수 있으므로, 벤처기업은 필요한 시기에 적시에 자금을 확보할 수 있다. 또한 기업이 특정 프로젝트나 운영에 맞는 자금을 조달하는 데 유용하며, 상환기간이나 이자율, 담보형태 등에 유연성을 가질 수 있다.

민간부채 조달 시 발생하는 이자 비용은 세무상 비용으로 처리되므로, 법인세를 산정할 때 과세소득에서 공제된다. 이러한 공제는 기업의 세금부담을 줄이고, 더 많은 현금을 사업에 재투자할 수 있게 해준다. 예를 들어, 벤처기업이 은행대출이나 사모대출을 통해 조달한 자금의 이자 비용은 손금으로 처리되므로, 이자비용만큼 세후 수익이 증가하는 감세효과를 가져온다. 이로 인해 부채조달은 주식 발행에 비해 세금 측면에서 유리한 자금조달 방법으로 여겨진다. 그러나 민간부채는 일정한 원금과 이자상환 부담이 있어, 현금흐름이 불규칙한 벤처기업에는 리스크가 될 수 있다. 부채에 대한 상환 의무가 적시에 이행되지 않으면 기업의 재무건전성에 문제가 발생하고, 신용도 하락이나 담보자산 압류 등의 위험이 생길 수 있다. 이러한 리스크를 최소화하기 위해 기업은 상환능력을 철저히 검토하고, 필요 시 부채구조를 최적화하는 전략을 수립해야 한다.

2.12 공공부채

벤처기업의 공공부채 조달은 정부 기관이나 공공 금융기관을 통해 자금을 확보하는 방법으로, 주로 혁신적인 기술을 보유하거나 성장 가능성이 높은 벤처기업이 이를 활용한다. 공공부채는 일반적으로 낮은 이자율과 유리한 상환 조건을 제공하여 기업이 안정적으로 자금을 확보하고 성장할 수 있도록 지원한다.

대표적으로 신용도가 낮은 벤처기업의 채무를 정부가 보증해주는 방식이다. 미국의 SBA 7(a) 대출 프로그램이나 한국의 기술보증기금(Korea Technology Finance Corporation: KOTEC)이 대표적인 예로, 공공기관이 기업의 대출을 보증하여 기업은 보다 쉽게 자금을 조달할 수 있다. 또한 일부 국가에서는 벤처기업이 정부의 지원을 받아 저리로 공공채권을 발행하여 자금을 조달할 수 있다. 이 방식은 기업이 직접 채권을 발행하고 투자자들에게 자금을 확보하는 동시에, 성장 가능성을 홍보하는 기회가 되기도 한다. 또다른 방식으로 미국의 SBA나 한국의 중소벤처기업진흥공단(Korea SMEs and Startups Agency: KOSME)을 통해 기업의 성장 단계와 용도에 맞춰 저리대출을 제공한다. 이러한 대출은 유리한 이자율과 상환조건을 갖추고 있어 기업의 자금부담을 줄인다. 마지막으로 정부가 직접 자금을 출자하여 조성한 펀드로 벤처기업에 투자하는 방식이다. 미국의 SBIC와 한국의 모태펀드가 이러한 펀드의 대표적인 사례다.

공공부채는 민간 대출보다 이자율이 낮고 상환기간이 길어, 기업의 자금부담을 줄인다. 또한, 정부기관의 대출 보증을 통해 기업의 신용을 보강하여, 추가 자금조달을 용이하게 만든다. 이와 함께, 공공부채 프로그램은 기업의 기술개발과 시장진입을 촉진하여 지속적인 성장을 지원한다.

공공부채를 활용하기 위해서는 기업의 기술력과 성장 가능성에 대한 엄격한 심사를 통과해야 한다. 또한, 공공부채 프로그램의 자금은 규모가 제한되어 있어 기업이 필요한 모든 자금을 조달하기 어렵다. 이러한 이유로 벤처기업은 공공부채 조달만으로 자금을 확보하기보다는, 민간투자나 다른 자금조달 방식을 함께 고려해야 한다.

2.13 주식 및 부채의 사모유치

벤처기업의 주식 및 부채의 사모유치(Private Placement)는 기업이 자금을 조달하기 위해 소수의 특정 투자자(개인, 기관 투자자, 벤처캐피탈 등)에게 주식이나 부채를 발행하는 방식을 의미한다. 공모(Public Offering)와 달리, 사모유치는 공개시장에서 불특정 다수에게 자금을 모집하지 않고, 제한된 투자자에게 직접 투자 조건을 협상하여 유치하는 방식이다. 이러한 자금조달은 기업의 성장 단계에 따라 유연하게 활용될 수 있으며, 특히 벤처기업과 스타트업이 선호하는 방식 중 하나다.

2.13.1 주식의 사모유치

벤처기업이 주식을 사모 방식으로 발행할 경우, 새로운 주식을 소수의 투자자에게 제공한다. 주식의 사모유치에는 벤처캐피탈(VC), 엔젤투자자, 사모펀드(PE) 등이 참여한다. 주식 사모유치의 장점은 공개시장 공모에 비해 절차가 간소화되어 신속한 자금조달이 가능하다는 것이다. 그리고 기업과 투자자가 직접 투자조건을 협상할 수 있으므로, 기업의 성장 단계와 투자자의 선호에 맞춘 맞춤형 투자 조건을 설정할 수 있으며, 기업이 필요한 자금만큼만 발행하므로 기존 주주의 지분희석을 최소화할 수 있다.

2.13.2 부채의 사모유치

부채 사모유치는 기업이 사모채권(Private Bonds) 또는 대출의 형태로 자금을 유치하는 방법이다. 주로 신용도가 충분하지 않거나 부채비율이 높은 벤처기업은 일반은행대출을 받기 어렵기 때문에, 사모유치를 통해 자금을 확보한다. 이러한 부채의 사모유치에는 주로 메자닌 파이낸싱이 활용된다. 사모부채의 경우 투자자와 직접 이자율, 상환 조건을 협상할 수 있어 기업의 현금 흐름에 맞는 구조로 자금을 조달할 수 있으며, 투자자와의 협상을 통해 담보 조건을 조정할 수 있어서, 기업이 자산을 유연하게 활용하는 데 도움이 된다.

즉, 기업은 공모를 통해 기업은 대규모 자금을 조달할 수 있으며, 주식시장 상장을 통해 기업의 인지도와 신뢰도를 높일 수 있다. 또한, 주식의 유동성을 확보하여 투자자들에게 매력적인 투자 기회를 제공하는 반면, 복잡한 규제와 절차를 준수해야 하며, 투자 설명서 작성, 감사, 주식상장 등의 과정이 필요하기 때문에 많은 시간과 비용이 소요된다. 또한, 상장 이후에는 기업의 재무 정보와 경영 현황을 공시해야 하므로 타사와의 경쟁의 격화되거나 경영의 자율성이 제약될 수 있다.

사모유치는 절차가 상대적으로 간단하고 규제부담이 적으며 빠른 자금조달이 가능하다. 투자자와 직접 협상하여 투자조건을 맞춤형으로 설정할 수 있고, 기업의 재무정보를 공개할 필요가 없어 경영의 자율성을 유지할 수 있다. 또한, 발행 및 상장관련 비용이 절감되므로 효율적인 자금조달이 가능하다. 그러나 사모유치는 소수의 투자자를 대상으로 하기 때문에 자금조달 규모에 한계가 있다. 또한, 투자자층이 제한적이어서 자금조달이 원활하지 않을 수 있으며, 이로 인해 투자조건이 다소 불리해질 수 있다.

2.14 기업공개(IPO)

IPO는 "기업이 처음으로 주식을 공개 시장에 상장하여 투자자들에게 판매하는 과정"이다. IPO는 VC 및 기타 사모투자자에게 편리한 출구 또는 회수 창구이다. IPO 시장에서 VC의 중요성은 지난 수십 년 동안 분명해졌다. 〈그림 3.8〉과 〈그림 3.9〉를 보면 2005년부터 2022년까지 미국에서 전체 IPO숫자와 VC가 지원하는 기업의 IPO숫자를 비교할 수 있다. 2022년 기준으로 전체 IPO 387건, 조달규모 1,349억 달러를 보인 가운데 VC가 지원하는 기업의 IPO 규모는 157건, 조달규모 601억 달러를 보여, 건수 40.6%를 조달규모로 44.6%를 차지했다. 생명과학 및 헬스케어, 인공지능, 소프트웨어, 핀테크와 소비재 및 전자상거래 같은 산업분야에서는 VC 투자기업의 비율이 훨씬 더 높다.

〈그림 3.10〉은 한국에서 전체 IPO 개수와 VC가 투자한 회사가 IPO의 개수를 보여준다. 한국의 경우, 지난 5년 동안 한국에서 VC가 지원하는 IPO의 비율은 IPO 건수와 총 가치 측면에서 꾸준히 증가해 왔다. 2023년에는 VC지원 IPO가 전체 IPO 건수의 거의 4분의 1, 전체 IPO 가치의 4분의 1을 차지할 것으로 예상된다. 이러한 추세는 한국 IPO 시장에서 벤처캐피탈의 중요성이 점점 커지고 있음을 보여주고 있다.

IPO 시장은 변동성이 크다. 발행자와 인수자는 시장전반의 가격상승 국면에서 IPO 할 수 있도록 시기를 맞추려고 노력한다. 그들은 시장전반의 가격하락 할 경우 때로는 계획된 IPO 발행을 자제하거나 철회하기도 한다.

벤처기업의 상장(IPO)은 여러 재무적 효과를 가져온다. 상장을 통해 기업은 공개 시장에서 주식을 발행하여 대규모 자금을 조달할 수 있게 되고 향후 연구개발, 생산

그림 3.8 2005~2022 미국 IPO 동향

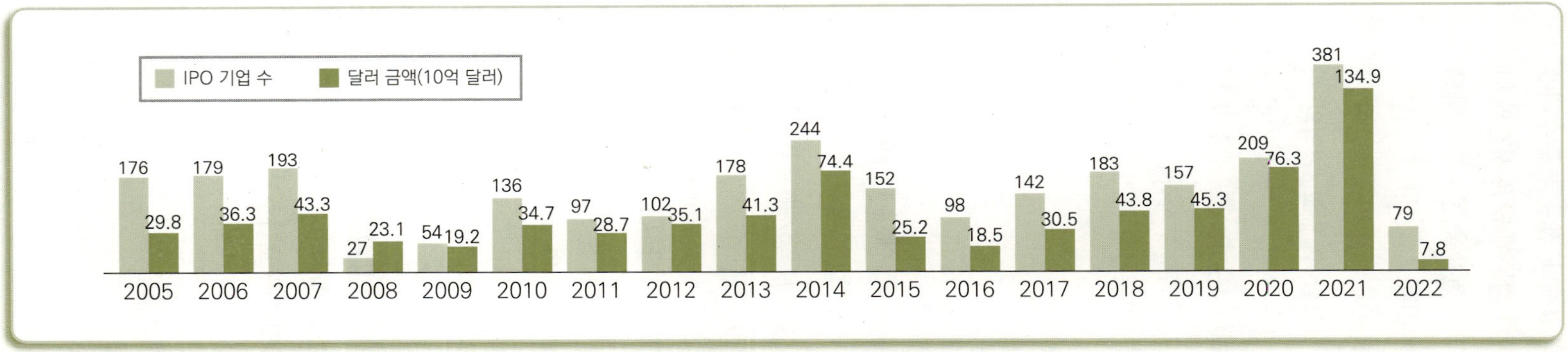

출처: SEC Filings
wilmerhale.com 2023 WilmerHale IPO Report www.wilmerhale.com
EY US — www.ey.com / ey.com
Pitch Book VC IPO Data: Crunchbase IPO News

그림 3.9 2005~2022 VC가 투자한 미국 IPO 동향

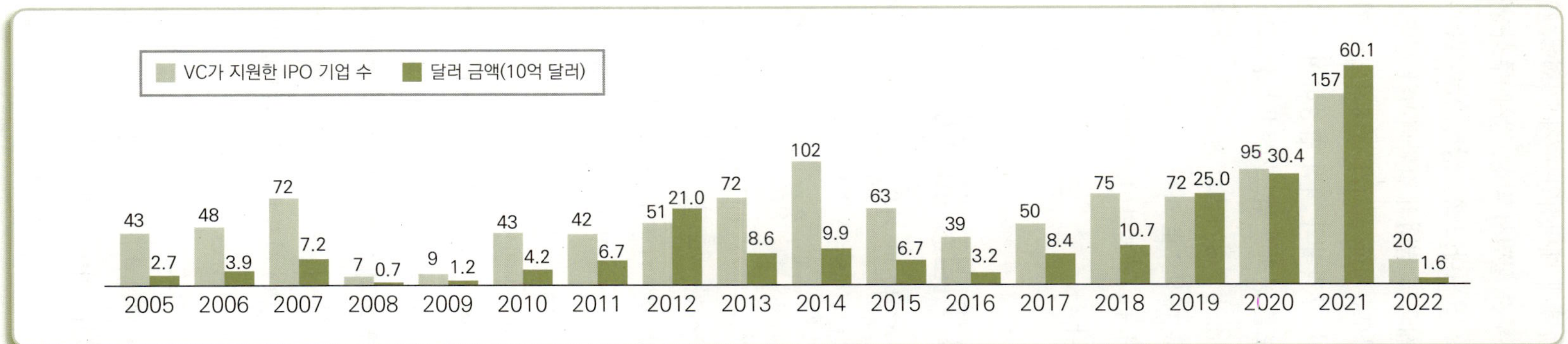

출처: SEC Filings
Based on US IPOs by VC-backed US issuers

그림 3.10 2019~2023 한국 IPO시장 동향(건수와 규모)

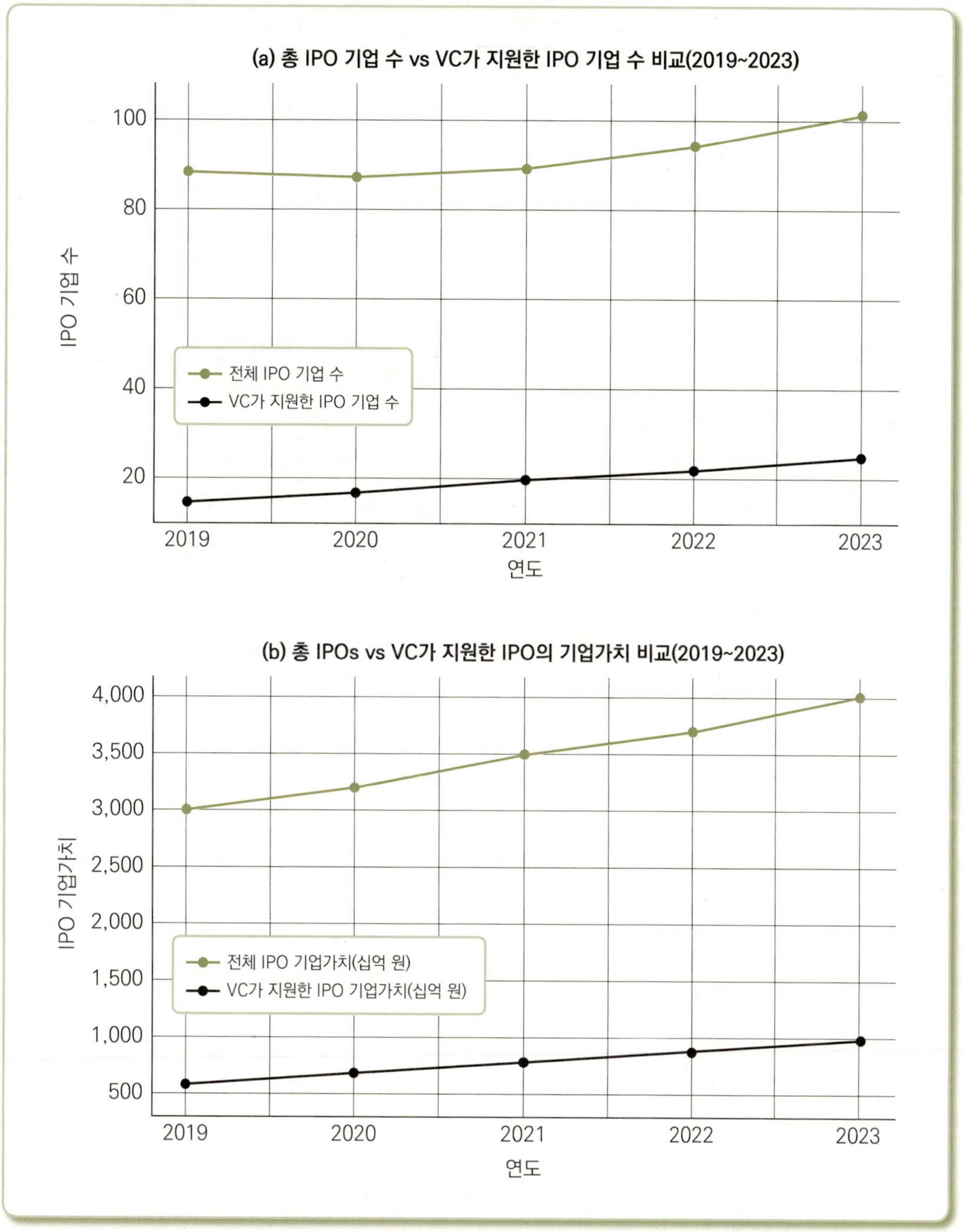

출처: Korea Exchange, Financial Supervisory Service, Venture Capital Association of Korea, Bloomberg and Reuters, Korea Securities Depository, NICE Group

확장, 마케팅 등 다양한 성장 전략을 추진하는 데 필요한 자금을 확보하게 된다. 이러한 자금 유입은 기업의 재무구조를 개선하고, 성장 가능성을 높여 기존 투자자들에게도 긍정적인 영향을 미친다.

상장은 기존 투자자의 투자회수(Exit)를 가능하게 한다. 벤처캐피탈(VC), 엔젤투자자 등 초기투자자들은 상장을 통해 그동안 보유하고 있던 주식을 시장에서 매도함으로써 투자 수익을 실현할 수 있다. 이 과정에서 기업이 공모가 대비 높은 시장 가치를 인정받는다면, 투자자들은 더 큰 수익을 얻게 된다. 또한, 상장 후에도 주식시장에서 지속적으로 주식을 거래할 수 있어 유동성이 확보되고, 이는 투자자들이 자금을 자유롭게 재투자할 수 있는 환경을 조성한다.

상장을 통해 기업은 기업가치를 공식적으로 평가받으며, 이는 재무적으로 기업의 신뢰도와 안정성을 높인다. 상장기업은 시장의 인지도를 높이고, 공시 및 규제준수로 인해 투명성이 강화되므로, 추가적인 자금조달이 더욱 쉬워지게 된다. 이로 인해 기업은 채권발행이나 추가 주식 발행을 통한 후속투자유치도 수월하게 진행할 수 있다. 이러한 재무적 효과는 기업의 성장과 기존 주주들의 투자 가치 상승에 기여한다.

또한, 상장은 기업이 스톡옵션을 통해 우수 인재를 확보하고 보상 체계를 마련할 수 있게 하고, 우리사주조합을 직원들에 대한 보상통로를 만들 수 있다. 이는 장기적으로 기업의 경쟁력을 강화하고, 기업가치상승을 통해 기존주주의 이익을 극대화하는 선순환구조를 형성한다.

하지만 상장은 비용 부담을 수반한다. IPO 준비 과정에서 발생하는 자문, 인수수수료, 공시비용 등은 기업의 재무에 부담이 될 수 있으며, 상장이후에는 외부주주에게 경영정보를 투명하게 공개해야 하므로 경영의 자율성이 다소 제약될 수 있다. 그러나 이러한 단점에도 불구하고, 상장을 통한 투자회수와 재무적 개선효과는 벤처기업과 투자자들에게 큰 이점을 제공한다.

2.15 직접공모

직접공모(Direct Public Offering: DPO)는 기업이 증권사나 투자은행과 같은 중개인 없이 주식을 투자자에게 직접 판매하는 방식으로 자금을 조달하는 방법이다. 전통적인 IPO와 달리, 직접공모는 기업이 주식을 발행하고 투자자들에게 판매하는 전 과정을 자체적으로 관리한다.

전통적인 IPO에서는 기업이 증권사와 협력하여 주식을 발행하며, 이에 따른 인수 수수료, 공모 비용 등이 발생한다. 반면, 직접공모는 중개인 없이 기업이 주식을 발행하고 직접투자자에게 판매하기 때문에 이러한 비용이 대폭 절감된다. 예를 들어,

IPO 과정에서 증권사에 지불하는 수수료는 발행규모의 일정비율이 되므로 상당한 금액이 될 수 있지만, DPO는 이를 피할 수 있어 자금조달 비용효율을 높일 수 있다.

직접공모의 특징으로는 전통적인 IPO의 엄격한 규제와 절차에서 비교적 자유롭다. 기업은 증권사를 거치지 않고 주식 발행 규모, 시기, 방식 등을 자율적으로 결정할 수 있어 상황에 맞는 자금조달 전략을 수립할 수 있다. 또한, 증권거래소에 상장하지 않아도 주식을 발행할 수 있어, 중소기업이나 벤처기업이 상장시장에 진입하기 전에 자금을 모으는 데 효과적이다. 직접공모로 발행된 주식은 상장 주식시장(예: 뉴욕증권거래소, 나스닥)에서 거래되지 않을 수 있다. 이는 주식의 유동성이 낮아질 수 있으며, 주주들이 주식을 쉽게 매각하기 어려울 수 있다는 단점이 될 수 있다. 기업은 이러한 유동성 문제를 해결하기 위해 자사 주식의 거래 플랫폼을 제공하거나, 비상장주식 거래시장을 활용하기도 한다. 마지막으로 DPO는 고객, 직원, 지역사회 등 기업의 이해관계자들에게 주식을 직접 판매함으로써 대중의 참여와 지지기반을 강화할 수 있다. 기업은 기존고객이나 지역사회에 주식을 판매함으로써 고객과의 관계를 강화하고, 직원들에게 스톡옵션을 제공하여 동기부여를 할 수 있다. 이를 통해 기업은 단순한 자금조달을 넘어 고객과 직원의 충성도를 높일 수 있는 효과도 얻을 수 있다.

대표적인 몇 가지 사례를 살펴보면 미국의 아이스크림 제조업체 벤 앤 제리스(Ben & Jerry's)는 1984년에 직접공모를 통해 주식을 일반 대중에게 직접 판매했다. 이 과정에서 기업은 지역사회 주민들을 대상으로 주식을 판매하며 기업에 대한 지지 기반을 구축했다. 이를 통해 벤 앤 제리스는 공정하고 평등한 방식으로 자금을 조달할 수 있었고, 고객과 지역사회를 주주로 끌어들이게 되었다. 또한 안경브랜드 워비파커(Warby Parker)는 상장 전 고객과 직원들에게 주식을 직접 제공하는 방식으로 자금을 조달했다. 이 전략을 통해 기업은 주주가 된 고객과 직원의 기업에 대한 충성도와 동기부여를 강화했고, 이러한 주주 기반은 이후 기업의 성장에 긍정적인 영향을 미쳤다. 마지막으로 음악 스트리밍 서비스기업인 스포티파이(Spotify)는 2018년에 뉴욕증권거래소(NYSE)에 직접 상장(Direct Listing)하는 방식을 택했다. 이는 전통적인 IPO와 달리, 주식을 기존주주들에게 직접 판매하고 증권사의 개입을 최소화하는 방식이었다. 이로써 스포티파이는 공모비용을 절감하고, 투자자들에게 기존주식의 유동성을 높이는 데 성공했다.

대부분의 한국 기업은 자금조달과 상장을 위해 전통적인 IPO방식이나 기관투자자를 대상으로 한 공모방식을 주로 활용하고 있다. 한국의 자본시장 환경에서는 직접공모가 아직 일반화되지 않았다. 직접공모는 특히 브랜드인지도가 높거나 고객기반이 탄탄한 기업에 효과적인 자금조달 방식이다. 기업은 이를 통해 비용을 절감하고 주주기반을 다질 수 있지만, 유동성관리와 자체적인 마케팅 전략이 필요하다.

2.16 후기 단계 자금조달 대안

자금조달처는 금융시장의 발달에 따라 상당히 확장될 수 있다. 〈그림 3.1〉에서 확인된 다른 가능성에는 인수합병(Mergers & Acquisitions: M&A), 차입매수(Levereged Buy Out: LBO) 및 경영자매수(Management Buy Out: MBO)가 포함된다. 또한 아래의 다른 대안들이 나타나기 시작했다.

시대가 변해감에 따라 자금조달 방식에도 변화가 찾아왔다. 인터넷 및 모바일 활성화와 블록체인기술의 개발로 인해 자금조달에 새로운 패러다임이 생겨나기 시작했다. 다만, 시장인프라 구축과 기술적 장벽, 관련 규제 등 해결해야 할 많은 과제들을 안고 있지만 새로운 자금조달의 대안들을 소개한다.

2.16.1 크라우드펀딩

크라우드펀딩(Crowd Funding)은 다수의 개인으로부터 소액의 자금을 모아 프로젝트나 사업을 지원하는 자금조달 방식이다. 이는 주로 인터넷을 통해 이루어지며, 창업자나 예술가, 사회적 기업 등이 자금을 필요로 할 때 유용하게 사용된다. 크라우드펀딩은 크게 네 가지 주요 유형으로 나뉘는데 기부형, 보상형, 대출형, 그리고 지분형으로 구분된다.

기부형은 자금을 제공하는 사람들이 아무런 대가를 바라지 않고 자금을 지원하는 방식이다(예: 고펀드미 GoFundMe 등). 보상형 크라우드펀딩은 자금을 제공한 사람들에게 일정한 보상을 제공하는 방식이다. 이 보상은 주로 제품이나 서비스 형태로 제공된다(예: 킥스타터 Kickstarter, 인디고고 Indiegogo 등). 대출형 크라우드펀딩은 개인이 자금을 제공하고, 이를 대출형태로 받아가는 방식이고, 자금을 제공한 사람들은 이자를 받게 된다(예: 렌딩클럽 LendingClub, 펀딩서클 Funding Circle 등). 지분형 크라우드펀딩은 자금을 제공한 사람들이 해당 프로젝트나 회사의 지분을 받는 방식이다(예: 시드인베스트 SeedInvest, 클라우드큐브 Crowdcube, 리퍼블릭 Republic 등).

한국에서도 크라우드펀딩이 활발히 이루어지고 있으며, 대표적인 플랫폼으로는 와디즈(Wadiz), 텀블벅(Tumblbug) 등이 있다. 한국의 크라우드펀딩 시장은 특히 창업 초기 단계의 자금조달 및 문화예술프로젝트 지원에 활발히 이용되고 있다.

2.16.2 ICO

ICO(Initial Coin Offering)는 블록체인기술을 기반으로 한 새로운 프로젝트나 기업이 자금을 조달하기 위해 암호화폐를 발행하고 이를 투자자들에게 판매하는 방식이다. ICO는 주로 스타트업들이 초기자금을 모으는 데 사용되며, 전통적인 IPO(Initial Public Offering)와 유사하지만 몇 가지 중요한 차이점이 있다.

ICO를 통해 자금을 조달하려는 기업이나 프로젝트는 블록체인기술을 이용해 자체 토큰(Crypto Currency)을 발행한다. 이 토큰은 프로젝트의 성과에 따라 가치가 변동할 수 있다.

ICO는 이더리움(Ethereum)과 같은 블록체인 플랫폼에서 스마트계약(Smart Contract)을 이용해 자동으로 실행된다. 스마트계약은 투자자가 일정금액의 자금을 송금하면 자동으로 토큰이 배포되도록 설계되어 있다. 또한 전 세계 어디서든 인터넷만 있으면 투자할 수 있어, 전통적인 투자방식보다 접근성이 높다.

ICO는 스타트업이나 신규 프로젝트가 벤처캐피탈이나 은행대출 없이도 쉽게 자금을 조달할 수 있고, 지리적 제한이 없어 전 세계 누구나 투자할 수 있으며, 블록체인기술을 사용하여 모든 거래가 투명하게 기록되고 공개되는 장점이 있는 반면, 현재 많은 국가에서 ICO에 대한 규제가 불확실하거나 부재하여, 사기나 불법 활동에 노출될 위험이 있다. 또한 암호화폐시장의 변동성이 크기 때문에 토큰의 가치가 급격히 변동할 수 있다. 그러므로 ICO는 전통적인 금융시장보다 투자자 보호장치가 부족하여, 투자자들은 큰 손실을 입을 수 있다. ICO는 혁신적인 자금조달 방식이지만, 투자 시에는 신중한 검토와 주의가 필요하다.

2.16.3 STO

STO(Security Token Offering)는 블록체인기술을 기반으로 한 자금조달 방식으로, 전통적인 금융시장과 암호화폐시장의 장점을 결합한 형태이다. STO는 주식, 채권, 부동산 등과 같은 실제자산에 대한 소유권을 디지털 토큰형태로 발행하여 투자자들에게 판매하는 방식이다. STO는 기존의 ICO와는 달리 법적 규제를 준수하며, 보다 안전하고 신뢰할 수 있는 투자 기회를 제공한다.

STO는 증권법에 따라 규제되며, 발행된 토큰은 법적 소유권을 나타낸다. STO를 통해 발행된 토큰은 실제자산(주식, 부동산, 채권 등)에 대한 소유권을 나타내므로, 이는 투자자들이 전통적인 자산에 투자하는 것과 유사한 방식으로 작동한다. STO는 각국의 증권규제당국의 법률을 준수하며, 이는 투자자 보호와 시장의 신뢰성을 높이는 데 기여한다.

STO는 규제가 준수되며 투명하게 유동성을 제공하며 글로벌 접근성을 높이는 반면, 각국의 증권법 준수를 해야 하므로 법적 요건이 복잡하고, 비용발생여지가 크다. 또한 시장초기 단계로 시장 인프라가 충분치 않고, 블록체인기술에 대한 이해와 구현이 필요하여 기술적 장벽이 될 수 있다. STO는 전통적인 금융시장과 암호화폐시장의 장점을 결합한 혁신적인 자금조달 방식으로, 앞으로 더욱 많은 기업들이 이 방식을 통해 자금을 조달할 것으로 기대된다.

3. 기업벤처와 소셜벤처의 자금조달

3.1 기업벤처

기업벤처(Corporate Venturing)는 기존 기업이 새로운 비즈니스 기회를 창출하고 혁신을 가속화하기 위해 벤처기업을 육성하거나 외부 스타트업에 투자하는 활동을 의미한다. 기업은 이러한 벤처 활동을 통해 신기술 및 신사업에 대한 접근성을 높이고, 기업 내부의 혁신문화를 조성하여 경쟁력을 강화한다. 기업벤처는 내부에서 창의적인 아이디어와 기술을 발굴하고 이를 사업화하는 사내벤처와 외부 벤처기업에 전략적으로 투자하는 기업벤처캐피탈(Corporate Venture Capital: CVC) 형태로 나눌 수 있다.

대기업 내에서 기업벤처가 탄생하게 된 배경은 급변하는 시장 환경과 기술혁신에 대한 대응 필요성에 기인한다. 기존 기업들은 자체적인 연구개발(R&D)만으로는 시장의 빠른 변화와 기술의 진보를 따라잡는 데 한계가 있음을 인식하게 되었다. 이에 따라 기업은 내부에서 혁신적인 아이디어를 발굴하고 새로운 비즈니스 모델을 개발하기 위해 사내벤처를 육성하는 전략을 선택했다. 이러한 접근은 기존 조직의 경직된 구조와 업무프로세스로 인해 발생하는 혁신의 제약을 극복하고, 내부의 창의적인 아이디어를 적극적으로 지원하기 위한 것이다.

또한, 외부 스타트업과의 협력을 통해 혁신적인 기술과 사업 기회를 활용하려는 오픈 이노베이션(Open Innovation) 전략도 기업벤처의 동기로 작용한다. 대기업은 외부 스타트업에 투자하거나 파트너십을 맺음으로써 자체개발에 소요되는 시간과 비용을 줄이고, 최신 기술 트렌드를 신속하게 사업화 할 수 있는 유연성을 확보한다. 이러한 전략은 기업이 기존 핵심사업영역을 확장하고, 잠재적인 신성장 동력을 발굴하는 데 큰 도움이 된다.

대기업은 내부의 혁신을 촉진하기 위해 다양한 방식으로 기업벤처 활동을 전개한다. 이러한 과정은 주로 사내벤처 프로그램, 사내 인큐베이터 및 엑셀러레이터, 오픈 이노베이션 플랫폼 등의 형태로 이루어진다.

3.1.1 사내벤처 프로그램

대기업은 임직원들의 창의적인 아이디어를 발굴하고 이를 사업화 할 수 있도록 지원하는 사내벤처 프로그램을 운영한다. 예를 들어, 삼성전자는 사내 스타트업 프로그램인 'C-Lab'을 통해 임직원의 혁신적인 아이디어를 사업화 할 수 있는 기회를 제공한다. C-Lab에서 발굴된 아이디어는 개발지원, 멘토링, 사업화 지원을 통해 독립적인 사업으로 성장할 수 있으며, 성공적인 경우에는 회사 내에서 분사하여 새로운 기업으로 독립하거나 외부 투자를 유치하는 방식으로 운영된다. 미국에서도 구글의 모회사인 알파벳(Alphabet)은 내부에서 추진하는 혁신 프로젝트를 독립적인 자회사로 분리하는 방식으로 기업벤처를 진행했다. 대표적인 사례로 웨이모(Waymo)가 있다. 웨이모는 구글 내부에서 시작된 자율주행차 프로젝트였으나, 기술혁신의 독립성과 시장진출의 효율성을 확보하기 위해 알파벳의 자회사로 분리되었다. 이를 통해 구글은 자율주행분야에서 선도적인 기술을 개발하고, 미래 모빌리티 시장에서 경쟁우위를 확보할 수 있었다.

3.1.2 사내 인큐베이터 및 엑셀러레이터

대기업은 내부 인큐베이터나 엑셀러레이터 프로그램을 통해 사내벤처를 육성한다. LG그룹의 'LG사이언스파크'는 사내 인큐베이터 역할을 하며, 혁신적인 아이디어와 기술을 보유한 팀을 지원하여 제품 및 서비스 개발을 가속화한다. LG사이언스파크는 기술개발, 시장 진입 전략 수립, 네트워킹 기회 등을 제공하며, 이를 통해 기업 내에서 혁신적인 프로젝트를 빠르게 시장에 선보일 수 있도록 돕는다.

3.1.3 오픈 이노베이션

대기업은 사내 아이디어뿐만 아니라 외부 스타트업의 혁신적인 기술과 비즈니스 모델을 적극적으로 수용하는 오픈 이노베이션 전략을 추진한다. 현대자동차는 '제로원(Zero1ne)'이라는 오픈이노베이션 플랫폼을 운영하여 모빌리티, 친환경 자동차, 인공지능 등 다양한 분야의 스타트업을 발굴하고 투자하고 있다. 이 플랫폼을 통해 현대자동차는 스타트업과의 협력을 통해 신기술을 자사 전략에 통합하고, 미래 자동차 산업에서 경쟁우위를 확보하는 데 주력하고 있다. 마이크로소프트(Microsoft)는 자사의 벤처투자 부문인 M12를 통해 유망한 기술 스타트업에 투자하고 있다. M12는 주로 인공지능, 클라우드 컴퓨팅, 보안기술 등에 투자하며, 마이크로소프트의 기술과 생태계를 확장하는 데 집중한다. M12의 투자를 통해 스타트업들은 마이크로소프트의 기술 및 비즈니스 인프라를 활용하여 성장할 수 있으며, 마이크로소프트는 이러한 협력을 통해 신기술과 시장트렌드를 파악하여 자사의 혁신을 촉진한다.

3.1.4 외부에 투자하는 벤처투자

네이버는 내부적으로 혁신 아이디어를 육성하는 것뿐만 아니라, 외부의 스타트업에 투자하고 협력하는 전략을 적극 활용하고 있다. 'D2 스타트업 팩토리'는 네이버의 기술 스타트업 육성프로그램으로, 인공지능(AI), 빅데이터, 로보틱스 등의 첨단분야에서 유망한 스타트업에 투자하고 성장지원을 제공한다. 또한, 네이버는 직접 투자뿐만 아니라 다양한 벤처 펀드를 통해 유망 스타트업에 전략적으로 투자하며, 이들과 협업을 통해 새로운 기술과 비즈니스 모델을 도입하고 있다. 미국의 사례를 보면 인텔은 벤처투자 부문인 인텔 캐피탈(Intel Capital)을 통해 전 세계의 유망 기술 스타트업에 적극적으로 투자하고 있다. 인텔 캐피탈은 반도체, 인공지능(AI), 사물인터넷(IoT), 클라우드 컴퓨팅 등 인텔의 사업 영역과 연계할 수 있는 혁신적인 스타트업을 발굴하고, 이들에게 자금 및 네트워크를 제공하여 함께 성장하는 생태계를 구축하고 있다. 예를 들어, 인텔은 자사의 프로세서 기술을 기반으로 한 자율주행차 기술 개발 스타트업인 모빌아이(Mobileye)에 투자하였으며, 이후 모빌아이를 인수하여 자율주행 분야의 선도적인 기술을 확보하는 데 성공했다.

3.1.5 기업벤처캐피탈(CVC) 투자

대기업은 외부 벤처기업에 직접 투자하는 CVC 활동을 통해 혁신을 도모한다. SK그룹의 'SKT인베스트먼트'는 전 세계의 유망 스타트업에 투자하고 있으며, 이를 통해 5G, AI, 디지털 헬스케어 등 첨단 분야의 기술을 확보하고 있다. 이러한 투자는 기업이 외부의 혁신을 흡수하여 내부 사업에 적용할 수 있는 기회를 제공하며, 장기적으로 기업의 신사업 포트폴리오를 다각화하는 데 도움이 된다.

기업벤처는 내부에서 창의적인 아이디어를 발굴하여 사업화 하는 사내벤처활동과 외부 벤처기업에 투자하는 벤처캐피탈 전략을 모두 포괄하며, 이를 통해 대기업들은 혁신과 성장을 추구하고 있다. 삼성전자의 C-Lab이나 구글의 웨이모와 같은 내부 혁신 사례부터 네이버의 D2 스타트업 팩토리, 인텔의 인텔 캐피탈, 현대차의 제로원 등 외부 투자 및 협력 사례에 이르기까지 기업들은 다양한 전략을 통해 벤처활동을 적극적으로 전개하고 있다. 이러한 벤처 활동은 기업이 변화하는 시장과 기술 환경에 유연하게 대응하고, 지속 가능한 성장 동력을 확보하는 핵심 수단으로 자리 잡고 있다.

그림 3.11 전체 VC 거래 중 CVC 거래가 차지하는 비중(2011~2022)

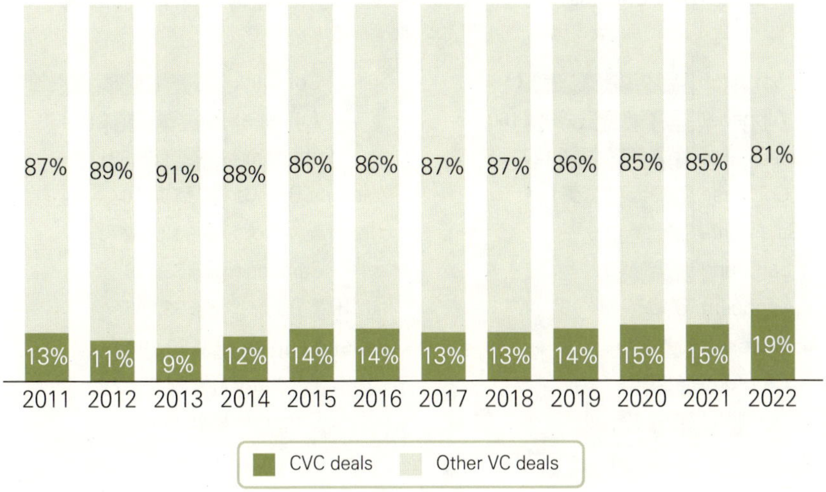

출처: PitchBook, GCV

〈그림 3.11〉은 미국시장에서 총VC 투자대비 총 기업VC 투자를 보여준다. 벤처에 직접 투자하는 회사에는 애보트 랩스(Abbott Labs) 및 암젠(Amgen)과 같은 대규모 제약회사가 포함된다. 거대식품기업에는 호멜(Hormel & Co.)과 네슬레(Nestlé) 등이 있으며, 인텔(Intel), 마이크로소프트, 구글(Google)과 같은 컴퓨터 관련 회사도 있다. 이들 회사는 상당한 내부 R&D 시스템을 운영하고 있지만 VC와 매우 유사한 역할을 하는 VC부서도 설립했다. 기업 VC투자 규모는 연도별로 매우 다양하다. 표시된 기간 동안 기업 VC는 경기 순응적인 모습을 보였다(미국의 경우 총 VC 투자 중 기업 VC투자가 가장 높을 때 기업 VC가 정점에 도달함). 또한 해를 거듭할수록 기업형 VC의 투자 규모가 상승하고 있으며, 세계 굴지의 글로벌 기업들이 거래의 숫자나 규모면에서 우위를 차지하고 있다.

3.1.6 한국시장에서의 CVC

2021년 12월 시행된 공정거래법(2020년 12월 개정) 제20조에 따라 일반지주회사의 CVC 보유가 허용되었다. 이전까지는 금산분리원칙에 따라 일반지주회사는 금융회사인 CVC 보유를 금지하고 지주체제 밖 기업집단에서만 CVC 설립이 가능했는데, 2020년 코로나19 등으로 벤처,스타트업 투자가 둔화하면서 민간기업의 유동성자금을 벤처, 스타트업 투자시장으로 유인하기 위한 목적에서 법 개정이 이루어졌다. 그러

그림 3.12 2020년 상위 기업투자가의 투자건수와 규모

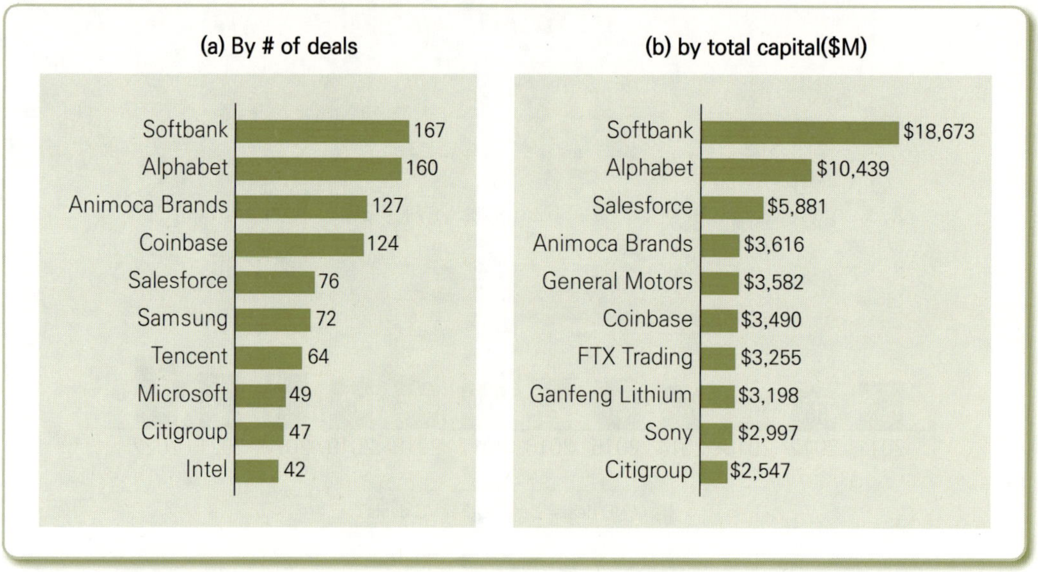

출처: https://globalventuring.com/corporate/corporate-investors-2022-deal-numbers/

나 법 개정 이후, 법에서 규정하고 있는 일부 행위제한규제로 인해, CVC투자가 활성화되기 어렵다는 주장이 제기되면서, 최근 들어 일반지주회사 CVC투자 확대를 위해 해당법령의 일부규제를 완화하는 방향으로 논의가 진행 중에 있다.

또한, 중소벤처기업부는 민간이 주도하는 개방형혁신(오픈 이노베이션)을 촉진하기 위해 기존의 정부주도 지원사업을 개편하여 실행 중이다. 구체적으로는 2020년 대기업이 수요기술을 정의하여 스타트업을 모집하는 '문제해결형' 방식에서, 2022년에는 민간의 자체 개방형혁신 프로그램을 연계해 스타트업을 발굴하고 공동지원 하는 방식으로 사업의 확대가 이루어졌다. 산업통상자원부 역시 'CVC연계 스케일업 펀드' 등을 조성하여 민간의 투자를 끌어내고 있다. 특히 펀드의 존속기간을 최대 10년으로 설정하는 등 중장기적 관점으로 접근하며 여러 대·중견기업의 CVC가 운용사 모집에 참여한 바 있다. 또한, 산업통상자원부는 2023년 7월 국내 대·중견기업 42개사가 참여한 'CVC얼라이언스'를 출범하였고, 산업 역동성 제고를 위해 2025년까지 정책펀드 1조 원 조성, CVC참여형 연구개발(R&D) 오픈 이노베이션 추진, CVC투자기업 성장지원 등의 CVC 활성화 방안을 내 놓은 바 있다.

마지막으로 지난 2023년 4월 11일, 일명 민간벤처 모펀드라고 불리는 민간 재간접 벤처투자조합 결성의 근거가 되는 「벤처투자 촉진에 관한 법률」 개정안이 국무회의에서 의결되면서 민간 벤처모펀드는 기업 등 민간의 자본을 모아 이를 벤처투자조합에 출자하는 형태로 운영되며, 모펀드의 운용을 정부가 아닌 민간 벤처캐피탈이

그림 3.13 연도별 한국 VC 및 CVC 총 투자금액

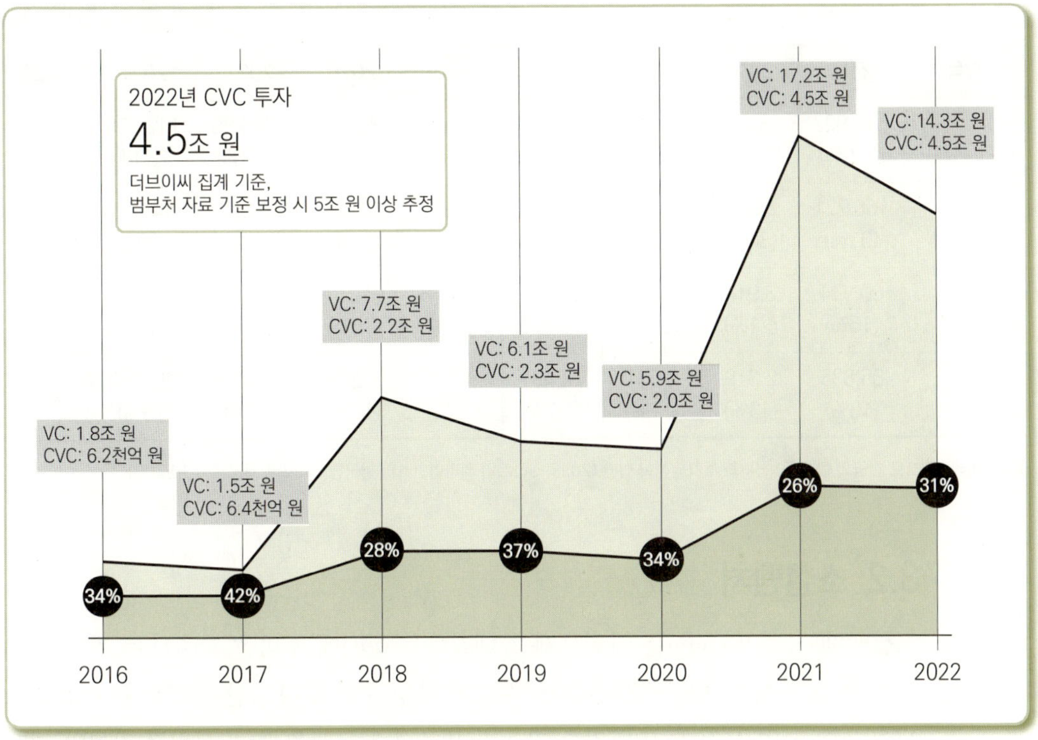

출처: 버티컬리포트 한국의 CVC들: 현황과 투자활성화 방안 (2023 스타트업 얼라이언스와 한국벤처투자 벤처금융연구소공동)

맡도록 함으로써 수익성을 강화할 것으로 알려져 있다. 정부는 기업의 민간 벤처모펀드 참여를 유도하기 위해 세제지원 및 일부규제를 완화하거나 법령 개정을 진행 중에 있다.

이러한 노력들에 따라 2022년기준, CVC 전체 투자 규모는 약 4.5조 원 규모(상용데이터베이스의 합계금액으로 범부처 발표자료와 다소 차이가 있다. 범부처 발표자료와 비교하여 조정할 경우, 2022년 전체 CVC 투자 규모를 5조 원 이상으로 추정)로 전체 벤처캐피탈 투자의 31%를 차지하며 경기침체에도 견고한 성장을 유지하고 있다. 2022년 경기침체로 전체 VC 투자 규모가 전년보다 17% 감소했음에도 CVC 투자 규모는 전년과 유사한 수준을 유지했다. 또한 최근 들어, 독립법인 CVC보다 사내부서 CVC가 가파르게 성장하였고 특히 사내부서 CVC는 2022년 경기침체에도 투자 규모가 증가하며 현재 CVC 총 투자금액의 59%를 차지하고 있다.[19]

19 버티컬리포트 한국의 CVC들: 현황과 투자활성화 방안 2023

표 3.3 연도별 한국 VC투자와 CVC성격별 투자비교

(단위: 억 원, %)

항목	전체	2016	2017	2018	2019	2020	2021	2022	CAGR
VC 투자 전체	545,922 (100%)	18,386 (100%)	15,345 (100%)	77,039 (100%)	61,133 (100%)	58,974 (100%)	172,288 (100%)	142,758 (100%)	41%
CVC 투자 전체	166,771 (31%)	6,233 (34%)	6,447 (42%)	21,740 (28%)	22,877 (37%)	19,809 (34%)	45,090 (26%)	44,575 (31%)	39%
독립법인 CVC	80,934 (15%)	3,914 (21%)	3,886 (25%)	9,309 (12%)	13,026 (21%)	11,534 (20%)	21,169 (12%)	18,095 (13%)	29%
사내부서 CVC	85,838 (16%)	2,319 (13%)	2,561 (17%)	12,431 (16%)	9,851 (16%)	8,275 (14%)	23,920 (14%)	26,480 (19%)	50%

출처: 버티컬리포트 한국의 CVC들: 현황과 투자활성화 방안 (2023 스타트업 얼라이언스와 한국벤처투자 벤처금융연구소공동)

3.2 소셜벤처

소셜벤처(Social Venture)는 사회문제를 해결하는 동시에 수익을 창출하는 기업을 말한다. 이들은 환경, 빈곤, 교육, 보건, 사회적 불평등 등의 다양한 사회적 문제에 초점을 맞추어 사업을 전개하며, 지속 가능한 비즈니스 모델을 통해 사회적 가치와 경제적 수익을 함께 추구한다. 이러한 목적을 달성하기 위해 소셜벤처는 일반 벤처기업과는 다소 다른 자금조달 전략을 활용하며, 사회적 가치에 중점을 둔 다양한 자금조달 방식이 존재한다.

소셜벤처의 자금조달은 사회적 가치 창출과 재무적 지속 가능성에 중점을 둔다. 일반 벤처기업처럼 수익성만을 고려하기보다는, 사회적 영향과 기업의 미션을 이해하고 지원하는 투자자나 기관으로부터 자금을 확보하는 것이 특징이다. 이들은 다음과 같은 자금조달 방식을 활용한다.

- 임팩트 투자(Impact Investing): 임팩트 투자는 재무적 수익과 함께 사회적, 환경적 영향에 초점을 둔 투자를 의미한다. 임팩트 투자자들은 소셜벤처의 사회적 미션과 그 영향력을 중요하게 평가하며, 단순한 수익률보다는 기업이 창출하는 사회적 가치를 중시한다. 그 예로 '베네핏 서울'은 교육, 환경, 사회적 약자 지원 분야에서 활동하는 소셜벤처에 투자하는 임팩트투자 펀드다. 이 펀드는 벤처캐피탈처럼 재무적 수익을 추구하지만, 동시에 투자기업이 얼마나 긍정적인 사회적 영향을 미치는지에 대한 평가를 투자의사결정의 중요한 요소로 삼는다.
- 크라우드펀딩(Crowd Funding): 소셜벤처는 일반 벤처기업에 비해 크라우드펀딩을

통해 자금을 조달하는 경우가 많다. 크라우드펀딩은 다수의 개인이 소셜벤처의 미션과 사업 아이디어에 공감하여 소액을 투자하거나 후원하는 방식이다. 예로' 당근마켓'은 지역 커뮤니티 활성화와 중고거래를 통한 환경보호를 목표로 한 소셜벤처로, 초창기에는 크라우드펀딩을 통해 운영자금을 마련했다. 당근마켓은 지역사회에 기여하는 활동을 통해 이용자들의 지지를 얻었고, 이를 바탕으로 성공적인 자금조달을 이루어 내며 성장했다.

- 사회적 금융(Social Finance): 소셜벤처는 사회적 금융기관으로부터 대출이나 투자 형태로 자금을 조달할 수 있다. 사회적 금융은 소셜벤처가 사회적 가치를 창출하는 활동을 지속할 수 있도록 자금을 제공하며, 일반 금융기관보다 낮은 이자율로 대출을 제공하거나 자금회수기간을 유연하게 조정해주는 것이 특징이다. 예를 들면 '한국사회투자'는 국내 소셜벤처와 사회적 기업을 대상으로 저금리 대출과 컨설팅 서비스를 제공하는 사회적 금융기관이다. 예를 들어, 친환경제품을 생산하는 소셜벤처는 한국사회투자를 통해 자금을 확보하고, 사회적 미션을 수행하면서도 지속 가능한 비즈니스를 운영할 수 있게 된다.
- 사회적 채권(Social Bonds): 소셜벤처는 사회적 채권을 발행하여 자금을 조달할 수 있다. 사회적 채권은 사회적 목표를 달성하기 위한 자금을 조달하는 목적으로 발행되며, 투자자들은 이 채권을 통해 기업이 사회문제해결에 기여하는 것을 지원한다. 글로벌 기업인 유니레버(Unilever)는 자사의 사회적 프로젝트를 지원하기 위해 사회적 채권을 발행했다. 이를 통해 유니레버는 친환경 생산, 공정 무역, 지역사회 지원 등의 사회적 가치를 추구하는 다양한 사업에 필요한 자금을 확보했다.
- 정부 및 공공기관의 지원: 소셜벤처는 정부와 공공기관으로부터 다양한 지원을 받을 수 있다. 정부는 소셜벤처의 사회적 기여와 공익성을 인정하고, 자금지원, 보조금, 저리대출, 세제혜택 등 다양한 형태의 지원을 제공한다. '한국사회적 기업진흥원'은 소셜벤처와 사회적 기업을 지원하기 위해 정부가 설립한 기관으로, 창업지원금, 연구개발자금, 저리대출 등 다양한 자금지원 프로그램을 운영하고 있다. 이를 통해 환경, 복지, 교육 등 사회적 문제를 해결하는 기업들이 자금을 확보하고 사업을 확장할 수 있도록 돕는다.

한국 소셜벤처의 경우 투자액이 있는 78개 기업의 세부투자항목을 구분하여 보면, 사회적 경제 특정투자 중 공공부문 투자가 24.4%로 가장 높은 비율을 보였고, 일반투자 중 공공부문 투자가 21.8%, 일반투자 중 일반금융권 투자가 15.4%, 일반투자 중 엔젤투자가15.4% 순으로 나타났다.[20]

20 2022년 사회적 기업실태조사(인증사회적 기업) 한국노동연구원 고용노동부, 한국 사회적 기업진흥원

4. 규제 고려사항

한국벤처기업의 자금조달 규제에 대해 논의할 때, 여러 가지 중요한 요소들을 고려해야 한다. 이는 벤처기업이 자금을 효율적으로 조달하고 지속 가능한 성장을 이루기 위해 필수적이며, 다음의 주요 고려사항들을 감안해야 한다.

4.1 자본시장 접근규제에서의 공모 및 사모규제

한국에서 벤처기업이 자금을 조달하기 위해 공모를 진행할 경우, 금융위원회와 금융감독원의 규제를 준수해야 한다. 공모를 통해 자금을 조달하려면 엄격한 공시 요구사항을 포함한 다양한 법적 요건을 충족해야 하는 반면, 사모방식의 경우 상대적으로 규제가 덜하지만, 투자자 수와 투자금액에 제한이 있을 수 있다.

4.2 증권발행규제

벤처기업이 주식이나 채권을 발행할 때 증권신고서 제출 및 공시의무를 준수해야 한다. 이는 투자자 보호와 투명성 제고를 위한 중요한 절차이기 때문이다.

벤처캐피탈 및 엔젤투자자 규제

- 벤처캐피탈 등록 및 운영규제: 벤처캐피탈 및 신기술금융회사는 중소벤처기업부 및 금융위원회에 등록된 후 운영할 수 있으며, 자본금요건과 투자자 보호를 위한 여러 규제를 준수해야 한다. 이는 벤처캐피탈 시장의 투명성과 신뢰성을 높이기 위한 조치이다.
- 엔젤투자자 지원정책: 정부는 엔젤투자자에 대한 세제혜택과 투자손실 보전프로그램 등을 통해 벤처기업에 대한 개인투자자의 참여를 장려하고 있다.

정부지원 프로그램 및 규제

- 정부보조금 및 지원금: 중소벤처기업부와 같은 정부기관은 벤처기업을 위한 다양한 보조금 및 지원 프로그램을 운영하고 있다. 이러한 지원금은 기술개발, 시장진출, 인력양성 등에 사용될 수 있다.
- 정책자금대출: 정부는 벤처기업을 대상으로 저리의 정책자금을 제공하여 자금조달을 지원한다. 이러한 대출은 기업의 성장 단계에 따라 다양한 조건으로 제공된다.

- 규제 샌드박스 제도: 신기술 및 신사업 모델의 실증을 지원하기 위해 일정기간동안 규제를 유예해 주는 규제 샌드박스 제도를 운영하고 있다. 벤처기업은 이 제도를 통해 혁신적인 아이디어를 빠르게 시장에 출시할 수 있다.

회계 및 세제 규제

- 벤처기업인증 및 세제혜택: 벤처기업으로 인증을 받으면 법인세 감면, R&D 세액공제 등 다양한 세제 혜택을 받을 수 있다. 이를 위해서는 중소벤처기업부의 인증절차를 거쳐야 한다.
- 투자자 보호를 위한 회계규제: 벤처기업은 자금조달 과정에서 투자자들에게 신뢰를 주기 위해 투명한 회계관리를 해야 한다. 외부감사와 정기적인 재무제표 공개가 요구될 수 있다.

핀테크 및 크라우드펀딩 규제

- 크라우드펀딩 규제: 벤처기업이 크라우드펀딩을 통해 자금을 조달할 경우, 금융위원회에 등록된 플랫폼을 통해야 하며, 투자자 보호를 위한 다양한 규제를 준수해야 한다. 이는 소액 투자자들의 투자 리스크를 줄이기 위한 조치이다.
- 핀테크 규제: 핀테크(FinTech) 벤처기업의 경우, 금융규제 및 데이터 보호규제를 철저히 준수해야 한다. 이는 금융거래의 안전성과 소비자 보호를 위한 중요한 요소이다.

한국 벤처기업의 자금조달 규제는 다양한 측면에서 벤처생태계의 신뢰성과 투명성을 제고하는 역할을 하고 있다. 벤처기업은 이러한 규제를 준수하면서도, 정부의 다양한 지원프로그램을 적극 활용하여 자금을 효율적으로 조달할 수 있는 전략을 마련해야 한다. 이를 통해 벤처기업은 안정적인 성장기반을 구축하고, 장기적인 성공을 도모할 수 있을 것이다.

CHAPTER 04

자금조달 시점 파악

이 장에서 논의하는 Rich versus King 관점

당신이 회사를 창업하는 목적은 무엇인가? 그 목적에 따라서 회사의 정체성을 명확히 해야 한다. 만약 큰 부자가 되기를 원한다면 일단 자본조달을 쉽게 할 수 있는 형태의 회사를 선택해야 한다. 그 이유는 자본조달에 참여하는 투자자들을 유치하고 그들의 자본회수가 용이한 지배구조가 형성되어야 하기 때문이다. 반면 대대로 물려줄 수 있는 회사를 차리겠다면 지배적인 지배구조를 확보하고 유지해야 하므로 자본조달의 용이성은 양보해야 한다. 이 장에서는 어떤 형태의 회사가 큰 부자 또는 지배적인 지배구조에 적합한지를 논의하고 한국과 미국의 사례를 반영하였다. 또한 동업의 형태로 창업할 때 고려해야 하는 사항들을 논의한다. 마지막으로 창업의 핵심요소인 핵심직원을 유치할 때 빈번히 사용되는 전략인 스톡옵션 부여법에 대해 살펴보았다.

1. 재무제표 알아가기
2. 기업의 현금 순환 과정
3. 현금흐름표와 자금조달 시점 파악
4. 추정 재무제표 작성
5. 지속 가능 성장률

CH 04. **자금조달 시점** 파악

창업한지 오래 되지 않은 회사의 운영을 위해 언제 그리고 얼마의 자금이 필요한지를 미리 파악하는 것은 그 회사가 생존하는 데 있어 가장 중요한 정보이다. 이미 많이 성장한 기업에게 이 자금조달 시점을 파악하는 것은 그다지 중요하지 않을 수 있다. 하지만 창업한지 오래 되지 않은 스타트업 기업에게 자금조달 수요 파악은 창업가가 가장 신경 써야 하는 업무이다. 왜냐하면 회사 운영과 시설투자를 위한 자금이 당장 필요한 시점에서 조달하려고 하면 그때는 너무 늦었기 때문이다. 성공적으로 자금을 조달하기 위해서는 늦어도 1년 적절하게는 1년 6개월 전에 자금조달을 시작해야 한다. 자금을 조달하는 규모가 커질수록 자금조달에 소요되는 기간도 연장되기 마련이다. 따라서 창업가는 자금조달 시점을 파악하는 방법을 반드시 숙지해야만 한다. 그리고 창업가에게 있어 중요한 기점은 외부 자금의 조달이 없이 영업현금흐름을 통해서 회사가 운영이 가능하게 되는 시점을 파악하는 것이다. 이 장에서 창업가는 추가적인 자금을 투입해야 하는 시점을 파악하는 방법과 투입해야 할 금액이 얼마가 적정한가를 배울 것이다. 추가적인 자금을 투입해야 하는 시점을 찾는 것을 우리는 자금조달 시점 파악이라고 명칭하고 추가적인 투입 금액을 결정하는 것을 자금조달 수요 파악이라고 부를 것이다.

1. 재무제표 알아가기

자금조달 시점을 파악하기 위해서 창업가가 알아야 하는 가장 중요한 회계 지식은 재무제표이다. 재무제표에는 재무상태표, 손익계산서, 현금흐름표가 있다. 첫째인 재무상태표는 기업을 이해하는 두 가지 관점을 표시한다. 첫째 관점은 기업이 필요한 자금을 어떻게 조달했는가이고 둘째 관점은 그 조달한 자금을 어떻게 활용해서 어떤 자산—기업이 소유한 재산—을 취득했는가이고 이것은 기업의 입장에서 투자에 해당한다. 이것이 표현된 것이 재무상태표(구 대차대조표)이다. 재무상태표의 오른쪽에는 자금조달의 이력이 표시되어 있고 왼쪽에는 다양한 자산항목들이 표시된다. 기

그림 4.1 개념적인 재무상태표

업은 조달한 자금 내에서 투자가 가능하기 때문에 자금조달의 양과 투자금액은 항상 일치한다. 투자하지 않은 금액은 기업이 현금으로 보유하고 있는 것이다.

$$자산 = 부채 + 자기자본$$

기업이 자산을 보유하는 목적은 기업 고유의 영업을 하는 데 필요하기 때문이다. 기업이 영업활동을 통해서 1년 안에 사라지는 자산을 유동자산이라고 한다.[1] 치킨을 판매하는 가게에서 사용하는 생닭, 식용유, 양념과 같이 제품을 만드는 데 필요한 원재료, 기름에 튀겨진 닭과 같은 가공품, 양념이 가미된 튀겨진 닭과 같은 최종 완성품을 통틀어 재고자산이라 한다. 재고자산을 늘리기 위해 기업은 보유하고 있는 현금을 사용한다. 최종 제품을 생산하고 소비자에게 판매해서 최종적으로 판매 대금을 회수하면 현금이라는 자산의 형태로 복귀하는 단계를 거친다. 영업의 첫 단계인 제품생산 단계로 돌아가서 영업 활동을 다시 반복할 수 있게 된다. 이 과정을 영업 순환 과정이라고 부른다. 회사가 1년을 초과하여 지속적으로 사용하는 자산을 비유동자산이라 부른다. 비유동자산에는 토지, 공장, 기계류 등을 포함하는 유형자산과 브랜드, 특허 및 영업권을 포괄하는 무형자산이 존재한다. 이러한 비유동자산의 취득에는 대규모의 자금이 필요하고 실제로 현금을 지출해야만 한다. 이를 가능하게 하는 것이 자금조달이다.

기업의 영업순환이 한 번 일어나면 기업은 매출액과 이익/손실이 발생시킨다. 기업이 다양한 비용으로 지출한 금액보다 소비자로부터 더 많은 돈을 받으면 이익을 거두지만 반대의 경우에는 손실을 입을 것이다. 사실 소비자로부터 받는 매출 대금이 회사의 영업활동에서 창출되는 거의 유일한 현금유입이라는 것에 유의하자. 매출액에서 위에 기술한 다양한 비용들을 빼고 나면 투자자들이 가장 관심을 가지는 당기

1 대표적인 유동자산으로는 현금 및 현금 등가물, 매출채권, 재고자산 등이 있다.

표 4.1 개념적인 손익계산서

	2024	2023	2022
순매출(Revenue, Sales)			
매출원가(Cost of Goods Sold)			
총이익(Gross Profit)			
판매 및 일반 관리비(Selling and General Administrave)			
연구개발비(Research and Development)			
감가상각비 및 무형자산 감가상각(Depreciation and Amortization)			
영업이익(Operating Income)			
기타수입(Other Income)			
이자법인세차감전이익(Earning before Interest and Taxes)			
이자수입(비용)(Interest Income(Expense))			
세전 순이익(Earnings before Taxes, Taxable Income)			
세금(Texes)			
당기 순이익(Net Income)			
주당 순이익(Earnings per Share)			
희석된 주당 순이익(Diluted Earnings per Share)			

순이익/순손실 항목이다. 이를 표시하는 재무제표 항목이 손익계산서이다. 투자자들은 손익계산서에서 당기 순이익/순손실을 제일 우선시하게 된다. 기업이 순이익을 생성하면 그 이익을 투자자에게 돌려주거나 기업 내에 유보해서 재투자를 위한 자금으로 활용하게 된다. 투자자에게 돌려주는 방법은 배당금을 지급하거나 발행한 주식을 매수하는 것이다.

기업이 영업활동에 지출하는 비용은 다음과 같이 분류된다.

- 매출원가: 생산에 참여하는 직원들의 인건비와 원재료 구입에 들어가는 비용 등의 합계
- 판관비: 판매와 관리 업무에 종사하는 직원들의 인건비와 제품 선전 및 광고에 들어가는 비용을 포함
- 감가상각: 유형자산의 가치 감소분을 의미함
- 이자비용: 장기대출에 대한 이자 지급을 의미함
- 세금: 이익에 대한 정부에 납부하는 세금을 의미함

위에서 기술한 손익계산서는 1년과 같은 정해진 기간에 기업의 이익이 얼마나 발생했는지를 알려주는 것이지 기업의 실제 현금 증가가 얼마인지를 알려주지 않는다. 그 이유는 첫째로 유형자산의 감가상각과 무형자산의 상각과 같은 비현금비용이 존재하기 때문이고 둘째로 유형자산에 대한 투자나 재고자산의 증가를 위해 지출하는 현금은 손익계산서에 나타나지 않기 때문이다. 따라서 손익계산서와 재무상태표를 활용해서 정해진 기간에 얼마의 현금이 어디에서 발생하고 어디에 사용되었는지를 알려주는 것이 현금흐름표이다. 기업의 가치를 평가하는 투자자와 회사를 운영하는 재무관리자에게 현금흐름표는 가장 중요한 정보를 제공한다.

현금흐름표는 영업활동, 투자활동, 재무활동의 세 부문으로 나뉘어 있다. 영업활동 현금흐름은 회사의 본질적인 영업을 통해 창출되는 현금을 의미한다. 투자활동 현금흐름은 영업활동을 영위하기 위한 유무형 자산 및 다른 기업의 주식과 국채 등에 대한 취득과 처분으로 인해 발생하는 현금을 의미한다. 유무형 자산, 다른 기업의 주식과 국채 등을 취득하는 경우에는 투자활동 현금흐름이 음의 값을 가지게 만들고 이들을 처분하는 경우에는 양의 값을 가지게 만드는 것에 유의한다. 마지막으로 재무활동현금흐름은 자기자본의 조달과 주주환원, 타인자본, 즉 부채의 조달과 상환 및 이자지급 등을 통해 발생하는 현금을 의미한다. 자기자본과 타인자본의 조달은 기업에 현금 유입을 발생시키지만 배당 지급과 같은 주주환원 및 부채의 원금 상환과 이자의 지급은 기업에 현금 유출을 발생시킨다.

영업활동 현금흐름은 일반적으로 손익계산서의 순이익에서 시작한다. 하지만 순이익을 계산할 때 차감하는 유형자산의 감가상각과 무형자산의 상각비는 비현금성 비용이기 때문에 영업활동 현금흐름을 계산할 때에는 순이익에 다시 더한다. 이외에도 지급이 연기된 세금과 같은 비현금성 비용은 감가상각 또는 상각과 같은 이유로 더해준다. 여기에 매출채권과 재고자산의 증가 또는 감소와 매입채의 증가 또는 감소에 관련된 현금 효과를 조정해 주면 영업활동 현금흐름을 계산할 수 있다. 매출채권, 매입채무, 재고자산의 증감은 각각 당기의 값에서 전기의 값을 빼서 구한다. 아래의 처리 원칙에 대한 이유는 재무관리 교재를 참고하기 바란다.

- 매출채권: 매출채권의 증가분은 감산하고 매출채권의 감소분은 가산한다.
- 매입채무: 매입채무의 증가분은 가산하고 매입채무의 감소분의 감산한다.
- 재고자산: 매출채권과 같은 방식으로 처리한다.

표 4.2 개념적인 현금흐름표

			당기	전기
영업활동				
	당기순이익			
	감가상각 및 무형자산 상각비			
	순운전자본 변동의 현금효과 조정			
		매출채권		
		매입채무		
		재고자산		
영업활동 현금흐름				
투자활동				
	자본지출			
	인수 및 기타 투자활동			
투자활동 현금흐름				
재무활동				
	배당지급			
	주신의 발행			
	주식의 매입			
	단기 차입의 증가 또는 감소			
	장기 차입의 증가 또는 감소			
재무활동 현금흐름				
현금 및 현금성 자산의 순증가				

2. 기업의 현금 순환 과정

사업이란 오늘의 현금을 사용하여 미래의 현금으로 변환하는 하는 기계라고 간주해도 된다. 사업이 훌륭하다면 오늘 사용한 현금이 미래에 훨씬 많은 현금으로 바뀌어 돌아오지만 그렇지 않은 사업은 오늘 사용한 현금보다도 적은 현금으로 바뀌어 되돌

아온다. 사업을 영위하기 위해서 필요한 모든 자산을 구매하고 직원들을 고용하며 필요한 서비스를 구독하는 등 제품을 고객에게 판매해서 현금을 수취할 때까지 모든 활동에는 현금이 소요된다. 현금이 남아 있는 한 회사는 현금을 활용해서 이러저러한 시도를 해 볼 수 있다. 하지만 현금이 떨어지면 회사는 더 이상 정상적으로 활동을 할 수 없게 된다. 기업의 현금흐름 순환 과정은 현금보유 → 제품생산을 위한 현금 지출 → 소비자 매출을 위한 현금 지출 → 매출채권 회수 → 기업의 현금보유의 일련의 과정이다. 기업가가 현금흐름 순환 과정을 이해하지 못한다면 소위 말하는 흑자도산의 나락으로 떨어질 것이다. 흑자도산을 이해하려면 사실 기업에서의 현금은 사람의 몸에서 혈액과 같다고 생각하면 쉽다. 혈액이 제대로 순환하지 않아서 동맥경화가 발생하면 이 증상이 악화되어 협심증으로 발전해서 심장마비가 와서 사망하는 것처럼 회사에서 현금이 잘 유통되지 않으면 결국 부도 및 파산에 이르기 때문이다.

당신이 오늘 창업한 회사는 당신이 회사에 기여한 자본금만 있는 상태이다. 이 자본금이 시작현금을 이룬다. 매출이 발생해서 고객으로부터 현금을 수취하기 이전인 당신의 회사는 전적으로 지분 투자자인 당신에게서 현금이 유입된다. 이 자본금을 활용해서 창업가인 당신은 오랫동안 사용될 유형자산을 구매하고 원재료를 구입하며 직원을 고용해서 완성된 제품을 생산한다. 그리고 열심히 고객에게 홍보하여 제품을 판매하고 고객에게서 현금을 수취한다. 이렇게 수취한 현금에서 영업활동을 위해 사용한 비용뿐만 아니라 이자와 세금을 제하면 회사에 추가되는 현금을 계산할 수 있게 된다. 이것이 영업활동에 의한 현금의 순환이다. 제품의 가격이 이자와 세금을 포괄하는 총 비용보다 높다면 회사는 계속해서 현금의 보유량을 늘리게 된다. 이렇게 늘어난 현금은 영업활동에 재사용되고 현금이 많이 축적된다면 유형자산을 구매할 때도 외부로부터 자금을 조달하지 않고도 회사가 보유한 현금, 즉 유보금으로 대금을 결제할 수 있다.

회사가 현금을 사용할 때 중요한 운전자본 정책에 대해 논의한다. 운전자본이란 유동자산에서 유동부채를 제한 것을 의미한다.[2] 만약에 고객이 바로 현금으로 제품의 가격을 지불하면 바로 그 현금을 생산 및 판매 활동에 재사용이 가능하지만 기업이 고객인 B2B 사업은 그런 경우가 매우 드물고 오히려 고객이 실제로 현금으로 대금을 지불하는 데 보통 몇 달을 기다려야 한다. 고객이 회사의 제품을 외상으로 구입하는 경우에는 제품대금에 해당하는 매출채권이 발생한다. 매출채권은 당신의 회사가 보유하는 유동자산에 해당한다. 당신의 회사가 현금을 보는 것은 매출채권이 사

---

2 대표적인 유동부채에는 매입채무, 단기차입금, 미지급금, 선수금, 예수금, 미지급비용 등이 있다. 각 항목의 의미는 인터넷 검색을 통해 확인해보자.

라지는 순간이다. 이와 동일한 방식으로 당신이 원재료를 구매할 때 현금으로 대금을 결제하지 않고 외상으로 구입하게 되면 원재료 대금에 해당하는 매입채무가 발생한다. 매입채무는 당신의 회사가 보유하는 유동부채에 해당한다. 이 매입채무는 당신의 회사에서 현금이 유출되지 않고 회사 내에서 당분간 더 머물게 한다. 따라서 회사가 보유하는 현금을 늘리는 운전자본 전략은 매입채무는 늘리고 매출채권은 전혀 만들지 않는 것이다. 이와 같은 운전자본 운영 전략을 잘 활용한 회사의 사례가 고객의 취향에 맞추어 컴퓨터를 주문생산 및 판매했던 델(Dell)이라는 회사이다. 델은 고객이 결정한 부품사양에 맞추어 부품회사에 해당 부품을 주문하고 고객에게 바로 신용카드 결제를 유도한다. 일반 고객의 신용카드 결제는 회사의 입장에서는 거의 현금결제와 같다. 반면에 델은 부품회사에게 신용거래를 이용하여 부품의 대금을 결제하여 매입채무를 늘린다. 결과적으로 고객으로부터 현금이 유입되지만 부품회사에게 현금이 유출되지 않기 때문에 델은 주문이 늘수록 현금을 지속적으로 축적할 수 있게 된다.

3. 현금흐름표와 자금조달 시점 파악

재무제표 중에서 자금조달 수요 파악과 관련하여 가장 중요한 것은 현금흐름표이다. 현금흐름표는 회사가 보유하고 있는 현금이 얼마인지를 가늠할 수 있게 하기 때문이다. 현금흐름표에 적용되는 공식은 다음과 같다.

기말현금 - 기초현금
= 영업활동현금흐름 + 투자활동현금흐름 + 재무활동현금흐름

여기서 기초현금은 회계연도가 시작되는 시점에서 회사가 보유한 현금을 말하고 기말현금은 회계연도가 끝나는 시점에서 회사가 보유한 현금을 의미한다. 영업활동현금흐름은 회사의 본질적인 영업을 통해 창출되는 현금을 의미한다. 투자활동현금흐름은 영업활동을 영위하기 위한 유무형 자산 및 다른 기업의 주식과 국채 등에 대한 취득과 처분으로 인해 발생하는 현금을 의미한다. 재무활동현금흐름은 자기자본의 조달과 주주환원, 타인자본, 즉 부채의 조달과 상환 및 이자지급 등을 통해 발생하는 현금을 의미한다. 따라서 위의 수식은 해당 회계연도에 추가 또는 감소하는 현금은 영업활동, 투자활동, 재무활동에서 발생한 현금들의 합과 일치한다는 것이다.

표 4.3 창업 직후 엔젤투자자의 투자 이전 자금조달 시점 파악

월	기초현금	영업활동현금흐름	투자활동현금흐름	재무활동현금흐름	기말현금
0	100,000	0	-20,000	0	80,000
1	80,000	-4,500	0	0	75,500
2	75,500	-4,500	0	0	71,000
3	71,000	-4,500	0	0	66,500
4	66,500	-4,500	0	0	62,000
5	62,000	-4,500	0	0	57,500
6	57,500	-4,500	0	0	53,000
7	53,000	-4,500	0	0	48,500
8	48,500	-4,500	0	0	44,000
9	44,000	-4,500	0	0	39,500
10	39,500	-4,500	0	0	35,000
11	35,000	-4,500	0	0	30,500
12	30,500	-4,500	0	0	26,000
13	26,000	-4,500	0	0	21,500
14	21,500	-4,500	0	0	17,000
15	17,000	-4,500	0	0	12,500
16	12,500	-4,500	0	0	8,000
17	8,000	-4,500	0	0	3,500
18	3,500	-4,500	0	0	-1,000
19	-1,000	-4,500	0	0	-5,500
20	-5,500	-4,500	0	0	-10,000

성숙한 기업은 보통 주주총회 기간에 주주들에게 회사의 실적을 공개하기 위해 현금흐름표를 1년에 한 번 갱신한다. 하지만 창업기업의 경우는 기초현금과 기말현금을 매월 계산하여 현금의 보유량을 확인하는 것이 필요하다. 왜냐하면 이렇게 하는 것이 자금조달의 시점을 파악하는 데 유리하기 때문이다. 여기까지 설명한 것을 응용하여 자금조달 시점을 파악하는 하나의 사례를 고려해보자. 이 사례는 창업해서 엔젤투자자로부터 자금을 조달하기 이전을 염두에 둔 것이다. 현재 창업 기업이 보유

한 기초현금은 창업자가 기여한 자본금 1억 원이 있다고 가정한다. 창업자가 더 이상의 자본금을 출자하지 않는다고 가정하고 이번 달에 중요한 기계구입에 2천만 원을 지출하고 다음 달부터 매월 마이너스 450만 원의 동일한 영업활동현금흐름이 발생한다고 가정한다. 그렇다면 얼마만에 이 회사가 보유하는 현금이 바닥나는지 알아보자. 이 물음에 답하기 위해 〈표 4.3〉은 위에 기술한 가정들을 적용하여 엑셀로 매월 회사의 기말현금을 계산한 것이다. 〈표 4.3〉에서 현금흐름표에 해당하는 모든 항목들, 즉 기초현금, 기말현금, 영업활동현금흐름, 투자활동현금흐름, 재무활동현금흐름은 모두 천원 단위로 표시되었다. 또한 이번 기의 기말현금은 다음 기의 기초현금이 된다는 것을 이용하였다.

〈표 4.3〉에서 볼 수 있듯이 기말현금이 처음으로 음의 값을 가지는 월이 회사에 자금이 유입되어야 하는 마지막 시기이다. 따라서 18개월 후에는 회사의 보유현금이 바닥이 나기 때문에 창업가는 아무리 늦어도 창업 후 18개월 지난 시점에는 추가적인 자금을 회사에 투입해야 한다. 그렇지 않으면 회사는 정상적인 영업활동을 지속할 수 없기 때문이다. 창업가는 창업 후 18개월 시점보다 최소한 12개월 이전인 6개월 후부터는 엔젤투자자로부터 자금을 조달하는 활동을 시작해야 한다. 창업가는 자금조달에는 시간이 소요되고 조달하려는 금액이 크면 그 기간도 길어진다는 점을 항상 명심해야 한다.

〈표 4.3〉을 통해 자금조달 시점을 파악한 창업가가 창업 후 3개월 후부터 자금조달 활동을 개시하고 12개월 후인 창업 후 15월에 엔젤투자자로부터 5억 원의 자금을 조달한다고 가정한다. 그리고 바로 다음 달에 새로운 기계를 추가로 구입하는 데 1억 원을 사용하고 영업활동현금흐름도 매월 마이너스 1,500만 원으로 증가한다고 가정하면 위의 현금흐름표는 〈표 4.4〉와 같이 변경된다. 〈표 4.4〉에서 15월에 기말현금이 대폭 증가하고 이 가용현금을 중요한 시설투자에 사용할 뿐만 아니라 직원의 고용이나 원재료구입 증가와 같이 회사의 운영에 필요한 영업활동 현금 사용을 증가시키는 것에 유의한다.

이 사례는 매우 간단하지만 창업가가 언제 자금을 조달해야 하는지를 파악하는 데 필요한 핵심을 담고 있다. 이 사례는 하버드 비즈니스 스쿨에서 출간한 서버 볼트(Server Vault) 사례를 자금조달 시점 파악이라는 개념을 이해하기 쉽게 재구성한 것이다.[3]

---

3 해당 사례에 관심있는 창업가는 웹페이지 https://hbsp.harvard.edu/finance/?icid= top_nav를 찾아가 서버 볼트 사례를 구매하고 사례에서 제시하는 문제를 풀어보기 바란다. HBSP에서 발간한 서버 볼트 사례의 웹페이지는 다음과 같다. http://hbsp.harvard.edu/product/UV0088-PDF-ENG?Ntt=server%20vault

표 4.4 엔젤투자자로부터 자금조달 후 성장한 회사의 현금흐름표

월	기초현금	영업활동현금흐름	투자활동현금흐름	재무활동현금흐름	기말현금
0	100,000	0	-20,000	0	80,000
1	80,000	-4,500	0	0	75,500
2	75,500	-4,500	0	0	71,000
3	71,000	-4,500	0	0	66,500
4	66,500	-4,500	0	0	62,000
5	62,000	-4,500	0	0	57,500
6	57,500	-4,500	0	0	53,000
7	53,000	-4,500	0	0	48,500
8	48,500	-4,500	0	0	44,000
9	44,000	-4,500	0	0	39,500
10	39,500	-4,500	0	0	35,000
11	35,000	-4,500	0	0	30,500
12	30,500	-4,500	0	0	26,000
13	26,000	-4,500	0	0	21,500
14	21,500	-4,500	0	0	17,000
15	17,000	-4,500	0	500,000	512,500
16	512,500	-15,000	-100,000	0	397,500
17	397,500	-15,000	0	0	382,500
18	382,500	-15,000	0	0	367,500
19	367,500	-15,000	0	0	352,500
20	352,500	-15,000	0	0	337,500

4. 추정 재무제표 작성

창업기업에서 드디어 매출이 발생하고 유형자산에 대한 자본지출의 필요성이 큰 경우에는 자금조달 시점을 파악하기 위해서 추정 재무제표(Proforma Financial Statements) 작성을 해야만 한다. 이를 위해 먼저 추정 손익계산서와 추정 재무상태표를 작성하고 이에 기반하여 추정 현금흐름표를 구성한다. 추정 현금흐름표를 작성하면 〈표 4.4〉를 활용하여 자금조달 시점을 추정할 수 있게 된다. 추정 재무제표는 특히 생산 가능량(Production Capacity)을 증가하기 위해 자본 지출의 시점을 파악하는 데에도 유용할 수 있다.

예측을 통한 추정 재무제표를 작성하기 위해서는 엑셀로 재무 모델을 만들어야 한다. 추정 재무제표 작성에 가장 많이 사용되는 예측 방법은 매출액 백분율법(Percent of Sales Method)이다. 이 방법은 매출액이 증가할 때 손익계산서와 재무상태표의 많은 항목들의 매출액 대비 비율이 일정하게 유지된다고 가정한다. 따라서 이 방법은 매출액에 대한 예측이 얼마나 잘 되었느냐에 따라서 다른 항목들에 대한 예측의 우수성도 결정된다.

먼저 매출액 백분율법을 적용하기 위해 다음의 과정을 거친다.

- 기존의 손익계산서에서 해당 항목들을 모두 매출액으로 나누어 각 항목의 매출액 백분율을 구한다.
- 차기 회계연도에 예상되는 매출액을 계산하는 데 이는 보통 기존매출액 × (1 + 매출 성장률) 공식으로 구한다.
- 이렇게 구해진 차기 회계연도 매출액에 각 항목의 매출액 백분율을 곱하면 차기 회계연도의 손익계산서 해당 항목의 값을 구할 수 있다.

〈표 4.5〉는 위에 설명한 추정 손익계산서 작성을 하는 과정을 보여주기 위해 실제보다 간소하게 손익계산서 항목을 채택한다. 백분율을 계산하는 과정에서 회사의 세율은 30%라고 가정한다.

그 다음으로 차기 년도의 각종 비용을 산정하기 위해서는 먼저 차기 년도의 매출액을 추정해야 한다. 이 부분이 가장 어렵고 중요한 부분이다. 일단 논의를 단순화하기 위해 〈표 4.6〉에서 보이는 것처럼 차년도의 매출액은 올해에 비해 30%가 증가한다고 가정하자. 이렇게 가정한 매출액 증가율은 해마다 바뀌는 것으로 가정할 수도 있고 아니면 쉽게 미래의 몇 년간은 동일한 성장율을 가진다고 가정할 수도 있다. 그

표 4.5 손익계산서에서 매출액 백분율 도출

(단위: 백만 원)

연도	2023년	매출액 백분율
매출액	52,843	
감가상각비 제외비용	-39,896	75.50%
EBITDA	12,947	24.50%
감가상각비	-3,593	6.80%
EBIT	9,353	17.70%
순 이자비용	-951	1.80%
세전이익	8,402	15.90%
세금	-2,521	4.77%
순이익	5,881	11.13%

러면 2024년의 매출액은 2023년도 매출액에 (1 + 30%)를 곱하여 구한다. 2024년의 각종 비용을 계산하기 위해서 순이자비용과 세금을 제외한 모든 비용들의 매출액 백분율은 2023년도에서 구한 값들과 동일할 것이라고 가정한다. 예를 들어 〈표 4.6〉에서 감가상각비 제외비용의 추정치는 2024년도 매출액 추정치인 68,696에 2023년도 감가상각비 제외비용의 매출액 백분율이 75.5%를 곱한 값인 -51,865이다. 순이자비용에 대해서는 특별한 가정이 필요하다. 왜냐하면 회사가 연속적으로 장기채권을 늘려가지 않는다면 순이자비용은 변화하지 않는 경우가 보다 일반적이기 때문이다. 이러한 가정들을 도입하면 이전 단계에서 도출한 각종 비용 항목들의 매출액 백분율에 매출액 추정치를 곱하여 차기 년도의 비용 예상치를 구할 수 있게 된다. 다만 〈표 4.6〉에서 가정한 것처럼 이자 비용이 증가하지 않는다고 가정하는 것은 회사추가 장기 채권을 발행 및 상환하지 않을 때 타당하다.

이제 추정 재무상태표를 작성하는 방법을 논의한다. 추정 재무상태표를 작성하는 방법도 추정 손익계산서를 도출하기 위해서 사용한 방법과 같이 3단계의 과정을 거친다.

① 기존의 재무상태표에서 해당 항목들을 모두 매출액으로 나누어 각 항목의 매출액 백분율을 구한다.

② 차기 회계연도에 예상되는 매출액을 계산하는 데 이는 보통 기존매출액 × (1 + 매출 성장률) 공식으로 구한다.

표 4.6 매출액 백분율법에 의한 추정 손익계산서 도출

(단위: 백만 원)

연도	2023년	2024년	계산 근거
매출액	52,843	68,696	매출 성장률 30%
감가상각비 제외비용	-39,896	-51,865	75.50%
EBITDA	12,947	16,830	24.50%
감가상각비	-3,593	-4,671	6.80%
순 이자비용	-951	-951	전년도와 동일
세전이익	8,402	11,208	EBIT - 순 이자비용
세금	-2,521	-3,362	세전이익의 30%
순이익	5,882	7,846	11.13%

③ 이렇게 구해진 차기 회계연도 매출액에 재무상태표 각 항목에 해당하는 매출액 백분율을 곱하면 차기 회계연도의 재무상태표 해당 항목의 값을 구할 수 있다.

〈표 4.7〉에 표시된 것처럼 재무상태표의 왼쪽인 자산에 해당하는 항목은 매출액 백분율법을 잘 적용할 수 있지만 오른쪽인 자금조달에 해당하는 항목들은 보다 세심한 고려가 필요하다. 유동부채에 해당하는 매입채무는 매출액에 비례해서 증가한다는 가정이 타당하지만 장기 부채나 자기자본의 증가나 감소는 경영자의 자본구조 의사결정에 크게 영향을 받기 때문이다. 또한 창업하지 오래되지 않은 신생기업의 경우는 자기자본에 의한 조달이 유일한 방법일 수 있다.

추정 재무상태표를 작성하기 위한 자기자본 조달에서 더 고려해야 하는 사실은 기업의 순이익 중에서 얼마나 주주에게 환원할지에 대한 의사결정에 따라 자기자본 조달의 양이 달라진다는 점이다. 신생기업의 경우는 주주환원을 전혀 하지 않고 회사의 자산 보유량을 확장하는 데 순이익을 전부 사용하고 추가적으로 외부 자금을 조달해야 하는 경우가 일반적이다.

〈표 4.8〉에서 2024년도에 해당하는 자산항목들은 2024년도 매출 추정액인 68,986에 각 자산의 2023년도 매출액 백분율을 곱해서 구한 것이다. 이렇게 구해진 각 자산들을 합해서 2024년도 추정자산인 81,817(백만 원)을 산정하였다. 차기 년도인 2024년 추정 자산이 2024년도 부채와 자기자본의 합의 추정치보다 큰 경우에는 자산 구입을 위해 자금을 조달해야 한다. 이를 순 신규 자금조달 추정치라고 부른다. 반대의 경우에는 주주에게 환원하거나 부채를 상환할 수 있는 여력이 발생한다. 앞에

표 4.7 재무상태표에서 매출액 백분율 도출

(단위: 백만 원)

연도	2023년	매출액 백분율
자산		
현금과 현금등가물	6,870	13.00%
매출채권	9,776	18.50%
재고자산	8,561	16.20%
총 유동자산	25,206	47.70%
유형자산	37,730	71.40%
총 자산	62,936	119.10%
부채와 자기자본		
매입채무	9,142	17.30%
장기채무	13,492	무의미
총 부채	22,634	무의미
총 자기자본	40,302	무의미
부채와 자기자본의 합	62,936	119.10%

서 논의한 것처럼 이 회사는 추정 손익계산서에서 2024년도에 7,846(백만 원)의 순이익이 발생함에도 불구하고 매출액 대비 각 자산의 비율을 유지하기 위해 추정되는 차기 자산의 양과 확보하기 위해 자금조달을 해야만 한다.

부채 및 자기자본 조달 금액을 확정하기 위해 다음을 가정한다.

- 장기 부채의 양을 유지한다. 즉 사채를 발행하지 않고 주식을 발행한다.
- 순이익의 전부를 자기자본의 항목인 이익유보금으로 재투자한다고 가정한다. 이는 순이익만큼 자기자본의 양을 증가시킨다.

〈표 4.8〉에서 계산한 순 신규 자금조달 금액은 2024년 추정 자산에서 2024년도 매입채무 + 장기채무 + 총 자기자본의 값을 제한 것이고 이 금액만큼 주식을 팔아서 자기자본을 조달한다. 하지만 이 순 신규 자금조달을 위의 가정을 따르지 않고 이전 년도 장기 부채와 자기자본의 비율을 유지한다고 가정하면 보다 장기 부채와 자기자본을 각각 얼마나 늘려야 하는지에 대한 복잡한 계산을 해야 한다.[4]

표 4.8 매출액 백분율법에 의한 추정 재무상태표 도출

(단위: 백만 원)

연도	2023년	2024년	계산 근거
자산			
현금과 현금등가물	6,870	8,930	13.00%
매출채권	9,776	12,709	18.50%
재고자산	8,561	11,129	16.20%
총 유동자산	25,206	32,768	47.70%
유형자산	37,730	49,049	71.40%
총 자산	62,936	81,817	119.10%
부채와 자기자본			
매입채무	9,142	11,884	17.30%
장기채무	13,492	13,492	이전 연도와 동일
총 부채	22,634	25,376	매입채무 + 장기채무
총 자기자본	40,302	48,148	이전 연도 총 자기자본 + 2024년도 순이익
순 신규 자금조달		8,293	총 자산 - 부채와 자기자본의 합

5. 지속 가능 성장률

히긴스(Higgins, 1977)는 지속 가능 성장률(Sustainable Growth Rate: SGR)에 대한 이론적인 기초를 발표하였다.[5] 그는 어떤 상황에서는 회사에서 확립된 재무적 정책과 회사의 성장률 목표가 일관될 수 없다고 말하고 회사가 목표하는 주주환원 및 자본구조 정책을 유지하기 위한 지속 가능 성장률은 회사의 재무적 정책과 일관된 매출액의 연간 성장률이라고 정의한다. 따라서 회사가 지속 가능 성장률을 초과하여 매출액을 늘린다면 회사의 자기자본대비부채비율이 상승하여 재무적인 건전성을 훼손하는 수

4 추정 재무제표에 대한 실질적인 문제를 풀어보고 싶은 경우에는 HBSP에서 Body Shop International Case를 구입하여 제시된 문제를 풀어보기 바란다.

5 Higgins R. C. 1977 How Much Growth Can a Firm Afford? Financial Management 6, 7-16

밖에 없고 반대의 경우에 회사는 배당을 늘리거나 자기자본대비부채비율을 감소하거나 현금과 같은 유동성 자산을 늘릴 수 있다.

회사가 목표 주주환원 비율과 자본구조를 가지고 있고 새로운 주식을 판매하지 않기를 원할 때 달성할 수 있는 매출액의 연성장율은 아래의 수식으로 계산할 수 있다.

$$g^* = \frac{p(1 - d)(1 + L)}{t - p(1 - d)(1 + L)}$$

위의 식에서 g^*는 지속 가능 성장률을, p는 기존 및 신규 매출액에 대한 동일한 매출액순이익률을, d는 목표 배당 지급율을, L은 목표 부채를 자기자본으로 나눈 비율을, t는 전체 자산을 순 매출액으로 나눈 비율을 의미한다. 이 수식은 총 자산의 증가는 부채의 증가와 내부 유보로 인한 자기자본의 증가의 합과 일치해야 한다는 조건을 적용한 것이다.

그림 4.2 지속 가능 성장률 유도

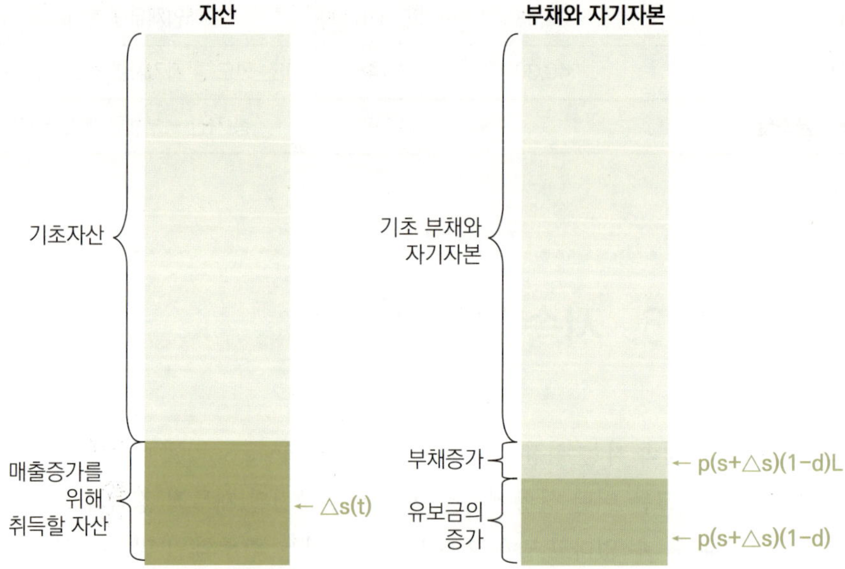

$$\triangle s(t) = p(s + \triangle s)(1 - d) + p(s + \triangle s)(1 - d)L$$

$$\text{지속 가능 성장률} = \triangle s/s = \frac{p(1 - d)(1 + L)}{t - p(1 - d)(1 + L)}$$

CHAPTER 05

벤처캐피탈

이 장에서 논의하는 Rich versus King 관점

당신이 회사를 창업한 이후 벤처캐피탈과 협의할 수준까지 왔다면 상당히 많은 사업적 진행이 이루어진 상태라고 볼 수 있다. 여기까지 사업을 이끌어 온 창업가의 역량과 운에 찬사를 보낸다. 벤처캐피탈을 이해하는 것은 무엇보다 중요하다. 그것은 창업가를 가장 잘 이해하는 자금조달 기관에 도달했기 때문이다. 벤처제도는 미국에서 기원되었고 대부분의 국가에서 그 제도를 자국의 금융제도 등의 현실을 반영하여 운영하고 있다. 그러나 벤처캐피탈의 조직이나 밸류업 방식, 투자보상, 각종 계약 등은 대체로 그 원천적인 방법을 따르고 있다. 벤처캐피탈은 당신의 사업에 관심을 가지고 당신의 회사가 성공할 수 있도록 시간과 자금을 투자하지만, 그 투자가 당신의 사업에서 당신을 퇴출시킬 수 있는 명분이 될 수도 있음을 알아야 한다.

1. 벤처캐피탈 시장의 발전
2. 벤처캐피탈 회사의 조직체계
3. LP의 GP 선택 및 GP의 투자 대상기업 선택
4. VC의 역할 및 운의 중요성
5. GP와 LP 간의 계약
6. VC와 벤처기업과의 계약
7. 명성 있는 VC들과 거래의 이점

이 장은 Stanford University Press에서 출간한 Entrepreneurial Finance Strategy, Valuation & Deal Structure의 Chapter 3을 일부 인용하였고 책에 있는 오래된 통계는 저자들이 최근 데이터를 찾아서 갱신하였다. 상기한 책의 인용 내용을 이 책에 수록하기 위해서 미리 절차를 거쳐 허락을 받았다.

CH 05. 벤처캐피탈

벤처캐피탈(Venture Capital: VC)은 혁신적인 아이디어와 높은 성장잠재력을 가진 스타트업이나 신생기업에 투자하는 자본을 의미한다. '벤처'는 모험 또는 도전을 뜻하며, '캐피탈'은 자본을 의미한다. 따라서 벤처캐피탈은 위험을 감수하고 높은 수익을 기대하며 혁신기업에 투자하는 '모험자본'이라고 할 수 있다. 벤처캐피탈은 전통적인 금융기관들이 위험성 때문에 투자하지 않는 초기 또는 성장 단계의 기업을 대상으로, 그 기업이 빠르게 성장하고 수익을 낼 수 있도록 자금을 지원한다.

벤처캐피탈이 주목하는 시장은 주로 정보통신기술, 바이오, 핀테크, 헬스케어와 같은 고부가가치 산업이다. 이러한 산업은 혁신과 기술발전을 통해 급격한 성장을 이룰 수 있는 잠재력이 크기 때문에 벤처캐피탈의 주요 투자대상으로 꼽힌다. 특히, 디지털혁명과 4차산업혁명 시대에는 기술기반의 스타트업이 시장의 새로운 동력으로 부상하고 있어 벤처캐피탈의 역할이 더욱 중요해지고 있다.

우리가 벤처캐피탈에 대해 알아야 하는 이유는 현대경제에서 스타트업과 혁신기업이 차지하는 비중이 점차 증가하고 있기 때문이다. 벤처캐피탈은 단순한 자금조달뿐만 아니라, 기업의 성장 과정에서 필요한 전략적 지원과 경영노하우를 제공하여 스타트업 생태계 발전에 핵심적인 역할을 한다. 벤처캐피탈에 대한 이해는 혁신기업, 투자자, 정부, 학계 등 다양한 이해관계자들이 시장에서 올바른 전략을 수립하고, 혁신을 주도하는 기업의 성장 과정을 지원하는 데 필수적이다.

벤처캐피탈의 일차적 기능은 신생기업에 자금을 제공하는 것이고 주요 기능은 단순히 자금을 공급하는 것에 그치지 않는다. 벤처캐피탈은 기업의 성장 단계에 필요한 자금을 제공하는 동시에, 경영컨설팅, 네트워킹, 사업 전략수립, 마케팅 등 다양한 지원을 통해 기업의 성장을 촉진한다. 투자기업에 대한 모니터링과 경영참여를 통해 기업이 빠르게 성장할 수 있는 환경을 조성하는 것이 벤처캐피탈의 핵심 역할이다.

벤처캐피탈의 성격은 크게 고위험, 고수익이라는 점에서 나타난다. 초기기업에 대한 투자는 성공 가능성이 불확실하고 시장변동성이 크기 때문에 높은 위험을 감수해야 한다. 그러나 성공할 경우 일반적인 투자수익률을 훨씬 상회하는 수익을 얻을 수 있으며, 이를 통해 포트폴리오 전체의 수익성을 높인다. 또한, 벤처캐피탈은 투자기업이 성공적으로 성장한 후 IPO(Initial Public Offering)나 M&A(Mergers and Acquisitions)를 통해 투자금을 회수하여 수익을 실현한다.

벤처캐피탈은 기업의 성장 단계에 따라 다양한 형태로 자금을 투입한다. 크게 다음과 같은 투자 단계가 있다.

- 시드(Seed) 투자: 아이디어 단계에 있는 기업에 소규모 자금을 투자하는 것으로, 제품개발이나 시장조사 등에 필요한 초기 자금을 제공한다.
- 초기(Start-up) 투자: 제품이나 서비스가 개발되고 시장진입을 앞두고 있는 기업에 투자하여 시장출시, 초기마케팅 등을 지원한다.
- 성장(Growth) 투자: 기업이 시장에서 어느 정도의 성과를 거둔 후, 사업을 확장하고 제품 및 서비스라인을 확대하는 단계에서 자금을 투입한다.
- 후기(Later Stage) 투자: 기업이 성숙기에 접어들어 상장을 준비하거나 M&A를 추진할 때 필요한 대규모 자금을 지원한다. 이러한 투자는 주식인수, 전환사채발행, 신주인수권부사채 등 다양한 형태로 이루어진다. 특히, 주식인수의 경우 벤처캐피탈이 일정 지분을 확보하여 기업경영에 참여함으로써 기업의 성장 전략을 함께 수립하고 실행하는 데 관여한다.

벤처캐피탈과 사모펀드(Private Equity: PE)는 모두 사모투자의 형태로 자금을 조달하고 투자한다는 공통점이 있다. 둘 다 주식시장에 상장되지 않은 기업을 대상으로 투자하며, 투자자들로부터 자금을 모아 포트폴리오를 구성하고 운용하는 방식으로 수익을 추구한다. 또한, 벤처캐피탈과 사모펀드 모두 기업의 가치를 높이고, 이를 통해 투자금을 회수하여 수익을 얻는다는 측면에서 유사하다.

그러나 두 자금은 투자대상과 목적, 운용방식에서 차이가 있다. 벤처캐피탈은 주로 초기 및 성장 단계의 스타트업과 신생기업에 투자하며, 기술혁신과 높은 성장 가능성을 가진 기업을 주로 대상으로 삼는다. 이들은 위험을 감수하고 혁신기업을 발굴하는 데 초점을 맞추며, 기업의 경영에 적극적으로 참여하여 성장을 지원한다. 반면, 사모펀드는 주로 성숙기에 접어든 기업이나 경영개선이 필요한 기업을 대상으로 투자한다. 사모펀드는 기업의 구조조정, 비용절감, 수익성개선 등을 통해 기업가치를 높이는 전략을 주로 활용하며, 단기간에 수익을 실현하는 것을 목표로 한다.

1. 벤처캐피탈 시장의 발전

1.1 벤처캐피탈의 역사 및 전개

1.1.1 미국의 벤처캐피탈

미국의 벤처캐피탈(VC)은 1940년대에 본격적으로 시작되어 현재까지 세계 벤처캐피탈 산업의 중심지로 발전했다. 미국 VC 산업은 기술 혁신과 관련 법 및 제도의 변화에 따라 성장해 왔으며, 실리콘밸리를 비롯한 혁신 중심지와 연계해 폭발적으로 확장되었다.

1) 벤처캐피탈의 태동(1940~1970년대)

1946년 미국 최초의 벤처캐피탈 회사인 ARDC(American Research and Development Corporation)가 설립되었다. 2차 세계대전 이후 혁신기술을 가진 기업에 투자하고, 이를 상업화하는 것에 주목했다. ARDC는 나중에 디지털장비회사(Digital Equipment Corporation: DEC)에 투자해 큰 수익을 거둬 VC의 잠재력을 입증하기도 했다. 1958년 중소기업투자회사(Small Business Investment Company: SBIC) 프로그램이 연방정부에 의해 설립되었다. SBIC 프로그램은 민간자본이 혁신기업에 투자할 수 있도록 정부의 보증을 제공했으며, 이는 미국 벤처캐피탈 산업의 성장에 핵심적인 역할을 하였다. 1960~1970년대에 이르러 반도체, 컴퓨터, 생명공학 분야에서 기술혁신이 가속화되며 벤처캐피탈은 이 분야의 스타트업에 집중적으로 투자했다. 이 시기에 실리콘밸리가 형성되면서 VC 산업이 더욱 주목을 받기 시작했다.

2) 벤처캐피탈 산업의 제도적 확장(1980~1990년대)

1978년 미국 세법 개정으로 연기금의 벤처캐피탈 투자가 허용되었다. 이로 인해 막대한 규모의 자금이 벤처펀드에 유입되었고, 이는 스타트업 투자에 중요한 동력이 되었다. 1980년 미국 증권거래위원회(SEC)는 기업공개(IPO) 규정을 완화하여 더 많은 벤처기업이 주식시장에 상장할 수 있도록 하였다. 이는 벤처캐피탈의 투자회수 방법을 다양화하여 VC 산업의 확장에 기여했다. 1980~1990년대 이 기간에 클라이너 퍼킨스(Kleiner Perkins), 세쿼이아 캐피탈(Sequoia Capital)과 같은 벤처캐피탈 회사들이 설립되어 IT, 생명공학, 인터넷 분야의 스타트업에 대규모 투자를 시작했다. 그 결과, 애플, 마이크로소프트, 시스코, 아마존과 같은 혁신 기업들이 탄생했다.

3) 인터넷 붐과 글로벌 시장 확대(2000년대)

2000년 닷컴버블이 발생하면서 인터넷 스타트업에 대한 투자가 급격히 증가했으나, 이후 버블이 붕괴되며 VC업계는 수익성 위주의 투자 전략을 모색하게 되었으며, 2002년 미국 정부는 사베인즈-옥슬리 법(Sarbanes-Oxley Act)를 도입해 기업의 재무 투명성을 강화하고, 벤처캐피탈이 투자한 기업들이 IPO를 통해 자본시장에서 자금을 조달할 수 있는 환경을 조성했다. 2010년대에 들어서면서 모바일 기술과 소셜 네트워크 서비스의 부상으로 벤처캐피탈은 페이스북, 우버, 에어비앤비와 같은 스타트업에 투자했다. 이 시기에 등장한 앤드리슨 호로위츠(Andreessen Horowitz)와 같은 신흥 VC는 실리콘밸리에서의 혁신을 가속화했다.

4) 유니콘 기업과 새로운 투자 전략(2010년대 이후)

2012년 일자리법(Jobs Act)의 통과로 크라우드펀딩이 합법화되어 스타트업의 자금조달 경로가 다양해졌다. 이는 벤처캐피탈의 투자대상과 전략을 다양화하는 데 도움을 주었다. 2020년대에 이르러 코로나19 팬데믹 이후 디지털전환이 가속화되면서 벤처캐피탈은 헬스테크, 핀테크, AI 분야에 적극적으로 투자하고 있다. 미국 VC 산업은 유니콘기업[1] 투자에 집중하며, 이를 통한 수익 창출을 이어가고 있다.

1.1.2 한국의 벤처캐피탈

한국의 벤처캐피탈 산업은 1980년대에 시작되어 1990년대 이후 정부의 정책적 지원과 제도적 개선을 통해 성장해 왔다. 한국 벤처캐피탈의 발전은 주로 정부 주도하에 벤처 생태계가 조성되면서 이루어졌다.

1) 벤처캐피탈의 도입과 성장 기반 마련(1980~1990년대)

1986년 한국 최초의 벤처캐피탈 회사인 한국기술투자(Korea Technology Investment Corporation: KTIC)가 설립되었다. 당시 한국 벤처캐피탈은 산업은행과 기술신용보증기금 등 정부기관의 자금지원으로 성장기반을 마련했다. 1989년 중소기업창업지원법 제정으로 벤처캐피탈 산업의 제도적 기반이 마련되었는데, 이 법은 중소기업에 대한 투자와 기술개발을 촉진하기 위한 다양한 지원을 포함하고 있었으며, 이후 벤처기업에 대한 지원정책의 근간이 되었다.

1 기업가치 10억 달러 이상의 비상장 스타트업

2) 벤처캐피탈 시장의 활성화(1990~2000년대)

1997년 외환위기를 계기로 벤처기업에 대한 투자가 활성화되었다. 이 시기 정부는 벤처기업육성을 위한 각종 정책을 추진하였고, 코스닥(KOSDAQ) 시장이 개설되어 벤처기업이 상장을 통해 자금을 조달할 수 있는 길이 열렸다. 이는 벤처캐피탈의 투자회수 수단을 다양화하는 데 기여했다. 1998년 「벤처기업육성에 관한 특별조치법」이 시행되어 벤처기업의 지정, 지원, 세제혜택 등에 관한 규정이 마련되었다. 이 법은 벤처캐피탈의 투자확대를 촉진하는 중요한 제도적 기반이 되었다. 2000년대 초반에 본격적인 벤처붐이 일어나면서 한국의 벤처캐피탈 산업은 급속도로으로 성장했다. 이 시기에 KTB네트워크, 한국벤처투자(KVIC) 등이 설립되어 벤처 투자 시장을 주도하였다. 2005년 정부는 모태펀드(Mother Fund)를 조성하여 벤처캐피탈 시장에 자금을 공급하기 시작했다. 이 펀드는 정부와 민간의 공동출자로 운영되며, 다양한 분야의 벤처펀드에 투자하여 벤처 생태계의 성장을 촉진했다.

3) 정부 주도 펀드와 민간 투자 확대(2010년대)

2013년 「벤처기업특별법」 개정으로 벤처캐피탈에 대한 지원이 강화되었고, 벤처펀드의 투자범위가 확대되었다. 이로 인해 스타트업 투자시장이 활성화되었으며, 초기투자에 집중하는 엑셀러레이터와 다양한 투자기구들이 등장하였다. 또한 코넥스(KONEX) 시장이 출범하여 KOSDAQ 시장에 상장할 여건이 되지 않는 중소기업들도 자금을 조달할 기회를 가지게 되었다. 2010년대 후반이 되면서 스타트업 생태계가 더욱 성숙하면서 벤처캐피탈은 IT, 바이오, 인공지능(AI), 핀테크 등 첨단기술분야에 투자하며, 글로벌시장 진출을 지원하는 역할을 수행하기 시작했다.

4) 새로운 투자 트렌드와 글로벌 시장 진출(2020년대)

정부는 코로나19 이후 디지털 경제로의 전환을 가속화하기 위해 한국형 뉴딜펀드를 조성했다. 이 펀드는 인공지능, 그린뉴딜 등 혁신분야의 스타트업에 투자하는 것을 목표로 하며, 벤처캐피탈 산업의 새로운 성장 동력을 마련하고 있다. 최근에는 소프트뱅크벤처스, 카카오벤처스, 네이버 D2 스타트업 팩토리 등 민간기업이 벤처캐피탈에 적극적으로 참여하면서 투자 규모와 범위가 확대되고 있다.

1.1.3 벤처캐피탈 투자 규모

신규 벤처캐피탈(VC) 투자약정은 상장 주식시장의 상황에 크게 영향을 받는다. 미국에서 1980년대 초반과 1990년대 대부분에는 주식시장 가치상승과 함께 신규 투자와 IPO 활동이 활발했으나, 1980년대 후반과 2000년의 경기침체는 투자약정에 부정적이었다. 2000년대에는 일시적으로 투자약정이 증가했다가 2008년 금융위기와 함께 감소한 바 있다.

〈그림 5.1〉은 2010년부터 2023년까지 미국 벤처캐피탈의 운용자산(Asset Under Management: AUM) 추이를 보여준다. 여기서는 2010년 이후의 미국 VC의 투자잔고는 점점 상승하는 것을 알 수 있다. 2010년 2,420억 달러에서 지속적으로 증가하여 2022년에는 1조 2,490억 달러로 최고치를 기록했다. 2023년에는 1조 2,130억 달러로 소폭 감소했으나, 여전히 2020년대 초반대비 높은 수준을 유지하고 있다. 이는 미국 벤처캐피탈 시장이 지난 10여 년간 크게 성장했음을 나타낸다.

해당기간 연도별 미국 벤처캐피탈 AUM(2010~2023)을 자세히 분석하면 다음과 같이 세분화할 수 있다.

그림 5.1 미국 VC 연도별 투자잔고

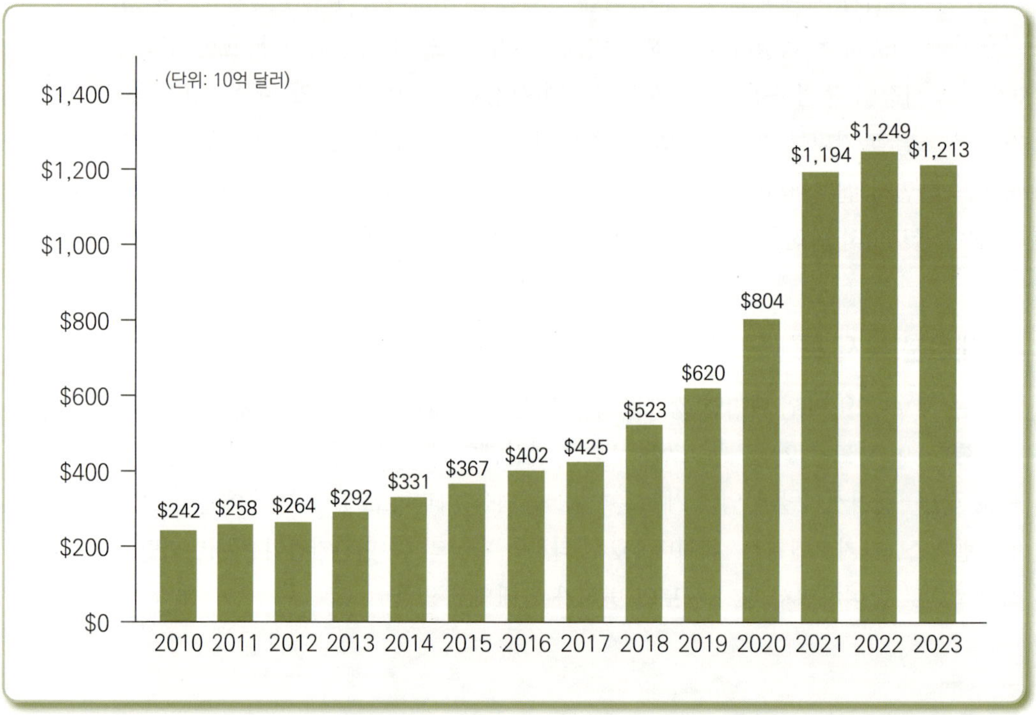

출처: NVCA 2024 Yearbook; Data provided by PitchBook

* Return data Through 6/30/2023

- 2008년 금융위기 이후 회복기(2010~2014년): 2008년 금융위기는 글로벌 경제에 큰 타격을 주었으나, 2010년 AUM 2,420억 달러, 2014년 AUM 3,310억 달러로서 이후 몇 년간 회복세를 보였다. 2010년부터 2014년까지 미국 벤처캐피탈의 자산운용규모(AUM)가 점진적으로 증가하는 모습을 보여주고 있다. 이는 금융위기 이후 경제회복과 벤처투자에 대한 신뢰회복을 반영한다고 볼 수 있다.
- 점진적 성장기(2015~2019년): 2015년 AUM 3,670억 달러, 2019년 AUM 6,200억 달러로 이 시기는 벤처캐피탈 시장이 안정적으로 성장하는 시기이다. 특히 2017년 이후로는 기술혁신과 스타트업 붐으로 인해 AUM이 더욱 빠르게 증가하는 모습을 보이고 있다. 이는 기술 스타트업에 대한 투자가 활발해진 것을 알 수 있다.
- 코로나 팬데믹의 영향(2020~2021년): 2020년 AUM 8,040억 달러, 2021년 AUM 1조 1,940억 달러로 확장되었다. 2020년 코로나 팬데믹은 전 세계 경제에 큰 충격을 주었으나, 벤처캐피탈 시장은 오히려 급격한 성장을 보였다. 이는 디지털전환 가속화와 기술중심 기업에 대한 투자증가로 인해 AUM이 큰 폭으로 증가했다. 2021년에는 팬데믹이 지속되는 가운데 AUM이 1조 1,940억 달러로 급증하였으며, 이는 비대면 기술, 헬스케어, 원격근무관련 등의 기술에 대한 투자확대가 주요 요인으로 작용했다.
- 포스트 팬데믹 조정기(2022~2023년): 2022년 AUM 1조 2,490억 달러, 2023년 AUM 1조 2,130억 달러를 보였는데, 2022년과 2023년에는 AUM이 약간 감소하거나 정체된 모습을 보이고 있다. 이는 팬데믹 이후 경제가 회복되면서 일시적으로 벤처투자 열기가 다소 식었고, 또한, 2022년 이후에는 글로벌경제 불확실성 확대, 인플레이션 상승, 금리인상 등의 요인이 벤처투자 시장에 영향을 미친 것으로 보고 있다.

1.2 벤처캐피탈 자산운용의 글로벌 추세

글로벌 추세를 보면 연기금, 보험사와 같은 금융기관의 벤처캐피탈(VC) 투자는 다양한 요인에 의해 제한되어 왔다. 이러한 기관들은 일반적으로 안정적이고 장기적인 수익률을 추구하며, 변동성이 높고 위험도가 큰 벤처캐피탈 투자는 그들의 보수적인 투자 전략과는 다소 상충된다. 그러나 각국의 경제상황, 제도적 환경, 정책방향에 따라 연기금과 보험사의 VC 투자 전략은 상이하게 나타나며, 최근 일부국가에서는 규제완화와 시장환경의 변화로 인해 이들의 VC 투자에 대한 관심이 증가하고 있다.

연기금은 국민의 노후자금이나 공무원연금 등 사회적으로 중요한 자산을 운용하는 기관으로, 자산의 안정성과 지속 가능한 수익률을 최우선으로 한다. 이 때문에 상대적으로 위험이 높은 VC 투자에 소극적일 수밖에 없다. 그러나 최근에는 포트폴리오 다각화와 장기적인 성장 잠재력을 추구하는 전략적 움직임이 보이고 있다.

우선 우리나라의 국민연금공단(NPS)은 연기금의 안정적 운용을 목표로 주로 채권과 부동산 등 전통적인 자산에 투자해 왔다. 그러나 최근 정부의 혁신성장 정책에 따라 제한적인 범위 내에서 벤처펀드 투자도 검토하고 있다. 한국의 경우 벤처캐피탈 투자는 법적, 제도적 제약이 많아 적극적인 투자가 어려웠지만, 최근 창업생태계의 활성화와 경제구조혁신을 목표로 이러한 규제를 점차 완화하고 있다. 국민연금은 신중한 검토를 통해 일부 VC 펀드에 참여하고 있으며, 이는 고수익과 장기적 투자성과를 얻기 위한 일환이다.

캐나다의 연기금인 캐나다연금플랜투자위원회(CPPIB)는 벤처캐피탈 투자를 확대하며 글로벌 벤처생태계에 적극적으로 참여하고 있다. CPPIB는 장기적 수익을 위해 혁신적인 기술분야에 투자하는 전략을 채택하여 미국, 유럽, 아시아의 VC 펀드에 투자를 진행하고 있다. 이는 캐나다의 연금시스템이 상대적으로 유연한 규제를 갖추고 있으며, 장기적인 투자 성과를 위해 혁신 기술에 대한 투자를 중요하게 고려하기 때문이다. 호주의 경우 연기금은 장기적인 투자 전략을 지향하며, 호주연금펀드(AustralianSuper)는 적극적으로 벤처캐피탈에 투자하고 있다. 호주의 연금제도는 민간 주도형으로, 투자운용에서 비교적 자유로운 편이다. 호주의 연기금은 기술 분야와 헬스케어 등 다양한 산업 분야의 VC 펀드에 투자함으로써 높은 수익률을 추구하고 있으며, 특히 호주 내 스타트업 생태계 지원과 글로벌 시장 진출을 동시에 추진하고 있다.

보험사는 장기적으로 보험금 지급을 대비해야 하는 특성상 채권과 같은 안전한 자산에 주로 투자하며, 변동성이 큰 VC 투자에 대해서는 전통적으로 제한적이었다. 그러나 일부 보험사들은 미래의 비즈니스 모델 혁신과 시장선점을 위해 벤처캐피탈에 투자하는 사례가 늘어나고 있다. 이는 각국의 규제와 시장 환경에 따라 차별적으로 나타난다.

미국의 보험사들은 상대적으로 유연한 투자 규제 덕분에 VC 투자에 적극적으로 참여하고 있다. 대표적으로, 메트라이프(MetLife)와 같은 대형 보험사는 핀테크, 인공지능(AI), 디지털 헬스케어 등 기술혁신분야에 투자하여 보험업계의 디지털전환과 혁신을 촉진하고 있다. 이는 미국이 스타트업 생태계와 벤처투자에 우호적인 환경을 조성하고, 보험사들의 포트폴리오 다변화를 장려하는 정책을 시행한 결과다.

유럽의 보험사들은 자력구제(Solvency) II 규제로 인해 VC 투자가 제한되어 있다. 자력구제 II는 보험사의 자산운용에 대한 엄격한 위험 관리 기준을 제시하며, 변동성이 높은 자산에 대한 투자한도를 제한한다. 따라서 유럽의 보험사들은 안정적인 채권과 주식에 주로 투자하고, 벤처캐피탈 투자에는 보수적인 입장을 취하고 있다. 다만, 일부 유럽 국가에서는 보험사의 투자 포트폴리오다각화를 위해 혁신분야에 대한 간접 투자 방식을 점진적으로 허용하고 있다.

일본의 보험사는 전통적으로 부동산과 채권에 집중해 왔으며, 벤처투자에 대해서는 신중한 입장을 유지하고 있다. 그러나 최근 일본정부가 스타트업 지원정책을 강화하고, 경제구조의 혁신을 추구하면서 일부 보험사들이 정부지원 벤처펀드에 참여하는 사례가 나타나고 있다. 이는 보험사들이 기존의 안정적인 투자에서 벗어나 장기적인 성장기회를 모색하는 변화의 일환으로 볼 수 있다.

위에서 살펴본 대로 연기금과 보험사의 벤처캐피탈 투자는 각국의 규제환경, 경제상황, 정책방향에 따라 다양한 양상을 보인다. 예를 들어, 미국과 영국은 상대적으로 자유로운 투자규제를 통해 연기금과 보험사가 적극적으로 벤처펀드에 투자할 수 있도록 지원한다. 이러한 정책환경은 스타트업 생태계의 활성화와 기술혁신을 위한 모험자본형성에 긍정적인 영향을 미치고 있다. 반면에, 한국과 일본은 연기금과 보험사의 자산 운용에 있어 안정성을 강조하는 규제정책을 유지하고 있다. 그러나 최근 스타트업 지원과 경제혁신을 목표로 이러한 규제를 완화하려는 움직임이 있으며, 이를 통해 연기금과 보험사의 벤처펀드 참여를 유도하고 있다.

OECD 국가들은 연기금과 보험사의 VC 투자에 대한 정책방향을 재정비하고 있다. 연기금과 보험사들은 포트폴리오 다각화와 장기적인 수익창출을 위해 벤처캐피탈에 대한 관심을 높이고 있지만, 이는 각국의 규제와 정책에 의해 상당히 좌우된다. 최근 유럽연합(EU)은 장기투자펀드(ELTIF) 제도를 도입해 연기금과 보험사가 벤처기업 및 인프라분야에 투자할 수 있는 여건을 마련하고 있으며, 미국과 호주, 캐나다 등은 적극적인 투자정책을 통해 혁신을 지원하고 있다.

〈그림 5.2〉는 경제협력개발기구(OECD) 국가에 기반을 둔 연기금의 자산배분을 보여주고 있다. 지난 수십년 동안의 장기적인 자산가격의 상승추세와 대조적으로 2022년 OECD국가들의 펜션펀드의 자산가치는 하락했는데, OECD 연금플랜의 자산은 2021년말 59조 달러에서 2022년말 51조 달러로 14% 감소하여 2008년 글로벌 금융위기 당시 자산이 18% 감소한 이후 가장 큰 폭의 감소를 보여주고 있다. 공적 적립금도 2022년에 10% 감소하여 2008년 금융위기 당시 4% 감소한 것보다 더 큰 폭의 감소를 보였다.[2] 연기금의 자기자본(Equity) 투자 비중은 VC의 투자 규모 및 연기금의 총 자산과 높은 상관관계를 가지고 있다. 또한 사립대학의 발전기금은 미국의 VC들에게 중요한 자금원이지만, 세계의 다른 지역에서는 그렇지 않다.

---

2 Pension Markets in Focus2023 24page. OECD

그림 5.2 OECD국가들의 연기금의 자산배분(2021년말 기준)

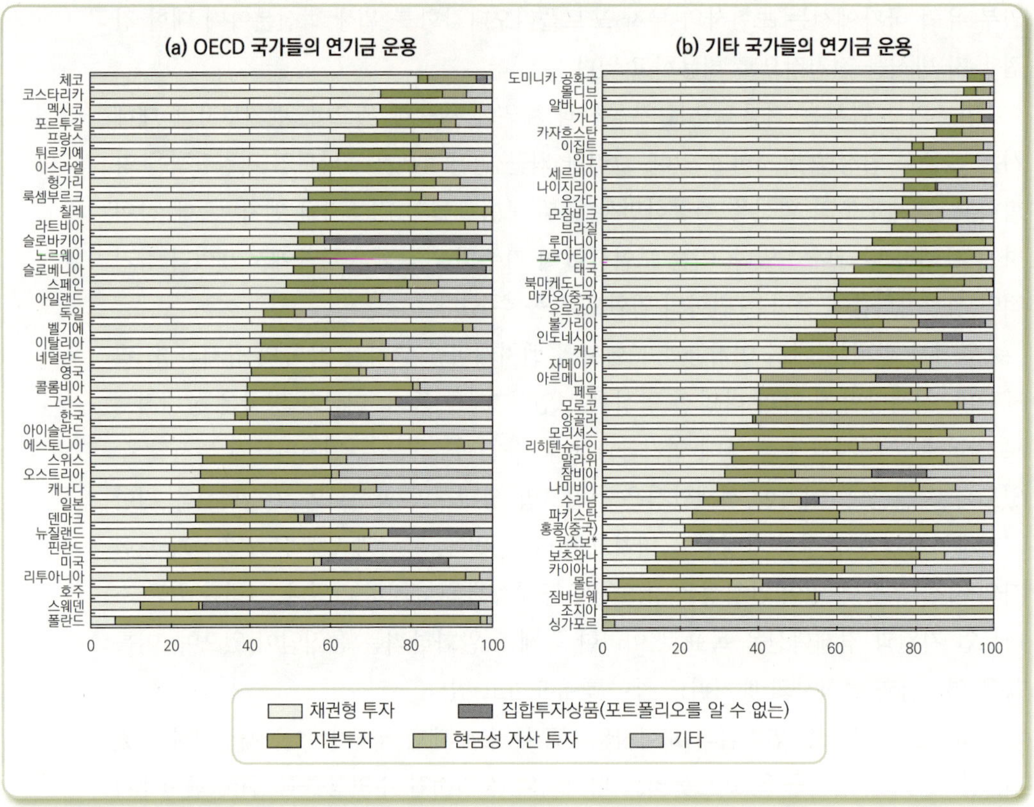

출처: Pension Markets in Focus 2023,9page OECD

미국 외 다른 국가의 벤처캐피탈(VC)은 자금조달에 더 많은 제약이 있다, 이는 개발도상국 벤처에 투자하기 위해 유연한 미국투자자 자본을 유치하거나 은행 등 전통 금융기관에 의존하려 하기 때문이다. 이로 인해 VC의 경영이 더 보수적이 될 수밖에 없으며, 원초적으로 기업가의 역량에 의존할 가능성이 크다.

1.3 벤처캐피탈의 역할 변화

벤처캐피탈은 최근 투자 단계별 초점을 벤처기업의 후기 단계투자로 옮기고 있다. 2020년대에는 후기 단계 투자가 전체 VC 투자 중 60% 이상을 차지하며, 단일 투자 라운드 규모도 5억 달러 이상에 달한다. 이는 후기 단계 기업이 상대적으로 안정적이고, 투자회수 전략(IPO, M&A)이 명확하기 때문이다. 또한, 대형펀드의 등장으로 대규모 자금이 후기 단계 기업에 집중되고 있어, 벤처캐피탈의 위험회피와 수익극대화를 위한 전략적 변화가 가속화되고 있다.

그림 5.3 미국 VC의 단계별 투자(2023년)

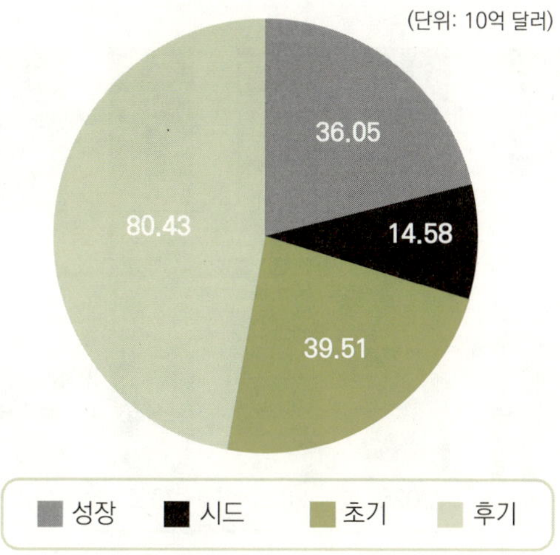

출처: NVCA 2024 Yearbook; Data provided by PitchBook

최근 동향을 보면 미국에서 2023년 단계별투자는 주로 후기 단계에 비해 프리시드/시드 활동이 감소하였다. 지난 10년 동안, 시드 및 프리시드 투자비율은 모든 벤처거래의 평균 36.7%를 차지했었다. 이 비율은 2020년에 37.7%로 최고치를 기록한 후 37.2%로 안정되었으나, 2023년에는 시드 및 프리시드 거래가 전체거래의 32.1%만을 차지하면서 최소 10년 만에 가장 낮은 비율을 기록했다. 이러한 감소이유는 다양할 수 있지만, 특히 시드 밸류에이션의 지속적인 강세는 초기 단계 투자가 많은 매력을 제공하지 못하고 있다는 것을 시사하고 있다. 이는 비교적 성숙한 시리즈 D 이상의 기업들이 전년도에 비해 51% 할인된 가치로 평가되고 있는 시장상황과 관련이 있다.[3]

지난 5년간의 한국벤처투자의 업력별 신규 투자 현황을 살펴보면 미국과 비슷한 패턴을 보이는데 2019년 초기(3년 이하) 32.5%, 중기(3~7년) 41.3%, 후기(7년 초과) 26.2%의 비중을 보이지만 해를 거듭하면서 중기 및 후기 투자가 늘어나는 것을 볼 수 있다. 2023년 기준으로 초기 24.6%, 중기 37.6%, 후기 37.8%로 후기 비중이 크게 증가했다. 역시 금리인상 및 인플레이션 등의 영향으로 투자가 정체되어 있는 가운데 가치 평가가 높아진 초기기업에 투자하는 것보다 회수 가능성이 어느정도 담보될 확률이 높은 중, 후기투자가 늘어난 것으로 보인다.

3 2024 NVCA Year book

그림 5.4 업력별 신규 투자 비중(2023년 벤처투자회사, 벤처투자조합기준)

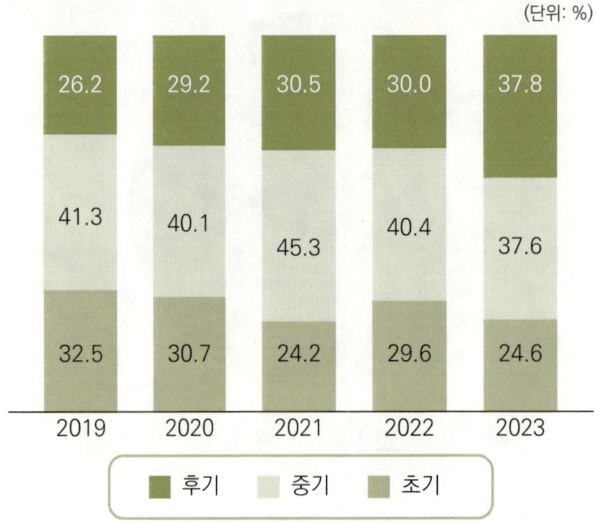

출처: 한국벤처투자협회 2023년 Venture Capital Market Brief 2024.1.26

1.4 벤처캐피탈 펀드의 자금원

벤처캐피탈(VC) 펀드의 자금은 다양한 출처에서 나올 수 있지만, 주로 연기금, 보험사, 기업, 고액자산가, 대학기금, 정부기관 등이 주요 투자자로 참여한다. 이러한 자금원은 국가별 경제구조, 투자문화, 규제환경에 따라 다소 차이가 있다. 각국의 벤처캐피탈 펀드 자금원에 대해 살펴보면, 미국과 한국 외의 국가에서도 고유한 특징을 보이는 사례가 있다.

1.4.1 주요 벤처캐피탈 펀드의 일반적인 자금원

연기금은 장기적인 수익을 추구하는 투자자이기 때문에, 벤처캐피탈 펀드의 안정적인 자금원이 된다. 특히, 미국과 유럽의 대형 연기금은 글로벌 벤처펀드의 주요 투자자로 활동하며, 다양한 기술분야와 스타트업에 투자를 분산하여 장기수익을 추구한다. 보험사도 마찬가지로 장기 투자성향을 가진 기관으로, 벤처캐피탈에 자금을 제공한다. 최근 보험사는 핀테크와 헬스테크와 같이 자신들의 비즈니스와 직접적으로 관련된 분야에 투자하는 경향을 보이고 있다. 대기업 역시 벤처캐피탈 펀드에 전략적 파트너로 참여하여 산업 내 혁신을 촉진하고 새로운 사업 기회를 모색한다. 이를 CVC(Corporate Venture Capital)라고 하며, 삼성, 구글, 소프트뱅크와 같은 글로벌 기업들이 주요 자금원으로 활동하고 있다. 또, 개인 고액 자산가와 가족 자산관리 기관인 패밀리 오피스는 벤처캐피탈의 위험을 감수할 수 있는 자금원으로서 초기 단계 스타트업에 투자하는 경향이 강하다. 또한, 정부기관은 주로 스타트업 생태계의 활성화와 기술 혁신을 촉진하기 위해 벤처캐피탈 펀드에 자금을 지원한다. 이는 경제발전 전략의 일환으로 진행되며, 정부의 직접적인 출자나 국부펀드를 통해 이루어진다. 마지막으로 세계적인 대학들은 보유한 기금을 활용해 벤처캐피탈 펀드에 투자한다. 하버드, 스탠포드와 같은 미국의 주요 대학들은 다양한 분야의 벤처펀드에 투자해 높은 수익률을 추구하고 있다.

1.4.2 한국의 사례

한국의 경우 지난 5년간 벤처펀드에 출자한 투자자의 동향을 자세히 살펴보면, 모태펀드, 성장금융, 산업은행을 통한 정책금융과 민간부분으로 나눌 수 있는데, 정책금융은 2020년을 정점으로 점차 줄어드는 경향을 보인 가운데, 민간부분에서는 금융법인(산업은행제외)과 일반법인의 비중이 높은 가운데 민간투자비율이 점차 상승하고 있다. 특이한 점은 미국과 달리 한국의 연기금 및 공제회 등은 최소한의 역할만 담당하고 있다.

1.4.3 미국 외 다른 국가의 사례

1) 영국: 연기금과 정부 주도의 벤처 펀드 활성화

- 영국 연기금의 역할: 영국의 연기금은 적극적으로 벤처캐피탈 펀드에 자금을 투자하고 있다. 특히 영국기업은행(British Business Bank)과 같은 정부기관이 주도하는 벤처펀드 프로그램은 연기금, 은행, 고액자산가의 자금을 유치하여 영국 내 스타트업 생태계를 지원한다. 이러한 펀드에는 기술, 생명공학, 핀테크등 다양한 산업 분야의 기업에 대한 투자가 집중되고 있다.
- 영국 정부의 지원: 영국 정부는 혁신 생태계 구축을 위해 ECFs(Enterprise Capital Funds)를 통해 벤처캐피탈 펀드에 자금을 투입하고 있다. ECFs는 초기 단계의 혁신기업을 지원하며, 민간자본을 유치해 정부자금과 매칭하는 방식으로 운용된다. 이를 통해 영국 정부는 국내 스타트업의 성장과 일자리 창출을 촉진한다.

2) 독일: 기업과 정부가 주도하는 벤처자금

- 기업주도 펀드의 활발한 활동: 독일은 대기업들이 벤처 펀드의 주요 자금원으로 참

표 5.1 우리나라 2019~2023년의 벤처펀드 출자자 현황

(단위: 억 원, %, %p)

			2019년	2020년	2021년	2022년	2023년	전년 대비
정책금융		금액	17,078	25,947	34,045	31,851	21,284	△33.2
		비중	21.7	26.0	19.1	18.0	16.7	△1.3
	모태펀드	금액	9,325	13,252	17,457	14,963	9,805	△34.5
		비중	11.8	13.3	9.8	8.5	7.7	△0.8
	성장금융	금액	3,720	5,463	8,856	9,849	3,403	△65.5
		비중	4.7	5.5	5.0	5.6	2.7	△2.9
	산업은행 등	금액	4,033	7,232	7,732	7,039	8,077	+14.7
		비중	5.1	7.2	4.3	4.0	6.3	+2.3
민간부문		금액	61,620	73,906	143,995	144,752	106,343	△26.5
		비중	78.3	74.0	80.9	82.0	83.3	+1.3
	개인	금액	9,895	8,321	28,856	23,172	14,239	△38.6
		비중	12.6	8.3	16.2	13.1	11.2	△1.9
	일반법인	금액	17,506	18,323	39,637	36,703	27,077	△26.2
		비중	22.2	18.3	22.3	20.8	21.2	+0.4
	금융기관 (산은 제외)	금액	18,652	23,242	44,751	49,099	41,391	△15.7
		비중	23.7	23.3	25.1	27.8	32.4	+4.6
	연기금 및 공제회	금액	3,710	11,224	6,867	13,268	6,659	△49.8
		비중	4.7	11.2	3.9	7.5	5.2	△2.3
	VC	금액	8,595	9,782	20,583	18,757	13,589	△27.5
		비중	10.9	9.8	11.6	10.6	10.6	-
	기타단체 및 외국인	금액	3,263	3,015	3,302	3,753	3,387	△9.8
		비중	4.1	3.0	1.9	2.1	2.7	+0.6
합계			78,698	99,853	178,040	176,603	127,627	△27.7

출처: 중소벤처기업부 보도자료 2024년2월20일 첨부: 23년 국내벤처투자. 펀드결성 세부사항

여하는 특징을 보인다. 지멘스(Siemens), BMW, SAP와 같은 독일의 대기업들은 기업벤처캐피탈(CVC)을 운영하며, 이들의 혁신 전략의 일환으로 스타트업 투자에 적극적이다. 이러한 기업들은 벤처펀드를 통해 자율주행차, 인공지능, 스마트제조 등의 분야에서 신기술을 확보하고 시장을 선도하려는 노력을 기울이고 있다.

- 정부의 펀드지원: 독일 정부는 HTGF(High-Tech Gründerfonds)와 같은 정부 지원 펀드를 통해 스타트업에 대한 투자를 촉진하고 있다. HTGF는 연방정부, 주정부, 민간 기업의 출자금으로 구성되어 있으며, 주로 초기 단계의 혁신기술기업에 자금을 제공한다.

3) 일본: 국부펀드와 대기업의 전략적 투자

- 일본 국부펀드와 대기업: 일본은 국부펀드인 일본정책투자은행(DBJ)와 정부계 기관이 벤처펀드에 자금을 제공하며, 이를 통해 국내혁신산업을 육성하고 있다. 특히 일본 대기업인 소프트뱅크는 자체적으로 소프트뱅크 비전펀드를 조성하여 전 세계의 혁신적인 기술기업에 대규모 투자를 진행하고 있다. 소프트뱅크 비전펀드는 주요 글로벌 자금원으로 사우디아라비아 국부펀드, 아부다비투자청 등 다양한 해외 투자자들이 참여하고 있어 국제적인 자금조달구조를 형성하고 있다.
- 지방은행의 참여: 일본에서는 지방은행이 지역 스타트업 생태계육성을 위해 벤처펀드에 참여하는 사례가 늘고 있다. 이는 지역경제 활성화와 혁신기술개발에 기여하며, 정부와 민간의 협력이 이루어지는 모델이다.

4) 싱가포르: 국부펀드와 국제 투자허브

- 싱가포르의 국부펀드: 싱가포르의 국부펀드인 테마섹(Temasek)과 싱가포르투자청(GIC)은 전 세계의 벤처캐피탈 펀드에 적극적으로 투자하고 있다. 싱가포르는 국제투자허브로서의 지위를 활용해 다양한 분야의 글로벌 스타트업에 자금을 지원하고 있으며, 이러한 국부펀드의 참여는 아시아지역의 벤처투자활성화에 크게 기여하고 있다.
- 민간 펀드의 성장: 싱가포르는 벤처파트너스(Singapore Venture Partners)와 같은 민간 펀드도 활발하게 운영되고 있으며, 고액자산가, 대기업, 정부펀드로부터 자금을 조달해 다양한 기술 분야에 투자한다.

1.5 벤처캐피탈과 경제

벤처캐피탈 환경은 2022년에 큰 변화를 겪었지만, 2023년은 새로운 표준의 시작이었다. 2023년 말까지 미국 VC 생태계에는 3,417개의 VC 기업이 있었으며, 이들은 누적 1,760억 달러 규모의 13,608건의 VC 거래를 성사시켰다. 또한, 이들 기업은 474개 펀드에서 669억 달러를 모금했으며, 3,116억 달러의 드라이파우더[4]와 총 1조 2,100억 달러를 관리하며 한 해를 마감했다.[5]

2023년의 투자활동은 호황을 누렸던 2021년과 2022년에 비해 눈에 띄는 감소세를 보였지만, 장기적인 추세와 일관되게 유지되었다. 코로나19 팬데믹과 맞물려 VC 활동이 급증하기 전, 투자활동은 매년 안정적으로 증가해 왔으며, 2020년에는 VC 활동의 최고점(1,723억 달러)을 기록한 후 2021년과 2022년에 활동이 폭발적으로 증가했다. 선형적인 성장세를 보였던 2020년에 비해 2023년에는 전체 투자액이 1.5% 감소한 1,706억 달러에 그쳤다. 하지만 2023년은 여전히 10년 평균치인 1,482억 달러를 넘어섰다. 2023년 투자 및 모금수준은 비교적 견조했지만, 공개된 회수활동은 다소 침체된 모습을 보였다. 615억 달러로 공시된 회수금액은 최근추세에 훨씬 못 미쳤다. 우연은 아니겠지만, 기업들은 회수시기를 더 오래 기다렸으며, 회수 전 기간은 최소 10년 만에 최고치를 기록했다. 미지근한 회수환경의 원인에 대해서는 논란이 많지만, VC의 지원을 받는 성숙한 기업들이 시장에 더 우호적인 분위기가 조성되기를 기다리는 것은 사실이다.

시장의 불확실성은 투자자들이 보유한 기록적인 금액의 드라이파우더로 더욱 부각되고 있다. 총 3,120억 달러에 달하는 이 자본들은 차세대 미국혁신의 원동력이 되고 있으며 미래 산업이 미국에 기반을 두도록 하고 있다. "미투자자본들과 혁신에 대한 뜨거운 관심을 바탕으로 미국 VC는 큰 아이디어를 가진 재능 있는 기업가를 계속 찾고 있다"라고 NVCA의 CEO인 바비 프랭클린은 말한다. 산업으로서 VC 활동은 몇 년 동안의 활기찬 고점 이후 평균으로 돌아가고 있을 수 있지만, 미국의 투자생태계는 여전히 전 세계의 부러움을 사고 있다.

초기 단계의 VC 투자는 기업 및 정부 R&D 투자에 비해 규모가 작다. 비록 소규모산업이지만 VC는 경제적으로 큰 영향을 미친다. 오늘날 가장 규모가 크고 연구 활동이 활발한 기업 중 다수는 VC 회사로부터 초기 단계 자금을 지원받았다. NVCA가 발간한 미국 내 VC의 영향에 대한 보고서에 따르면 현재 상장되거나 인수된 VC 지원을 받은 기업이 민간부문 고용의 상당수를 차지하고 있으며, 미국의 국내총생산(GDP)

---

4 설정한 펀드의 미투자 잔액

5 미국벤처캐피탈협회(NVCA) 2023 Yearbook, Pitch Book

그림 5.5 개방성 사회/경제적 효익 및 쟁점사안

		인바운드	아웃바운드
사회/경제적 효익		(공통) 한국 생태계의 글로벌 지위/인지도 상승	
	시장	국내총생산 및 세수 확대	글로벌 수요 공략으로 내수 시장 한계 극복
	사람	혁신 산업 내 해외 고급 인력 유치(예: AI, Bio 등)	성공 사례 확대로 후배 인력 양성
	자본	해외 투자자의 국내 투자로 자본 시장 발전	성공적인 해외 투자/회수 후 국내 재투자 확대
잠재적 쟁점 사안	시장	해외 유입 vs. 토종 업체 간 경쟁	세원/IP의 해외 이전
	사람	국내 일자리 유연성(해외 노동력 수용)	국내 성장/혁신 산업 노동력의 부족
	자본	해외 자본의 국내 스타트업 소유 관련 논쟁	국내 스타트업 간 펀딩 경쟁

출처: 한국 스타트업 생태계의 글로벌 개방성에 관한 연구 2023 스타트업코리아 정책제안발표회
아산나눔재단/START-UP ALLIANCE /D-CAMP/KOREA START-UP FORUM

에 기여하고 있다고 보고한다. NVCA는 소프트웨어, 통신, 반도체 등 분야에서 직원의 70% 이상이 원래 VC의 지원을 받았던 회사에서 일하는 것으로 추정하고 있다.[6]

VC의 영향력이 왜 그렇게 큰가? 그 대답은 VC가 제공하는 전문화된 틈새시장에 있다. VC 투자자는 성장자금을 조달하기 위해 상당한 자본투자가 필요한 빠르고 실질적인 성장 잠재력을 갖춘 젊은 기업을 찾고 있으며, 이러한 기업들은 성장에 필요한 자금을 조달하기 위해 상당한 자본투자가 필요하다. 따라서 VC는 기업가, 그 친구, 엔젤투자자의 초기 단계 민간투자와 공공자본 또는 민간기업 인수시장 사이의 틈새를 채우고 있다. 제품시장이 제한적이고 성장잠재력이 느린 기업은 일반적으로 VC 투자 후보가 아니다. 이러한 기업은 자본수요가 더 적고 부채조달이 더 적합할 수 있다.

우리나라의 VC 투자의 경우 글로벌 개방성이 확대됨에 따라 거시적인 효익이 분명히 있을 것으로 예상되나, 일부 사안들은 사회·경제적으로 쟁점화될 수 있다. 우선, 인바운드 이동으로는 해외 우수 스타트업들의 국내유입에 따라 토종 스타트업과의 경쟁심화 및 해외 인력에 대한 국내산업과 업체들이 수용할 수 있는지 여부 등이 쟁점화될 수 있다. 해외투자자본이 국내로 진입한 후 무분별하게 국내성장 잠재력 높은 스타트업에 투자하고 부정적인 방향으로 영향력을 행사한다면 그것 또한 논란이 될 수 있다. 애초 국내에서만 생성/유지될 것으로 예상되던 세원 및 지적재산권들이 해외로 이전되는 이슈 및 해외로의 인재 이동에 따른 성장/혁신산업 내 노동력 부족

6 NVCA Yearbook

심화도 쟁점화될 수 있다. 또한 국내자본의 해외 투자 활성화에 따라, 국내 스타트업들 간에 자금조달 경쟁이 심화될 것으로 예상될 수 있다.

2. 벤처캐피탈 회사의 조직체계

벤처캐피탈(VC)의 조직은 일반적으로 유한책임 투자자(Limited Partners: LP)와 무한책임 운용사(General Partners: GP)로 구성되며, 각자 고유한 역할과 책임을 가지고 펀드를 운용한다. 벤처캐피탈의 조직구조는 투자자의 자본을 스타트업이나 신생기업에 투입하여 수익을 창출하는 데 최적화되어 있다. 이를 위해 LP와 GP는 서로 다른 업무를 수행하며, 전체적인 벤처캐피탈의 운용 및 성과에 기여한다.

벤처캐피탈의 기본적인 역할은 혁신적인 아이디어와 성장 잠재력을 가진 스타트업에 투자하여, 이들의 성장을 지원하고, 최종적으로 투자수익을 실현하는 것이다. 이를 위해 벤처캐피탈은 시장의 동향을 파악하고, 유망한 투자대상을 발굴하며, 자본을 제공하는 것뿐만 아니라 경영 및 사업 전략에 대한 조언과 네트워킹 지원을 통해 기업의 성장을 촉진한다.

VC의 역할은 투자의 결정, 관리 및 지원, 투자회수 등으로 크게 나눌 수 있다. 투자결정 측면에서 VC는 스타트업의 비즈니스 모델, 기술력, 시장잠재력 등을 평가해 투자 여부를 결정하며, 각 단계에서 적절한 자금을 투입해 기업의 성장 단계에 따라 지원한다. 관리 및 지원을 통해 투자 후 기업의 전략수립, 운영, 경영개선 등에 참여하며, 기업이 성공적으로 성장하고 시장에 안착할 수 있도록 지원한다. 마지막으로 투자회수에서 VC의 주요 목표는 투자한 기업이 기업공개나 인수합병 등의 방법을 통해 투자금을 회수하고 수익을 극대화하는 것이다. VC는 이러한 기능들을 최적화된 조직으로 수행할 수 있도록 조직을 구성하고 있다.

2.1 LP와 GP의 역할과 임무

2.1.1 LP의 역할과 담당 업무

LP는 벤처캐피탈 펀드에 자금을 투자하는 유한책임 투자자로, 주로 연기금, 보험사, 대학 기금, 고액자산가, 기업, 정부기관 등이 참여한다. LP는 펀드에 출자한 자본만큼의 책임을 가지며, 펀드운영에 직접 관여하지 않는다. 그들의 주요 역할과 업무는 다음과 같다.

- 자금 제공: LP의 핵심역할은 VC 펀드에 자본을 공급하는 것이다. 이 자금은 벤처캐피탈 펀드가 스타트업에 투자하고, 기업성장에 필요한 자금을 지원하는 데 사용된다. LP들은 다양한 투자자산을 포트폴리오에 편입해 장기적인 수익을 추구하며, 벤처캐피탈은 이러한 자금운용 전략의 일환으로 선택된다.
- 펀드 선정 및 평가: LP는 펀드에 출자하기 전에 GP의 운용능력, 펀드 전략, 과거성과, 시장전망 등을 평가한다. 이를 통해 자신들의 투자목적과 위험성향에 부합하는 펀드를 선택한다. 펀드에 참여한 후에도 LP는 펀드의 운용성과를 주기적으로 모니터링하고, GP로부터 보고를 받아 펀드의 현황을 평가한다.
- 투자 협약 및 조건 설정: LP는 펀드에 출자할 때 GP와의 협약을 통해 펀드의 운용조건을 설정한다. 이 협약에는 출자금의 규모, 투자수익의 분배 방식, 수수료구조, 투자제한조건 등이 포함된다. LP는 펀드의 투자 전략과 구조에 동의하고, GP와의 계약을 통해 자신들의 이익을 보호한다.
- 수익 분배: LP는 투자한 펀드에서 수익이 발생하면 그 수익을 분배받는다. 일반적으로 VC 펀드에서 발생한 수익은 우선적으로 LP에게 배분되며, 일정수준의 수익이 확보된 이후에 GP가 성과보수를 받는다.

2.1.2 GP의 역할과 담당 업무

GP는 벤처캐피탈 펀드를 운용하는 운용사로, 펀드의 자금조달, 투자결정, 관리 및 회수 과정에 대한 모든 의사결정을 담당한다. GP는 펀드운용에 대한 무한책임을 가지며, 투자 성과에 따라 보상을 받는다. GP의 주요 역할과 업무는 다음과 같다.

- 펀드 조성 및 자금 모집: GP의 첫 번째 업무는 펀드를 조성하기 위해 자금을 모집하는 것이다. GP는 투자 전략, 시장전망, 투자 포트폴리오계획 등을 기반으로 LP를 설득하여 자금을 조달한다. 이를 위해 펀드의 목표, 규모, 투자대상, 수익예상 등을 상세히 제시하며 LP들의 출자를 유도한다.
- 투자 결정 및 관리: GP는 펀드의 투자 전략에 따라 시장을 조사하고 그들의 투자 전략에 부합하는 유망한 스타트업을 발굴한다. 이후, 기업의 비즈니스 모델, 재무구조, 성장 가능성, 경쟁력 등을 평가하여 투자 여부를 결정한다. 투자결정 이후에는 기업의 성장 단계에 맞춰 자금을 투입하고, 경영 전략, 마케팅, 인력확충 등에 필요한 조언과 지원을 제공한다. GP는 기업의 이사회 참여나 주요 의사결정에

관여하며, 기업의 가치를 극대화하기 위한 방향으로 관리한다.

- 포트폴리오 관리: GP는 펀드에 포함된 모든 피투자기업들의 집합인 포트폴리오를 관리한다. 이는 피투자기업의 사업성과를 지속적으로 모니터링하고, 필요한 경우 추가투자, 경영개선, 사업 전략 조정 등을 지원하는 것을 의미한다. 또한, 포트폴리오의 위험을 분산하고 수익을 극대화하기 위해 투자대상과 시기를 전략적으로 조정한다.
- 투자회수(Exit) 전략 수립: GP는 피투자기업이 일정 수준의 성장과 성과를 달성하면, 기업공개나 인수합병 등의 방법을 통해 투자자금을 회수한다. 이 과정에서 GP는 기업의 상장준비를 지원하거나, 매각 전략을 수립하여 최대한의 수익을 얻을 수 있도록 한다.
- 성과보수 및 수수료 관리: GP는 펀드운용에 따른 수수료와 성과보수를 받는다. 일반적으로 GP는 운용자산의 일정 비율(통상적으로 연 2%)을 관리 수수료로 받고, 펀드의 성과에 따라 발생한 수익 중 일정 부분(보통 20%)을 성과보수로 받는다. 이는 GP의 동기부여 수단이 되며, 펀드의 성과에 따라 최종적인 수익이 결정된다.
- 투명한 보고 및 관계 유지: GP는 펀드운용 상황과 피투자기업의 현황을 LP에게 정기적으로 보고해야 한다. 이를 통해 LP와의 신뢰관계를 유지하고, 펀드운영의 투명성을 확보한다. 또한, GP는 펀드의 성과에 대해 LP와 협력하고 피드백을 수용하며, 장기적인 파트너십을 구축한다.

〈그림 5.6〉은 벤처캐피탈 조직의 구조를 보여준다. 벤처캐피탈 조직의 핵심은 LP와 GP의 협력에 있다. LP와 GP의 역할은 벤처캐피탈 펀드의 성공과 지속 가능한 투자생태계 조성에 있어 핵심적인 요소다.

2.2 수익배분

LP와 GP에 대한 수익은 일반적으로 〈그림 5.6〉의 단계를 따라서 배분된다. 이러한 단계는 벤처캐피탈펀드 계약에서 정해진 규정에 따라 이루어지며, LP와 GP 간의 합의에 따라 구체적인 조건이 달라질 수 있다.

벤처캐피탈 투자실패는 수익배분서열에 큰 영향을 미쳐 여러 문제를 야기한다. 투자한 스타트업이 실패하거나 수익을 내지 못할 경우, LP는 원금을 돌려받지 못해 큰 손실을 입게 된다. 이는 투자생태계에 대한 LP들의 신뢰하락으로 이어지며, 장기적으로 벤처캐피탈에 대한 자금조달을 더욱 어렵게 만든다. 2000년대 닷컴버블 붕괴

그림 5.6 벤처캐피탈 투자의 조직구조

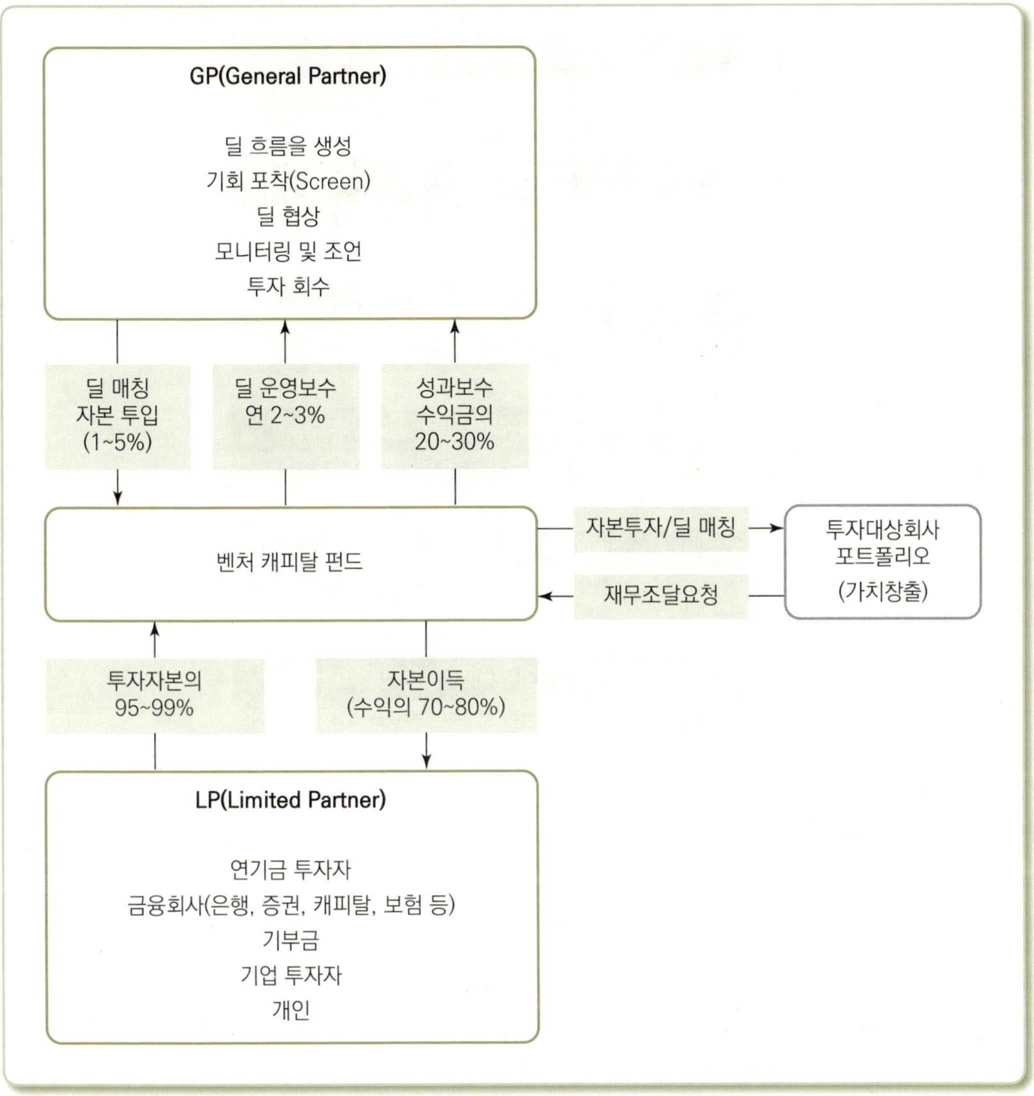

출처: Smith, J. K., Smith ,R. L., & Bliss, R. T. (2011). Entrepreneurial Finance: Strategy, Valuation, and Deal Structure. Stanford University Press. Chapter 3, p. 90.

는 이러한 문제를 보여준 대표적인 사례로, 많은 LP들이 손실을 입었고 결과적으로 신규 벤처펀드 결성에 난항을 겪었다. 이와 함께 투자 실패로 인해 LP의 우선 배당금 지급이 이루어지지 못하면, GP 역시 성과보수를 받지 못한다. 이는 GP의 수익에 직접적인 영향을 미치며, 펀드운용의 지속 가능성을 위협한다. 특히, GP는 운용수수료로 펀드운용 비용을 충당하고 성과보수로 수익을 창출하는데, 성과보수가 지급되지 않으면 펀드운영에 어려움을 겪을 수 있다. 이러한 상황은 2008년 금융위기 이후 많

그림 5.7 벤처캐피탈의 수익배분 서열

1. **GP에게 운영수수료 지불**
   펀드를 관리, 운영하는 데 대한 수수료(약 연 2% 내외)
2. **LP의 원금회수**
   투자자 원금회수(위험 최소화, LP 안정적 회수보장)
3. **LP의 우선배당금**
   사전 약정된 우선배당금(LP의 최소 수익보장)
4. **GP에게 우선배당금에 상응하는 성과보수지급**
   우선 배당금에 대한 보상으로 수익의 일부를 배분
5. **LP에게 돌아가는 나머지 이익 배분**
   일반적으로 약 80%의 이익이 LP에게 돌아간다.
6. **GP에게 잔여 이익 분배(Carried Interest)**
   최후로 남은 이익의 20%를 펀드 성공에 따른 보상

출처: Smith, J. K., Smith ,R. L., & Bliss, R. T. (2011). Entrepreneurial Finance: Strategy, Valuation, and Deal Structure. Stanford University Press. Chapter 3, p. 91.

은 VC 펀드들이 겪은 어려움 중 하나였다. 성과보수를 받지 못한 GP들은 펀드규모를 축소하거나 시장에서 퇴출되는 등 경영상의 압박을 받았다.

또한, 수익배분서열에 따른 이러한 손실은 GP의 투자 전략을 보수적으로 변화시킨다. 투자실패에 따른 위험이 커지면 GP는 초기 단계 스타트업보다는 비교적 안전한 후기 단계 투자에 집중하는 경향을 보이게 된다. 이는 초기 단계의 혁신적인 스타트업들이 자금조달에 어려움을 겪게 만들며, 투자생태계의 다양성과 역동성을 저해할 수 있다. 최근 몇 년간 VC의 투자초점이 후기 단계에 집중되는 현상은 이러한 위험회피 성향이 강화된 결과이다. 투자실패로 인한 문제를 완화하기 위해서는 몇 가지 전략이 필요하다. 우선, GP는 투자 기업에 대한 철저한 사전 실사(Due Diligence)를 통해 기업의 기술력, 재무상태, 시장 잠재력 등을 면밀히 평가해야 한다. 또한, 포트폴리오 다변화를 통해 단일기업에 대한 리스크를 줄이고 안정적인 수익을 확보하는 것이 중요하다. 마지막으로, 성과보수구조를 유연하게 조정해 GP의 재무적 안정성을 높임으로써 위험부담을 완화할 수 있다.

2.3 LP의 의무 — 캐피탈 콜

벤처캐피탈 펀드의 투자약정은 LP(투자자)가 펀드에 일정한 금액을 투자하기로 사전에 약속하는 것을 의미한다. 이 약정금액이 한 번에 모두 납입되는 것이 아니라, 펀드의 운용사(GP)가 투자할 때마다 필요한 자금을 요청하는 방식으로 단계적으로 납입된다. 캐피탈 콜(Capital Call)은 GP가 투자 기회가 생기거나 운영비가 필요할 때 LP에게 약정된 금액의 일부를 납입하도록 요청하는 절차이다.

캐피탈 콜의 과정에서 LP가 GP의 캐피탈 콜에 얼마나 성실하고 적시에 응답하는지는 펀드의 안정적인 운영과 투자 성공에 직결되며, LP의 평판에 큰 영향을 미친다. LP가 캐피탈 콜에 적절히 응답하여 자금을 제때 납입하는 것은 펀드의 투자집행과 운영안정성을 보장하는 데 필수적이다. 만약 LP가 캐피탈 콜에 응답하지 못하거나 자금납입을 지연한다면, GP는 계획된 투자에 차질을 겪거나 투자 기회를 상실할 수 있다. 이로 인해 펀드의 성과가 저하되고, 전체적인 투자수익률이 하락하게 된다. LP의 캐피탈 콜 대응능력은 업계 내에서 그들의 신뢰도를 결정하는 중요한 요소이다. GP는 투자약정 단계에서 LP의 평판을 주요 평가기준으로 삼는데, 이는 과거에 캐피탈 콜을 적시에 이행했는지, 자금납입 의무를 성실히 수행했는지 등을 고려한 것이다. 신뢰할 수 있는 LP는 캐피탈 콜에 대한 납입능력과 의지를 보여줄 수 있어 GP로부터 긍정적인 평가를 받으며, 미래펀드에 참여할 우선권을 얻을 수 있다. 반면에, 과거에 캐피탈 콜을 지연하거나 거부한 기록이 있는 LP는 GP뿐만 아니라 다른 LP들에게도 부정적인 평판을 얻을 가능성이 크다. 이는 벤처캐피탈 업계에서의 파트너십 구축과 향후 투자 기회에서 배제되는 결과를 초래할 수 있다.

LP의 평판은 VC 펀드의 운영 전략과 투자 활동에도 직접적인 영향을 미친다. 먼저, 캐피탈 콜에 대응하지 못하는 LP는 펀드의 투자 기회를 놓치게 하며, GP의 투자 전략을 보수적으로 만들 수 있다. 벤처캐피탈 투자는 일반적으로 시기와 속도가 중요한데, 캐피탈 콜에 대응하지 못하는 상황이 발생하면 유망한 스타트업에 대한 투자를 취소하거나 지연시켜야 한다. 이는 펀드의 수익률을 저하시킬 뿐만 아니라, 펀드의 장기적인 성공 가능성을 위협한다. 반면에 평판이 좋은 LP와 파트너십을 맺은 GP는 투자 전략을 더 적극적으로 수립할 수 있다. 안정적인 자금납입이 보장되면 GP는 새로운 투자 기회를 선제적으로 포착할 수 있고, 시장상황에 따라 유연하게 투자시기를 조절할 수 있다. 반대로, 평판이 불량한 LP와 협력하는 GP는 자금납입 지연이나 거부 가능성에 대비해 보수적인 투자 전략을 채택해야 하며, 이는 펀드의 성장과 수익성에 부정적인 영향을 줄 수 있다.

벤처캐피탈 업계는 LP들 간의 네트워크가 매우 활발하며, 각 LP의 캐피탈 콜 대응에 관한 정보와 평판은 업계 내에서 공유된다. LP의 평판은 미래 펀드조성에도 파급 효과를 미치는데, 평판이 좋은 LP가 참여한 펀드는 다른 투자자들에게도 신뢰할 만한 펀드로 인식되어 자금 모집이 원활 해진다. 이에 따라, GP는 펀드 구성 시 평판이 좋은 LP들을 우선적으로 고려하게 되고, 이러한 LP들은 우수한 투자 기회에 쉽게 접근할 수 있다. 반면, 캐피탈 콜 대응에 문제가 있었던 LP는 새로운 펀드에 참여할 기회가 줄어들고, 업계에서 불리한 입장에 놓이게 된다. 이는 투자시장에서 그들의 영향력을 약화시키며, 향후 유망한 투자 기회를 선점하는 데 어려움을 겪게 만든다.

2008년 글로벌 금융위기 기간 동안 일부 LP들은 유동성 위기를 겪으면서 투자 약정에 따른 캐피탈 콜에 응답하지 못하거나 거부하는 사례가 발생했다. 이로 인해 GP들은 투자 활동을 중단하거나 예정된 투자를 취소해야 했으며, 펀드의 수익률에 부정적인 영향을 미쳤다. 이러한 상황은 GP와 LP 간의 신뢰를 약화시켰으며, 이후 펀드 조성 시 GP들은 LP의 자금 납입능력과 신뢰성을 더욱 엄격히 평가하게 되었다.

또한, 캐피탈 콜 불이행은 투자대상기업에도 영향을 미친다. 예를 들어, 특정 스타트업에 투자하기로 결정된 상황에서 LP가 자금을 납입하지 못하면, 해당 스타트업은 필요한 자금을 제때 확보하지 못해 성장에 차질을 빚게 된다. 이는 스타트업의 생존과 성장에 직접적인 영향을 주며, 벤처캐피탈 업계 전체의 신뢰도와 투자 활성화에도 부정적인 파급 효과를 가져온다.

LP는 평판 관리를 위해 약정된 자금을 적시에 납입할 수 있는 유동성 확보와 철저한 자산 포트폴리오 관리가 필요하다. 캐피탈 콜 대응 능력은 GP와의 장기적인 파트너십 형성에 핵심적인 역할을 하며, 신뢰할 수 있는 파트너로 인식될 때 더 많은 투자 기회를 얻을 수 있다.

2.4 투자 과정

〈그림 5.8〉은 VC 투자 프로세스와 펀드만기와의 전반적인 관계를 보여준다. 펀드 컨셉이 개발된 후 GP는 투자자의 투자약속을 확보하고 포트폴리오 회사와의 거래 흐름을 생성하기 위해 동시에 노력을 기울인다.

벤처캐피탈(VC) 투자 과정에서 GP는 각 단계에서 중요한 역할을 한다. GP는 VC 펀드의 적극적인 관리자로서 펀드 전략 수립, 투자 기회 발굴, 실사, 거래 구조화, 포트폴리오기업 관리, 궁극적으로 LP를 위한 수익실현까지 담당하게 된다. 각 단계에서 GP는 구체적인 목표와 희망사항을 가지고 있으며, 그에 따라 행동과 결정을 내린다. VC 투자 과정에서 GP의 역할을 자세히 설명하고 각 단계에서 GP가 가지고 있는 희망사항에 대해 알아보자.

그림 5.8 벤처캐피탈 투자 프로세스

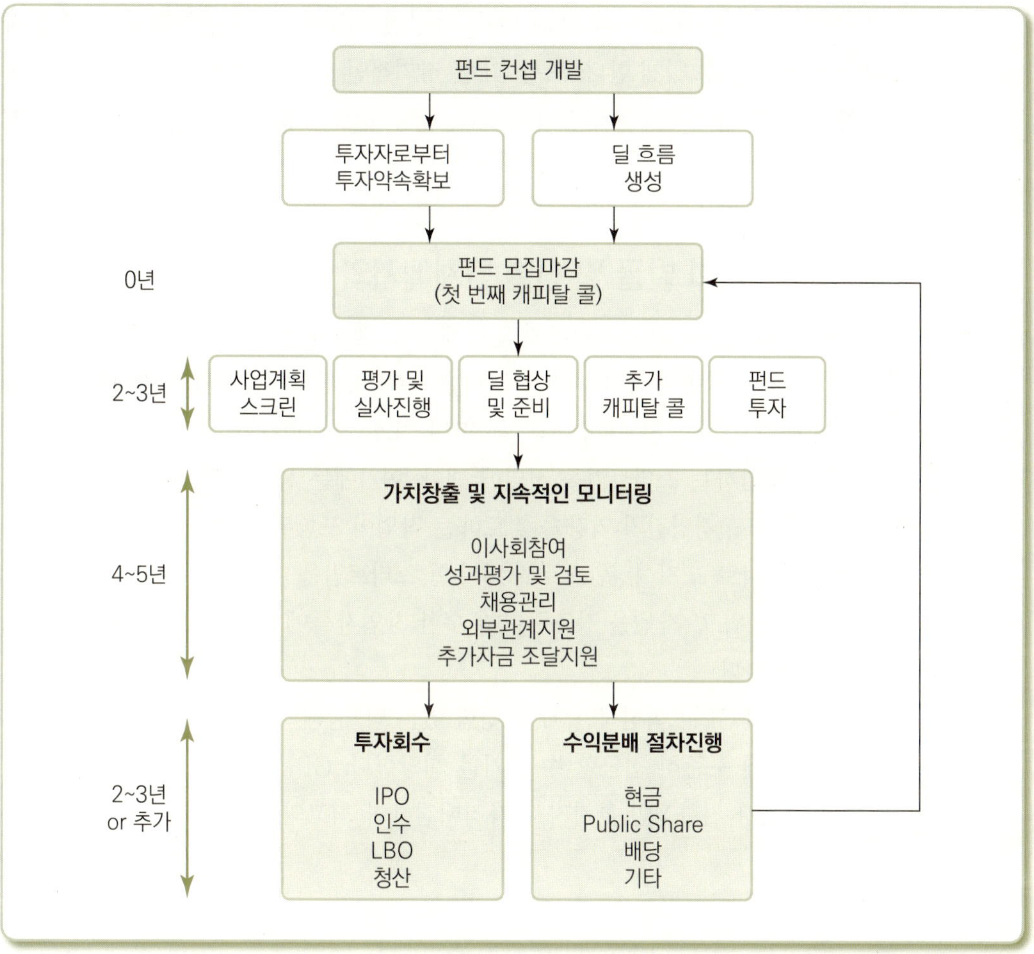

출처: Smith, J. K., Smith ,R. L., & Bliss, R. T. (2011). Entrepreneurial Finance: Strategy, Valuation, and Deal Structure. Stanford University Press. Chapter 3, p. 95.

2.4.1 펀드조성 및 펀드 구조화 단계에서 역할

투자 과정은 GP가 포괄적인 투자 전략을 수립하는 것으로 시작된다. 여기에는 펀드의 목표 산업, 투자 단계(시드, 초기, 성장), 지역적 초점, 투자 규모 등이 포함된다. GP는 시장 조사, 트렌드, 자신들의 전문지식을 활용해 펀드의 가치제안(Value Proposition)을 구체화하고 펀드의 컨셉을 개발한다. GP는 펀드 전략을 잠재적 LP(연기금, 재단, 패밀리오피스, 고액자산가 등)에게 설명하고 펀드에 대한 투자약정을 확보하기 위해 노력하며, 펀드의 법적 구조를 수립하고, LP와의 약정서(Limited Partnership Agreement: LPA)를 작성하며 운영 프레임워크를 구축한다. 여기에는 펀드의 수명, 캐피탈 콜 절차, 운용수수료 및 성과보수에 대한 합의한다.

여기서 GP는 효과적으로 투자 전략을 실행할 수 있는 충분한 자본을 조성하기를 희망한다. 더 큰 펀드는 더 많은 투자, 유망한 기업에 더 큰 지분확보, 후속투자에 자원을 배정할 수 있게 한다. 또한 GP는 장기적인 신뢰 관계를 구축할 수 있는 평판이 좋은 LP를 유치하기를 희망하며, 이는 향후 펀드조성에도 도움이 될 것이기 때문이다.

2.4.2 투자 기회 발굴 및 선별 단계에서의 역할

GP는 네트워크, 업계 행사, 스타트업 인큐베이터, 액셀러레이터 등을 통해 투자 기회를 적극적으로 발굴한다. 또한, 창업자, 다른 투자자, 산업전문가와의 관계를 구축하여 양질의 투자 기회를 확보하는 데 집중한다. 또한 초기평가를 통해 펀드의 전략 및 투자기준에 부합하는 스타트업을 선별해 낸다. 여기에는 사업계획, 시장잠재력, 제품적합성, 경쟁구도, 경영진의 역량을 검토하는 작업이 포함된다. 이 단계에서 GP는 자신을 가치제공자로 포지셔닝함으로써 우수한 스타트업을 유치하고자 할 것이다. GP는 전문성, 네트워크, 자원을 강조하여 우수한 창업자들에게 투자자로서 매력적으로 보이고자 노력한다.

이 단계에서 GP는 혁신적인 제품, 경험 있는 팀, 잠재력이 높은 시장을 가진 고품질의 스타트업에 꾸준히 접근할 수 있기를 희망한다. GP는 경쟁이 치열한 시장에서 똑똑하고 창업자 친화적인 투자자로 자리매김하여 최고의 거래에 접근할 수 있기를 바랄 것이다.

2.4.3 실사 및 평가 단계에서 역할

GP는 재무분석, 시장조사, 기술평가, 제품검토, 경쟁분석을 포함한 철저한 실사를 수행한다. 또한, 전문가와의 협력, 참고자료 확인, 경영진과의 반복적인 만남을 통해 회사의 잠재력과 위험을 파악하게 된다. GP는 시장채택, 기술개발, 규제환경, 경영진 역량 등과 관련된 주요 위험을 평가하고, 비즈니스 모델, 수익원, 단위 경제성, 확장 가능성 등을 분석한다. 실사 후, GP는 내부 투자심의위원회에 결과를 제출하고 최종 승인을 받는다. 이 단계는 투자 결정이 펀드의 전략 및 위험 허용범위와 일치하는지 확인하는 것이 중요하다.

이 단계에서 GP는 스타트업의 모든 측면을 이해하여 정보에 기반한 투자 결정을 내리고, 투자 후 지원분야를 파악하기를 원한다. 실사 과정은 회사의 기본적인 건전성을 확인하고, 투자조건을 명확히 하여 위험을 줄이는 데 그 목적이 있다.

2.4.4 거래 구조화 및 협상 단계의 역할

GP는 투자조건을 협상하고 이를 계약조건서(Term Sheet)에 명시한다. 주요 요소로는 기업가치, 지분, 이사회구성, 청산우선순위, 희석 방지조항 및 보호조항 등이 있다. 조건이 합의되면 GP는 법률 자문을 통해 주식매매계약서(SPA), 주주계약서 등 필요한 서류를 작성하고 마무리한다. 이는 펀드의 투자를 보호하고 투자 후의 관리구조를 명시해야 한다. GP는 펀드, 스타트업, 이해관계자 간의 이익을 조율하여 협력적 성장과 최종적인 투자회수를 위한 기반을 만든다.

이 단계에서 GP는 잠재적 수익을 극대화하면서 하방 위험에 대비할 수 있는 투자 조건을 확보하기를 희망한다. 창업자들과의 강력하고 일치된 관계를 구축하여 양측이 기업의 성공을 위해 노력하는 관계를 형성하고자 할 것이다.

2.4.5 투자 후 가치 창출 단계에서의 역할

GP는 투자 후 포트폴리오 기업의 성장과 가치를 극대화하기 위해 기업의 운영에 적극적으로 참여한다. 이사회에 참여해 전략을 수립하고, 사업개발을 지원하며, 제품과 시장의 적합성(Product-Market Fit)을 개선하는 데 조언을 제공한다. 또한, 고객 및 파트너 연결, 후속 투자유치를 지원한다. 또한 GP는 재무지표, 운영성과, 시장상황을 지속적으로 모니터링하고, 경영진과 정기적으로 소통하여 진전 상황과 문제를 파악하게 된다. 기업이 높은 잠재력을 보일 경우, GP는 후속 라운드에서 추가투자를 통해 기업의 성장과 펀드의 지분을 유지한다.

이 단계에서 GP는 기업이 매출, 시장점유율, 기업가치 측면에서 빠른 성장세를 보이기를 희망한다. GP는 기업의 가치증대를 통해 성공적인 투자회수를 할 수 있도록 기업의 전략적 방향에 영향을 미치기를 바랄 것이다.

2.4.6 투자회수 단계에서의 역할

GP는 기업과 협력하여 투자회수의 최적 시기와 방식을 선택해 수익을 실현할 수 있는 전략을 수립한다. 투자회수 방법에는 기업공개, 인수합병, 주식 매각 등을 포함하고 있다. 인수합병이나 주식 매각의 경우, GP는 조건을 협상하여 펀드의 수익을 최대화해야 한다. 기업공개의 경우, GP는 규제요건 준수, 투자은행 협력, 투자자관계 관리 등 상장 과정을 지원한다.

이 단계에서 GP는 높은 투자 수익률을 달성하여 펀드와 LP에게 큰 이익을 제공하기를 희망한다. 성공적인 투자회수는 GP의 트랙레코드를 강화해 미래의 펀드조성 및 우수한 투자 기회 확보에 긍정적인 영향을 줄 것이기 때문이다.

2.4.7 펀드 청산 및 수익 분배 단계에서의 역할

GP는 수익을 LP에게 분배하며, 이는 〈그림 5.6〉의 순익배분서열 구조에 따라 이루어진다. 먼저 LP에게 투자원금과 우선수익이 지급되고, 이후 GP는 성과보수로 이익의 일정 비율을 받는다. 이러한 수익분배 과정은 펀드의 성공을 공유하고, GP와 LP 간의 장기적인 신뢰를 형성하는 중요한 단계가 된다. 또한 펀드의 성과, 수익분배 내역, 투자포트폴리오의 상세내용에 대해 LP에게 보고서를 제공한다. 또한, 펀드청산 단계에서는 법률, 규제, 세금의무를 준수하기 위한 절차를 이행한다. 기존 펀드의 청산이 완료되면, GP는 성공적인 트랙 레코드를 활용하여 새로운 펀드 조성을 준비한다. 이를 위해 기존 LP와의 관계를 유지하고, 새로운 투자자들을 유치하기 위한 전략을 수립할 것이다.

GP는 펀드의 수익률이 LP의 기대치를 초과하여, 향후 펀드 조성 시 기존 LP들이 재투자하고, 새로운 LP들의 참여를 이끌어내기를 희망하고 있다. GP는 높은 성과를 통해 LP로부터 신뢰를 얻고, 다음 펀드에 재투자를 유도함으로써 지속적인 펀드 조성 및 운영의 선순환을 달성하려고 할 것이다.

GP는 벤처캐피탈 투자 과정의 모든 단계에서 다면적인 역할을 수행하게 된다. 이는 펀드 조성과 전략수립에서부터 투자 기회 발굴, 실사, 거래 협상, 포트폴리오 관리, 그리고 투자회수 및 수익분배까지 이어진다. 각 단계에서 GP는 위험을 관리하고, 전략적인 결정을 내리며, 기업의 가치를 극대화하는 데 주력한다. 이러한 모든 노력의 핵심목표는 투자자의 기대를 충족시키고 높은 수익을 실현하는 동시에, GP 자신의 트랙 레코드를 강화하여 미래의 펀드 조성을 준비하는 것이다. 이 과정에서 GP의 희망은 단계별로 다르지만 궁극적으로 기업의 성공과 펀드의 수익률을 높이는 데 집중된다. 성공적인 투자 프로세스는 펀드의 명성을 강화하고, GP에게 더 많은 기회를 열어주며, 향후 펀드조성과 투자활동을 지속할 수 있는 기반을 마련해 주기 때문이다.

3. LP의 GP 선택 및 GP의 투자대상기업 선택

3.1 LP의 GP 선택

LP는 잠재력 있는 GP를 평가할 때 GP의 트랙 레코드, 투자 전략, 팀 구성, 펀드구조, 운영능력, 그리고 이해관계의 일치 여부를 종합적으로 고려하는 심층적인 실사 과정을 거친다. 이러한 평가를 통해 LP들은 자신들의 자본이 유능하고 신뢰할 수 있는 전문가에 의해 관리될 수 있도록 현명한 투자를 결정하게 되는데, 다음은 LP가 잠재력 있는 GP를 평가할 때 사용하는 주요 기준에 대해 알아보자

3.1.1 트랙 레코드와 성과

LP들은 GP의 과거성과를 미래수익 창출능력을 나타내는 중요한 지표로 면밀하게 검토한다. LP들은 GP의 이전 펀드들을 살펴보며 내부수익률(IRR), 총 투자대비 가치(Total Value to Paid-in Capital: TVPI), 분배 대비 납입금(Distributed Paid-in Capital: DPI), 현금수익배수 등 다양한 성과지표를 검토한다. 뛰어난 과거성과는 GP가 투자선별, 기업관리, 성공적인 투자회수에 능숙하다는 것을 보여주기 때문이다. 또 LP들은 펀드 수익이 실현된 투자회수(매각 또는 상장된 기업)에서 비롯된 것인지, 아니면 아직 활동 중인 투자자산의 현재 평가를 기반으로 하는 미실현 수익인지를 세밀하게 확인한다. 실현된 수익은 GP의 성공을 측정하는 보다 구체적인 척도가 될 수 있다. 그리고 LP들은 여러 펀드와 시장주기에서 일관된 성과를 낸 GP를 선호한다. 이는 GP가 다양한 경제상황과 시장 동향에서 성공적으로 대응할 수 있는 능력을 갖추고 있음을 보여주기 때문이다. 마지막으로 성공사례 외에도 LP들은 손실비율, 즉 실패하거나 손실을 본 투자비율도 평가한다. 이를 통해 GP의 위험관리 및 실사 프로세스에 대한 통찰을 얻을 수 있다.

3.1.2 투자 전략과 투자 논리

LP들은 GP의 투자 전략이 LP의 투자목표와 위험선호도에 부합하는지 평가하게 된다. LP들은 GP의 목표섹터, 단계(예: 시드, 초기, 성장), 지리적 초점, 투자 규모 등을 검토하여 이것이 LP의 포트폴리오 목표와 일치하는지 확인한다. 명확하고 집중된 투자 논리는 GP가 목표 시장에 대한 깊은 이해를 가지고 있음을 나타낸다. LP들은 독특한 투자우위 또는 전문성을 가진 GP를 찾고 있다. GP가 다른 펀드와 어떻게 차별

화되는지, 산업전문성, 독점적 딜 소싱 접근, 강력한 네트워크 또는 가치증대 전략 등을 어떻게 활용하는지 평가한다. 또한, LP들은 GP가 목표로 하는 시장환경과 기회공간을 고려하는데, 고성장산업이나 저자본화된 시장을 대상으로 한 잘 정립된 전략은 GP의 매력을 높일 수 있다. 마지막으로 LP들은 GP의 포트폴리오구성 접근방식을 검토한다. 여기에는 투자기업 수, 후속투자계획, 분산 전략 등이 포함된다. 또한 펀드의 리스크프로필[7]이 LP의 전체 포트폴리오와 어떻게 조화되는지 평가한다.

3.1.3 팀구성과 경험

GP 팀구성원의 질, 경험, 그리고 팀워크는 평가에서 중요한 요소이다. LP들은 벤처캐피탈과 특정 산업분야에서 광범위한 경험을 가진 팀을 찾는다. 파트너들의 배경, 이전 펀드관리 경험, 스타트업 운영경험, 그리고 업계네트워크를 자세히 살펴볼 것이다. 또 LP들은 투자전문성, 산업지식, 운영경험, 거래 실행 능력 등 다양한 역량을 가진 GP 팀을 선호한다. LP들은 팀이 벤처투자 전반에 걸친 모든 측면을 다룰 수 있는 보완적인 강점을 가지고 있는지 평가한다. 또한 LP들은 GP의 투자의사결정 과정에 관심을 갖는다. 여기에는 의사결정방식(합의기반 또는 파트너 주도), 투자심의위원회의 역할, 갈등해결 방법 등이 포함된다. 구조화되고 엄격한 의사결정 프로세스는 건전한 거버넌스와 의사결정능력을 나타내기 때문이다. 마지막으로 LP들은 팀의 안정성, 파트너의 이탈률, GP의 승계계획을 평가한다. 안정적인 팀과 명확한 승계계획은 장기적인 운영지속 가능성을 나타내며, 핵심인물에 대한 위험을 줄여준다.

3.1.4 이해관계의 일치

LP들은 GP와 투자자의 이해관계가 얼마나 잘 일치하는지 평가하게 되는데, 이들은 GP가 펀드에 자본을 출자하는지 확인한다. 일반적으로 펀드 규모의 1~5%를 직접 투자하는 것이 관례다. GP의 상당한 출자는 GP가 투자 전략에 자신감을 가지고 있으며, 펀드의 위험과 보상을 함께 공유할 의지가 있음을 보여주기 때문이다. LP들은 펀드의 수수료 구조, 특히 관리수수료와 성과보수를 분석한다. LP들은 일반적으로 낮은 관리수수료(대체로 2% 전후)와 20%의 표준성과보수를 선호하는데, 이는 GP가 펀드성과를 극대화하도록 동기를 부여한다. 마지막으로 LP들은 이익배분방식과 LP가 예상수익을 달성하기 전에 GP가 과도한 성과보수를 받았을 경우 이를 회수할 수

7 특정 자산, 프로젝트, 또는 기업이 직면한 위험의 성격과 수준을 나타내는 용어로 투자자가 감수할 수 있는 위험의 범위, 투자대상의 변동성, 그리고 예상되는 잠재적 손실과 수익 등을 종합적으로 고려하여 정의됨

있는 환수(Clawback) 조항을 검토하기도 한다. 이러한 조항은 GP가 일관되고 장기적인 가치를 창출하도록 유도한다.

3.1.5 운영 능력

운영능력은 GP가 펀드를 효율적이고 효과적으로 관리할 수 있는지를 보여주는 핵심지표이다. LP들은 GP가 과거에 자금을 조달한 능력과 투자자기반의 역량을 평가한다. GP들이 보유한 다양하고 평판이 좋은 LP기반은 GP의 신뢰도와 시장지위를 나타낸다. 또한 LP들은 GP의 딜 소싱 전략, 네트워크, 고품질 거래에 대한 독점적 접근성을 확인한다. 강력한 네트워크와 가치제공자로서 명성을 가진 GP는 최상위 거래 흐름에 접근할 가능성이 높기 때문이다. 그리고 LP들은 GP의 실사프로세스, 위험관리체계, 투자위험을 처리하는 방식을 이해하고자 한다. 철저한 실사프로세스는 잠재적인 위험을 식별하고 관리하는 데 필수적이다. 또한 LP들은 GP가 포트폴리오 기업에 어떻게 가치를 더하는지 평가한다. 여기에는 이사회참여, 운영지원, 전략적 조언, 네트워킹, 후속 자금조달 지원 및 투자회수 전략 등이 포함된다. 투자 후 지원능력은 성공적인 투자회수와 수익을 증대할 수 있다. 마지막으로 LP들은 펀드의 성과, 포트폴리오 구성, 투자활동에 대해 상세하고 정기적인 보고를 요구한다. 투명한 소통과 견고한 보고시스템을 제공하는 GP는 LP의 신뢰를 얻을 가능성이 높다.

3.1.6 펀드 조건 및 구조

LP들은 제안된 펀드의 조건과 구조를 검토하여 자신들의 투자정책 및 위험 허용도와 일치하는지 확인한다. LP들은 펀드규모가 GP의 투자 전략과 과거성과에 부합하는지 평가한다. GP의 경험이나 시장기회에 비해 펀드규모가 너무 크면 수익이 희석될 수 있다. 또 LP들은 펀드의 투자기간, 펀드기간(보통 10년), 투자회수 전략을 살핀다. GP는 자본배치, 포트폴리오 기업지원, 수익성 있는 투자회수에 대한 명확한 계획을 제시해야 한다. 또한 LP들은 펀드가 규제요건을 준수하고 적절한 법적 문서를 갖추었는지 확인한다. 여기에는 거버넌스, 수수료구조, 투자제한, 갈등해결 메커니즘 등을 명시한 LPA(LP와의 약정)가 포함될 수 있다.

3.1.7 평판도 확인

LP들은 잠재력 있는 GP에 대한 종합적인 평가를 위해 광범위한 평판도 확인을 진행한다. 이 과정에서 과거투자자(LP), 공동투자자, 포트폴리오 기업의 창업자, 그리고 산업관계자들과의 대화를 통해 GP의 명성, 성실성, 성과, 그리고 가치 창출 정도를 검증한다. 과거 펀드에 투자했던 LP들과의 대화를 통해, GP의 소통방식, 투명성, 약속 이행 여부 등을 파악한다. 이는 GP가 과거에 투자자들과 어떻게 관계를 맺었고, 펀드성과를 어떻게 관리했는지에 대한 중요한 정보를 제공한다. 그리고 GP가 투자했던 포트폴리오 기업의 창업자나 경영진과의 대화를 통해, GP가 투자이후 얼마나 적극적으로 참여했고, 어떤 지원을 제공했는지에 대한 의견을 수렴할 때가 있다. GP가 창업자들에게 어떠한 조언과 네트워킹을 제공했는지, 그리고 얼마나 가치 있는 파트너였는지를 평가하는 것이다. 마지막으로 LP들은 벤처캐피탈 업계에서의 GP의 평판을 파악하기 위해 다른 벤처캐피탈리스트, 자문가, 시장관계자들과 교류한다. 이 과정에서 GP가 업계에서 존경받는 파트너인지, 그리고 다른 투자자들과 어떻게 협력해 왔는지를 확인하기도 한다.

LP들은 잠재력 있는 GP를 평가할 때 다면적이고 철저한 심사 과정을 거친다. 이 과정은 과거의 성과를 검토하고, 투자 전략을 면밀히 분석하며, 팀의 구성과 운영능력을 평가하고, 이해관계의 일치 여부를 검토하며, 다양한 평판도 확인을 수행하는 것으로 구성된다. 이러한 평가를 통해 LP들은 자신들의 투자목표와 위험 프로필에 부합하며, 펀드를 효과적으로 관리할 수 있는 역량과 경험을 갖춘 GP를 찾고자 노력하는 것이다.

3.2 벤처캐피탈의 투자대상기업 선택

벤처캐피탈(VC)이 투자대상기업을 선택할 때, 단순히 좋은 회사의 조건을 넘어서 VC 펀드 관리관점에서 종합적인 전략과 고려가 필요하다. VC 펀드는 여러 벤처기업을 포트폴리오로 구성하며, 펀드수명 동안 기업의 성장, 자금관리, 회수 전략 등을 체계적으로 관리해야 한다. 이에 따라 VC는 투자대상기업을 선정할 때 펀드의 전체적인 관리 및 운용, 투자자(LP)의 이익을 극대화하는 데 집중하게 된다. VC 펀드관리 측면에서 선호하는 투자기업을 선택하는 기준은 알아보자.

3.2.1 투자 규모 및 펀드의 투자 전략에 맞는 기업

VC는 펀드규모와 투자 전략에 부합하는 기업을 선호한다. 펀드의 규모에 따라 투자할 수 있는 금액이 한정되어 있으며, 이는 각 기업의 투자 단계, 성장 전략, 자본요구량에 영향을 미친다.

VC는 펀드의 전략에 맞는 기업에 투자해야 한다. 예를 들어, 초기 단계 펀드를 운영하는 경우, 적은 자본으로 시작해 빠르게 성장할 수 있는 기업을 찾는다. 반면, 후기 단계 펀드의 경우 이미 상당한 규모로 성장했거나 시장진입에 성공한 기업에 대규모투자를 선호할 것이다. 투자대상기업이 기존자금으로 어떤 단계까지 성과를 낼 수 있는지 파악하는 것이 중요하다. 자금이 효율적으로 사용되어 가치를 높이고, 펀드의 회수시점에 맞춰 수익을 실현할 수 있는 기업을 선호한다.

3.2.2 후속 자금조달 가능성

VC 펀드관리에서 중요한 요소 중 하나는 후속 자금조달의 가능성이다. 초기투자 후 기업이 성장하면서 후속투자 라운드를 성공적으로 진행할 수 있어야 펀드의 투자가치가 지속적으로 상승할 수 있기 때문이다.

펀드의 자본만으로 모든 성장 단계를 지원할 수 없기 때문에, 후속투자를 유치할 수 있는 기업을 선택하게 된다. 초기투자 이후에 기업이 성공적으로 시리즈 B, C, D 등 후속 자금조달을 통해 가치를 증대할 수 있는 잠재력이 있는 기업이 이상적이다. 이는 기업의 비즈니스 모델, 시장 전략, 매출성장률 등이 뒷받침되어야 가능하다. 또한 VC는 펀드 내에서 특정기업에 대한 후속투자를 위해 자본을 배정하기도 한다. 따라서 초기투자 시, 후속투자를 고려하여 펀드의 자본배분을 전략적으로 계획할 수 있는 기업을 선택한다. 이는 기업이 후속 라운드에서 더 높은 가치 평가를 달성할 수 있을 것으로 예상될 때 이루어진다.

3.2.3 펀드 수명과 투자회수 전략에 부합하는 기업

VC 펀드는 일반적으로 10년의 수명을 가지며, 이 기간 내에 투자, 관리, 그리고 투자회수를 완료해야 한다. 따라서 펀드의 수명주기에 맞게 투자회수가 가능한 기업이 선호된다.

VC는 보통 펀드 수명 내에 IPO, 인수합병(M&A), 또는 2차 시장매각을 통해 투자회수할 수 있는 기업을 찾는다. 펀드의 투자수익을 극대화하려면 투자회수 타이밍이 펀드의 수명과 조화되어야 하며, 기업이 이를 위한 성장 로드맵을 가지고 있어야 한다. 펀드의 회수구조와 전략에 따라 조기 투자회수 가능성이 있는 기업도 선호된다. 일부 VC는 펀드초기에 높은 수익률을 실현하기 위해 기업의 일부지분을 2차시장에서 매각하거나, 조기에 전략적 인수기회를 활용하는 것을 고려할 수도 있다. 투자회수를 위해서는 기업의 밸류에이션이 시장상황과 부합해야 한다. 지나치게 높은 가치 평가는 향후 인수나 IPO 시 투자회수의 어려움을 초래할 수 있기 때문에, VC는 현실적이고 견실한 성장 전략을 가진 기업에 투자할 것이다.

3.2.4 투자 모니터링 및 관리 용이성

VC 펀드관리의 핵심은 투자기업에 대한 지속적인 모니터링과 관리이다. 따라서 VC는 관리에 상대적으로 용이하고 지속적인 협업이 가능한 기업을 선호한다.

VC는 투자 후 기업의 이사회에 참여하여 경영진과 협력하며 회사의 전략과 성장을 지원한다. 이사회에서 VC가 전략적으로 가치를 더할 수 있고, 경영진이 VC의 조언에 귀 기울이는 기업이 선호된다. 이사회 참여를 통해 회사의 진행상황을 주기적으로 모니터링하고 필요에 따라 전략적 방향을 조정할 수 있어야 한다. 펀드관리 관점에서, 기업과의 투명하고 주기적인 커뮤니케이션이 매우 중요하다. 재무성과, 제품개발 상황, 시장진입 전략 등에 대한 주기적인 보고를 통해 VC는 기업의 현황을 파악하고 필요한 지원을 제공할 수 있다. 따라서 투명하게 소통하는 기업이 펀드관리에 적합하다.

3.2.5 포트폴리오 구성과 위험 관리

펀드의 수익률은 여러 기업에 분산 투자하여 위험을 관리하는 포트폴리오 전략에 따라 좌우된다. VC는 단순히 개별기업의 가능성뿐만 아니라, 펀드 포트폴리오 전체의 밸런스를 고려하여 기업을 선택하게 된다.

VC는 펀드 포트폴리오가 특정산업이나 시장에 과도하게 집중되지 않도록, 다양한 분야에 투자할 수 있는 기업을 선택한다. 이는 펀드의 전반적인 리스크를 분산시켜주며, 시장변동성에 대한 대응력을 높여준다. 펀드관리 관점에서 전체 포트폴리오의 투자성과를 최적화하기 위해, 기업이 수익성과 성장 가능성을 명확히 제시할 수 있는지 여부가 중요하다. 기업이 예측 가능한 성장과 회수 가능성을 보여줄 수 있다면, 이는 펀드의 성과향상과 안정적인 회수로 이어지기 때문이다.

3.2.6 가치 평가 및 지분 구조

VC는 투자 시 기업의 가치 평가와 지분구조가 펀드의 수익극대화에 부합하는지 평가한다. 초기투자 시 기업의 가치 평가가 합리적인 수준이어야 하며, 이를 통해 미래 라운드에서의 지분의 희석을 최소화하고 투자회수할 때 수익을 극대화할 수 있는 여지를 확보해야 한다. 투자 시, VC는 적절한 지분과 보호조항을 확보하는 것을 목표로 한다. 이는 향후 투자 라운드에서 지분희석을 방지하고, 기업이 성공적으로 성장할 경우 수익을 최대한 확보할 수 있도록 하기 때문이다.

VC 펀드관리 관점에서 이상적인 투자기업은 단순히 좋은 아이디어나 혁신적인 제품을 가진 회사가 아니라, 펀드의 수명, 투자 전략, 자본배분, 회수 전략, 그리고 포트폴리오구성에 적합한 기업이어야 한다. 이는 투자 규모, 후속 자금조달 가능성, 투자회수 전략, 관리용이성, 위험분산, 가치 평가 등을 종합적으로 고려하여 결정되기 때문이다. 궁극적으로 VC는 펀드의 수익률을 극대화하고 투자자들의 기대에 부응할 수 있는 기업을 선택하여 투자하고, 펀드의 전반적인 관리 및 성과를 최적화하는 데 집중할 것이다.

4. 벤처캐피탈의 역할 및 운의 중요성

4.1 벤처캐피탈리스트의 업무

VC는 스타트업 생태계에서 중요한 역할을 담당하며, 이들이 업무를 어떻게 배분하는지가 투자성과에 직접적인 영향을 미친다. VC는 단순한 투자자 이상으로 스타트업의 성장을 지원하고 가치를 창출하는 파트너로서 다양한 활동에 참여한다. 벤처캐피탈리스트들은 투자의 각 단계마다 다른 시간관리 전략을 구사한다. 그렇기 때문에 이들이 제한된 시간자원을 어디에, 어떻게 투자하는지 살펴보기로 한다.

새로운 투자 기회를 찾는 딜 소싱(Deal Sourcing) 단계에서는 창업자와의 미팅 등에 상당한 시간을 투자한다. 예를 들어, 실리콘밸리의 대표적인 VC 회사인 세쿼이아캐피탈은 해마다 수백개의 스타트업을 만나며, 이 중 잠재력이 있는 기업을 발굴하는 데 상당한 시간을 할애한다. 이 과정은 스타트업의 아이디어와 팀의 역량을 초기에 판단하는 중요한 단계이며, 이를 통해 VC는 장기적으로 성공할 수 있는 포트폴리오를 구축할 수 있기 때문이다. 또한 VC는 네트워킹 및 업계활동을 통해 새로운 기회를 발굴하고 시장 트렌드를 파악한다. 소프트뱅크 비전펀드와 같은 대형 VC는 업계 행사, 기술 컨퍼런스, 스타트업 데모데이 등에 꾸준히 참여해 최신 기술동향을 파악하고, 유망한 스타트업을 탐색한다.

실사와 투자분석 단계는 VC의 시간투자의 핵심 중 하나다. 투자결정에 앞서 시장규모, 경쟁구도, 기술력, 비즈니스 모델, 재무상태 등 다양한 요소를 철저하게 분석한다. 이는 투자실패의 위험을 줄이기 위한 과정으로, VC의 전문성과 경험이 집중적으로 요구된다. 이러한 철저한 실사 과정을 통해 VC는 투자대상기업의 잠재력을 보다 정확하게 파악하고, 성공확률을 높일 수 있다.

이미 투자한 기업을 관리하는 포트폴리오 관리도 VC의 시간배분에서 큰 비중

표 5.2 벤처캐피탈리스트의 시간할당 AVCJ(Asian Venture Capital Journal)

비즈니스 진행	할당비율	주요 내용
딜 소싱 (Deal Sourcing)	약 30~40%	새로운 투자 기회를 발굴하기 위해 많은 시간을 할애. 네트워킹, 이벤트 참석, 산업 연구 및 시장 조사 등이 포함
실사 (Due Diligence)	약 20~25%	잠재적인 투자 기회를 철저히 검토하고 평가. 재무분석, 시장분석, 팀 평가, 제품검토 포함
투자의사결정 (Investment Decision-Making)	약 10~15%	내부회의, 투자위원회 발표, 조건협상 등을 통해 투자결정
포트폴리오 관리 (Portfolio Management)	약 20~30%	기존 투자기업을 관리하고 지원하는 데 상당한 시간을 할애. 이사회 참여, 자문지원, 성과 모니터링 등이 포함
자금조달 (Fundraising)	약 5~10%	자사 펀드를 위한 자금조달 활동 중요. LP와의 관계 구축, 프레젠테이션, 보고서 작성 등이 포함
행정 업무 (Administrative Duties)	약 5~10%	규제 준수, 내부 운영 관리, 기타 행정업무 포함

출처: MarketScreener

을 차지한다. 포트폴리오 관리의 핵심은 이사회 참여를 통한 전략적 조언과 지원이다. VC는 투자 후에도 기업의 성장과 확장을 위해 이사회에 적극적으로 참여하고, 경영진과 긴밀히 협력한다. 이러한 포트폴리오 관리 과정에서 VC는 기업의 성장을 위한 네트워크 연결, 후속 자금조달, 인재채용 등 다양한 활동에 시간을 투자한다. 이 단계에서 VC는 투자기업의 성공이 곧 자신의 펀드수익과 직결된다는 점을 인식하고, 적극적으로 기업의 가치증대에 기여한다.

결국, 벤처캐피탈리스트의 시간관리는 투자성과에 큰 영향을 미치며, 그들의 성공 여부를 좌우하는 핵심요소가 된다. VC의 시간배분이 투자의사결정과 포트폴리오 기업의 성장에 어떤 영향을 미치는지, 각 단계에서 이루어지는 활동과 그 과정에서 발생하는 기회와 도전과제는 VC가 어떻게 전략적으로 운영되는지에 대해 알 수 있게 한다.

4.2 성공할 가능성이 있는 기업가의 선정

벤처캐피탈(VC)은 기업가의 인적자본(Human Capital)을 평가하는 데 상당한 비중을 둔다. 인적자본이란 기업가가 가지고 있는 기술, 지식, 경험, 네트워크, 그리고 역량을 의미하며, 이는 스타트업의 성공 가능성을 가늠하는 핵심지표로 작용한다. 다음의 항목들은 VC가 기업가의 인적자본을 평가하는 여러 가지 측면을 보여준다.

- 경험과 전문성: VC는 기업가가 해당 업계에서 쌓은 전문성과 경험을 중요하게 고려한다. 과거에 비슷한 분야에서 일했거나 사업을 운영한 경험이 있는 기업가는 산업의 특성과 시장의 동향을 잘 이해하고 있어, 사업 전략을 세우고 실행하는 데 유리하기 때문이다. VC는 이러한 경험이 기업가의 문제해결 능력과 빠른 의사결정에 도움이 된다고 생각한다. 또한, 특정분야에서 성공한 경험이 있는 기업가는 향후 투자자와 고객을 설득하는 데도 강점이 있다.
- 네트워크와 관계 구축 능력: 인적자본에는 기업가가 보유한 산업 내 네트워크도 포함된다. VC는 기업가가 어떤 파트너, 고객, 투자자, 그리고 산업전문가들과 교류해왔는지를 평가한다. 광범위한 네트워크를 가진 기업가는 사업의 초기 단계에서 필요한 자원과 정보를 빠르게 얻을 수 있고, 제품의 시장진입이나 후속 자금조달에 유리한 조건을 확보할 가능성이 높다. 이러한 네트워크는 전략적 파트너십을 구축하거나 고급인재를 영입하는 데도 큰 도움이 된다.
- 기술 및 역량: 기업가의 기술적 역량 또한 중요한 평가 요소가 된다. 특히, 기술기반의 스타트업에서는 창업자의 기술적 전문성이 사업의 핵심경쟁력이 되기 때문에 더욱 중요하다. VC는 기업가가 제품개발, 시장분석, 데이터 활용 등 다양한 영역에서 얼마나 전문성을 가지고 있는지를 검토한다. 이를 통해 해당 기업가가 시장의 변화에 대응하고 혁신을 주도할 수 있는지를 판단할 것이다.
- 리더십과 팀 빌딩 능력: 인적자본평가에서 중요한 또 다른 요소는 기업가의 리더십과 팀을 구축하는 능력이다. VC는 기업가가 회사의 비전을 제시하고, 이를 기반으로 다양한 전문분야의 인재를 모아 팀을 구성할 수 있는지를 살펴볼 것이다. 뛰어난 기업가는 조직 내에서 신뢰를 구축하고, 각 팀원이 최대의 성과를 낼 수 있도록 동기를 부여하며, 갈등을 해결하는 데 능숙해야 한다.
- 학습 및 적응 능력: VC는 기업가의 학습능력과 변화에 대한 적응력을 평가하기도 한다. 스타트업 환경은 급변하기 때문에 기업가는 새로운 정보를 빠르게 습득하고, 사업 전략을 유연하게 조정할 수 있어야 한다. VC는 기업가가 과거경험에서 어떤 교훈을 얻었고, 이를 현재 사업에 어떻게 적용하고 있는지를 통해 학습 능력과 적응력을 파악한다.

VC는 기업가를 선정할 때 이들의 인적자본을 다각적으로 평가하여, 해당 기업가가 비즈니스의 불확실성과 도전에 대처할 수 있는 역량을 가지고 있는지를 판단한다. 이러한 평가는 VC의 투자성공 가능성을 높이고, 기업의 장기적인 성장과 수익을 이끌어내는 데 중요한 기준이 된다.

4.3 벤처캐피탈의 가치 창출 사례

벤처캐피탈(VC)은 기업에 단순히 자금을 제공하는 것을 넘어, 적극적인 모니터링과 전략적 자문을 통해 기업의 가치를 높이는 중요한 역할을 수행한다. 기업의 성장 단계에 맞춰 경영 전략 조언, 네트워크 구축, 인재채용 지원, 후속 자금조달 등을 통해 기업의 성장을 돕는 것이 VC의 핵심적인 활동이다. 다양한 사례를 통해 그들이 기업의 추가적인 가치 창출에 어떻게 기여하는지 확인해 보자.

줌(Zoom)에 투자한 그레이락 파트너스(Greylock Partners)는 투자이후 이사회에 참여하여 줌의 제품개발과 마케팅 전략에 대한 지원을 제공했다. 당시 줌은 화상회의시장에서 경쟁우위를 확보하기 위해 뛰어난 제품품질과 사용자경험에 집중하고 있었고, 그레이락 파트너스는 이 과정에서 경영진에게 효과적인 전략을 제시했다. 특히 기업용 시장에 집중하는 전략을 추진하여 대기업고객을 유치하는 데 성공하도록 도왔으며, 이러한 조언과 지원을 통해 줌은 코로나19 팬데믹 기간동안 글로벌시장에서 급속한 성장을 이루어 내며 화상회의 솔루션의 선두주자가 될 수 있었다. 이는 VC의 자문이 기업의 성장을 촉진하는 핵심적인 역할을 한다는 것을 보여준다.

스트라이프(Stripe)의 사례에서는 네트워크 구축의 중요성이 드러난다. KPCB(Kleiner Perkins)는 스트라이프에 초기투자한 이후, KPCB의 광범위한 글로벌 네트워크를 활용해 스트라이프가 대규모 이커머스업체 및 금융기관과 파트너십을 맺는데 도움을 주었다. 이 파트너십을 통해 스트라이프는 다양한 국가에서 결제서비스를 제공할 수 있는 인프라를 구축하였고, 그 과정에서 복잡한 결제시스템을 간소화하여 기업과 고객 모두에게 편리한 서비스를 제공하게 되었다. 특히, 스트라이프가 글로벌 결제시장에서 경쟁력을 갖추고 빠르게 성장할 수 있었던 것은 KPCB의 네트워크지원과 전략적 조언 덕분이라고 볼 수 있다.

스포티파이(Spotify)의 사례에서는 인재채용과 조직강화 측면에서의 VC지원이 두드러진다. 노스존(Northzone)은 스포티파이에 투자한 이후, 스포티파이가 글로벌 음악스트리밍 시장에서 성장하는 데 필요한 핵심인재를 채용할 수 있도록 적극적으로 지원했다. 그들은 자신의 네트워크를 통해 스포티파이에 적합한 기술전문가와 마케팅인재를 찾아 연결해주었으며, 이로써 스포티파이는 경쟁력 있는 경영진을 구성할 수 있었다. 이러한 인재영입은 스포티파이가 지속적으로 기술혁신을 이루고, 다양한 음악콘텐츠를 제공하며, 글로벌시장에서 선도적인 위치를 차지하는 데 결정적인 역할을 했다. 노스존의 이러한 지원은 VC가 단순한 투자자 이상의 역할을 수행하며, 기업의 성장에 필요한 인적자원을 확보하는 데 중요한 파트너임을 보여준다.

그랩(Grab)과 소프트뱅크(SoftBank)의 사례에서는 후속 자금조달과 투자회수 전략

지원의 중요성이 강조된다. 소프트뱅크는 동남아시아의 모빌리티 기업인 그랩에 투자한 이후, 회사의 성장 단계에 따라 필요한 자금을 추가로 확보할 수 있도록 적극적으로 지원했다. 소프트뱅크는 자신의 글로벌 투자네트워크를 활용하여 그랩이 새로운 투자자를 유치하는 과정을 도왔으며, 그랩이 동남아시아 여러 국가의 시장에 진출하는 과정에서 현지규제와 경쟁상황을 파악하고 이에 대응하는 전략을 수립하도록 조언했다. 이러한 자금조달과 전략적 지원은 그랩이 동남아시아 지역에서 선도적인 모빌리티 플랫폼으로 성장하는 데 핵심적인 역할을 했다.

도어대시(DoorDash)와 SV엔젤(SV Angel)의 사례에서는 시장진출과 제품 개발 전략 측면에서 VC의 지원이 두드러진다. 도어대시가 미국전역으로 서비스를 확장할 때, SV엔젤은 각 도시의 배달 인프라, 고객수요, 지역별 규제에 맞춰 사업을 확장할 수 있는 전략을 함께 수립했다. 또한, SV엔젤은 도어대시가 고객데이터를 분석하여 서비스 품질을 개선하고, 마케팅 전략을 최적화하는 데 필요한 조언을 제공했다. 이를 통해 도어대시는 미국 내 배달시장에서 주요 기업으로 빠르게 성장할 수 있었으며, 이러한 성공은 VC의 전략적 지원이 기업의 시장확장과 경쟁력강화에 큰 도움이 될 수 있음을 보여준다.

이처럼 벤처캐피탈은 투자이후 기업의 경영진과 긴밀히 협력하여 다양한 영역에서 기업의 성장을 지원한다. 줌의 전략적 성장, 스트라이프의 글로벌 네트워크 확장, 스포티파이의 인재영입, 그랩의 자금조달 및 확장 전략, 도어대시의 시장진출 등 다양한 사례는 VC가 제공하는 자문과 모니터링이 기업의 성공과 성장을 촉진하는 핵심적인 요소임을 입증한다.

4.4 벤처캐피탈의 피투자회사 경영진 또는 이사회 변경

벤처캐피탈(VC)이 기업에 투자할 때 경영진과 이사회변경을 추진하는 것은 기업의 성공적인 성장을 지원하고, VC의 투자목적에 부합하는 결과를 이끌어내기 위한 전략적 조치이다. 이때 VC의 희망사항과 투자목적에 맞춰 조직을 구성하고, 성과기반 계약을 통해 기업 운영의 효율성과 투명성을 확보하는 것이 중요하다.

4.4.1 경영진 및 이사회 구성에 변화를 주는 이유

VC가 투자 후 경영진과 이사회구성에 변화를 주는 핵심목적은 기업의 성장잠재력을 최대한 실현하고, 투자 리스크를 관리하며, 성공적인 투자회수 전략을 실행하는 데 있다. 초기 창업자들은 기술개발이나 제품시장 진입에는 강점을 가지고 있지만, 회사가 확장 단계로 진입하면 복잡한 운영, 재무관리, 시장 전략을 다룰 수 있는 전문성이 필요하다. 따라서 VC는 경영진에 재무, 마케팅, 영업, 운영 분야에서의 경험이 풍부한 전문가를 영입하도록 추진한다. 예를 들어, 회사가 제품개발에 성공했지만 매출 확대에 어려움을 겪는다면 VC는 전문 CEO, CFO, 또는 CMO를 영입해 기업운영을 보다 전략적으로 이끌도록 한다. 이러한 역량 강화는 기업이 지속 가능한 성장궤도에 오를 수 있도록 돕는다. 그리고 이사회는 기업의 최고 의사결정 기구로, 회사의 전략과 방향을 설정하고 경영진의 결정을 감독하는 역할을 한다. VC는 이사회에 참여함으로써 기업의 전략적 의사결정에 직접 관여하고, 투자자의 이익을 보호한다. 또한, 이사회에 독립적인 외부전문가를 영입하여 기업의 경영 투명성과 객관성을 높인다. 이를 통해 기업은 변화하는 시장상황과 경쟁환경에 효과적으로 대응할 수 있다. 경영진의 변경과 함께 성과기반 경영 시스템을 도입하는 것이 VC의 또 다른 목표이다. VC는 성과지표를 설정하고, 경영진이 이 지표를 달성할 경우에만 보상을 받는 구조를 통해 운영의 효율성과 집중도를 높인다. 이를 통해 기업의 자원배분이 보다 전략적으로 이루어지고, 투자자들의 기대에 부응하는 경영 결과를 낼 수 있다.

4.4.2 회사의 전략방향 및 운영프로세스 변경

VC는 투자한 기업이 빠르게 성장하고, 시장에서 성공적으로 자리매김할 수 있도록 지원하기 위해 조직구조를 재편성한다. 이러한 재편성은 경영진의 구성뿐 아니라, 회사의 전략방향 및 운영프로세스에 대한 전반적인 변화를 포함한다. VC는 기업이 각 기능영역(예: 제품 개발, 마케팅, 영업, 재무 관리 등)에서 필요한 전문성을 갖춘 경영진을 보유하도록 구성한다. 이는 기업이 시장에서 경쟁우위를 확보하고, 고객의 니즈를 충족시키며, 재무적으로 안정적인 기반을 구축할 수 있도록 한다. VC는 이사회에서 경영진의 성과를 모니터링하고, 필요에 따라 추가적인 인적자원 및 네트워크를 제공해 기업이 목표를 달성하도록 돕는다. 또한, VC는 경영진과 이사회 간의 투명하고 체계적인 커뮤니케이션을 중시한다. 이를 위해 정기적인 이사회 회의를 통해 재무상황, 제품개발, 시장 전략 등에 대한 상세한 보고를 요구하며, 기업의 진행 상황을 주기적으로 점검한다. 이러한 체계는 기업의 성과를 명확하게 파악할 수 있게 하고, 필요시 신속하게 전략을 수정하는 데 도움이 된다.

4.4.3 경영진과의 성과기반계약 체결

VC는 경영진과 성과기반계약을 체결하여 기업운영의 책임성과 효율성을 높인다. 성과 기반계약은 경영진의 보상이 특정한 성과지표(매출성장, 시장점유율, 제품출시,

재무건전성 등)에 따라 결정되는 구조로, 이는 기업의 목표와 VC의 투자 목적이 일치하도록 유도한다. 여기서 VC는 기업의 이익이나 기업가치의 일정부분을 경영진과 공유하는 방식의 인센티브 구조를 도입한다. 예를 들어, 기업이 특정수준의 매출이나 순이익을 달성하면, 경영진에게 스톡옵션 또는 성과보너스를 지급한다. 이는 경영진이 회사의 성장을 위해 적극적으로 노력하고, 장기적인 성과를 추구하도록 동기를 부여한다. 또한, VC는 경영진이 설정된 성과지표를 달성할 때 추가적인 자금을 투입하는 방식을 활용한다. 이를 통해 기업은 단계별 목표를 명확하게 설정하고, 각 단계에서 필요한 자원을 확보할 수 있게 된다. 예를 들어, 제품개발완료, 고객확보, 시장확장 등 주요 이정표를 달성하면 후속투자가 이루어지도록 설계하고 있다.

VC가 투자 후 경영진과 이사회 변경을 추진하는 것은 기업의 효율적 운영과 성장, 그리고 투자 수익 극대화를 위한 필수적인 전략이다. 이를 통해 VC는 기업이 시장의 불확실성에 대응하고, 장기적인 성과를 창출할 수 있도록 지원한다. VC의 희망사항과 투자 목적에 맞는 조직 재편성과 성과기반 계약도입은 경영진의 책임의식을 높이고, 기업의 운영투명성과 전략실행력을 강화하여 궁극적으로 성공적인 투자회수를 가능하게 한다.

4.5 벤처캐피탈 투자 성공에 '운'이 작용하는 요소

벤처캐피탈(VC)의 성공은 '운'과 '역량'의 조합이라고 할 수 있다. 물론 훌륭한 딜 소싱과 열정 넘치는 가치창출 노력, 포트폴리오를 통한 위험분산 등 기술적 역량은 기본적으로 중요하다. 그렇지만 스타트업과 시장의 고유한 불확실성 때문에 '운'은 VC 성공의 결정적인 요소가 될 수 있다. 대체로 다음과 같은 내용들이 '운'에 영향을 받는 요소가 될 것이다.

- 시장 타이밍(Market Timing): VC 역사상 가장 성공적인 투자 중 일부(예: 구글, 페이스북, 에어비앤비)는 적절한 시기에 출시되었기 때문에 성공을 거둘 수 있었다. 많은 성공적인 스타트업은 신흥시장이나 기술변화의 최전선에 있었다(예: 소셜미디어, 클라우드 컴퓨팅, 핀테크). 이러한 기업에 초기에 투자한 결정은 시장타이밍의 '운'에 어느 정도 의존하는 경향이 있다. 또한 규제변화, 경제상황, 또는 코로나19(COVID-19)와 같은 전 세계적 사건은 예기치 않게 스타트업의 성장을 가속화하거나 방해할 수 있다. 예를 들어, 줌은 코로나 팬데믹 기간에 폭발적인 성장을 경험했는데, 이는 초기투자 시점에는 어떤 VC도 완전히 예측하지 못한 상황이었을 것이다.

- 창업자 역학(Founder's Dynamics): VC들은 창업자의 역량을 평가하지만, 회사를 구축하는 여러 과정들 속에서 창업자들이 어떻게 진화할지는 예측하기 어렵다. 일부 창업자들은 압박 속에서 놀라운 리더십과 적응력을 보여주며 성공하는 반면, 다른 창업자들은 대부분 실패의 길로 갈 수 있다. '운'은 VC가 예기치 않은 도전을 성공적으로 극복할 수 있는 벤처기업에 투자할지 여부를 판단하는 데 중요한 역할을 한다. 또, 많은 성공적인 스타트업은 원래의 비즈니스 모델에서 피벗하여 결국 성공으로 이끄는 새로운 아이디어를 찾는다(예: 슬랙, 트위터). 일부 VC들은 초기 아이디어를 기반으로 투자하지만, 벤처기업이 적절한 시기에 또다른 실행 가능성 있는 비즈니스로 피벗할 수 있는지에 대한 것은 '운'이 작용하는 부분이 있다.
- 경쟁역학(Competitive Dynamics): 신규벤처의 경쟁구도는 빠르게 변할 수 있다. VC가 투자한 포트폴리오회사의 성공은 때로는 잠재적 경쟁자의 실패와 같은 통제할 수 없는 요소에 달려 있기도 하다. 이러한 경쟁역학은 이처럼 시장의 다른 요인에 의해 결정되기 때문에 '운'에 의해 좌우될 수도 있다. 또한 강력한 네트워크 효과를 달성한 스타트업(예: 페이스북, 링크드인)은 시장을 지배하는 경우가 많다. 그러나 이러한 지배력을 만들어내는 초기조건과 도입패턴은 '운'에 의해 영향을 받기도 한다. 예를 들어, 바이럴 효과나 영향력 있는 초기사용자를 '운' 좋게 확보하는 것이 그 사례이다.

궁극적으로, VC의 성공은 '운'과 '역량' 중 하나만의 결과가 아니라 이 둘의 상호작용에 달려 있다. 유능한 VC들은 '운'이 따랐을 때 이를 최대한 활용할 수 있는 '역량'을 갖추고 있을 것이기 때문이다. 가장 성공적인 VC들은 '역량'을 활용해 '운'이 따른 상황에서 이익을 극대화하고, '운'이 불리하게 작용할 때 위험을 최소화하는 능력을 갖추고 있다.

4.6 벤처캐피탈 간의 공동투자

벤처캐피탈(VC)들 간의 공동투자는 여러 VC가 함께 한 스타트업에 투자하는 방식으로, 이는 업계에서 매우 일반적인 관행이다. 공동투자는 자본분산, 위험관리, 전문성 활용, 네트워크강화, 후속투자 확보 등의 다양한 이유로 이루어진다. 이를 통해 VC들은 투자 리스크를 줄이고, 투자성공 가능성을 높일 수 있다.

4.6.1 투자자본 분산 및 위험 관리

먼저, 공동투자가 이루어지는 주요 이유 중 하나는 자본 분산과 위험 관리이다. 스타트업 투자는 높은 위험을 수반하기 때문에, 하나의 VC가 전체자금을 단독으로 투입하는 것은 상당한 부담이 된다. 공동투자를 통해 여러 VC가 자금을 분산해서 투입하면 개별 투자자의 리스크를 줄일 수 있다. 예를 들어, 한 VC가 단독으로 투자할 경우 해당 스타트업이 실패할 시 막대한 손실이 발생하지만, 여러 VC가 공동으로 투자하면 그 손실이 분산되어 각 VC의 부담이 줄어든다. 또한, 공동투자를 통해 VC들은 여러 투자 기회를 병행하여 포트폴리오를 다양화할 수 있어, 전체적인 투자 전략의 안정성을 높일 수 있다. 이처럼 공동투자는 VC의 투자 리스크를 효과적으로 줄이는 방안이 된다.

4.6.2 전문성과 역량 보완

공동투자는 전문성과 역량을 보완하는 장점도 있다. 각 VC는 고유한 전문성과 산업에 대한 지식을 가지고 있기 때문에, 여러 VC가 함께 투자할 경우 각자의 전문성을 활용하여 스타트업을 다각도로 지원할 수 있다. 예를 들어, 한 VC는 기술적인 전문성을, 다른 VC는 마케팅 및 시장진입 전략에 대한 전문성을 제공하여 스타트업의 성공 가능성을 높인다. 동시에, 공동투자에 참여하는 모든 VC들은 자신의 네트워크를 활용하여 스타트업이 필요한 인재를 영입하고, 잠재적인 고객 및 파트너와 연결될 수 있도록 돕는다. 이러한 네트워크의 결합은 스타트업의 성장을 가속화하는 시너지 효과를 만들어낸다.

4.6.3 후속투자 확보

대규모 자금조달과 후속투자 확보 역시 공동투자를 통해 가능해진다. 스타트업이 제품개발, 시장진입 및 확장을 위해 많은 자금을 필요로 할 때, 한 VC가 단독으로 이를 제공하기에는 부담이 된다. 공동투자를 통해 여러 VC가 함께 자금을 조달하면 스타트업은 확장 단계에 필요한 충분한 자금을 확보할 수 있다. 또한, 초기투자 라운드에 여러 VC가 함께 참여하면, 향후 후속투자 라운드에서도 기존 투자자들의 네트워크와 평판이 신뢰를 제공하여 추가적인 자금조달을 쉽게 만들어낼 수 있다.

4.6.4 역할 분담

공동투자에서 각 VC의 역할은 리드 투자자와 팔로워 투자자로 나뉜다. 리드 투자자는 주로 가장 큰 투자 비중을 차지하며, 투자조건협상, 실사주도, 계약서작성 등 핵심 의사결정을 주도한다. 또한, 이사회에 참여하여 창업자와 지속적으로 소통하며 제품 개발, 마케팅 전략 수립 등 기업의 성장에 필요한 전반적인 조언을 제공한다. 반면, 팔로워 투자자는 리드 투자자의 주도 하에 참여하며, 자신들의 전문성을 활용하여 스타트업에 부가가치를 더한다. 예를 들어, 특정산업에 대한 지식이나 글로벌확장 전략에 대한 경험을 바탕으로 스타트업을 지원한다. 또한, 팔로워 투자자들은 자금을 제공할 뿐만 아니라, 스타트업의 인재채용, 후속투자유치, 전략적 파트너십 구축을 위한 네트워크를 활용하여 지원한다.

4.6.5 갈등 조정

이러한 공동투자 과정에서는 다양한 상황이 발생한다. 투자자들 간의 전략, 자금조달, 성장방향 등에 대한 의견차이로 인해 의사결정 상의 갈등이 발생할 수 있다. 이러한 경우, 리드 투자자는 갈등을 조정하고 스타트업의 이익을 극대화할 수 있는 방향으로 합의를 이끌어내는 역할을 한다. 또한, 투자조건과 지분구조, 우선주조건 등에 대해 투자조건을 조율하는 데 시간이 걸릴 수 있으며, 스타트업의 성장에 따라 후속투자 단계에서의 역할 변화가 일어나기도 한다. 마지막으로, 투자회수 시점에 이르렀을 때, 여러 투자자들은 투자회수 전략에 대해 합의하여 최적의 결과를 도출해야 한다. 이러한 문제에 대한 해결책으로는 자세하게 설계된 공동투자계약을 작성하여 서로 간의 기대치를 설정하고, 역할을 정의하며, 분쟁해결 절차를 명시한다. 여기에는 정보공유, 후속투자, 투자회수 전략 및 각 투자자의 권리 등이 포함된다. 또한, 리드 투자자가 정기적인 업데이트와 투명한 커뮤니케이션을 통해 팔로워 투자자들과 정보를 공유하는 것이 중요하다. 재무보고서, 전략적 발전, 이사회 회의내용을 공유함으로써 정보비대칭을 줄일 수 있다. 그리고 공동투자 내에 구조화된 거버넌스 프로세스를 마련하여 의사결정 절차를 공식화하고, 정기적인 회의를 통해 다양한 의견을 조율해야 한다. 마지막으로 사전에 합의된 분쟁해결 메커니즘(예: 중재조항)을 통해 투자 라이프사이클 동안 발생할 수 있는 의견충돌을 효과적으로 해결해야 한다.

5. GP와 LP 간의 계약

5.1 LP와 GP 간의 보상 계약

벤처캐피탈(VC)에서 GP와 LP 사이의 보상계약은 VC펀드 운영의 핵심요소로, 펀드의 성과에 따른 이익분배와 운영수수료 구조를 결정한다. 이 계약은 GP와 LP 간의 이해관계를 조율하며, 투자 전략과 포트폴리오 회사선택, 그리고 투자관리방식에 직접적인 영향을 미친다.

GP는 투자펀드를 운영하는 주체로서 성과보수와 운용수수료를 통해 보상을 받는다. 성과보수(Carried Interest)는 GP가 펀드의 수익 중 약 20%를 가져가는 형태로, 이는 펀드의 투자성과에 직접 연동되어 있다. GP는 투자한 포트폴리오회사가 성공할 때만 이익을 얻을 수 있기 때문에, 이는 GP가 기업의 성과를 극대화하도록 강력한 동기를 부여한다. 반면에, 운용 수수료(Management Fee)는 GP가 펀드관리와 운영에 대한 대가로 연간 펀드규모의 2% 내외를 받는 것으로, 펀드의 수익성과 관계없이 GP의 기본적인 운영자금을 지원한다. 이 수수료는 실사, 투자관리, 포트폴리오기업에 대한 모니터링 등 펀드의 일상적인 운영에 사용된다.

LP는 VC펀드에 자본을 제공하는 투자자로서, 자신들의 투자에 대한 위험을 최소화하고 안정적인 수익을 확보하려는 목표를 가지고 있다. 이에 따라, LP는 투자원금과 약정된 우선배당금을 우선적으로 회수할 권리를 갖는다. 이 권리는 일반적으로 연 7~8% 수준의 우선 배당금으로 설정되며, LP가 GP에게 투자할 때 자신의 자금에 대한 보호장치로 작용한다. 또한, LP는 투자원금과 우선 배당금을 회수한 이후에야 GP가 성과보수를 받을 수 있도록 조건을 설정한다. 이는 GP가 펀드의 성과를 극대화하고, 리스크를 관리하도록 유도하는 인센티브 체계이다.

이러한 보상계약 구조는 GP가 어떤 포트폴리오회사를 선택하고 관리할지에 큰 영향을 미친다. GP는 성과보수를 극대화하기 위해 높은 성장잠재력을 가진 초기 단계의 스타트업에 투자하는 경향이 있다. 이러한 기업들은 성공 시 높은 수익을 창출할 가능성이 있지만, 동시에 실패할 위험도 크다. GP는 이러한 위험을 감수하며 고위험 고수익 전략을 추구한다. 또한, GP는 LP와의 계약에서 수익을 극대화하기 위해 포트폴리오 기업의 후속 투자유치와 투자회수 전략을 사전에 고려한다. 이는 GP가 투자대상기업의 성장 가능성과 시장진출 전략에 더욱 집중하는 이유이다.

GP와 LP 간의 보상계약은 또한 포트폴리오회사와의 투자계약에 영향을 미친다. GP는 투자 리스크를 줄이고 LP의 이익을 보호하기 위해 포트폴리오 기업에 주로 우선주, 전환우선주의 형태로 투자한다. 우선주는 GP가 청산 시 우선적으로 원금과 이익을 회수할 수 있는 권리를 제공하며, 전환우선주는 우선주의 특성을 갖는 동시에 일정조건 하에서 보통주로 전환할 수 있는 권리를 부여하는 주식유형이다. 이는 투자 실패 시에도 LP의 손실을 최소화한 기대이익에 대한 잠재력을 유지할 수 있게 한다. 또한, GP는 희석 방지조항(Anti-dilution Provision)을 투자계약에 포함하여, 후속투자 시 기업가치가 하락할 경우 지분가치를 보호한다. 이는 GP가 LP의 투자가치를 유지하고, 펀드의 성과를 극대화하기 위한 장치로 활용된다. 또한 GP는 이사회 참여권한을 통해 포트폴리오기업의 경영 전략에 직접 개입하고, 기업의 성장을 지원한다. 이는 GP가 포트폴리오 기업의 경영진과 협력하여 최적의 전략을 수립하고 기업 가치를 높일 수 있는 중요한 수단이 된다.

성공과 실패에 따른 영향을 줄이기 위해 보상계약에는 최소수익률기준(Hurdle Rate)과 클로백 조항(Clawback Clause)이 포함된다. 최소수익률기준은 펀드가 일정 수익률에 도달해야만 GP가 성과보수를 받을 수 있도록 조건을 설정하는 것으로, GP가 투자성과를 높이도록 동기를 부여한다. 클로백 조항은 펀드 만기 시 성과를 재평가하여 GP가 과도한 보상을 받았을 경우 이를 반환하도록 규정한다. 이는 GP가 장기적으로 포트폴리오 회사의 가치를 극대화하고, 투자성과에 대한 책임을 지도록 하는 장치이다.

이처럼, GP와 LP 간의 보상계약은 GP의 투자 전략, 포트폴리오기업과의 투자계약, 그리고 기업의 성장관리 방식에 직간접적으로 영향을 미친다. GP는 이러한 계약구조를 기반으로 투자위험을 관리하고, 기업의 성공을 위해 전략적으로 지원하며, 궁극적으로 투자수익을 극대화하는 것을 목표로 한다. VC의 LP계약서는 투자조건, 마감요건, 분배요건 및 기타조항을 명시하고 있다. 〈표 5.3〉은 중요조항의 요약과 가상의 펀드에 대한 예시를 제공한다.

5.2 LP와 GP 간의 파트너십 계약

LP와 GP 간의 파트너십 계약은 벤처캐피탈 펀드의 운영, 수익배분, 위험관리에 관한 광범위한 사항을 상세하게 명시하며, 양측의 이해관계와 우려를 해결하기 위한 다각적인 법적 프레임워크를 제공한다. 이러한 계약은 LP의 자본보호와 GP의 투자 및 운영자율성 간의 균형을 맞추는 데 초점을 두며, 다양한 조항을 통해 펀드의 구조를 최적화한다. 계약에 포함되는 내용들은 다음과 같다.

표 5.3 벤처캐피탈 LP파트너십 계약조건 요약(예시)

용어	설명
목적	'목적'은 펀드의 초점과 투자 목표를 식별하며, 예를 들어 "전자상거래 벤처에 대한 초기 단계 투자에서 탁월한 수익을 얻기 위함" 등이 있다. 조항은 펀드가 한 벤처에 투자하는 금액을 제한하거나 펀드가 사용할 수 있는 투자기구의 유형을 제한할 수 있다.
General Partner(GP)	일반적으로 GP는 개별 GP들의 파트너십이다. 펀드의 투자자들은 개별 GP 간의 계약에 접근하여 인센티브를 평가하고 수정 및 제한사항을 찾을 수 있다.
LP의 지분	이 조항은 펀드가 모집하고 있는 총 금액을 명시하며, 예를 들어 2억 5천만 달러와 각 투자자당 최소 1천만 달러를 말한다.
GP의 투자	일반적으로 GP는 1%이며 때때로 약속어음의 형태일 수 있다.
최소 마감 금액	이 조항은 초기 마감 전에 받아야 하는 금액을 명시하며, 예를 들어 "1억 달러"이다. 후속 마감이 있을 경우 초기 마감 후 1년 이내의 정해진 기간 내에 발생해야 할 수 있다.
서브스크립션 지급	투자자들은 종종 단기 통보로 자금을 만들어야 할 수도 있기 때문에 최대 유연성을 제공하기 위해 초기 마감 시 자본금의 일정 금액(예: 총 약정 금액의 30%)을 제공해야 한다. 자금납입 지연 또는 누락에 대한 벌칙이 열거된다.
기간	계약 기간은 일반적으로 7~10년이며, 특정조건 하에서 연장이 가능하여 투자의 질서 있는 청산을 허용한다.
이익 및 손실 배분	이 조항은 이익과 손실의 배분을 명시한다. 현재 가장 일반적인 배분은 LP에게 80%, GP에게 20%이다. 다른 조항은 이익과 손실이 어떻게 처리되는지에 관련이 있을 수 있다. 예를 들어, 계약은 비과세 투자자에게 과세 이익의 일부를 부담시킬 수 있다.
분배	이 조항은 투자자본과 이익의 신속한 분배를 보장한다. 일반적으로 분배는 현금 및 공공 유가증권 형태로 이루어질 수 있다. 조건은 투자자들이 GP가 분배를 받기 전에 투자 자본의 전액 반환을 받을 수 있도록 할 수 있다. 대한은 이익의 20%를 GP에게 분배하는 것이다. 그러나 일부 투자가 손실이 발생할 경우, 계약은 GP가 과잉보상에 대해 보상해야 할 것을 명시할 수 있다.
서비스 수수료	일반적으로 서비스 수수료는 약정 자본의 1.5~2.5%이며, 인플레이션 조정을 포함할 수 있다. 수수료는 경영하고 있는 다른 펀드와 유사하게 설정될 수 있다.
조직 비용	펀드 설정의 초기비용은 일반적으로 GP의 펀드출자금에서 공제된다. 계약은 보장금액과 항목을 명시할 수 있다.
이해 충돌	조항은 개별 GP 또는 초기펀드의 다른 벤처캐피탈리스트와의 공동 투자를 제한할 수 있다.
기타 제한 및 제한 사항	다른 제한 사항은 차입, 추가투자펀드의 조직 등을 포함한다. 조항의 의도는 펀드에 대한 총 기여 노력을 제어하고 위험을 줄이기 위함이다.

출처: Smith, J. K., Smith ,R. L., & Bliss, R. T. (2011). Entrepreneurial Finance: Strategy, Valuation, and Deal Structure. Stanford University Press. Chapter 3, p. 94.

단일 기업에 대한 투자 제한(Covenants on Single Investment Concentration). GP가 특정기업에 과도한 자본을 투입하는 것을 방지하기 위해 계약으로 단일기업에 대한 투자 비중 제한을 규정한다. 이 조항은 펀드자산의 지나친 집중에 따른 위험을 완화하는 역할을 하며, 보통 “펀드의 총 자산 중 특정기업에 대한 투자 비중을 10% 이내로 제한한다”와 같은 명시적 규정을 포함한다. 이러한 제한을 통해 포트폴리오를 다각화하고 LP의 리스크를 분산시킨다.

레버리지 사용 규제(Leverage Restrictions). 펀드의 레버리지 사용에 대한 과도한 위험을 방지하고자 계약에서는 레버리지 사용한도를 설정한다. 이 조항은 GP가 펀드자산의 일정비율을 초과하여 부채를 활용하지 못하도록 규제하며, “펀드의 총 자산 대비 레버리지 비율을 20%로 제한한다”와 같은 형태로 표현된다. 이를 통해 LP는 펀드의 재무적 안정성을 확보하고, 레버리지로 인한 투자위험을 사전에 차단할 수 있다.

공동투자조항(Co-Investment Rights). 공동투자를 통해 LP는 특정기업에 직접 노출될 수 있는 기회를 얻는다. 공동투자 권리 조항은 LP가 펀드의 특정 투자에 별도로 참여할 수 있도록 하며, 투자절차와 조건을 명시한다. 이러한 권리를 통해 LP는 GP의 투자 행위에 대한 통제력을 일부 확보하고, 동시에 포트폴리오의 위험을 조정할 수 있다. GP의 입장에서는 공동투자를 통해 추가 자본을 확보할 수 있고, LP에게 추가적인 참여기회를 제공함으로써 양측의 이해관계를 조율한다.

수익재투자 정책(Profit Reinvestment Policy). 투자수익이 발생했을 때 이를 재투자할지 아니면 LP에게 배분할지에 대한 재투자정책을 명확히 규정한다. 이 조항은 GP가 펀드의 추가성장기회를 모색할 때 수익을 어떻게 활용할 수 있는지를 정의하며, “펀드수익의 50%는 신규 투자에 재투자하고, 나머지는 LP에게 배분한다”와 같이 구체적으로 설정될 수 있다. 이를 통해 LP는 수익이 어떻게 활용되는지에 대한 불확실성을 줄일 수 있다.

GP의 지분 양도 제한(Transfer Restrictions on GP Interest). GP의 지분매각은 펀드의 경영안정성과 전략방향에 영향을 미칠 수 있다. 이를 방지하기 위해 GP 지분양도제한 조항은 GP가 자신의 지분을 타인에게 매각하거나 양도하려면 LP의 사전 동의를 받아야 한다는 규정을 포함한다. 이를 통해 LP는 펀드의 일관된 운영을 보장받을 수 있으며, GP의 전략적 변동에 대한 리스크를 관리할 수 있다.

추가 자금조달 조항(Additional Capital Raising Provisions). GP가 펀드운영 중 추가 자금조달을 계획할 경우, LP는 이에 따른 자본희석과 투자위험에 대해 우려할 수 있다. 이 조항은 GP가 추가로 자금을 조달할 때의 조건과 절차를 명시하며, “추가 자금조달은 LP의 75% 이상 동의가 있어야 한다”와 같은 요건을 규정한다. 이를 통해 LP는 자금조달 과정에서 발생할 수 있는 리스크를 최소화하고, 펀드의 자본구조를 안정적으로 유지할 수 있다.

GP의 외부활동제한(Non-Compete and Exclusive Service Provisions). GP의 외부활동이 펀드의 운영에 영향을 미칠 수 있다는 우려를 반영하여, 계약은 GP의 외부사업 활동제한을 규정한다. 이 조항은 GP가 펀드와 경쟁하거나 펀드의 이익에 반하는 사업에 참여하지 못하도록 하며, “GP는 펀드운영 기간 동안 경쟁적 사업에 관여할 수 없다”는 내용으로 표현된다. 이를 통해 LP는 GP가 펀드 운영에 전념하도록 유도하고, 펀드의 전략적 목표에 집중할 수 있도록 한다.

신규 파트너 추가에 대한 제한(Restrictions on Adding New Partners). GP가 새로운 파트너를 추가하는 것은 펀드의 전략적 방향과 의사결정 구조에 영향을 미칠 수 있다. 이 조항은 GP가 새로운 파트너를 추가할 경우, LP의 사전동의 또는 일정기준 충족을 요구한다. 이를 통해 펀드의 경영 연속성과 투자철학을 유지하고, LP가 펀드의 전략적 방향에 대한 통제력을 확보할 수 있도록 한다.

투자자산 사용제한(Asset Use Restrictions). 펀드자산이 허용된 투자영역을 벗어나지 않도록 투자자산 사용제한 조항을 포함한다. 이 조항은 펀드의 투자 전략에 명시된 자산유형, 산업분야, 지역 등에 대한 투자제한을 규정하며, “펀드는 부동산, 파생상품, 또는 고위험채권에 투자할 수 없다”와 같은 명시적 내용을 담고 있다. 이를 통해 LP는 GP가 펀드의 전략적 목표와 일치하는 투자를 하도록 유도하며, 자산의 비효율적 사용을 방지한다.

캐피탈 콜 조항. 이조항은 GP가 LP로부터 투자금을 단계별로 어떻게 요청할 것인지를 규정한다. 이는 GP가 필요한 시기에 적절한 자본을 확보할 수 있도록 하는 동시에, LP가 투자계획에 따라 자금을 관리할 수 있도록 지원한다. 이 조항은 “GP는 매분기별로 캐피탈콜을 진행하며, 그 금액은 전체 약정자본의 25%를 초과할 수 없다”와 같이 상세한 조건을 명시한다. 이러한 규정은 자금의 효율적 사용과 투자위험 관리에 기여한다.

유동성 관리 및 탈퇴 조항(Liquidity and Withdrawal Provisions). LP의 유동성 확보와 펀드에서의 탈퇴를 위한 유동성 관리 및 탈퇴 조항은, LP가 펀드에서 벗어나거나 지분을 매각할 수 있는 상황과 절차를 규정한다. 이는 LP의 지분을 다른 투자자나 제3자에게 양도할 수 있는 권리를 포함하며, “LP는 펀드의 투자기간이 절반을 경과한 시점 이후에만 지분을 매각할 수 있다”는 식으로 명시된다. 이를 통해 LP는 장기투자로 인한 유동성 위험을 관리할 수 있다.

위험 관리 및 투자 제한(Risk Management and Investment Constraints). 펀드의 위험을 체계적으로 관리하기 위해, 계약은 위험관리 및 투자제한 조항을 포함한다. 이 조항은 특정 산업, 지역, 자산유형에 대한 투자한도를 명시하며, "펀드는 IT 산업에 대한 투자 비중을 총 자산의 30% 이내로 제한한다"와 같은 구체적인 가이드라인을 제공한다. 이는 포트폴리오의 리스크를 분산하고 투자 방향을 명확히 설정하여 LP의 우려를 해소한다.

감사 및 감시조항(Audit and Oversight Provisions). 감사 및 감시 조항은 GP의 펀드운영과 재무상태를 투명하게 유지하는 핵심 요소이다. 이 조항은 GP가 정기적으로 외부감사기관을 통해 펀드의 재무제표를 검토하고, 투자성과 보고서를 제공할 의무를 규정한다. 이를 통해 LP는 펀드의 운영에 대한 신뢰를 확보하며, GP가 책임 있게 펀드를 관리하도록 감독할 수 있다.

계약 위반 및 분쟁해결 조항(Breach and Dispute Resolution Provisions). LP와 GP 간의 계약이행 중 예상치 못한 계약위반 또는 분쟁이 발생할 수 있다. 이를 대비해 계약위반 및 분쟁해결조항은 계약위반 시의 제재, 손해배상, 그리고 분쟁해결을 위한 절차를 명확히 규정한다. 예를 들어, "계약위반 시, GP는 손해배상금을 LP에게 지급해야 하며, 분쟁이 발생할 경우 중재기관을 통해 조정절차를 진행한다"와 같은 세부사항이 명시될 수 있다. 이 조항은 계약이 제대로 이행되도록 GP를 독려하며, 분쟁 발생 시 신속하고 공정한 해결을 위한 메커니즘을 제공한다.

GP의 권한과 의무(Authority and Duties of GP). 파트너십계약에서 GP의 권한과 의무를 명시하는 조항은 펀드의 전략적 방향과 일상적인 운영에 대한 GP의 권한을 구체적으로 정의한다. GP의 권한에는 투자대상 선정, 자본호출, 펀드자산관리 등이 포함되며, 의무에는 펀드의 투자목표에 부합하는 의사결정, LP에게 정기적인 보고, 투자 포트폴리오의 관리 등이 포함된다. 이러한 조항은 GP가 펀드운영에 대한 독자성을 유지하는 동시에 LP의 이해를 보호하기 위해 최선의 노력을 다하도록 규정한다.

클로백 조항. GP는 성과보수를 통해 투자성과에 따른 이익을 배분 받지만, 펀드의 전체적인 수익이 예상보다 낮을 경우 GP에게 지급한 금액이 과도할 수 있다. 이를 방지하기 위해 클로백 조항이 계약에 포함된다. 이 조항은 "펀드만기 시 최종수익이 일정 기준에 미치지 못할 경우, GP는 초과 수령한 성과보수를 반환해야 한다"와 같은 내용을 명시한다. 이를 통해 LP는 GP가 단기성과에만 치우치지 않고, 펀드전체의 수익률을 고려한 운용을 하도록 유도할 수 있다.

투자 전략 및 대상 정의(Investment Strategy and Scope). 투자 전략 및 대상 정의 조항은 펀드의 운용 방향을 명확히 하고, GP의 투자 활동에 대한 가이드라인을 제공한다. 예를 들어, 계약은 "펀드는 초기 단계의 기술기반 스타트업에 주로 투자하며, 투자대상은 북미 지역에 한정한다"와 같이 투자범위와 전략을 명확히 규정한다. 이 조항을 통해 LP는 펀드가 초기계약 시 설정된 투자목표와 전략에 부합하는 방식으로 운영될 것이라는 확신을 가질 수 있으며, GP의 투자활동이 계약범위를 벗어나지 않도록 통제할 수 있다.

신탁의무(Fiduciary Duties). GP는 LP의 이익을 위해 신탁의무를 이행해야 한다. 이조항은 GP가 LP의 자산을 관리하고 투자의사결정을 할 때, 자신의 이익보다 LP의 이익을 우선시해야 하는 의무를 명시한다. 이 조항은 "GP는 LP의 이익을 최우선으로 고려하여 모든 투자결정과 펀드운영을 수행한다"는 내용을 포함하며, 이를 위반할 경우 법적 제재를 받을 수 있다. 이러한 규정은 GP의 행동을 제한하여 LP의 이익보호를 보장하는 핵심요소로 작용한다.

펀드청산 및 종료조항(Fund Liquidation and Termination Provisions). 파트너십계약은 펀드의 만기시점에 따른 청산 절차와 종료조건을 정의한다. 펀드청산 및 종료조항은 "펀드 만료 시, GP는 모든 자산을 매각하고, 그 수익을 LP에게 배분한 후 펀드를 공식적으로 종료한다"와 같은 절차를 명시한다. 또한, 예기치 못한 상황으로 인해 펀드를 조기종료해야 할 경우, "LP의 75% 이상의 동의가 필요하다"는 규정을 포함할 수 있다. 이러한 조항은 펀드의 전체 생애주기를 관리하고, 청산시점에서의 투명성과 공정한 이익 분배를 보장한다.

투자한도 및 섹터 집중도 규정(Sector Concentration Limits). 펀드의 리스크 분산을 위해 투자한도 및 섹터 집중도를 규정하는 조항은 GP의 투자활동을 특정산업이나 섹터에 집중하지 않도록 제한한다. 이 조항은 "펀드 자산의 30%를 초과하여 특정 산업에 투자할 수 없다"와 같이 구체적인 한도를 명시하여, 다양한 산업분야에 걸쳐 포트폴리오를 구성하도록 장려한다. 이러한 규정은 펀드의 안정성과 장기적인 성장 가능성을 높이는 데 기여하며, LP의 자산이 특정시장 변동성에 노출되는 위험을 줄인다.

LP와 GP 간의 파트너십 계약은 펀드의 전반적인 운영원칙, 이익배분구조, 자산관리, 투자위험, 그리고 운영기간 동안 발생할 수 있는 다양한 상황을 포괄적으로 규정한다. 클로백 조항을 통해 GP의 단기성과보수 남용을 방지하고, 투자 전략 및 대상 정의를 통해 펀드의 투자방향을 명확히 설정하며, 신탁의무를 통해 GP의 투자 행위가 LP의 이익을 최우선으로 고려하도록 한다. 이러한 규정은 GP에게 자율성을 부여하는 동시에 LP의 이해관계를 철저히 보호하는 것이다.

이러한 파트너십계약은 단순한 투자자금제공과 운용을 넘어, 펀드의 성공적인 운용을 위한 복잡하고 정교한 구조를 제공한다. 각종 제한조항과 권리규정은 LP와 GP 간의 협력과 신뢰를 기반으로 한 투자활동을 가능하게 하며, 벤처캐피탈 펀드가 투자수익을 극대화하는 동시에 투자위험을 적절히 관리하도록 이끌어 준다.

〈표 5.4〉는 VC가 LP와 파트너십계약에서 포함해야 할 주요 내용을 분류하였다.

표 5.4 VC의 LP 파트너십 주요 계약분류

주요 계약분류	내용 및 목적
전반적인 펀드 관리	
단일 기업에 대한 투자	벤처캐피탈리스트의 위험감수를 제한하기 위해, 계약서는 펀드의 단일기업에 대한 투자 금액을 제한
부채 사용	계약서는 펀드의 차입과 부채만기를 제한. 벤처캐피탈리스트의 대출보증을 제한할 수 있음(펀드의 레버리지와 이해충돌 문제)
다른 펀드와의 공동 투자	기회주의적 행동과 인센티브 충돌을 방지하기 위해 계약서는 벤처캐피탈리스트의 다른 펀드와 공동투자 결정을 모니터링
수익의 재투자	계약서는 펀드의 수익 재투자를 제한하거나 금지(벤처캐피탈리스트의 관리수수료와 관련된 이해충돌 문제)
GP로서의 활동	
포트폴리오 회사에 대한 개인 투자	계약서는 파트너가 펀드와 동시에 또는 펀드보다 먼저 투자하는 것을 제한(벤처캐피탈리스트가 개인적으로 투자한 펀드에 과도한 노력을 기울이지 않도록 하고, 투자 수확 시기와 관련된 갈등을 방지)
GP의 지분 매각	GP는 LP의 지분을 매각하지 않고 포트폴리오 회사의 지분을 매각할 수 없음(자기거래로부터 LP를 보호)
자금조달	계약서는 GP가 기존펀드가 충분히 약정될 때까지 새로운 펀드를 조성하는 것을 제한할 수 있음(이는 노력이 분산되는 것을 방지하고 수수료 증가 시도를 방지)
외부 활동	이 조항은 GP가 포트폴리오 회사에 충분한 노력을 기울이도록 보장. 특히 포트폴리오 회사의 초기 단계에서 외부활동이나 다른 회사와의 관여를 제한
새로운 파트너 추가	계약서는 파트너 추가를 제한하여 펀드의 노력 질이 높게 유지되도록 함
투자 유형	
자산 클래스 제한	이 조항은 GP가 특정 자산 클래스, 특히 적은 노력이 필요한 자산(예: 공개 증권)이나 다른 벤처 펀드, 또는 파트너가 전문 지식이 부족한 산업의 포트폴리오 회사에 투자하는 것을 제한. 이는 벤처캐피탈리스트의 기회주의적 행동을 제한.

출처: Gomper and Lerner(1996)

6. 벤처캐피탈과 벤처기업의 계약

6.1 벤처기업과 벤처캐피탈의 계약에 관한 이론적 근거

VC와 포트폴리오회사 사이의 계약은 투자위험을 최소화하고 기업의 성장을 촉진하기 위해 다양한 이론을 기반으로 여러 세부조항을 포함한다. 이러한 계약조항들은 정보비대칭, 이해관계의 불일치, 위험분산 등의 문제를 해결하기 위해 고안되었다. 대체로 표준계약서를 통해 조항들을 표시하게 되는데 아래에서는 각 이론에 따른 조항들이 생겨난 배경을 설명해 보고자 한다.

대리인 이론(Agency Theory)에 따르면, VC와 경영진 간의 정보비대칭과 이해관계 불일치로 인해 대리인 문제(Agency Problem)가 발생할 수 있다(Jensen & Meckling, 1976). 이를 해결하기 위해 계약서에는 재무보고서 제출조항이 포함되는데, 이 조항은 포트폴리오회사가 정기적으로 재무제표와 경영 보고서를 VC에게 제출하도록 규정한다. 또한, 이사회 참여조항을 통해 VC는 회사이사회에 의석을 확보하여 경영 전략 및 예산승인에 직접 참여함으로써 경영진의 행동을 감시한다. 이와 더불어 성과기반 보상조항을 통해 스톡옵션을 부여하거나, 매출성장과 같은 성과지표를 달성할 경우 경영진에게 추가보상을 제공하여 회사의 가치를 높이는 방향으로 운영하도록 유도한다.

지배구조이론(Corporate Governance Theory)에서는 VC가 기업의 경영에 적극적으로 참여하고 통제함으로써 기업의 성과를 개선할 수 있다고 주장한다(Shleifer & Vishny, 1997). 이러한 통제를 강화하기 위해 계약서에는 이사회구성 및 통제권조항이 포함되어, VC가 이사회에 참여하고 주요 전략적 의사결정에 대한 의결권을 행사할 수 있도록 한다. 또한, 경영진교체권한 조항을 통해 경영진이 목표를 달성하지 못할 경우, VC가 CEO나 주요 경영진을 교체할 수 있는 권한을 확보한다. 회사가 추가 자금조달이나 주식 발행을 계획할 때 VC의 동의를 요구하는 추가 자금조달 및 주식 발행 동의권 조항도 지배구조를 강화하는 역할을 한다.

정보비대칭이론(Asymmetric Information Theory)은 VC와 포트폴리오 회사 간의 정보격차로 인해 발생하는 문제를 설명한다(Akerlof, 1970). 이러한 문제를 완화하기 위해 계약서에는 실사 권리조항이 포함되며, VC는 투자 전 기업의 재무상태, 시장전망, 경영진의 역량 등을 철저히 평가할 수 있는 권리를 가진다. 이와 함께 정기보고 의무 조항을 통해 회사는 매 분기마다 재무제표, 사업지표, 경영 현황에 대한 보고서를 제출해야 하며, 이를 통해 정보 비대칭 문제를 줄일 수 있다. 단계별 투자조항 또한 포함되는데, 이는 VC가 투자금을 한 번에 전액 투입하는 대신 기업의 성과에 따라 단계적으로 투입할 수 있도록 하여 투자위험을 관리하는 방식을 설명한다(Gompers, 1995).

계약이론(Contract Theory)은 계약이 위험을 분산하고 인센티브를 조정하는 데 어떻게 기여하는지를 다룬다(Hart & Moore, 1990). 이와 관련해 계약서에 포함되는 전환우선주(Convertible Preferred Stock) 조항은 VC에게 청산 시 우선적으로 투자금을 회수할 수 있는 권리를 제공한다. 이 권리에는 청산우선권(Liquidation Preference) 조항이 포함되어 있으며, 예를 들어 VC는 투자금의 2배를 회수할 수 있도록 설정할 수 있다. 또한, 희석 방지조항은 후속투자 라운드에서 낮은 기업가치로 추가주식이 발행될 경우 VC의 지분희석을 방지한다.

신호 이론(Signaling Theory)에 따르면, 창업자는 자신의 헌신과 기업의 성장잠재력을 보여줌으로써 VC에게 긍정적인 신호를 보낼 수 있다(Spence, 1973). 계약서에는 창업자 지분유지조항을 통해 창업자가 일정 수준의 지분을 유지하도록 규정함으로써 기업의 장기적 성공에 대한 책임감을 보여줄 수 있다. 또한, 급여제한 조항을 통해 창업자의 급여를 일정 수준 이하로 제한함으로써 창업자가 기업의 장기성장에 집중하도록 유도한다.

마지막으로, 리얼옵션이론(Real Options Theory)은 VC가 투자 과정에서 의사결정의 유연성을 확보하기 위해 계약구조를 활용하는 방식을 설명한다(Amram & Kulatilaka, 1999). 단계별 투자(Staged Financing) 조항은 VC가 투자금을 여러 단계에 걸쳐 투입할 수 있도록 하여 각 단계에서 기업의 성과를 평가하고 후속투자를 결정할 수 있게 한다. 또한, 후속투자 옵션조항을 통해 VC는 기업의 성과에 따라 추가 자금을 투자할 수 있는 권리를 가진다. 투자회수 전략조항은 계약서에 IPO, 인수합병(M&A), 또는 제3자 매각 등 다양한 투자회수 옵션을 명시하여 기업의 성장과 시장 상황에 맞춰 최적의 시기에 이익을 실현할 수 있도록 한다.

이처럼, VC와 포트폴리오 회사 간의 계약은 대리이론과 지배구조이론, 정보비대칭이론, 계약이론, 시그널링이론, 옵션이론 등의 이론에 기반하여 만들어진다. 이러한 이론들은 계약서에 포함된 다양한 조항들을 통해 VC와 기업 간의 상호 이해관계, 위험분산, 그리고 기업의 가치 극대화를 추구하도록 설계되어 있다.

6.2 벤처캐피탈과 벤처기업 간 계약에서의 표준 조항들

먼저, 자금조달 라운드 설명에서는 투자 라운드에 대한 일반적인 매개변수를 설명하는데, 여기에는 마감일, 투자자, 조달금액, 주당가격, 사전가치 평가 등이 포함된다. 이를 통해 회사의 자본구조와 가치 평가 방식을 명확히 한다.

정관조항은 우선주 주주의 권리와 의무를 구체화한다. 여기에는 배당에 대한 내용이 포함되어 있어, 우선주 주주에게 배당이 어떻게 적용되는지, 시기와 조건을 설명한다. 또한, 청산 우선권을 통해 회사가 청산되거나 인수합병(M&A) 등의 상황이 발생할 때 우선주 주주가 투자금을 어떻게 회수할 수 있는지를 규정한다. 우선주 의결권은 주주들이 특정 의사결정에 참여할 수 있는 권한을 부여하며, 희석 방지조항은 기업이 추가 자금을 조달할 때 기존 주주의 지분이 희석되지 않도록 보호하는 역할을 한다.

주식 매매계약서 조항에서는 벤처기업의 자산과 경영조건에 대한 진술과 보증을 다루며, 투자자 보호를 위한 다양한 사항을 포함한다. 이 계약서에는 주식의 진술 및 보증, 경영 조건준수, 법률 비용 부담 등에 대한 조항이 포함되어 있다.

투자자 권리계약서는 투자자에게 주식 발행, 지분매각, 정보접근 등에 대한 권리를 부여한다. 예를 들어, 투자자들은 정보접근 권리를 통해 기업의 재무상황과 경영현황에 대한 정보를 얻을 수 있으며, 우선 매수권을 통해 주식이 추가 발행될 때 우선적으로 매수할 수 있는 권리를 가진다.

우선매수 및 공동매각 권리조항에서는 회사가 주식을 발행하거나 다른 주주가 주식을 매각할 때, 우선주 주주가 그 주식을 우선적으로 구매하거나 함께 매각할 수 있는 권리를 명시한다.

마지막으로, 의결권에 관한 조항에서는 우선주 주주가 이사회에서 투표할 수 있는 권리와 특정 상황에서 주주들이 의결을 통해 주요 사안을 결정할 수 있는 권한을 다룬다. 또한, 드래그-얼롱 권리를 통해 청산 이벤트 시 보통주 주주와 함께 투표할 권리도 포함된다.

이러한 계약조항들은 전환우선주 주주의 권리와 투자조건을 명확하게 정의하며, 투자자와 벤처기업 간의 이해관계를 조율하고 투자자의 권익을 보호하는 역할을 수행한다. 이러한 내용들을 잘 살펴보면 VC와의 계약은 일방적이지 않으며, VC의 요구사항이나 그들에게 유리한 조항이 많을수록 벤처기업가는 자금조달에 대한 경영권 유지에 대해 혹독한 대가를 치르지 않아도 된다. 일부조항은 기업가의 입장을 대변하기도 한다.

또, 회사가 상장에 이르면 다량의 지분이 분산되어 50% 미만으로 경영권을 유지하는 경우는 많다. 상장을 하지 않더라도 여러 성과관리나 과정을 통해 추가적인 지분을 취득하는 방법을 통해 경영권을 유지할 수 있기 때문에 VC와의 계약에서 명확한 입장을 견지해야 한다.

〈표 5.5〉는 전환우선주 투자를 위한 벤처캐피탈 계약서의 표준조항들을 설명하고 있으며, 주요 조항과 그 목적을 체계적으로 정리하고 있다.

표 5.5 전환우선주 투자를 위한 벤처캐피탈 계약서 표준조항

조항	내용 및 목적
자금조달 라운드 설명	
마감일, 투자자, 조달 금액, 주당가격, 사전 가치 평가, 자본화	자금조달 라운드의 일반적인 매개변수를 설명. 사전 가치 평가는 라운드에서 조달된 금액을 포함하기 전 주당가격에 따라 암시된 가치를 의미. 자본화는 우선주를 포함한 VC 구조를 설명
정관 조항 (우선주 주주의 권리 및 특권 설정)	
배당	우선주 주주에게 배당이 어떻게 적립되는지, 배당이 지급되는 시기와 조건을 설명
청산 우선권	예를 들어 청산 시 수익의 지급 순서를 설명. 먼저 우선주 주주의 투자금을 반환한 후 우선 배당금을 지급하고, 그 후 보통주 배당금을 지급하며, 잔여 금액은 비례배분
우선주 의결권	예를 들어, 변환 기준으로 의결하거나 이사를 선출할 별도의 권리를 설명
전환권	우선주를 언제든지 보통주로 전환할 수 있는 권리를 설명하며, 적립된 우선 배당금을 조정
희석 방지조항	예를 들어, 소유권 지분을 유지할 수 있는 권리나 풀 또는 부분 래칫 조항을 설명다. 이 조항이 적용되지 않는 조건도 포함
강제 전환	기업의 공개 상장 시 우선주의 강제 전환 조건을 설명
페이-투-플레이 조항	다운 라운드에서 참여하거나 일부 소유권을 잃도록 우선주 주주에게 요구하는 조건을 설명
상환권	우선주 주주가 가용 자금에서 투자의 상환을 요구할 수 있는 권리를 설명
주식 매매 계약서	
진술 및 보증	예를 들어, 벤처의 지적 재산권 소유 등을 설명
종결 조건	실사 요구 사항을 설명
법률 비용	회사 변호사와 투자자 변호사의 비용을 누가 부담하는지 설명
투자자 권리 계약서	
등록 권리	우선주 주주에게 발행된 주식의 등록 조건과 권리를 설명. 여기에는 수요등록, 피기백, 등록비용 부담자, 거래제한 조항이 포함.
관리 및 정보 권리	우선주 주주가 경영에 참여하고 특정 정보에 접근할 수 있는 권리를 설명
소유권 유지 권리	소유권 지분의 희석을 방지하기 위해 후속 라운드에 참여할 권리를 설명
기타 권리	예를 들어, 비경쟁 고용계약, 이사회 회의 요구사항, 스톡옵션 베스팅 조건, 주요 인물보험 등을 설명
우선 매수 및 공동 매각 권리	
우선 매수 및 공동 매각	회사가 제공하는 주식을 우선 구매할 권리와 다른 소유자가 매각할 때 판매할 권리를 설명
의결권	
이사회에서의 권리	우선주 주주가 이사회에서 어떻게 투표하는지 설명
드래그-얼롱 권리	청산 이벤트 시 보통주가 우선주와 함께 투표할 권리를 설명

출처: National Venture Capital Association의 샘플 계약서 기반

7. 명성 있는 벤처캐피탈들과 거래의 이점

VC의 명성은 벤처캐피탈리스트가 스타트업 및 투자자들과의 관계에서 쌓은 신뢰, 전문성, 그리고 과거 투자성과를 기반으로 형성된 이미지나 명성을 의미한다. 평판이 높은 VC는 더 많은 투자 기회를 얻고, 더 유망한 스타트업을 선별하며, 다른 투자자들과 공동 투자할 때도 더 좋은 조건을 확보할 수 있다. 반면, 평판이 낮거나 명성이 없는 VC는 투자유치와 스타트업에 대한 지원 측면에서 여러 가지 제약에 직면할 수 있다.

그렇다면 스타트업이 벤처캐피탈(VC) 회사의 명성과 평판으로부터 어떤 이점을 얻을 수 있는가?

평판이 좋은 VC는 다른 잠재적 투자자들에게 강력한 신호를 보낸다. 유명한 VC가 스타트업에 투자하면, 이는 해당 스타트업이 엄격한 선별 및 실사 과정을 통과했음을 의미한다. 이러한 검증은 향후 더 많고 좋은 투자자를 끌어들일 수 있으며, 스타트업이 추가 라운드의 자금을 조달하는 데 도움이 된다.

평판이 좋은 VC의 지원은 즉시 스타트업의 시장 내 신뢰도를 높여준다. 이는 고객, 파트너, 공급업체들이 해당 스타트업을 보다 안정적이고 유망한 기업으로 인식하게 만들어 긍정적인 영향을 준다. 이러한 개선된 시장인식은 스타트업이 초기고객을 유치하고, 전략적 파트너십을 확보하며, 공급업체와 더 나은 조건으로 협상하는 데 도움이 된다.

평판이 좋은 VC들은 다양한 산업에 걸쳐 넓은 네트워크를 보유하고 있으며, 여기에는 잠재고객, 업계전문가, 전략적 파트너, 경험 있는 기업가와의 연결이 포함된다. 스타트업은 이러한 네트워크를 비즈니스 개발, 시장 통찰력 확보, 인재발굴, 멘토십 등의 측면에서 활용할 수 있다. 예를 들어, 스타트업은 VC의 인맥을 이용하여 전략적 파트너십이나 유통경로를 찾을 수 있으며, 이는 일반적으로 독자적으로 접근하기 어려운 것들이다.

최상위 VC들은 자본뿐만 아니라 산업 전문지식과 전략적 조언도 제공한다. 스타트업은 시장의 도전과제를 극복하고, 운영을 확장하며, 사업 전략을 실행하는 데 있어 VC의 경험을 활용할 수 있다. 평판이 좋은 VC들은 제품개발, 시장진입, 성장 전략 등에 대한 멘토링을 제공하며, 이는 스타트업이 일반적인 실수를 피하고 정보에 입각한 결정을 내릴 수 있도록 돕는다.

유능한 인재들은 평판이 좋은 VC의 지원을 받는 스타트업에 자연스럽게 끌린다. 이는 해당 스타트업이 성공 가능성이 높고 보다 안정적인 작업환경을 제공한다고 인식되기 때문이다. 평판이 높은 투자자들이 지원하는 스타트업은 유망한 경력기회로 간주되어, 최상급 인재들을 유치하기가 상대적으로 수월해 진다. 이는 특히 기술과 같이 경쟁이 치열한 분야에서 우수한 엔지니어나 개발자를 확보하는 것이 성공의 핵심요소가 될 수 있는 경우에 더욱 중요하다.

유명한 VC가 주주 명단에 포함되어 있을 경우, 향후 자금조달 라운드에서 더 유리한 조건을 협상할 수 있다. 평판이 좋은 VC의 투자는 다른 투자자들의 위험인식을 줄여주어 더 높은 기업가치, 낮은 지분희석등 더 나은 조건으로 자금을 조달할 수 있도록 해준다.

평판이 좋은 VC가 함께하면, 스타트업이 성공적으로 투자회수할 가능성이 높아진다. 이는 기업 인수나 기업공개(IPO)와 같은 방법을 통해서 가능하다. 최상위 VC들은 투자회수 과정에서 스타트업을 지도하고, 잠재적 인수자나 전략적 구매자를 찾는데 필요한 네트워크를 활용한다. 또한, 이들은 투자은행과의 관계를 통해 원활한 IPO 과정을 도울 수 있다.

CHAPTER 06

벤처 거래의 흐름

이 장에서 논의하는 Rich versus King 관점

이 장에서 창업가가 유의할 특별한 관점은 존재하지 않는다. 다만 엔젤 또는 VC 투자자 등과의 자금조달 협상 과정에서 우군으로 활용 가능한 멘토와 변호사가 창업가의 이해를 반영하도록 그들을 제어해야 한다. 창업가가 자금조달 협상 과정에서 투자자에게 건네야 하는 자료가 무엇인지 그리고 그 자료에 일반적으로 포함하는 내용을 기술하였다. 마지막으로 투자자와의 협상이 성공했을 때와 실패했을 때에 각각의 대응방안도 제시한다.

1. 벤처 거래의 참여자
2. 자금조달 결정 시 고려사항
3. VC와 창업자를 위한 여러 가지 팁

CH 06. **벤처 거래**의 흐름

1. 벤처 거래의 참여자[1]

벤처 거래는 다양한 참여자들이 협력하여 진행되며, 각자가 특정한 역할과 이해관계를 가진다. 창업자들은 자금조달과 통제권을 확보하고자 하며, VC와 엔젤투자자들은 자본과 전략적 지원을 제공하는 대가로 기업의 지분과 영향력을 얻는다. 이 과정에서 변호사, 멘토들은 거래가 원활하고 합법적으로 진행되도록 돕는다. 그 외에도 재무전문가, LP 등 수많은 관계자가 거래에 참여할 수 있다.

각 거래 참여자의 경험, 동기, 권한 등은 복잡하게 얽혀 있다. 벤처캐피탈 자금조달에 대한 이해를 시작하기 위해 각 참여자와 참여자들 사이의 관계를 살펴보자.

그림 6.1 벤처 거래의 참여자

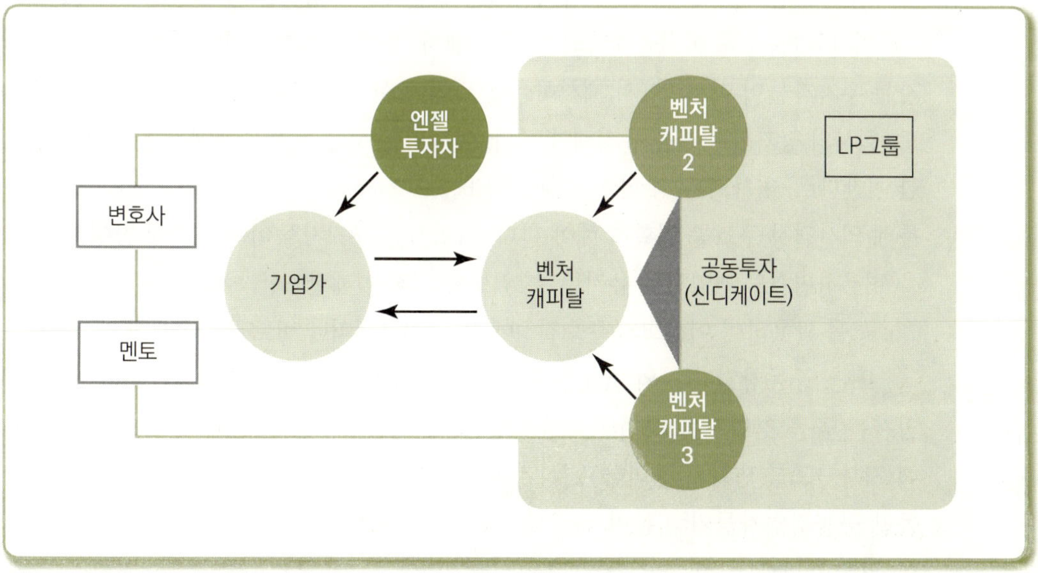

1 Feld, B., & Mendelson, J. (2013). Venture Deals: Be Smarter Than Your Lawyer and Venture Capitalist (2nd ed.). Wiley. Chapter 1에서 목차 인용

1.1 벤처기업가

벤처 거래에서 창업자는 기업의 전략과 운영을 주도하며, 다양한 이해관계자들과의 관계를 관리하여 기업의 가치를 극대화하는 핵심적인 역할을 담당한다. 특히, 투자자와의 협상, 이사회와의 협업, 공동 창업자와의 파트너십, 직원 및 팀 구성원의 사기 등을 체계적으로 관리하는 것이 기업의 성공과 투자유치에 필수적이다.

먼저, 창업자는 벤처 거래 협상의 주체로서 기업의 비전과 성장 전략을 투자자들에게 설득력 있게 제시해야 한다. 이때, 기업가치 평가조항(Valuation Clause), 지분희석방지조항(Anti-Dilution Clause), 청산우선권조항(Liquidation Preference Clause) 등은 투자자와 창업자 간의 협상에서 핵심이슈로 다루어진다. 창업자는 투자자에게 기업의 잠재적 가치를 최대한 부각하여 더 높은 기업가치 평가를 이끌어내고, 지분희석을 최소화하는 전략을 수립해야 한다. 또한, 투자자들이 요구하는 우선주와 의결권구조를 합의하면서 기업의 경영권과 통제권을 유지할 수 있는 방안을 모색해야 한다.

투자자 관리에서 가장 중요한 요소는 투명한 정보공개 및 소통(Information Rights)이다. 투자자들은 기업의 재무성과, 운영 현황, 시장진입 전략 등에 대한 정기적인 보고서를 통해 회사의 진행상황을 확인하고자 한다. 이를 위해 창업자는 정보접근권리(Information Access Rights) 조항을 활용하여, 정기적인 재무보고서, 이사회의사록, 주요 경영이슈 등에 대한 정보를 투자자에게 제공하는 시스템을 구축해야 한다. 이는 투자자와의 신뢰를 유지하고 투자의사결정에 필요한 투명성을 확보하도록 기여한다.

이사회(Board of Directors)와의 협업은 벤처 거래 이후 기업경영의 핵심이다. 창업자는 투자자들이 이사회에서 제시하는 전략적 방향과 의견을 적극적으로 수용하면서도, 회사의 장기적 비전을 유지해야 한다. 이사회 구성은 벤처 거래에서 논의되는 중요한 아젠다로, 이사회 구성 및 의결권 조항(Board Composition and Voting Rights Clause)을 통해 의사결정 구조를 명확히 해야 한다. 창업자는 투자자들이 이사회에 참여하는 것을 허용하면서도 경영권을 유지할 수 있도록 의결권 제한조항(Voting Rights Restriction Clause)을 활용하여 이사회의 주요결정에 대한 거부권이나 비토권을 확보할 수 있다.

또한, 공동창업자 간의 관계는 기업의 지속적 성공을 위해 핵심적인 요소이다. 창업자는 공동 창업자들 사이의 지분할당 및 베스팅조항(Equity Vesting Schedule)을 통해 지분구조를 명확히 정의하고, 장기적인 헌신을 유도해야 한다. 베스팅은 일정기간 동안 공동창업자들의 지분이 점진적으로 취득되도록 강제하여 중도 퇴사나 이탈 시 회사가 해당지분을 회수할 수 있는 안전장치이다. 또한, 창업주주 간 계약서(Founder's Agreement)를 통해 각자의 역할과 책임, 의사결정 프로세스, 갈등 해결 메커니즘 등을 구체적으로 명시해야 한다. 이를 통해 경영 중 발생할 수 있는 의견충돌이나 갈등을 미연에 방지하고, 회사의 운영방향을 일관되게 유지할 수 있다.

이사회 및 멘토와의 관계에서는 기업의 전략적 의사결정과 성장방향에 대한 조언을 효과적으로 활용해야 한다. 멘토는 기업경영과 산업전문지식을 바탕으로 기업가에게 전략적 조언을 제공하는데, 창업자는 고문계약(Advisor Agreement)을 통해 고문이 제공할 서비스의 범위, 보상, 지분제공 방식 등을 명확히 정해 둘 필요가 있다. 이사회멤버의 조언과 네트워크를 활용하여 전략적인 파트너십, 제품개발, 시장진출계획 등을 수립하고 실행할 수 있다.

마지막으로 창업가는 직원 및 팀 구성원들과는 기업문화와 사기관리를 통해 스타트업의 성장을 이끌어내야 한다. 창업자는 팀의 동기부여와 조직문화를 유지하기 위해 스톡옵션 계획(Stock Option Plan)을 활용할 수 있다. 이는 핵심인재를 유치하고 장기적인 참여를 독려하는 수단으로, 스톡옵션조항(Stock Option Clause)을 통해 직원들에게 회사의 성장에 따른 보상을 제공한다. 또한, 내부적으로 투명한 커뮤니케이션을 유지하고 정기적으로 경영 전략과 목표를 공유하여 팀원들의 참여와 협력을 유도해야 한다.

1.2 변호사

벤처 거래에서 변호사는 기업가와 투자자 모두에게 핵심적인 역할을 담당하며, 거래가 원활하게 진행될 수 있도록 돕는 중요한 조력자다. 벤처 거래는 복잡한 법률적, 재무적 구조를 수반하고 기업가와 투자자의 이해관계가 깊이 얽혀 있기 때문에, 변호사의 역할이 필수적이다. 변호사는 계약서작성, 법률 검토, 협상 및 준법감시 등의 업무를 맡아 거래가 법적으로 문제없이 진행되도록 지원한다. 이 과정에서 변호사는 기업가와 투자자의 이익을 모두 보호하고, 거래의 성공적인 성사 및 향후 원만한 관계 유지를 돕는 데 핵심적인 기여를 한다.

먼저, 변호사는 계약서작성 및 검토의 역할을 수행한다. 벤처 거래에서 주식인수계약, 주주 간 계약, 우선주 조건 등 다양한 계약서가 작성되는데, 변호사는 기업가와 투자자의 권리와 의무, 위험 등을 명확히 규정해 분쟁을 예방한다. 특히, 계약조건에 포함된 우선주권, 지분희석 방지조항, 이사회구성 등이 기업에 미칠 장기적인 영향을 평가하고 기업가의 이익을 보호할 수 있도록 조언한다.

또한, 변호사는 법적 실사(Due Diligence) 과정에서 기업의 법적 상태를 확인한다. 이 단계에서 변호사는 기업의 지적재산권, 계약관계, 고용 현황, 법적 분쟁 등 다양한 요소를 검토해 투자자에게 기업의 잠재적 위험요소를 알리고, 그에 대한 대응방안을 제시한다. 이를 통해 투자자는 투자결정에 필요한 핵심정보를 확보할 수 있다.

변호사는 협상 및 자문에서도 중요한 역할을 맡는다. 변호사는 기업가나 투자자의 입장을 대변해 계약조건, 지분구조, 경영참여 여부 등을 협상하며, 법률 전문가로서 거래구조가 합법적이고 공정하도록 조언한다. 이때 변호사는 양측의 입장을 조율해 거래를 원만하게 성사시키는 데 기여하며, 거래 이후에도 기업운영의 법률적 측면에서 지속적인 자문을 제공한다. 변호사는 VC와 긴밀한 관계를 유지하며, VC의 투자철학과 기준에 대한 깊은 이해를 바탕으로 협상에 임하는데, 이는 기업가가 VC와의 협상을 유리하게 진행하는 데 도움을 준다.

좋은 변호사는 벤처투자와 관련된 거래 경험이 풍부하며, 투자자와 기업가 간의 협상관행과 계약구조를 잘 이해하는 사람이다. 그들은 균형 잡힌 접근을 통해 양측 모두에게 유리한 계약을 제안하고, 거래가 성공적으로 마무리될 수 있도록 협력적인 자세를 유지한다. 또한, 복잡한 법률적 개념을 기업가에게 이해하기 쉽게 설명하고, 협상에서 기업가의 입장을 효과적으로 전달하는 능력이 뛰어나다. 그러나 변호사가 부정적인 영향을 미칠 수 있는 경우도 있다. 변호사가 지나치게 기업가나 투자자의 입장만을 고수하거나, 불필요하게 복잡한 법적 조항을 제안해 협상을 경직되게 하는 경우다. 이는 거래의 성사를 어렵게 만들거나 기업의 미래에 부정적인 영향을 줄 수 있다.

변호사의 역할로 인해 협상에서 우려되는 부분도 있다. 예를 들어, 변호사가 지나치게 법률적 이슈에만 집중해 거래의 본질적 목표를 간과할 경우, 거래진행이 지연될 수 있다. 또한, 변호사가 클라이언트의 이익만을 강조하면서 상대방과 갈등을 조장할 경우, 협상이 결렬될 위험이 있다. 이는 기업가와 투자자 간의 장기적인 관계에 부정적인 영향을 미칠 수 있다. 반면, 변호사가 적절한 역할을 수행하면 거래의 구조를 최적화해 양측이 원하는 결과를 얻을 수 있도록 도울 수 있다. 변호사는 기업가와 투자자 사이에 발생할 수 있는 다양한 법적 문제를 미리 파악해, 이를 해결하는 적절한 계약조항을 포함함으로써 분쟁을 예방할 수 있다. 예를 들어, 청산우선권, 지분희석 방지, 이사회구성 및 의결권(Voting Rights) 등의 조항을 적절히 설정해 기업의 안정적 운영과 투자자의 보호를 동시에 달성할 수 있다.

벤처 거래에서 변호사비용은 기업가와 투자자 모두에게 중요한 이슈로, 거래의 원활한 진행을 위해 필수적인 변호사의 법률 자문에는 상당한 비용이 발생한다. 이러한 비용과 관련하여 여러 가지 이슈가 존재한다.

우선, 변호사 비용의 분담방식이 주요한 이슈 중 하나다. 일반적으로 기업가와 투자자가 각각 자신의 변호사 비용을 부담하는 방식이 흔하다. 기업가는 자신의 변호사를 통해 계약 작성, 협상, 법률 검토 등의 업무를 맡기고, 투자자는 자신을 대리하는 변호사에게 투자 조건 및 계약구조에 대한 자문을 받는다. 하지만 투자조건에 따라 기업가가 투자자의 변호사 비용까지 부담해야 하는 경우도 있으며, 이는 기업가에게 상당한 재정적 부담을 줄 수 있어 협상 시 주의가 필요하다. 반대로, 리드 투자자가 공동투자 거래를 주도하는 경우에는 투자자가 법률 검토와 계약서작성에 대한 비용을 부담하는 경우도 있다. 이처럼 변호사 비용을 누가, 어떻게 부담할지는 협상에서 중요한 요소가 된다.

변호사비용의 규모와 통제도 중요한 이슈다. 변호사 비용은 거래의 복잡성, 규모, 계약구조 등에 따라 크게 달라진다. 초기 단계에서는 비교적 간단한 계약서작성과 법률 검토로 비용이 제한될 수 있지만, 후기 단계나 대규모투자에서는 비용이 크게 증가할 수 있다. 이러한 비용을 통제하기 위해 기업가와 투자자는 변호사와 사전에 고정수수료를 협상하거나 시간당 요금에 상한선을 설정할 수 있다. 또한, 변호사에게 성과기반 지불방식을 제안하여 거래의 성공 여부나 목표달성에 따라 비용을 지불하는 방식도 고려할 수 있다.

과도한 변호사비용은 기업의 초기재정에도 부정적인 영향을 줄 수 있다. 특히, 자금이 제한적인 초기 스타트업의 경우, 변호사비용이 과도하게 발생하면 핵심 비즈니스 운영에 필요한 자금이 줄어들어 기업의 성장 전략에 차질을 빚을 수 있다. 따라서 기업가와 투자자 모두 변호사비용을 통제하고, 협상에서 이를 고려한 전략을 수립하는 것이 필요하다. 여러 가지 이유가 있겠지만 모든 상황에서 기업가는 모든 최종결과에 대해 책임을 져야 한다.

1.3 멘토(고문)

멘토는 벤처의 자금조달에 큰 영향을 미치며, 투자유치를 원하는 스타트업에 매우 중요한 자산이 된다. 멘토가 자금조달 과정에 아래와 같이 여러 가지 영향을 미친다.

멘토는 스타트업에 신뢰성과 신뢰감을 제공하며, 이는 투자자들에게 중요한 요소가 될 수 있다. 특히 업계에서 강력한 경력을 가진 멘토는 스타트업에 자신의 평판을 더해준다. 스타트업이 평판 좋은 멘토의 지원을 받는 경우, 벤처캐피탈(VC)과 엔젤투자자들은 이를 위험이 낮은 투자로 인식할 수 있다. 경험있는 멘토가 스타트업을 지도하고 있다는 사실은 투자결정을 가속화하는 데 도움이 될 수 있다.

또한 멘토는 스타트업이 비즈니스 모델, 시장진입 전략, 재무예측 등을 세분화하도록 도와주며, 이를 통해 잠재투자자에게 더욱 매력적인 모습을 보일 수 있게 한다. 제품개발, 고객확보, 시장 포지셔닝 등 핵심분야에서 조언을 제공함으로써 멘토는 스타트업이 투자자 대상 발표에서 더 설득력 있는 스토리를 제시할 수 있도록 지원한다. 이러한 전략적 조정은 투자자들이 성장경로가 명확한 스타트업에 더 투자하고 싶어하도록 만든다.

멘토의 네트워크는 자금조달 과정에서 강력한 도구가 될 수 있다. 멘토들은 일반적으로 VC, 엔젤투자자, 기업벤처 등 투자자 커뮤니티와 광범위한 인맥을 가지고 있다. 멘토는 스타트업을 적절한 투자자에게 소개할 수 있어, 스타트업이 좋은 상황으로 노출될 수 있도록 도와준다. 이러한 따뜻한 소개는 냉담한 접근방식보다 훨씬 효과적이며, 미팅을 성사시키고 나아가 자금조달 성공 가능성을 높인다.

멘토는 투자자들이 진행하는 실사 과정에 대비할 수 있도록 스타트업을 지원한다. 재무문서정리, 시장가정검증, 투자자들이 가질 수 있는 잠재적 우려 사항에 대한 대응준비를 도와준다. 멘토의 도움으로 스타트업은 실사에 대한 철저한 준비를 할 수 있으며, 이를 통해 투자자들이 긍정적으로 평가하고 자금조달을 진행할 가능성을 높일 수 있다.

멘토는 투자자와의 협상 단계에서도 매우 귀중한 조언을 제공한다. 멘토는 창업자에게 계약서, 지분희석, 이사회구성, 투자자의 권리와 같은 요소들이 어떤 의미를 가지는지 이해시켜 준다. 또한, 멘토는 창업자들이 장기적인 목표에 부합하는 유리한 조건을 확보할 수 있도록 도와준다. 이를 통해 스타트업이 향후 투자 라운드나 성장에 영향을 미칠 수 있는 함정들을 피할 수 있도록 지원한다.

산업전문가인 멘토는 스타트업의 제품이나 서비스에 대한 시장검증을 제공할 수 있다. 투자자들은 투자에 앞서 내부전문가의 검증을 요구하는 경우가 많다. 멘토가 스타트업의 비전과 시장 가능성을 긍정적으로 평가한다면, 이는 투자자들에게 일종의 비공식적인 참고 자료가 되어 스타트업의 성공 가능성에 대한 신뢰를 높일 수 있다.

스타트업은 특히 초기 단계의 자금조달 라운드에서 투자자들의 우려에 직면하게 된다. 멘토는 자신이 스타트업을 지원하고 있음을 강조하며, 멘토의 지도아래 이룬 성과를 보여줌으로써 이러한 우려를 완화할 수 있다. 예를 들어, 스타트업이 멘토의 지원으로 성공적으로 방향을 전환했거나 주요 마일스톤을 달성했다면, 이는 투자자들에게 스타트업이 능력 있는 사람들에 의해 운영되고 있다는 확신을 심어줄 수 있다.

멘토는 이처럼 다양한 측면에서 벤처 자금조달 과정에 영향을 미친다. 멘토의 참여는 스타트업이 자금을 확보할 가능성을 높이고, 유리한 조건을 협상할 수 있도록 지원한다. 따라서 훌륭한 멘토는 스타트업의 운영성공에 기여할 뿐만 아니라 벤처 자금조달의 촉진자로서 핵심적인 역할을 수행한다.

1.4 엔젤투자자

엔젤투자자는 개인자금으로 스타트업에 투자하는 개인투자자로, 초기 단계의 기업에 자금을 지원하고 멘토십을 제공하는 것이 특징이다. 이들은 창업초기의 높은 위험성을 감수하고 자금을 투입하는 투자자로, 기업이 VC 투자에 도달하기 전인 시드 단계나 프리시드 단계에서 주로 활동한다. 방향성 측면에서 보면, 엔젤투자자들은 단순한 재무적 수익을 넘어 혁신적인 아이디어를 가진 스타트업을 지원하고 산업에 긍정적인 변화를 일으키는 데 초점을 맞춘다.

기업가입장에서 엔젤투자자는 초기 자금조달의 핵심파트너로서, 아이디어를 실현할 수 있는 자본뿐만 아니라 사업에 대한 전문적인 조언과 네트워크를 제공한다. 특히 엔젤투자자들은 투자조건이 유연하고, VC처럼 엄격하게 경영에 관여하지 않아 경영자율성을 유지할 수 있다는 장점이 있다. 이는 비즈니스 모델이 아직 완전히 구축되지 않은 스타트업에 매우 유용하며, 기업가에게 전략적 의사결정과 성장방향을 설정하는 데 중요한 도움을 준다.

VC의 입장에서 엔젤투자자는 스타트업 생태계의 중요한 동반자다. 엔젤투자자들이 스타트업이 VC투자에 적합한 단계로 성장하도록 초기자본과 전략적 지원을 제공하기 때문이다. 이로 인해 VC는 기업이 어느 정도 검증된 후에 투자할 수 있으며, 이는 초기 단계의 리스크를 분담할 수 있는 장점으로 작용한다. 또한, 슈퍼엔젤이나 산업전문가로 구성된 엔젤투자자들은 스타트업의 잠재력을 초기부터 파악하는 데 도움을 주며, VC가 올바른 투자결정을 내리는 데 유용한 정보를 제공한다.

엔젤투자자의 자금원은 주로 개인자산에서 나오며, 자영업이나 기업경영, 전문직 등의 경력을 통해 축적된 자산을 기반으로 한다. 일부 엔젤투자자들은 과거에 기업을 성공적으로 매각하거나 상장한 경험을 바탕으로 투자할 자금을 확보하기도 한다. 슈퍼엔젤은 전통적인 엔젤투자자보다 더 큰 규모의 자본을 투자하며, 전문성과 영향력을 바탕으로 스타트업 생태계에 적극적으로 참여하는 그룹을 의미한다. 이들은 일반 엔젤투자자에 비해 더 전문화된 투자 전략을 가지고 있으며, 때로는 VC와 경쟁하거나 공동투자를 진행하기도 한다.

엔젤투자자와 VC는 모두 스타트업에 자본을 투입하고 성공을 추구한다는 점에서 유사하지만, 여러 가지 측면에서 차이가 있다. 첫째, 투자 규모 측면에서 엔젤투자자는 개인자금을 사용해 수억 원에서 수십억 원 규모로 투자하지만, VC는 펀드를 조성하여 수십억에서 수백억 원 이상의 대규모투자가 가능하다. 둘째, 투자 단계에서 엔젤투자자는 주로 초기 단계(시드 단계)에 집중하고, VC는 시리즈 A 이후 성장 단계에 주로 투자한다. 셋째, 투자조건과 경영관여 측면에서 엔젤투자자는 계약조건이 상대적으로 간단하고, 경영에 깊게 관여하지 않는 반면, VC는 복잡한 계약과 지분구조를 설정하고 적극적으로 이사회에 참여한다. 마지막으로, 자금조달 방식에서는 엔젤투자자는 자신의 자산을 직접 투자하는 반면, VC는 LP로부터 모은 자금을 펀드형태로 운용한다.

그 외에도 기업가가 엔젤투자자에 대해 알아야 할 몇 가지 중요한 점들이 있다. 엔젤투자자는 주로 산업분야나 지역 커뮤니티에서 활발히 활동하며, 기업가에게 가장 쉽게 접근 가능한 초기투자자다. 기업가는 엔젤 네트워크나 투자플랫폼을 활용해 이들과 연결할 수 있으며, 이들은 혁신적인 아이디어나 열정적인 팀을 지원하는 데 큰 열망을 가진다. 슈퍼 엔젤은 투자전문성, 자금력, 네트워크 측면에서 일반 엔젤보다 훨씬 큰 역할을 하며, 때로는 VC와 공동 투자하거나 경쟁하는 경우도 있다.

1.5 벤처캐피탈리스트

VC는 단순한 자본제공자 이상의 역할을 하며, 스타트업 생태계의 발전을 촉진하는 중추적인 역할을 수행한다. 그들은 투자수익 창출과 함께 혁신을 발굴하고 확산시킴으로써, 산업과 시장을 진화하려는 목표를 추구한다. VC는 다양한 형태, 크기 및 경험수준으로 나타난다.

1.5.1 VC 내부 구조

VC 내부는 주로 다음과 같은 계층구조로 이루어져 있다. VC의 내부구성원은 각 직책마다 투자 기회 발굴, 실사, 투자집행, 포트폴리오 관리 등에서 고유한 역할을 수행한다.

- 투자총괄임원: 이들은 보통 임원의 직급을 가지며 VC 펀드의 핵심 의사결정자이며 최상위 관리자다. 이들은 펀드의 투자 전략을 수립하고, 주요 투자결정에 참여하며, 투자자(LP)와의 관계를 관리한다. 또한, 펀드성과에 직접적인 책임을 지며, 성과에 따라 성과보수(Carried Interest)를 받는다.
- 투자책임자: 이들은 투자총괄임원 바로 아래 위치하며, 이사나 부장의 직급으로 투자 기회 발굴과 거래의 전반적인 진행을 담당한다. 투자총괄임원과 함께 기업실사를 진행하고, 투자조건을 협상하며, 투자를 실행한다. 때로 이사회에 참여하여 포트폴리오 기업의 경영을 지원하기도 한다. 그러나 어느 정도의 권한을 가지고 있으나 최종결정을 내리기 어렵다.
- 실무책임자: 이들은 팀장이나 차·과장의 직급으로 투자 기회 발굴, 시장조사, 기업분석 등 초기 단계의 투자검토 과정을 담당한다. 이들은 새로운 투자처를 찾고 해당기업에 대한 실사보고서를 작성하여, 상위 파트너들의 투자결정에 필요한 자료를 제공한다. 실무적인 분석 및 네트워크 활동을 통해 벤처업계의 동향을 파악하는 것이 주된 역할이다.

- 실무자: 이들은 과장 이하의 직급으로 조직의 최하위 직책으로서, 시장조사, 경쟁 분석, 재무 모델링 등 기본적인 데이터 수집 및 분석업무를 수행한다. 또한, VC의 네트워크를 확장하고 투자처를 발굴하기 위한 리서치업무를 담당한다. 주로 입사 초기의 투자전문가로서 실무를 배워가는 단계에 있다.

1.5.2 VC의 외부 협력자들

벤처캐피탈(VC) 회사들은 투자와 포트폴리오 관리를 최적화하고 스타트업을 지원하기 위해 벤처 파트너(Venture Partners), 운영 파트너(Operating Partners), 거주기업가(Entrepreneurs-in-Residence: EIRs) 체계를 활용하는 경우도 있다(주로 미국사례).

벤처캐피탈(VC) 조직에 대한 이해는 스타트업이 VC에 접근하는 전략을 강화하고, 협력적인 관계를 구축하는 데 필수적이다. VC의 규모와 구조에 따라 창업자가 처음 접촉해야 할 대상이 달라지기 때문에, 이를 파악하는 것이 중요하다. 초기접촉 시에는 주로 실무자나 팀장급을 통해 첫 발을 내딛는 것이 좋으며, 이를 통해 투자검토 단계로 넘어가면 상위 파트너와의 만남이 가능해진다. 반면, 소규모 VC의 경우, 임원급 파트너가 직접 초기기업과 만날 수 있으므로 보다 직접적인 소통이 가능하다. 이러한 VC 조직구조와 절차를 이해하고 접근한다면, VC에 더 친화적이고 전략적인 접근이 가능하다. VC의 누구와도 좋은 관계를 가져야 하지만 궁극적으로는 의사결정권자인 임원급들과 직접적인 관계를 잘 구축해야 한다. 그것은 임원급 이외의 다른 멤버들이 장기적으로 벤처캐피탈에 오래 근무할 가능성이 낮고, 결국 임원급들이 벤처기업에 대한 투자결정을 좌우하게 될 것이기 때문이다.

1.6 벤처캐피탈들의 공동투자

이것은 여러 VC들이 함께 공동투자 하는 방식으로, 단일 VC가 단독으로 투자하는 것보다 투자위험을 분산하고 기업의 성장잠재력을 극대화하기 위해 활용된다. 공동투자는 규모가 큰 투자나 위험도가 높은 스타트업에 대한 투자에서 특히 효과적이다. 이를 통해 VC들은 자금조달뿐만 아니라 각자의 전문지식과 네트워크를 결합하여 기업의 성장을 지원할 수 있다.

공동투자(신디케이션)는 스타트업의 시드 단계부터 후기 성장 단계에 이르기까지 모든 단계에서 적용될 수 있다. 각 단계에 필요한 자금규모와 기업의 상황에 따라 참여하는 VC의 구성원이 달라진다. 예를 들어, 초기 단계에서는 소규모 VC나 엔젤투자자들이 함께 참여할 수 있고, 성장 단계에서는 대형 VC들이 참여하는 경우가 많다.

공동투자는 일반적으로 리드 VC(Lead VC)와 팔로워 VC(Follower VC)로 구성된다. 리드 VC는 해당 투자 라운드를 주도하며, 가장 많은 금액을 투자하고, 투자조건을 설정하고 협상하는 역할을 맡는다. 팔로워 VC들은 리드 VC가 설정한 조건에 동의하고 참여하며, 투자 후에는 주로 리드 VC가 기업을 모니터링하고 관리하는 역할을 담당한다.

리드 VC는 공동투자에서 핵심적인 역할을 수행한다. 투자 전에는 기업에 대한 실사를 주도하고, 투자조건(예: 기업가치 평가, 지분구조, 우선주조건, 경영참여 여부 등)을 설정하며, 기업가와의 협상을 통해 투자계약의 세부사항을 결정한다. 투자 후에는 이사회에 참여하고, 기업의 성장 전략에 관여하며, 후속 자금조달을 주도하는 등 기업의 성장에 지속적으로 관여한다.

기업가는 공동투자에 여러 VC가 참여한다 하더라도 주로 리드 VC와 협상해야 한다. 이는 리드 VC가 투자조건을 주도적으로 결정하고, 다른 팔로워 VC들은 이에 동의하여 투자에 참여하는 구조이기 때문이다. 따라서 기업가는 리드 VC와의 협상에서 기업의 가치, 지분희석 방지, 이사회구성, 경영권 등의 주요사항을 명확하게 논의하고, 자신의 입장을 효과적으로 전달해야 한다. 이 협상은 기업가에게 매우 중요하며, 기업의 장기적인 경영 전략과 기업가의 경영권을 보호하는 데 필수적이다.

공동투자 과정에서는 기업가와 VC 간의 적극적인 소통이 필요하다. 리드 VC는 기업가와 정기적인 소통을 통해 기업의 현재상태, 전략, 재무성과 등을 점검하며, 필요한 지원과 자문을 제공한다. 이러한 소통은 기업의 방향을 설정하고, 성장에 필요한 자원과 네트워크를 연결하는 데 필수적이다. 반면, 팔로워 VC와도 일정 수준의 소통이 필요하다. 팔로워 VC들은 주로 리드 VC를 통해 기업의 상황을 파악하지만, 직접 기업가와 교류하여 지원을 제공하거나 후속투자에 대한 논의를 진행할 수 있다. 또한 리드 VC가 공동투자자 모두를 대변하는 구조를 가지는 것이 협상과 소통에 유리한 구조이다.

2. 자금조달 결정 시 고려사항

벤처 자금조달은 스타트업의 성장에 있어 중요한 단계이지만, 그 과정에서 기업가가 신중하게 판단해야 할 여러 요소들이 있다. 각 요소가 회사의 미래에 직접적으로 영향을 미칠 수 있기 때문에, 자금조달 전에 전략적인 계획수립과 철저한 준비가 필요하다. 기업가는 자금조달 시 다음과 같은 사항들을 고려해야 하며, 이와 관련된 여러 의사결정 트리거를 잘 이해하고 있어야 한다.

2.1 자금조달 시 고려사항

2.1.1 자금조달의 목적과 필요금액 설정

우선, 기업가는 회사의 현재 성장 단계와 자금조달의 목적을 명확히 해야 한다. 회사가 R&D 단계에 있는지, 초기제품 출시 단계인지, 아니면 시장확장 단계인지에 따라 필요한 자금의 규모와 특성이 달라진다. 예를 들어, 제품개발을 위한 자금이 필요한 경우와 이미 시장에 진출한 제품의 확장을 위해 자금이 필요한 경우의 자금조달 전략은 서로 다를 수 있다.

그 다음, 기업가는 자금을 어떻게 사용할지에 대한 명확한 계획을 세워야 한다. 투자자들은 조달된 자금이 인력확충, 제품개발, 마케팅, 연구개발 등 어느 분야에 사용될지 구체적으로 알고 싶어한다. 이는 투자자들이 투자결정을 내리는 데 중요한 요소이기 때문에 기업가는 자금의 사용목적을 명확히 정의해야 한다.

마지막으로 필요한 자금의 규모를 설정할 때 기업가는 지분희석의 가능성도 고려해야 한다. 지나치게 많은 자금을 조달하면 창업자의 지분이 크게 희석되어 회사의 통제력을 상실할 수 있다. 반대로, 필요한 자금을 충분히 조달하지 못하면 성장 전략을 효과적으로 실행하지 못하거나 다음 자금조달 라운드에서 불리한 위치에 놓일 수 있다. 따라서 조달하고자 하는 자금규모를 신중하게 결정해야 한다.

2.1.2 최적의 투자자 유형선택

먼저, 기업가는 다양한 투자자 중 어떤 투자자가 회사에 가장 적합한지를 결정해야 한다. 벤처캐피탈(VC), 엔젤투자자, 전략적 투자자 등 여러 투자자가 있으며, 이들의 기대수익, 투자 기간, 경영참여 방식은 모두 다르다. 예를 들어, 엔젤투자자는 초기자금조달에 주로 참여하며, 스타트업에 조언을 제공하는 한편 상대적으로 낮은 금액의 투자를 한다. 반면에 VC는 성장 가능성이 높은 회사에 대규모 자금을 투자하며, 경영에 보다 적극적으로 관여할 수 있다.

투자자의 산업경험과 네트워크도 중요한 요소다. 특정 산업에 대한 경험이 풍부한 투자자는 기업의 성장 전략 수립과 시장진출 과정에 더 큰 가치를 제공할 수 있다. 예를 들어, 기술분야에 경험이 많은 투자자는 제품개발 및 기술상용화에 대한 조언을 제공하거나, 중요한 업계 네트워크를 활용해 잠재고객이나 파트너를 소개할 수 있다.

2.1.3 기업가치 평가 및 협상

기업가치 평가는 투자계약에서 가장 핵심적인 부분이다. 이는 회사의 지분분배와 투자조건을 결정하는 중요한 기준이 된다. 기업가치는 지나치게 높게 평가될 경우 후속 투자 라운드에서 어려움을 겪을 수 있고, 지나치게 낮게 평가될 경우 창업자의 지분이 과도하게 희석될 위험이 있다. 따라서 기업가는 시장동향, 경쟁사분석, 회사의 성장잠재력, 재무성과 등을 종합적으로 고려하여 현실적인 기업가치를 평가해야 한다.

협상 전략 또한 중요하다. 기업가와 투자자 간 협상에서는 지분율, 청산우선권, 경영참여 조건, 후속투자에 대한 권리 등이 주요 고려사항이 된다. 투자자가 제시하는 조건이 회사의 장기성장에 어떤 영향을 미칠지, 향후 자금조달에 어떤 영향을 줄지 신중하게 분석해야 한다. 예를 들어, 투자자들이 제시하는 청산우선권이 너무 높으면 향후 회사의 매각이나 청산 시 창업자와 직원들이 보상을 받기 어려울 수 있다. 이러한 요소들을 협상에서 균형 있게 다루는 것이 중요하다.

2.1.4 지분희석과 통제권 유지

자금조달에서 가장 주의해야 할 부분 중 하나는 지분희석이다. 기업가는 자금조달로 인해 자신의 지분이 얼마나 희석될지를 고려해야 한다. 초기 단계에서 과도한 지분희석을 피하기 위해서는 필요자금을 정확하게 계산하고, 필요한 만큼만 조달하는 것이 중요하다. 예를 들어, 기업가는 전환사채나 SAFE(Simple Agreement for Future Equity)[2]와 같은 전환 증권을 사용하여 초기 지분희석을 최소화할 수 있다.

그리고 통제권을 유지하는 것도 매우 중요하다. 지분희석으로 인해 회사에 대한 통제력을 상실할 수 있기 때문에, 이사회구성 및 주요 의사결정에 대한 거부권을 계약서에 명시하여 투자자의 과도한 경영참여를 제한하는 방안을 고려해야 한다.

2.1.5 청산 우선권과 기타 계약조건

청산우선권에 주목해야 한다. 청산우선권은 투자자들이 회사가 매각되거나 청산될 때 투자금을 우선적으로 회수할 수 있도록 하는 권리다. 이는 투자자들에게는 안전망이 될 수 있지만, 지나치게 높은 우선권 배수(예: 2배, 3배)는 창업자와 직원들의 보상 가능성을 낮출 수 있다. 따라서 기업가는 청산 우선권이 향후 투자회수 시 어떤 영

---

2 SAFE(Simple Agreement for Future Equity)는 스타트업이 자금을 조달할 때 사용하는 투자 계약 형태 중 하나로, 2013년에 미국의 Y Combinator가 처음으로 도입했다. SAFE는 전통적인 방식의 주식 발행이나 부채와 달리, 간편하게 투자금을 유치하면서도 추후 주식으로 전환될 수 있는 권리를 투자자에게 제공하는 것이 특징이다.

향을 미칠지 분석하고, 필요에 따라 협상을 통해 유리한 조건을 확보해야 한다.

기타 계약조건에도 유의해야 한다. 이외에도 투자자들은 보호조항, 거부권, 후속 투자에 대한 우선권 등을 요구할 수 있다. 이러한 계약조건들은 회사의 운영과 장기 성장에 영향을 미칠 수 있으므로, 기업가는 투자자들이 제시하는 조건들을 세심하게 검토하고 협상해야 한다.

2.1.6 베스팅 스케줄 설정

창업자와 핵심직원에게 주어지는 주식의 베스팅 스케줄은 인센티브를 유지하는 데 중요한 요소다. 일반적으로 4년의 베스팅 기간과 2년의 클리프(Cliff) 기간이 설정되며, 이는 창업자와 직원들이 장기적으로 회사에 기여할 수 있도록 유도한다. 이를 통해 회사를 빠르게 떠나는 직원들로 인한 지분문제를 방지할 수 있다.

베스팅 스케줄에는 인수 시 가속(Acceleration)조항을 포함시켜야 한다. 이는 회사가 인수되면 창업자와 직원들이 일정 부분의 지분을 빠르게 확보하여 공정한 보상을 받을 수 있도록 보장하는 역할을 한다.

2.1.7 자금조달 시기와 방법 결정

자금조달의 성공 여부는 시장상황에 크게 좌우된다. 경제상황이 좋고 투자자들이 활발히 움직일 때는 유리한 조건으로 자금을 조달할 수 있지만, 시장이 침체기에 접어들면 자금조달이 어려워질 수 있다. 기업가는 시장상황을 주시하며 자금조달 시기를 신중하게 결정해야 한다.

성장 단계에 맞추어 단계별로 자금을 유치하는 것을 고려해야 한다. 한 번에 대규모 자금을 조달하기보다는 단계별로 자금을 유치하는 것이 유리할 수도 있다. 이를 통해 기업가는 각 단계에서 자신의 가치를 증명하며, 투자자들과 더 유리한 조건으로 협상할 수 있다.[3]

2.1.8 미래 자금조달 대비

기업가는 초기 자금조달 단계에서 이미 향후 자금조달 계획을 세워야 한다. 이는 기존 투자자들과의 협의를 통해 희석 방지조항, 후속투자 우선권 등 미래 자금조달에 필요한 조건들을 미리 고려하는 것을 포함한다. 이로써 다음 라운드에서 예상치 못한 문제를 피하고 필요한 자금을 성공적으로 확보할 수 있다.

---

3 이와 관련해서는 4장 참조

초기투자자를 선택할 때, 그들의 네트워크와 영향력이 향후 자금조달에 어떤 도움을 줄 수 있는지도 고려해야 한다. 투자자들의 네트워크는 추가 투자유치나 전략적 파트너십 구축 등에 큰 도움을 줄 수 있기 때문이다.

벤처의 자금조달은 기업가에게는 상당한 부담과 위험을 수반한다. 스타트업의 성장과 성공에 있어 자금조달은 필수적인 단계이지만 기업가에게는 부담을 준다. 따라서 기업가는 자금조달을 통해 얻고자 하는 것과 그에 따른 영향을 철저히 파악해야 한다.

2.2 자금조달을 위한 자료 작성[4]

스타트업이나 벤처기업이 성장하고 성공하기 위해서는 자금조달이 필수적이다. 하지만 자금조달은 단순히 투자자를 찾아 자금을 요청하는 것 이상의 과정이며, 이는 기업의 장기적 성장방향과 전략을 설득력 있게 전달하는 복잡한 작업이다. 이러한 과정을 성공적으로 진행하기 위해 기업가는 철저한 준비가 필요하며, 그 첫 단계가 바로 효과적인 자금조달 자료의 작성이다.

자금조달 자료는 투자자들에게 기업의 비전, 비즈니스 모델, 시장 전략, 재무계획, 그리고 투자 기회에 대한 명확한 그림을 제시하는 핵심문서다. 이 자료는 기업의 현재 상태와 미래성장 가능성을 객관적으로 평가할 수 있도록 도와주며, 투자자들의 관심을 끌어내는 중요한 도구로 작용한다. 특히 투자자들은 기업의 시장진출 전략, 경쟁우위, 제품 또는 서비스의 혁신성, 그리고 팀의 역량에 주목하기 때문에, 자금조달 자료는 이 모든 요소를 체계적으로 정리하여 제시해야 한다.

자금조달 자료를 작성하는 것은 단순한 문서작업이 아니라, 기업가로서 자신의 사업을 되돌아보고 강점과 약점을 파악하며, 이를 기반으로 투자자와 효과적으로 소통하는 과정이다. 이 자료를 통해 기업가는 투자자들에게 회사의 가치와 미래성장 가능성을 설득해야 하며, 또한 투자의 구체적인 사용계획과 기대수익률을 제시함으로써 신뢰를 구축해야 한다. 따라서 자금조달 자료 작성은 투자유치 과정의 핵심 단계이자, 기업의 비전을 현실화하는 첫걸음이라고 할 수 있다.

벤처기업이 자금조달을 위해 준비해야 하는 자료는 다양하며, 각 자료는 투자자를 설득하고 사업의 잠재력, 실행 전략, 재무건전성 등을 전달하는 데 핵심적인 역할을 한다. 기업가는 각 자료의 목적, 요구사항, 특징을 정확히 이해하고 적절한 형식으

4 Feld, B., & Mendelson, J. (2013). Venture Deals: Be Smarter Than Your Lawyer and Venture Capitalist (2nd ed.). Wiley. Chapter 1, p. 17에서 목차 일부 인용

로 작성해야 투자자들의 신뢰를 얻고 성공적인 자금조달을 이끌어낼 수 있다. 자금조달에 필요한 주요자료의 종류, 특징, 그리고 구성요소에 대해 설명을 참조해 보자.

2.2.1 엘리베이터 피치(회사소개서)

엘리베이터 피치(Elevator Pitch)는 기업가가 투자자와 잠재고객에게 사업의 핵심을 간략하고 인상적으로 소개하는 짧은 형식의 메모이다. 일반적으로 30초에서 2분 정도의 시간 안에 사업의 비전, 문제정의, 해결책, 시장기회 등을 전달해야 한다. 그 이름이 '엘리베이터'인 이유는, 마치 엘리베이터를 타고 이동하는 짧은 시간동안 상대방을 설득할 수 있는 메시지를 전달해야 한다는 데서 유래되었다.

엘리베이터 피치는 매우 간결하면서도 기업의 핵심가치를 전달해야 한다. 여기에는 다음과 같은 요소들이 포함되어야 한다.

- 회사의 미션 및 비전: 한 문장으로 회사를 설명한다. "우리는 [대상고객]의 [문제]를 [솔루션]을 통해 해결한다."
- 문제진술: 시장에서 실제로 존재하는 문제나 고객의 고충을 간단히 설명한다.
- 솔루션: 해당문제를 해결하기 위한 제품이나 서비스의 핵심 특징을 설명한다.
- 시장기회: 얼마나 큰 시장이 존재하는지, 이문제를 해결함으로써 얻을 수 있는 비즈니스기회에 대해 강조한다.

엘리베이터 피치는 길어도 2분을 넘지 않아야 한다. 핵심메시지에 집중하여 청중의 관심을 끌어내는 것이 목적이기 때문에 복잡한 설명은 피하고 명료하게 전달해야 한다. 이 피치는 투자자들이 추가적인 대화를 원하도록 유도하는 것이 목표이다.

2.2.2 요약본

요약본(Executive Summary)은 사업계획서의 간결한 버전으로, 투자자들에게 회사의 개요와 핵심 전략을 신속하게 전달하기 위해 작성된다. 보통 투자자가 사업계획서 전체를 읽기 전에 회사의 전반적인 비전과 전략을 파악하는 데 사용된다.

대개 1~2쪽 분량으로 작성되며, 투자자들이 기업의 핵심정보를 빠르게 파악할 수 있도록 구성해야 한다. 주요 내용은 다음과 같다.

- 회사개요: 회사의 미션, 비전, 창업배경 등을 간단히 설명한다.
- 문제진술 및 해결책: 잠재적인 고객이 어떤 문제를 가지고 있는지, 그리고 그에 대한 솔루션이 무엇인지를 기술한다.

- 시장기회: 시장규모, 목표 고객, 시장성장 가능성 등에 대한 정보를 제공한다.
- 제품/서비스: 제품이나 서비스의 주요 기능과 특징을 간단히 설명한다.
- 비즈니스 모델: 회사의 수익구조와 어떻게 돈을 벌지에 대해 설명한다.
- 경쟁우위: 경쟁사 대비 자사의 강점과 차별화를 설명한다.
- 팀 구성: 핵심 팀 멤버들의 전문성과 역량을 소개한다.
- 자금조달 요청: 필요한 자금규모와 그 사용 계획에 대해 명시한다.

요약본은 투자자들이 빠르게 핵심내용을 파악할 수 있도록 명확하고 간결한 언어를 사용해야 한다. 이것은 회사에 대한 첫인상을 제공하는 역할을 하기 때문에, 내용이 설득력 있고 투자자의 흥미를 끌 수 있어야 한다.

2.2.3 프레젠테이션, 피치덱

프레젠테이션(Presentation)은 투자자들을 직접 만날 때 사용되는 자료로, 회사의 비전, 제품, 시장 전략, 팀 구성, 재무계획 등을 시각적으로 전달한다. 피치덱은 회사의 핵심정보를 시각적으로 전달하여 투자자들의 이해와 관심을 유도하는 데 사용된다.

일반적으로 10~15장의 슬라이드로 구성되며, 각 슬라이드는 핵심내용을 전달할 수 있도록 구성되어야 한다. 주요 슬라이드 구성은 다음과 같다.

- 소개: 회사의 비전과 핵심 메시지를 간단히 소개한다.
- 문제진술: 시장에서 해결이 필요한 문제를 설명한다.
- 해결책: 해당 문제를 해결하기 위한 제품 또는 서비스의 기능과 장점을 설명한다.
- 시장기회: 시장규모, 성장 가능성, 목표 고객층에 대한 정보를 제공한다.
- 제품 또는 서비스 개요: 제품의 주요 기능, 기술적 차별성 등을 소개한다.
- 비즈니스 모델: 수익창출 방식, 가격 전략, 고객 확보 방법을 설명한다.
- 성과 및 마일스톤: 현재까지의 성과와 앞으로의 목표를 설명한다.
- 시장진입 전략: 마케팅 및 판매 전략, 파트너십 계획 등을 소개한다.
- 경쟁분석: 경쟁사와의 비교를 통해 자사의 경쟁우위를 강조한다.
- 재무전망: 향후 3~5년간의 수익, 지출, 이익전망을 제시한다.
- 팀 구성: 핵심 팀원들의 역량과 전문성을 소개한다.
- 투자요청 및 사용계획: 필요한 자금규모와 그 사용계획을 명시한다.

프레젠테이션은 10~15분 이내에 전달할 수 있도록 구성되어야 하며, 간결하고 시각적인 요소를 활용하여 핵심메시지를 전달하는 것이 중요하다. 투자자들의 질의응답을 통해 내용을 보완하고, 추가자료를 준비하여 유연하게 대응할 수 있어야 한다.

2.2.4 사업계획서

사업계획서(Business Plan)는 회사의 전반적인 전략과 비전을 상세하게 설명한 문서로, 제품개발, 시장 분석, 재무계획, 마케팅 전략, 운영 전략 등을 포함하여 회사의 향후 전략을 종합적으로 제시한다. 이는 투자자들에게 회사의 방향성을 이해시키고, 투자 결정을 돕는 핵심문서이다.

사업계획서는 다음과 같은 내용이 포함된다.

- 회사소개: 회사의 비전, 미션, 창업배경, 주요성과 등을 설명한다.
- 시장분석: 목표 시장의 규모, 성장 가능성, 경쟁환경, 고객세분화 등을 분석한다.
- 제품 또는 서비스: 제품의 특징, 기술적 차별성, 특허 및 지적재산권, 개발계획 등을 설명한다.
- 비즈니스 모델: 수익구조, 가격 전략, 영업 및 마케팅 전략, 유통채널 등을 기술한다.
- 운영계획: 생산, 공급망, 인적자원 관리 등 회사운영에 대한 세부 전략을 제시한다.
- 팀 구성 및 조직구조: 핵심 팀 멤버의 경력과 전문성, 회사의 조직구조 등을 소개한다.
- 재무계획 및 예측: 손익계산서, 현금흐름표, 재무상태표 등의 재무데이터와 함께 향후 3~5년간의 수익 및 지출예측을 제시한다.
- 위험분석: 사업에 내재된 위험요소와 이를 관리하기 위한 전략을 설명한다.
- 자금조달 계획: 필요한 자금규모, 사용계획, 투자자에게 제공할 지분 또는 권리에 대해 상세히 기술한다.

20~40쪽 정도의 분량으로 구성되어야 하며, 그래프와 표를 활용하여 데이터를 명확히 전달해야 한다. 사업계획서는 투자자들이 회사의 모든 측면을 평가할 수 있도록 필요한 모든 정보를 상세히 담아야 하며, 시장조사 데이터와 재무예측에 대한 근거를 제공해야 한다.

2.2.5 자세한 재무 모델

재무 모델(Financial Model)은 기업의 수익 및 비용구조, 현금흐름, 수익성, 손익분기점, 성장 가능성 등을 분석하여 투자자들에게 재무적인 관점에서 회사의 잠재력을 설명할 수 있어야 한다. 재무 모델은 투자자들이 회사의 미래성과를 예측하고 투자의 타당성을 검토하는 데 중요한 역할을 한다. 재무 모델에는 다음과 같은 요소들이 포함된다.

- 매출예측: 회사의 매출성장계획을 제시하고, 이를 위해 필요한 가정과 근거를 명확히 설명한다. 시장규모, 판매 전략, 가격정책 등을 반영하여 수익을 예측한다.
- 비용구조분석: 인건비, 운영비, 마케팅비용, 생산비 등 모든 비용을 세부적으로 분석하고, 이를 바탕으로 총 비용을 예측한다.
- 현금흐름분석: 회사의 현금 유입과 유출을 자세히 분석하여 회사의 현금흐름상태를 보여준다. 이를 통해 회사의 유동성 관리능력을 평가할 수 있다.
- 손익계산서, 재무상태표, 현금흐름표: 주요 재무제표를 포함하여 회사의 재무상태를 종합적으로 보여준다. 이는 투자자들이 회사의 재무건전성을 판단하는 데 도움이 된다.
- 손익분기점분석: 회사가 이익을 내기 위해 달성해야 하는 매출규모를 계산하고, 이를 통해 투자회수기간을 예측한다.
- 고객획득비용(CAC)과 고객 생애가치(CLTV): 비즈니스 모델에 따라 고객을 확보하는 데 드는 비용과 한 고객이 회사에 제공하는 전체가치를 계산한다. 이는 회사의 장기적인 수익성 분석에 중요한 지표다.

재무 모델은 보통 스프레드시트(예: 엑셀) 형태로 작성되며, 여러 시나리오와 가정을 반영하여 다양한 결과를 시뮬레이션할 수 있도록 구성되어야 한다. 투자자들은 재무 모델을 통해 회사의 가정이 얼마나 현실적인지, 자금조달 이후의 재무적 성과가 어떻게 변화할지를 평가하므로 각 가정의 근거를 명확하게 제시해야 한다.

2.2.6 데모

데모(Demo)는 회사의 제품이나 서비스의 작동방식을 직접 시연하는 과정으로, 투자자들이 제품의 기능과 가치를 직접 확인할 수 있도록 도와준다. 이는 기술 스타트업이나 새로운 제품을 개발하는 기업에 있어 필수적인 단계이며, 제품의 혁신성과 문제해결능력을 보여주는 수단이다. 데모에서는 다음과 같은 사항들을 보여줘야 한다.

- 제품의 핵심기능: 제품 또는 서비스의 주요기능과 특징을 간단하고 명확하게 보여준다.
- 사용자 경험: 제품을 사용하는 방법을 시연하여 사용자에게 제공하는 편의성과 이점을 강조한다.
- 기술적 우위: 제품의 기술적인 차별성과 혁신요소를 설명하고, 경쟁제품과 비교하여 왜 더 나은지를 시연한다.

- 실제 사용사례: 특정고객 사례나 제품사용 시나리오를 통해 제품의 문제해결 능력과 효과를 강조한다.

데모는 일반적으로 5~10분 정도로 진행되어야 하며, 핵심가치를 간결하게 보여주는 데 초점을 맞춰야 한다. 기술적인 세부사항에만 치우치지 않고, 투자자들이 제품이 제공하는 가치를 쉽게 이해할 수 있도록 사용사례와 이점을 중심으로 설명해야 한다. 데모를 진행할 때는 기술적인 문제에 대비한 예비계획을 마련하고, 투자자들의 질문에 유연하게 대응할 수 있도록 준비해야 한다.

이처럼 벤처기업이 자금조달을 위해 준비해야 하는 자료는 그 목적과 대상에 따라 다양하며, 각 자료는 투자자에게 기업의 비전과 전략, 재무안정성, 성장 가능성 등을 전달하는 역할을 한다. 기업가는 이 자료들을 통해 자신의 사업을 설득력 있게 표현하고, 투자자들이 필요한 정보를 명확하게 파악할 수 있도록 해야 한다. 각 자료를 전문적으로 준비함으로써 투자자들에게 신뢰를 구축하고, 회사의 가치를 효과적으로 전달할 수 있다.

2.3 실사자료 준비와 대응

벤처 거래에서 VC는 투자를 결정하기 전에 기업의 전반적인 상태를 검토하기 위해 실사를 수행한다. 실사는 기업의 재무상태, 법률적 상황, 비즈니스 모델, 운영 전략 등을 꼼꼼히 검토하여 투자에 따른 리스크를 최소화하고 회사의 잠재력을 평가하는 중요한 단계이다. 이 과정에서 VC는 기업에 다양한 자료를 요청하며, 기업가는 이에 적극적으로 대응해야 한다.

2.3.1 VC가 요구하는 실사자료

VC가 요구하는 실사자료는 크게 네 가지 범주로 나눌 수 있다.

- 재무관련 자료: 여기에는 최근 3~5년간의 재무제표(재무상태표, 손익계산서, 현금흐름표), 세금신고서, 감사보고서, 예산 및 재무계획 등이 포함된다. 이를 통해 회사의 재무상태, 수익성, 현금 흐름을 확인하고 장기적인 수익성을 판단한다.
- 법률 및 계약관련 자료: 법인 등기부등본, 주주 및 지분구조, 고객 및 파트너사와 체결한 주요계약서, 지적재산권 관련 자료 등을 통해 회사의 법적 지위와 주요 계약조건을 검토한다. 이 부분에서는 회사가 보유한 특허, 상표, 저작권 등의 지적

재산권이 정확히 관리되고 있는지, 그리고 법적 분쟁 가능성이 없는지 파악하는 것이 중요하다.

- 비즈니스 및 운영관련 자료: 사업계획서, 제품 및 기술자료, 시장조사자료, 고객목록, 조직도 및 인사관련자료 등이 포함된다. 이를 통해 VC는 회사의 시장 전략, 제품의 기술수준, 경쟁우위, 운영구조 등을 종합적으로 파악한다. 특히, 사업계획서와 제품 로드맵은 기업의 미래성장 가능성을 가늠하는 중요한 자료로 활용된다.
- 리스크 관리 및 컴플라이언스 자료: 법률 준수 여부, 산업규제, 보험가입 상태, 사업 리스크 평가와 이를 관리하기 위한 전략 등을 포함한다. 이는 기업이 법적, 규제적 위험을 적절히 관리하고 있는지를 평가하는 데 사용된다.

2.3.2 실사자료 요청에 대한 올바른 대응

기업가는 실사자료 요청에 대해 투명하고 정직한 자세로 대응해야 한다. 만약 기업의 약점이나 불리한 정보가 있다면 숨기지 말고 솔직하게 공유하고, 이를 어떻게 해결할 계획인지 설명하는 것이 좋다. 투자자들은 기업의 투명성을 중요하게 생각하기 때문에, 정직한 태도는 투자유치에 긍정적인 영향을 줄 수 있다.

기업가는 요청된 자료를 체계적으로 정리하고 신속하게 제공해야 한다. 실사 과정에서 자료를 빠르게 준비하고 제출하는 것은 회사가 전문적으로 운영되고 있다는 인상을 주며, 투자자들의 신뢰를 얻는 데 도움이 된다. 자료는 디지털화하여 안전한 데이터룸(클라우드 등)에 저장해 두는 것이 좋으며, 투자자들이 요구하는 정보를 체계적으로 관리할 수 있도록 해야 한다.

기업가는 전문가와의 협력을 통해 자료의 정확성과 완전성을 보장해야 한다. 예를 들어, 재무관련 자료는 회계사나 재무 컨설턴트의 검토를 받고, 법률 및 계약사항은 변호사의 자문을 구하는 것이 바람직하다. 이는 자료의 정확성을 높이고 잠재적인 리스크를 사전에 파악하는 데 도움을 준다.

투자자와의 소통도 중요하다. 실사 중 투자자들이 제기하는 질문에 명확하고 솔직하게 답변하고, 투자자들의 우려사항을 해소하기 위한 노력을 보여주는 것이 필요하다. 또한, 기밀정보가 포함된 실사자료를 제공할 때는 반드시 비밀유지계약(Non-Disclosure Agreement: NDA)을 체결하여 정보의 기밀성을 유지해야 한다. 그러나 거래에 따라 NDA 없이 진행되는 경우도 있으며 이러한 경우 회사의 내부정보관리에 각별히 유의해야 한다.

기업가는 실사 과정에서 리스크 관리 전략을 준비해야 한다. 투자자들은 회사가 인지하고 있는 위험요소와 이를 어떻게 관리할 계획인지 알고 싶어하기 때문에, 잠재적인 리스크와 그에 대한 대처 방안을 명확히 설명하는 것이 중요하다.

결론적으로, 벤처 거래에서 VC의 실사 과정은 기업가와 투자자 모두에게 중요한 단계이다. 기업가는 실사를 통해 자신의 사업을 명확하고 투명하게 제시하고, 투자자들의 신뢰를 쌓아야 한다. 이러한 과정이 성공적으로 이루어질 때, 기업은 자금조달에 성공하고 성장의 발판을 마련할 수 있게 된다.

3. 벤처캐피탈과 창업자를 위한 여러 가지 팁

3.1 나에게 맞는 벤처캐피탈을 찾기 위한 전략적 접근

스타트업 창업자는 자금조달을 위해 벤처캐피탈을 찾을 때 단순히 자금을 제공할 VC를 선택하는 것 이상의 노력이 필요하다. 성공적인 벤처투자는 단순한 자금지원에서 그치는 것이 아니라, 창업자와 VC 간의 협력적 파트너십을 통해 장기적인 성장을 도모하는 과정이다. 따라서 창업자는 자사의 성장 단계, 비즈니스 모델, 시장에 맞는 VC를 신중히 선택해야 한다. VC 선택은 기업의 성공 여부에 직결될 수 있으며, 적절한 VC와의 파트너십은 단순히 자금 확보 이상의 가치 있는 협력을 가능하게 한다. 여기서는 창업자가 자신에게 맞는 VC를 찾기 위해 어떤 노력이 필요한지, 그리고 VC 입장에서 어떤 기업을 파트너로 선정하기를 원하는지에 대해 알아보자.

3.3.1 나에게 맞는 VC 찾기: 창업자의 시각에서

- VC의 투자 전략과 일치하는가: 각 VC는 자신만의 투자 전략과 철학을 가지고 있다. 일부 VC는 기술기반 스타트업에 집중하는 반면, 다른 VC는 소비재나 서비스 산업에 더 많은 관심을 가질 수 있다. 또한, VC의 투자 단계도 다양하다. 어떤 VC는 시드 단계부터 투자에 참여하며 초기자금을 지원하는 반면, 다른 VC는 시리즈 A나 B라운드 이후의 성장 단계에서 투자하는 것을 선호한다. 따라서 창업자는 VC의 투자분야와 전략이 자신의 사업과 일치하는지 신중하게 검토해야 한다. 이를 위해 VC의 포트폴리오를 조사하고, 해당 VC가 과거에 어떤 기업에 투자했는지를 분석하는 것이 중요하다.
- VC의 네트워크와 지원역량을 참고하자: VC는 단순히 자금을 제공하는 것을 넘어, 기업성장에 필요한 네트워킹, 멘토링, 전략적 조언을 제공하는 파트너 역할을 한

다. 좋은 VC는 창업자가 접근하기 어려운 자원과 인맥을 제공할 수 있으며, 이는 스타트업의 성장에 매우 중요한 요소이다. 예를 들어, 글로벌시장 진출을 목표로 하는 스타트업이라면, 글로벌 네트워크와 경험을 보유한 VC를 선택하는 것이 유리하다. 또한, 기술개발이나 사업 확장을 위한 전문적인 조언을 제공할 수 있는 VC를 선택하면 회사 성장에 큰 도움이 된다.

- VC의 평판과 투자성과를 참고하자: VC의 평판은 창업자에게 매우 중요한 선택기준이 된다. 평판이 좋은 VC는 투자자와 창업자 간의 신뢰를 형성하는 데 중요한 역할을 하며, 이는 자금조달 이후에도 지속적으로 영향을 미친다. 특히, VC가 기존 포트폴리오 회사들과 어떤 관계를 유지하고 있는지, 그리고 어떤 방식으로 투자이후 지원을 제공하는지를 평가하는 것이 필요하다. 이를 위해 창업자는 해당 VC가 과거에 투자한 창업자들과 직접 소통해보는 것이 도움이 된다. VC의 평판과 과거 투자성과를 객관적으로 분석함으로써, 장기적인 파트너로서의 적합성을 평가할 수 있다.
- VC의 의사결정 과정과 회사통제권에 대한 이해가 필요하다: VC는 투자대가로 일정지분을 요구하며, 경우에 따라 회사경영에 대한 의사결정권을 행사할 수 있다. 이때, 창업자는 자신이 VC와 어떤 방식으로 협력할 것인지 명확히 이해해야 한다. 일부 VC는 적극적으로 경영에 관여하여 전략적인 결정을 내리고 싶어할 수 있지만, 다른 VC는 창업자의 자율성을 존중하며 주로 지원역할을 할 수 있다. 따라서 창업자는 자신의 경영스타일에 맞는 VC를 선택하고, 의사결정 구조와 지분에 대한 협상을 명확히 해야 한다.
- 투자조건과 목표가 일치하는가: 창업자는 자금조달 이후의 회사 성장목표와 VC의 목표가 일치하는지 확인해야 한다. VC가 목표하는 투자회수방식(예: IPO, M&A)을 명확히 이해하고, 자신의 비전과 잘 맞는지 평가해야 한다. 투자자가 요구하는 지분비율, 투자기간, 회수 전략 등을 고려하여, 회사의 장기적인 성장과 목표에 부합하는지 판단하는 것이 중요하다.

3.3.2 VC가 파트너로 원하는 투자대상기업: VC의 시각에서

- 성장 가능성이 높은 시장을 가진 기업: VC는 투자한 자본에 대해 높은 수익률을 기대하기 때문에, 큰 시장에서 확장 가능성이 높은 기업을 선호한다. 시장규모가 작거나 성장 가능성이 제한적인 기업보다는, 기술이나 제품이 글로벌시장에 진출할 수 있는 잠재력을 가진 기업을 찾는다. 또한, 해당기업이 속한 시장이 빠르게 성장하고 있는지, 그리고 그 안에서 경쟁우위를 확보할 수 있는지에 대한 검토가

이루어진다. VC는 기업이 속한 시장이 얼마나 매력적인지에 따라 투자 여부를 결정하게 되기 때문이다.

- 경쟁력 있는 제품 및 기술을 가진 기업: VC는 제품이나 서비스가 혁신적이고 경쟁우위를 확보할 수 있는지를 중시한다. 특히, 기술기반 스타트업의 경우 독창적인 기술이나 특허가 있거나, 제품이 기존시장에서 차별화된 강점을 가질 경우 투자를 유치할 가능성이 높아진다. VC는 이러한 경쟁력을 통해 기업이 시장에서 리더로 자리잡을 수 있는지를 평가하고, 성장 가능성을 고려하여 투자를 결정한다.
- 역량 있는 팀을 보유한 기업: VC는 기업가와 그 팀의 역량을 매우 중시한다. 투자자들은 강력한 리더십, 문제해결능력, 실행력을 갖춘 팀을 원하며, 시장에서의 성공 가능성은 궁극적으로 팀의 역량에 달려 있다고 믿는다. 따라서 VC는 창업자와 팀의 과거경험, 업계지식, 네트워크 등을 면밀히 평가한다. 투자자는 경험이 풍부하고 열정적인 팀을 더 신뢰하게 되며, 특히 창업자가 어려운 상황에서도 회사를 성공적으로 이끌어 갈 수 있는지를 중요하게 생각한다.
- 재무적 성과와 자금효율성이 있는 기업: VC는 기업이 이미 시장에서 일정한 성과를 내고 있거나, 제품이나 서비스가 시장에서 검증되었는지에 관심을 가진다. 수익모델이 명확하고, 자금을 효율적으로 운영할 수 있는 기업이 선호된다. VC는 자금을 투자한 후 기업이 이를 효율적으로 사용하여 수익을 창출하고, 빠른 성장곡선을 그릴 수 있을지 평가한다. 초기 스타트업이라도 자금의 사용계획이 체계적이고 명확하다면, 긍정적인 평가를 받을 수 있다.
- 파트너십과 협력 가능성이 높은 기업: VC는 단순한 투자자 역할을 넘어, 장기적인 파트너로서 기업과 협력하기를 원한다. 기업가와 VC 간의 비전이 일치하고, 상호신뢰를 바탕으로 긴밀하게 협력할 수 있는 기업을 선호한다. 따라서 VC는 창업자와의 상호작용, 의사소통방식, 협력 가능성을 평가하고, 이를 기반으로 파트너로서 적합성을 판단한다.

VC는 수많은 벤처기업에서 투자유치를 희망하는 사업계획서를 받고 있다. 만약에 긍정적이든 부정적이든 그들의 반응을 기대한다면 투자를 받으려고 하는 VC에 대해 철저히 조사하고, 그들의 관심사항을 점검해야 한다.

정리해 보면, VC와 창업자 간의 관계는 단순한 자금조달 이상의 의미를 지닌다. 적절한 VC를 선택하는 것은 자금확보 이상의 가치를 제공하며, 네트워크, 멘토링, 전략적 조언 등 다양한 지원을 통해 회사의 성장을 가속화할 수 있다. 따라서 창업자는 자신의 비즈니스 모델, 성장 단계, 목표에 부합하는 VC를 신중하게 선택해야 하며, VC와의 장기적인 파트너십과 상호작용을 고려한 전략적 접근이 필요하다.

3.2 벤처 거래에서 흔히 볼 수 있는 함정

벤처 거래에서 흔히 발생하는 문제점은 다양하며, 이를 신중하게 처리하지 않을 경우 스타트업과 투자자 모두에게 불리한 결과를 초래할 수 있다.

- 기대치의 불일치: 가장 빈번한 문제점 중 하나는 창업자와 투자자 간의 기대치가 일치하지 않는 것이다. 창업자는 장기적인 관점에서 지속 가능한 사업을 구축하는 데 초점을 두는 반면, VC는 보통 비교적 짧은 기간(일반적으로 5~10년) 내에 빠른 성장을 추구하고 투자회수(Exit)를 원한다. 이러한 불일치는 사업 전략, 리스크 관리, 운영결정 등에 대한 의견차이를 유발할 수 있다. 또한 스타트업과 투자자 모두 비현실적인 기업가치 평가에 빠질 수 있다. 과대평가는 지속 불가능한 높은 성장률에 대한 압박을 초래하고, 성과가 기대에 미치지 못할 경우 후속 자금조달이 어려워질 수 있다. 반면, 저평가는 창업자의 지분을 과도하게 희석시켜 동기부여에 부정적인 영향을 줄 수 있다.
- 복잡한 조건의 계약서: 벤처캐피탈 거래에는 종종 청산우선권, 지분희석 방지권리, 거부권, 통제조항 등과 같은 복잡한 조건이 포함된 계약서가 등장한다. 이러한 조건이 신중하게 협상되지 않을 경우 향후 문제를 일으킬 수 있다. 예를 들어, 지나치게 엄격한 청산우선권은 회사가 큰 금액으로 매각되더라도 창업자와 직원들이 거의 또는 전혀 이익을 얻지 못하는 상황을 초래할 수 있다. 또한 투자자에게 회사운영에 대한 지나친 통제 권한(이사회 의석 및 거부권 등)을 부여하는 조건은 의사결정 과정에서 갈등을 일으킬 수 있다. 이는 창업자가 회사를 효과적으로 운영하는 데 방해가 되고 혁신을 저해할 수 있다.
- 부실한 실사: 투자자와 창업자 모두 충분한 실사를 하지 않는 함정에 빠질 수 있다. 투자자는 시장기회, 제품-시장 적합성, 경쟁환경, 창업팀의 역량 등을 철저히 평가해야 한다. 반대로, 창업자도 잠재적 투자자의 과거실적, 투자 전략, 포트폴리오 회사와의 관계를 조사하여 이해해야 한다. 또 거래를 빨리 성사시키려는 욕심에 법적 문제나 불분명한 지적재산권, 불건전한 재무 상태 등과 같은 경고신호를 간과하면 나중에 분쟁과 복잡한 문제로 이어질 수 있다.
- 잘못된 지분분배: 초기투자 라운드에서 창업자가 지나치게 많은 지분을 내어주는 경우가 있다. 초기 자금조달은 중요하지만 너무 빨리 지분을 많이 내어줄 경우 창업자의 회사통제력이 약해지고 성장에 대한 동기가 약화될 수 있다. 그리고 우리사주제도(Employee Stock Ownership Plan: ESOP)에 충분한 지분을 할당하지 않으면 핵심인재를 유치하고 유지하는 데 어려움을 겪을 수 있으며, 이는 스타트업의 성공에 부정적인 영향을 미친다.

- 유연하지 않은 투자회수 전략: VC는 일반적으로 특정기간 내에 수익을 창출할 수 있는 투자회수 전략을 추구하는데, 이는 주로 인수나 IPO를 통해 이루어진다. 이 압박은 회사의 잠재적 가치를 최대화하기 전에 조기 투자회수를 초래할 수 있으며, 이는 창업자의 비전과도 맞지 않을 수 있다. 또한 IPO와 같은 특정 투자회수 전략에만 집중할 경우 유연성이 제한된다. 시장상황이 IPO에 적합하지 않을 때, 회사는 전략적 인수와 같은 다른 유망한 투자회수 기회를 놓칠 수 있다.
- 투자 후 지원부족: 스타트업은 VC가 제공하는 전략적 지도, 시장접근, 네트워킹기회에 의존하기도 한다. 투자자가 약속한 수준의 지원이나 멘토링을 제공하지 않으면, 이는 회사의 성장전망과 성공에 부정적인 영향을 미칠 수 있다. 그리고 일부 VC는 투자 후에 더 수동적인 역할을 취하여 회사에 중요한 피드백, 시장연결, 추가 자금조달 지원을 제공하지 않는다. 이러한 참여 부족은 기회를 놓치게 하고 스타트업의 발전을 저해할 수 있다.
- 미래 투자 라운드에 대한 준비부족: 많은 스타트업이 미래 자금조달 라운드의 요구사항(예: 특정 마일스톤 달성, 새로운 투자자에게 매력적인 지분구조 유지 등)에 대비하지 못한다. 이로 인해 후속 자금조달에 어려움을 겪거나 다음 라운드에서 불리한 조건을 수락해야 하는 상황이 발생할 수 있다. 또한 성장전망을 충족하지 못하거나 시장침체를 겪을 경우, 이전 라운드보다 낮은 가치로 자금을 조달하는 '다운라운드'가 발생할 수 있다. 다운라운드는 창업자와 직원들에게 큰 충격을 줄 수 있으며, 희석 방지조항을 발동시켜 창업자의 지분을 더욱 희석시킬 수 있다.
- 자본의 비효율적인 사용: 스타트업이 자본을 효과적으로 관리하지 못해 소진율이 지나치게 높아질 수 있다. 이렇게 되면 다음 라운드를 위한 핵심 마일스톤을 달성하기 전에 자금이 소진되어 불리한 조건으로 자금을 조달해야 하는 상황에 처할 수 있다. 또한 대개의 VC는 빠른 확장을 요구하지만, 회사가 그러한 성장을 수용할 준비가 되어 있지 않은 경우(예: 제품-시장 적합성이 아직 확보되지 않은 경우), 이는 비효율성, 고객경험 저하, 자원낭비를 초래할 수 있다.
- 법률적 복잡성 과소평가: 스타트업이 지적재산권, 고용계약, 산업규정 준수와 같은 중요한 법적 측면을 간과할 수 있다. 이로 인해 소송, 규제 벌금, 핵심 지적재산권의 상실 등 문제가 발생하여 회사의 미래를 위협할 수 있다. 또한 잘못된 법률 대리인을 선택하면 특정 측에 불균형적으로 유리한 구조의 계약이 체결되거나 주요 우려사항을 간과하는 문제가 생길 수 있으며, 이는 이후에 분쟁과 오해로 이어질 수 있다.

벤처캐피탈 거래는 복잡하며 창업자와 투자자가 신중하게 탐색해야 하는 여러 잠재적인 문제점을 수반한다. 위와 같은 일반적인 함정을 인지하고 사전에 대처함으로써 스타트업과 투자자 모두 성공적이고 지속 가능한 파트너십을 구축할 수 있다.

3.3 벤처 거래 마감

벤처 거래의 마감(Deal Closing)은 투자자가 스타트업에 자금을 제공하고 그 대가로 주식 또는 지분을 취득하는 계약의 최종 단계로, 벤처 자금조달 과정의 마무리 단계이다. 거래 마감은 실사를 마치고 최종계약서에 서명한 뒤, 자금이 실제로 이전되며 거래가 완료되는 순간을 의미한다. 이 단계에서의 성공과 실패는 회사의 자금조달 및 향후 성장에 큰 영향을 미친다. 거래 마감이 성공적으로 이루어지는 경우와 실패로 끝나는 경우 각각에서 발생하는 일과 이에 따른 대응 방안을 구체적으로 설명하면 다음과 같다.

3.3.1 성공적인 거래의 마감

거래가 성공적으로 마감되면, 투자자와 스타트업 간에 합의된 조건에 따라 자금이 이전되고, 투자자는 그 대가로 회사의 주식 또는 지분을 받는다. 이때, 성공적인 거래마감이 이루어지면 다음과 같은 일들이 발생한다.

- 투자계약서의 서명이 완료된 후, 투자자는 합의된 투자금액을 스타트업의 계좌로 이체한다. 동시에 회사는 주식 발행을 통해 투자자에게 지분을 할당하거나, 기존 주주의 지분을 이전한다. 이러한 절차는 법적 구속력을 가지며, 회사의 지분구조와 경영권에 직접적인 영향을 미친다.
- 마감이 성공적으로 이루어지면 회사의 지분구조가 재조정된다. 새로운 투자자는 회사의 일정비율의 지분을 확보하게 되며, 이는 의결권에도 변화를 가져올 수 있다. 특히 대규모 투자자의 경우, 회사의 중요한 의사결정에 참여할 수 있는 이사회 의석을 요구하는 경우도 많다. 이는 회사경영에 중요한 영향을 미치는 요소로 작용할 수 있다.
- 대부분의 투자계약은 투자자 보호를 위한 조항을 포함하고 있다. 여기에는 우선주(Preferred Stock) 발행, 유동성 우선권(Liquidity Preference),[5] 희석 방지조항

5 Liquidity Preference(유동성 우선권)는 벤처캐피탈 투자계약에서 중요조항 중 하나로, 회사가 매각(M&A), 청산(Liquidation), 또는 IPO와 같은 유동성 이벤트가 발생했을 때, 투자자가 자신의 투자금을 우선적으로 회수할 수 있는 권리를 말한다.

(Anti-dilution Provision) 등이 포함될 수 있으며, 이러한 조항들은 투자자가 거래마감 후에도 투자금을 보호받고 이익을 극대화할 수 있도록 설계된다.

자금조달이 완료되면 스타트업은 추가 자금을 기반으로 연구개발(R&D), 시장확장, 제품 출시, 인력확보 등 사업 확장 전략을 본격적으로 실행할 수 있다. 이는 회사의 성장을 가속화하고, 기업가치를 높이는 데 기여한다. 또한, 성공적인 거래마감은 스타트업의 신뢰도를 높여 후속 투자 유치에도 긍정적인 영향을 미칠 수 있다.

거래마감 후에는 추가적인 자금조달이 더 용이해질 수 있다. 기존 투자자가 자금 유치에 성공한 회사에 대한 신뢰를 강화하고, 후속 투자자들이 더 쉽게 투자를 결정하게 만드는 요소로 작용할 수 있기 때문이다. 또한, 투자자와의 협력관계를 통해 새로운 네트워크 및 파트너십 기회를 창출할 수 있다.

3.3.2 벤처 거래의 실패

반면, 거래가 실패하는 경우, 이는 투자계약이 최종적으로 성사되지 않음을 의미하며, 이로 인해 스타트업은 계획된 자금을 확보하지 못하게 된다. 거래실패는 여러 요인에 의해 발생할 수 있으며, 이러한 경우 발생하는 일과 이에 따른 대응방안은 어떻게 해야 하는가?

- 거래마감 직전 투자자는 회사의 재무상태, 법적 문제, 비즈니스 모델, 경영 리스크 등을 면밀히 검토한다. 이 과정에서 예상치 못한 문제(예: 숨겨진 부채, 잠재적인 법적 분쟁, 미비한 지적재산권 보호 등)가 발견되면, 투자자는 거래를 철회하거나 재협상을 요구할 수 있다. 이러한 문제들은 거래의 성사를 저해하는 주요 요인이 된다.
- 거래마감 과정에서 양측이 계약 조건(예: 투자 후 기업가치, 지분율, 투자구조 등)에 대해 합의하지 못하는 경우 거래가 무산될 수 있다. 특히, 투자자가 요구하는 기업가치 하한선과 창업자가 기대하는 기업가치 상한선이 맞지 않거나, 지분율이나 의결권에 대한 이견이 클 경우 거래는 실패할 가능성이 크다.
- 시장의 급격한 변화, 경제 불확실성, 규제환경변화 등은 투자자의 리스크 관리 전략에 영향을 미칠 수 있으며, 이로 인해 투자자가 계획된 자금집행을 중단하거나 철회하는 상황이 발생할 수 있다. 이러한 외부변수는 투자결정에 큰 영향을 미치며, 특히 경기침체나 금융시장 불안정 시에는 거래가 실패할 가능성이 높아진다.

그렇다면 기업가는 어떻게 대응 전략을 세워야 하는가?

- 만약 실사 과정에서 문제가 발견되거나 계약조건에서 불일치가 발생한 경우라면, 스타트업은 투자자와 재협상을 통해 문제를 해결하는 방법을 모색해야 한다. 이는 기업가치, 지분 구조, 보호조항 등 주요 계약조건을 재조정하는 것을 포함하여 고민해야 한다.
- 거래마감이 실패했을 때, 스타트업은 대체투자자를 신속히 찾아야 할 수도 있다. 특히, 자금부족으로 인해 비즈니스 운영에 차질이 생기지 않도록 투자유치 전략을 재조정하거나 다른 투자자 네트워크를 활용하는 것이 중요하다. 자금유치에 실패한 경우, 내부자원을 효과적으로 관리하여 생존기간을 연장해야 할 수 있다. 이를 위해 스타트업은 비용절감, 자금 흐름관리, 운영효율성 향상 등의 전략을 적용해야 한다.
- 투자자와의 협상이 실패로 끝났더라도, 긍정적인 관계를 유지하는 것이 중요하다. 투자자가 이번 거래에는 참여하지 않더라도, 이후 투자 기회나 네트워킹을 통해 다른 투자자를 소개받을 가능성이 있기 때문이다. 이를 위해 협상 후에도 전문적이고 신뢰할 수 있는 관계를 지속하는 것이 좋다.

벤처 거래의 마감은 스타트업의 성장과 투자자 수익실현의 결정적 단계이다. 성공적인 거래마감은 스타트업에 필요한 자금을 제공하고, 회사의 성장동력을 가속화하는 반면, 거래 실패는 자금부족으로 인한 운영중단, 추가적인 자금조달 필요성 등 부정적인 영향을 초래할 수 있다. 이러한 이유로, 거래마감 과정에서 발생할 수 있는 다양한 변수에 대비하고, 유연한 대응 전략을 마련하는 것이 중요하다.

CHAPTER 07

계약 조건

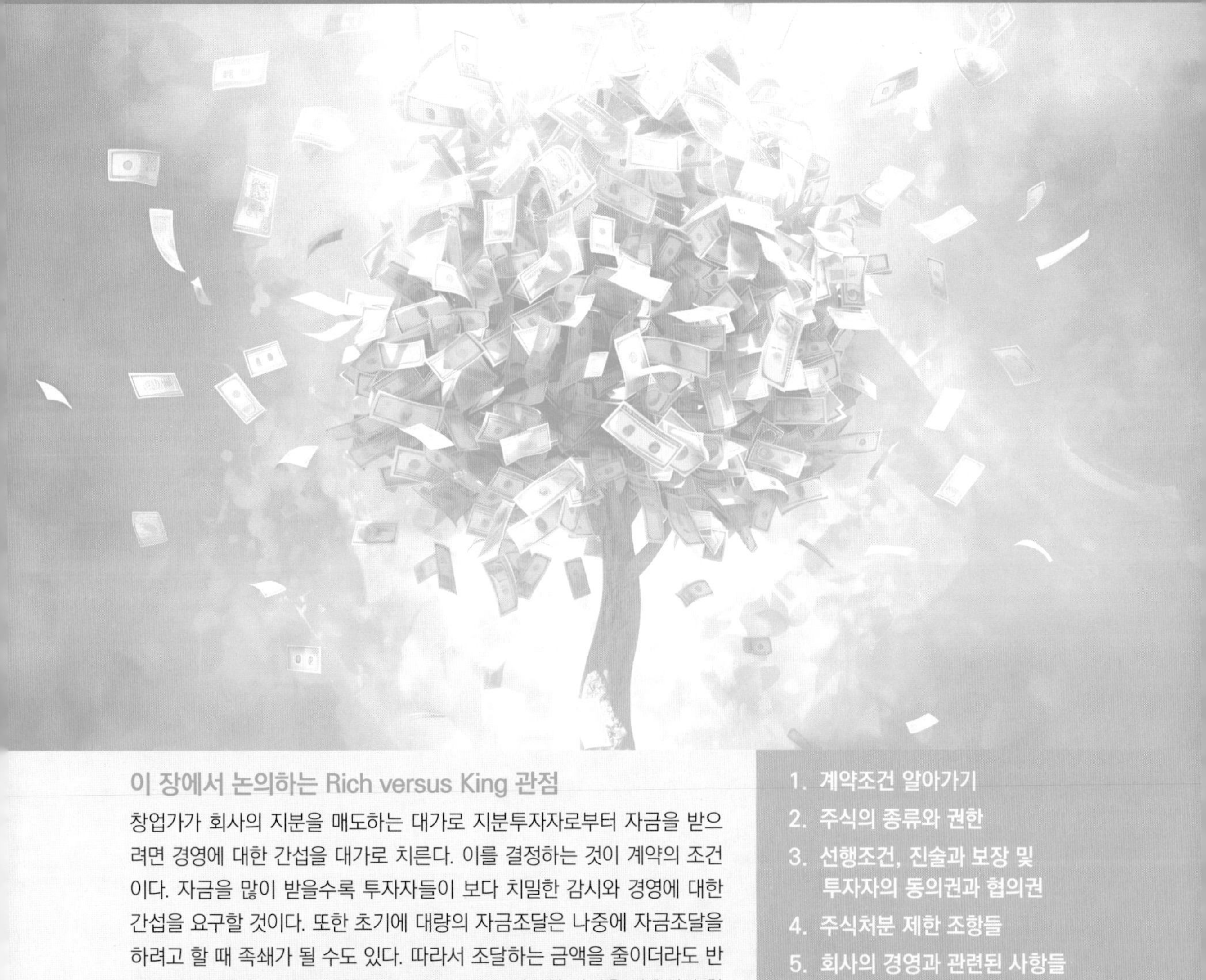

이 장에서 논의하는 Rich versus King 관점

창업가가 회사의 지분을 매도하는 대가로 지분투자자로부터 자금을 받으려면 경영에 대한 간섭을 대가로 치른다. 이를 결정하는 것이 계약의 조건이다. 자금을 많이 받을수록 투자자들이 보다 치밀한 감시와 경영에 대한 간섭을 요구할 것이다. 또한 초기에 대량의 자금조달은 나중에 자금조달을 하려고 할 때 족쇄가 될 수도 있다. 따라서 조달하는 금액을 줄이더라도 반드시 투자계약에서 독소조항을 배제할 수 있는 법적인 지식을 갖추어야 한다. 이 장에서는 창업가가 자신을 보호하고 추후의 자금조달을 원활하게 할 수 있도록 벤처캐피탈과의 계약서에 삽입되는 주요한 용어들을 설명하였다.

1. 계약조건 알아가기
2. 주식의 종류와 권한
3. 선행조건, 진술과 보장 및 투자자의 동의권과 협의권
4. 주식처분 제한 조항들
5. 회사의 경영과 관련된 사항들

이 장은 법무법인 딜라이트와 스타트업 얼라이언스가 공동발간한 투자계약서 샘플이 담긴 파일 주소를 제시하였다. 한국투자자들로부터 자금조달을 받을 창업가는 해당 문서를 참고하기 바란다. Harvard Business School Publishing(HBSP)에서 발간한 계약조건 사례와 Stanford Business School 계약조건 사례를 제시하였다. 미국투자자들로부터 자금조달을 받을 계획이 있는 창업가들은 본문에 기술한 HBSP 사례와 Stanford Business School 사례를 참고하기 바란다.

CH 07. 계약 조건

기업가는 왜 계약조건을 이해해야만 하는가?

기업가가 법적인 지식을 가지고 있지 않다면 가장 어려워하는 부분이 아마도 계약서의 세부 내용을 살펴보는 것이다. 하지만 투자계약서는 기업가의 최종목표를 달성하는 데 기여할 수도 있고 추가적인 자금조달을 방해할 수도 있기에 계약서에 포함되는 세부조항들에 대한 이해는 필수적이다. 계약조건을 포함하는 다양한 종류의 계약서는 스타트업 얼라이언스에서 출간한 투자계약서 가이드북을 참고하기 바란다. 이 책은 온라인에서 무료로 다운로드 받을 수 있다.[1]

계약조건은 계약서와는 다른 것인가?

이 질문에 대한 짧은 대답은 "그렇다"이다. 계약조건은 최종 계약서에 포함할 내용에 대한 투자자와 기업가 간의 협의서라고 생각하면 된다. 흔히 말하는 양해각서라고 생각해도 무방하다. 계약조건에서 협의가 되었더라도 최종 계약서에서 세부 내용이 변경될 수 있다는 사실을 명심해야 한다. 그리고 최종계약은 법률 자문을 받는 것이 안전하다는 점도 명심하기 바란다. 계약서의 검토에는 전문가를 고용하는 것이 필요하지만 계약의 내용에 대한 지식은 전문가의 사적인 편취를 예방하는 데 도움이 될 것이기에 반드시 공부해야 하는 이유이다.

1. 계약조건 알아가기

계약조건은 어떻게 구성되어 있는가?

계약조건은 크게 투자자들이 투자하려는 회사에 대한 가치 평가를 명시한 부분과 이외의 부가적인 사항들을 명시한 것으로 구분한다.

---

1 법무법인 딜라이트와 스타트업 얼라이언스가 공저한 '투자계약서 가이드북'의 PDF 파일은 https://www.datocms-assets.com/45669/1664415684-pdf.pdf에서 구할 수 있다. 특히 투자계약서 가이드북의 198쪽에 시작하는 주요 투자조건 샘플은 창업자들에게 큰 도움이 될 것이다.

표 7.1 계약조건의 구성 요소들

가치 평가 관련 항목들	
투자금액	10억 원
발행 주식의 종류	상환전환우선주(Redeemable Convertible Preferred Stock)
주식 가격	주당 5천원
부가 조항들	
배당권	기업의 이익을 공유할 수 있는 우선 순위 및 세부 사항들을 명시함
잔여재산청구권	청산 시 배당되는 청산배당금은 우선주가 보통주에 앞선다 등을 명시함
상환권	상환권을 가진다면 채권과 유사하게 이자지급과 관련된 사항들, 즉 이자율, 만기, 상환을 요구할 수 있는 조건 등을 명시함
전환권	우선주를 보통주로 전환할 때의 가격과 관련된 사항을 명시함
지분희석 방지권	추가 자금조달 라운드에서 이전 주식 가격보다 낮은 가격에 발행할 때 기존 주주의 지분희석을 줄이거나 없애기 위한 방안을 명시함
등록청구권	기업공개(IPO)나 인수합병(M&A) 등으로 회사를 매각할 때 주주로 등록될 수 있게 요구하는 권리를 명시함
정보요구권	주주로서 회사의 중요한 의사결정이 있을 때 이에 대한 내용을 알 수 있게 요구하는 권리를 명시함

- 가치 평가: 투자금액, 발행 주식의 종류와 수
- 부가조항: 배당권, 잔여재산청구권, 상환권, 전환권, 지분희석 방지권, 등록청구권, 정보요구권 등

투자 전 가치(Pre-Money Value)와 투자 후 가치(Post-Money Value)란 무엇인가?

VC에게 자금조달을 하려고 그들에게 접근하면 이 용어들을 많이 듣게 될 것이다. 투자 전 가치는 캡테이블에 명시된 기존의 투자자들이 보유하는 전체 주식의 가치를 의미한다. 이 값은 기존의 투자자들이 보유하는 주식의 총 수에 신규 자금조달에서 신규 투자자가 한 주에 대한 가치 평가한 금액, 즉 주식가격을 곱해서 구한다. 예를 들어 기존 주주들에게 발행한 주식의 총 수가 200만 주이고 새로운 투자자가 기존 주주와 동일한 주식을 1주에 5,000원으로 평가했다고 가정하면 투자 전 가치는 5,000원/주 × 2,000,000주 = 100억 원이다.

투자 전 가치에 투자 금액—즉 신규 자금조달에서 조달하는 금액—을 더한 것이 투자 후 가치에 해당한다. 이 투자 후 가치는 부채에 의한 자금조달이 없을 경우 회사의 가치에 해당한다. 투자 금액을 투자 후 가치로 나눈 것이 신규 투자자의 지분율에

해당한다. 투자 전 가치 및 투자 후 가치를 계산하기 위해서는 투자금액, 주식 가격과 기존 주주들의 주식 보유 현황 등이 명시되어야 한다. 위의 예에서 새로운 투자자가 기존 주주와 동일한 주식 25만 주를 받는다고 가정하면 투자금액은 5,000원/주 × 250,000주 = 12억 5천만 원이다. 이 경우 투자 후 가치는 정의에 의해 100억 원 + 12억 5천만 원 = 112억 5천만 원이다. 신규 투자자의 지분율은 위에 기술한 정의에 따라서 12억 5천만 원 ÷ 112억 5천만 원 = 11.11%이다.[2]

캡테이블(Capitalization table)이란 무엇인가?

계약조건의 맨 앞에는 기존 투자자들의 '지분 소유 현황'을 소개하는 캡테이블이 기술된다. 이 표에는 기존에 투자한 주주들의 명부와 각각의 주주별로 주식과 주식을 매수할 옵션을 몇 주나 보유하고 있는지가 나와 있다. 대개는 캡테이블 앞에 창업자의 이력 등이 기술되는 것이 일반적이다.[3] 〈표 7.2〉는 시리즈 A에서 VC로부터 자금을 조달할 때 그 이전에 창업자들과 엔젤투자자들, 핵심 직원들에게 자금을 조달한 상황을 가정한 캡테이블의 예시이다.

〈표 7.2〉에서 투자자들의 지분율을 계산하는 방식에는 보통주기준과 완전희석기준의 두 가지가 존재한다. 보통주를 기준으로 지분율을 계산할 때는 개별 투자자의 보통주 보유 숫자만을 고려한다. 개별 투자자의 지분율은 보통주 주식 수를 전체 투

표 7.2 캡테이블 예시

시리즈 A의 투자 전 캡테이블 (단위: 주)

투자자	보통주	부여된 옵션	완전희석 주식 수	지분율	
				보통주기준	완전희석기준
공동 창업자1	1,000,000	100,000	1,100,000		
공동 창업자2	400,000	40,000	440,000		
엔젤투자자들	150,000		150,000		
핵심 직원들	100,000	10,000	110,000		
총계	1,650,000	160,000	1,800,000		

2 신규 투자자의 지분율은 신규 주식의 발행 수, 신주 수인 25만 주를 기존 주주의 보유 주식 수, 즉 구주 수와 신주 수의 합인 225만 주로 나눈 값과 일치한다.

3 Capitalization table에 대한 자세한 내용은 자세한 내용은 Harvard Business School Publishing (HBSP)에서 출간한 OptiGuard, Inc: Series A-Round Term Sheet 사례를 참고하기 바란다. OptiGuard 사례는 https://hbsp.harvard.edu/product/UV7297-PDF-ENG?Ntt=optiguard에서 구할 수 있다.

자자가 보유하는 보통주의 합계로 나누어 구한다. 완전희석 기준으로 지분율을 계산할 때는 보통주 주식 수에 부여된 옵션의 수를 더한 값인 완전희석주식 수가 기준이 되어 보통주 지분율을 계산하는 방식과 동일하게 계산한다.

2. 주식의 종류와 권한

주식은 어떤 종류가 있고 종류에 따라 권한이 다른가?

주식회사의 주식에는 보통주식(Common Stock)과 종류주식이 존재한다. 상장 시장에서 주식 투자들은 대부분은 보통주식을 매매한다. 하지만 VC 투자자들을 포함하는 비상장 주식에 투자하는 투자자들은 우선주를 선호하고 결과적으로 비상장회사가 엔젤이나 VC에게 주식을 발행하는 경우에는 거의 대부분 우선주를 발행한다. 그 이유에 대해 창업자들이 궁금해할 텐데 그 이유를 알아볼 것이다.

보통주식은 이익의 배당, 잔여재산의 배분, 의결권의 행사 등에서 주주로서 특별한 권한이 없고 일반적인 권한만 존재하는데 반해 종류주식은 위에 언급한 보통주식의 여러 가지 권한들뿐만 아니라 보통주식 보다 유리한 다른 권한들을 부여한다. 이들 유리한 권한을 가지는 종류주식을 살펴본다.

보통주식과 우선주식의 차이점은 무엇인가?

보통 창업자와 핵심 종업원에게는 보통주식을 발행하고 외부투자자들에게는 종류주식을 발행하여 자금을 조달한다. 창업자와 핵심 종업원에게 보통주식을 발행할 때에는 베스팅(Vesting) 또는 클리핑(Cliffing) 조항을 적용하거나 처분제한 주식(RSU) 또는 스톡옵션을 부여하는 형태를 취한다. 베스팅이란 특정 기간을 회사에서 복무하는 경우에만 부여받은 증권의 100%를 취득하고 복무기간에 따라서 취득하는 비율이 계단 형태로 증가하는 방식이고 클리핑 조항은 특정기간 이상을 근무하지 않는 경우에는 전혀 취득하지 못하는 것을 의미한다.

외부 투자자가 창업자와 같은 보통주를 보유하는 경우에 창업자가 주식을 매각하여 회사를 청산할 때 불리할 수 있기 때문이다. 이러한 문제를 해결하기 위한 방안으로 외부투자자는 우선주를 선호하고 회사는 이 선호에 부응하기 위해 우선주를 발행한다. 청산을 통해 회사의 잔여재산을 배분하는 상황이 도래하면 투자자는 보통주식을 소유하는 창업자와 직원보다 청산배당금을 먼저 수령한다. 이것을 우선주식의 잔여재산분배 우선권이라고 한다. 잔여재산분배 우선권에는 완전참여(Full Participation) 방식, 단순참여(Simple Participation) 방식, 불참(Non-Participation) 방식 등의 세 가지 다른 조건이 존재한다.

우선주식이 보통주식에 비해 유리한 다른 한 가지 특성은 회사가 이익을 거두었을 때 이익의 배당에 대한 우선권이다. 이는 이사회의 의결을 통해 회사가 배당을 지급하기로 결정한 경우에 우선주식 투자자에게 배당을 지급하기 전에 보통주식 투자자에게 배당을 지급할 수 없도록 한 것이다. 우선주식 투자자에게 유리한 또 한 가지의 특성은 회사가 유상증자를 실시하는 경우에는 모든 주주가 보통주식을 받지만 무상증자를 실시할 경우에 우선주주는 같은 종류의 우선주식을 받는 것이고 이는 세부조항에 명시되어야 한다.

하지만 보통주식이 우선주식에 비해 유리한 점이 있는데 그것은 의결권이다. 보통주식은 1주당 1표의 투표권을 보유하는 데 반해 우선주식은 투표권이 없다. 투표권은 주주총회와 같이 주주들의 의사를 확인하여 중요한 의사결정을 내려야 할 때 매우 중요해지는 권리이다. 이에 대한 대표적인 사례는 삼성전자의 보통주식과 우선주식의 가격 차이이다. 삼성전자의 보통주식은 우선주식에 비해 한 주당 가격이 높은데 그 이유는 우선주식에는 없고 보통주만 가지는 의결권에서 유래한다. 하지만 상장하기 이전의 우선주식에는 보통주식과 동일한 의결권을 가지는 특별한 경우도 있다. 우선주식에 의결권을 부여할지는 창업자와 초기 투자자들이 협상할 수 있는 사항이다. 만약에 외부투자자에게 우선주식을 발행하는데 의결권까지 부여한다면 창업자는 반드시 높은 가격을 요구해야 한다. 왜냐하면 앞에 설명한 것처럼 이익 배당과 잔여재산청구권에서 우선주가 가지는 이점이 존재하기 때문이다.

보통주식에 비해 전환주식이 가지는 유리한 점은 무엇인가?

전환주식은 투자자에게 우선주식을 일정한 전환비율에 따라서 보통주로 전환할 수 있는 권리를 부여한다. 투자자는 이 권리를 회사가 성장하면서 보통주식의 가치가 크게 상승하는 경우에만 행사한다. 왜냐하면 기존 보유하고 있던 우선주식의 몇 배의 형태로 보통주식을 받는 것이기 때문이다. 또한 후속 투자 시 기존 주가보다 낮은 단가로 신주를 발행하게 되는 상황에서 기존 주주에게 보유 전환주식을 보통주식으로 전환하여 지분율 손실을 만회할 수 있게 해준다. 이를 전환권 조정 또는 리픽싱(Refixing)이라고 부른다. 그리고 기업공개를 통해 회사가 특정 금액 이상의 자금을 조달하는 경우와 우선주주 다수가 동의하는 경우에는 우선주식이 보통주식으로 전환되는 자동 전환(Automatic Conversion) 조항이 명시되기도 한다.

전환우선주식이 보통주식에 비해 왜 유리한지 사례로 알고 싶은가?

창업회사의 시리즈 A 자금조달에 참여하는 초기 VC들은 대개 전환권과 우선주가 결합된형태의 종류주식인 전환우선주식(Convertible Preferred Stock: CPS) 발행을 회사에게 요구한다. 전환우선주식은 위에서 설명한 우선주식과 전환주식의 특별한 권리의 결합을 통해 이중으로 투자자의 권리를 보호한다.

여기서는 창업가가 보유하는 보통주식과 VC가 가지는 전환우선주식이 회사가 청산하는 경우 청산배당금을 어떻게 배분하는지 살펴봄으로써 VC 투자자의 권리보호를 보다 명확하게 이해하기 위해 다음의 상황을 가정한다.[4]

- 창업가는 1주에 1,000원인 보통주식 1백만 주를, 즉 10억 원어치를 보유한다.
- 시리즈 A에 투자한 VC는 5억 원에 해당하는 전환우선주식을 보유한다. 이 전환우선주식은 청산배당금이 5억 원 미만일 때는 보통주보다 우선해서 청산배당금을 수령할 권리를 제공한다. 또한 이 전환우선주식은 보통주식으로 전환하지 않을 경우에는 원래의 투자금인 5억 원을 VC에게 돌려주고 전환하는 경우에는 전환우선주식을 1주에 1,000원의 가치로 환산해서 보통주식을 부여한다. 전환우선주식은 50만 주의 보통주식으로 전환되어 총 보통주식의 숫자는 150만 주로 늘어난다.

회사가 청산하게 되어 청산배당금을 지급하는 상황에 처했을 때 VC와 창업가에게 각각 얼마의 돈이 배분되는 지를 살펴본다. 이 경우에 VC가 전환권을 행사하는 중요한 의사결정은 전환 시 VC가 배분받은 금액과 전환하지 않았을 때 VC가 배분받는 금액을 비교하는 것이다. 전환 시 VC가 배분받는 금액은 전체 주식에서 VC가 보유한 주식의 비율인 1/3에 청산배당금을 곱한 값이다. 전환하지 않고 VC가 배분받는 금액은 5억 원으로 제한되어 있다. 따라서 VC는 청산배당금의 1/3이 5억 원을 초과하는 경우, 즉 청산배당금이 15억 원을 초과할 때에만 전환권을 행사할 것이다.

- 청산배당금액이 5억 원 미만인 경우 전환권을 행사하지 않고 우선주의 권리를 보유한 VC는 5억 원 미만의 청산배당금을 모두 수령하지만 창업가는 한 푼도 받지 못한다.
- 청산배당금액이 5억 원 이상이고 15억 원 이하인 경우 VC는 전환권을 행사하지 않고 따라서 전환우선주식에게 확정된 금액인 5억 원을 수령한다. 창업가는 청산배당금액에서 5억 원을 제한 나머지 금액을 수령한다.

---

4 이 사례는 Metrick & Yasuda의 Venture Capital & the Finance of Innovation Second Edition의 제9장을 참고하여 저자가 재구성하였다.

그림 7.1 VC가 보유하는 주식의 종류에 따른 청산배당금 분배액의 차이

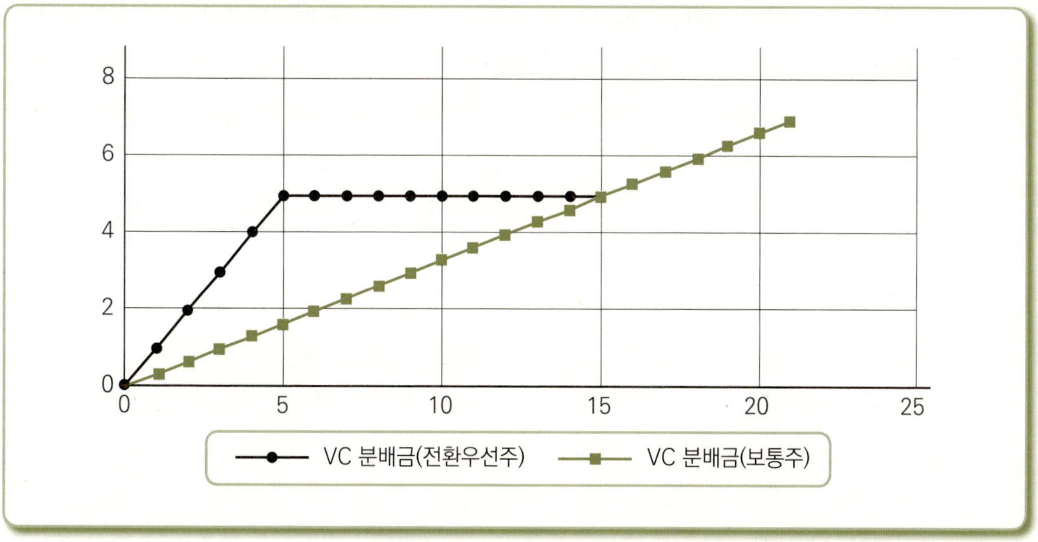

- 청산배당금액이 15억을 초과하는 경우에 VC는 전환권을 행사하고 청산배당금액의 1/3을 수령하고 창업가는 청산배당금액의 2/3를 수령한다.

위에 논의한 것을 바탕으로 VC가 전환우선주식과 보통주식을 보유하는 두 가지 상황을 가정했을 때 회사가 청산하는 상황에서 VC에게 분배된 청산배당금액을 도표로 표시하면 〈그림 7.1〉과 같다. 〈그림 7.1〉에서 전체 청산배당금은 X축에 그리고 VC가 분배받는 청산배당금액은 Y축에 표시한다.

〈그림 7.1〉은 왜 VC가 창업회사에게 보통주식이 아닌 전환우선주식을 발행하도록 요청하는지 이해할 수 있게 만든다. 검은색으로 표시한 전환우선주식을 보유한 VC는 청산배당금액이 투자금액인 5억 미만인 경우에는 모든 손실을 창업가에게 이전하고 VC는 투자금의 일부를 회수한다. 하지만 연초록색으로 표시한 보통주식을 보유한 VC는 창업가와 손실을 분담한다. 청산배당금액이 5억을 초과하고 15억 이하인 경우에 VC는 투자원금을 회수하지만 보통주식을 보유한 VC는 창업가와 손실을 분담한다. 전환권이 매력적인 이유는 회사가 좋은 상황에서 청산하는 경우인 청산배당금이 15억을 초과하는 경우에 VC는 투자한 금액을 상회하는 금액을 돌려받을 수 있기 때문이다. 따라서 나쁜 상황에 대해 우선주의 청산배당 우선 청구권으로 어느 정도 보호받고 전환권에 의해서 좋은 상황에는 참여하는 권리를 부여하는 것이 전환우선주식인 것이다.

보통주식에 비해 상환주식은 어떠한 점에서 유리한가?

상환권은 특정한 조건을 만족할 때 보유주식의 취득금액과 보유한 기간에 발생한 이자를 추가한 금액을 회사가 투자자에게 상환하도록 요구할 권리이다. 이 권리는 투자자에게 최소 수익률을 보장하기 때문에 투자자가 감내하는 위험부담을 줄인다. 상환권에 대해서 명시할 때는 상환을 요청할 수 있는 최소 보유기간, 즉 상환기한-예를 들어 3년-과 보유한 기간에 대한 약정 이자율 및 회사가 투자자의 상환요청에도 불구하고 상환하지 못하는 경우에 지연배상에 해당하는 약정 이자율보다 높은 이자율 등이 기술된다. 다만 상환권 행사에서 유의할 점은 회사가 배당 가능한 이익이 있는 경우에만 해당 이익 범위 내에서만 상환금액이 제한된다는 것이다.

상환권이 추가되는 경우에는 주식임에도 채권의 성격을 많이 가지기 때문에 가장 강력한 형태의 투자자 보호에 해당한다. 상환권과 전환권이 모두 추가된 우선주식이 상환전환우선주식(Redeemable Convertible Preferred Stock: RCPS)이라는 종류주식이다. 이 상환전환우선주식은 보통주식에 비해서 삼중으로 투자자의 권리를 보호하는 것이다. 따라서 이 종류주식은 투자자에게 가장 유리하고 회사에게는 가장 불리하다.

3. 선행조건, 진술과 보장 및 투자자의 동의권과 협의권

선행조건은 무엇을 의미하는가?

선행조건이란 계약의 체결과 주식의 인수가 일어나기 이전에 반드시 선행되어야 하는 사항들을 의미한다. 창업회사의 경우에는 주주총회 또는 이사회의 의결, 기존 투자자의 동의와 같이 계약을 종결하기 위해 필요한 과정을 선행조건으로 명시하는 경우가 많다. 창업자가 명심해야 할 사항은 선행조건이 충족되지 않으면 투자자는 어떠한 불이익이 없어도 투자계약을 파기할 수 있다는 점이다. 따라서 선행조건을 추가할 때는 이러한 점을 고려해야 한다.

진술 및 보장(Representation and Warranties)은 무엇인가?

계약을 체결하기 전에 투자자에게 제공하는 정보를 투자자가 신뢰할 수 있게 만드는 조항이다. 만약 회사가 투자자에게 허위정보를 제공한 것이 발견되는 경우에는 계약의 파기 및 손해배상에 대한 회사의 책임을 명시하여 이 조항이 단순히 말로만 그치는 것이 아님을 보장한다. 이 조항에 포함하는 사항은 일반적으로 재무제표에 기술되는 자산, 자본, 부채와 투자판단에 중요한 세금, 보험, 소송 등이다.

투자자의 동의권과 협의권은 무엇을 의미하는가?

주주는 회사에 경영에 참여하지 않고 회사의 경영은 일반적으로 창업자가 맡고 있기에 회사의 운영에 참여하기 어려운데 특별한 사항에 대해서는 주주의 동의를 요구하는 경우가 존재한다. 대표적인 것이 회사의 자산을 처분, 신주를 발행하는 경우이다. 이런 사건이 발생하는 경우 경영자는 반드시 주주의 동의를 얻도록 강제하는 것이 동의권이다. 동의권에 포함되는 사항은 회사가 성장함에 따라 보다 다양해진다.

동의권보다는 덜 강제적인 것이 협의권인데 회사의 경영에 관한 내용에 대한 정보를 투자자에게 제공하는 것이 대표적이다. 즉 주주총회나 이사회의 안건에 대해 그리고 회사의 기업공개 세부사항 들–시기, 대상 시장, 상장주식 수 및 공모 가격–에 대하여 주주들과 협의하고 업무처리 결과를 통지하도록 하는 것이 협의권이다.

동의권과 협의권에 해당하는 하나가 증자참여 우선권(Rights of First Refusal)이다. 이 권리는 회사가 유상증자를 실시할 때 기존 주주에게 증자에 참여할 수 있는 우선권을 보장하는 것이다. 이 권리를 보장하는 이유는 증자로 인해 발생하는 지분율의 희석을 방지하기 위해 기존 주주에게 증자에 참여하고 만약에 기존 주주가 증자에 참여하는 것을 거부하는 경우에만 제3자배정이나 공모를 통해 증자를 진행하게 강제하는 것이다.

4. 주식처분 제한 조항들

창업자들이 VC와 계약조건을 결정하기 위해서 문서를 주고받을 때 가장 생소하고 어렵게 느껴지는 부분이 주식처분 제한과 관련된 조항들이다. 이 조항들은 창업자와 핵심종업원 등의 이해관계인이 주식을 처분할 때 일정한 제약을 가하는 것이다.[5]

5 주식처분 제한조항들을 비교하는 Stanford Business School에서 발간한 All Hands 사례를 참고하기 바란다. 해당사례는 https://hbsp.harvard.edu/product/E822-PDF-ENG?Ntt=all%20hands에서 구할 수 있다.

왜 주식처분 제한 조항이 필요한가?

투자자가 창업기업에 투자할 때에는 창업자의 역량과 열정 및 창업자의 비전이 만들어낼 제품이나 서비스의 시장 가능성에 대한 믿음에 기반하여 자금을 제공하는 데 창업자가 자금을 조달한 후에 바로 본인의 주식을 제3자에게 처분하는 행동은 투자자의 믿음을 무너뜨리기 때문이다. 따라서 공동 창업자들과 대주주의 지위를 유지하도록 하는 것이 우선이고 공동창업자와 핵심 종업원이 만약 이들이 주식을 처분하려고 할 때는 함께 처분해서 수익을 실현하기 위해 주식처분 제한 조항을 설정하는 것이다.

병행매도 청구권/태그얼롱(Tag Along Right)은 무엇인가?

이 청구권은 창업자와 핵심 종업원 등이 포함된 이해관계인이 보유하는 주식을 제3자에게 메도히려고 할 때 투자자에게 이해관계인의 주식 매각에 앞서 매각하거나 또는 각자의 지분 비율에 따라서 함께 매각할 수 있도록 이해관계인에게 요구할 수 있는 권리이다. 이 조항은 투자조건에서 거의 항상 포함되고 투자자에게만 유리하고 이해관계인에게는 불리한 조항이 아니라고 볼 수 있다.

동반매도 요구권/드래그얼롱(Drag Along Right)은 무엇인가?

이 청구권은 투자자가 본인의 주식을 제3자에게 매각하려고 할 때 다른 주주의 주식까지 함께 매각할 수 있는 권리이다. 즉 투자자가 이해관계인의 동의에 상관없이 이해관계자의 주식을 포함하여 새로운 인수자에게 주식을 매각할 수 있도록 권한을 부여하여 이해관계인도 인수합병 거래에 동참하도록 강제하는 조항이다. 이때 이해관계인은 투자자의 매각조건과 동일한 조건으로 주식을 매도한다. 따라서 이 조항은 보통 인수합병 거래에서 인수인이 피합병회사의 주식 중에서 50%를 초과하는 주식을 매수하여 경영권을 확보하고자 할 때 이해관계인이 반대하더라도 투자자가 인수합병을 통해 투자금을 회수하는 경우에 활용하는 조항인 것이다.

앞에서 기술한 태그얼롱은 모든 단계의 계약조건에 포함되지만 드래그얼롱은 엔젤투자, 시리즈 A(Series A)의 계약조건에는 포함되지 않고 추후—시리즈 B(Series B) 이상—의 계약조건에는 포함되는 것이 일반적이다. 이렇게 시리즈 B에서 드래그얼롱이 포함되는 이유는 시리즈 B와 후속 단계의 투자자들은 인수합병이나 기업공개를 통해 투자금을 회수하려는 목적이 명확하고 투자 후 조속한 기간 내에 이를 실현하려고 투자하는 것을 이해관계인도 인지하고 투자를 받는 것이기 때문이다. 드래그얼롱은 이해관계인에게 일방적으로 불리한 조항이 될 수 있기에 이 조항의 삽입과 관련해서 이해관계인은 투자자와 충분히 협의해야 한다.

주식매수 청구권(Put Option)은 무엇인가?

이 청구권은 특정 사유가 충족되는 경우에 투자자가 회사 또는 이해관계인에게 투자자의 보유 지분의 일부 또는 전체를 매수해 달라고 요청할 수 있는 권리이다. 특정한 사유와 관련된 항목들은 아래와 같다.

- 진술과 보장이 중요한 부분에 있어 허위임이 밝혀진 경우
- 투자금을 사용용도에서 규정한 내용 이외로 사용한 경우
- 회사 또는 이해관계인이 계약에서 정한 의무를 중대하게 위반한 경우
- 회사 또는 이해관계인이 「자본시장과 금융투자업에 관한 법률」을 위반하여 계약의 중요한 내용을 이행할 수 없는 경우
- 회사의 중요자산을 사업목적 이외의 용도에 사용하거나 압류 또는 경매 신청이 있는 경우 등

이 권리가 행사되면 회사(투자자)는 투자자에게(회사로부터) 투자금을 반환(회수)하기에 창업자는 이 조항을 매우 주의해서 검토해야 한다. 특히 회사뿐만 아니라 이해관계인에게 주식매수의 책임을 부과하는 경우에는 이해관계인의 고의 또는 과실로 회사가 계약사항을 위반했거나 이해관계인이 직접 계약을 위반했을 경우에만 청구권을 행사할 수 있도록 규정하는 것이 이해관계인의 이해에 부합한다.

주식매도 청구권(Call Option)은 무엇인가?

이 청구권은 공동창업자들 중에서 한 명이 회사를 떠나려고 할 때 그의 지분을 나머지 공동창업자들에게 액면가와 같은 저가에 매각하도록 요구할 수 있는 권리이다. 회사를 창업할 때는 공동창업자 중에서 일부가 회사를 떠날 것이라고 예상하지 않지만 이러한 일은 창업회사에 매우 흔하게 발생한다. 주식매도 청구권이 설정되어 있는 경우에는 조기에 퇴사하는 공동 창업자나 핵심 종업원은 중도에 퇴사할 때 불이익을 감수하게 되어 이들이 중도에 퇴사를 하지 않도록 만든다. 아래는 클리핑—조항 1에 해당—과 베스팅—조항 2부터 5에 해당—을 결합해서 조기에 회사를 떠나는 주주나 핵심종업원의 보유주식 중에서 의무적으로 매각해야 하는 비율의 사례이다.

- 1년 미만: 본인이 보유한 주식의 100%
- 1년 이상 ~ 2년 미만: 본인이 보유한 주식의 75%
- 2년 이상 ~ 3년 미만: 본인이 보유한 주식의 50%
- 3년 이상 ~ 4년 미만: 본인이 보유한 주식의 25%
- 4년 이상: 본인이 보유한 주식의 0%

주식매수 선택권(Stock Options)은 무엇이고 회사는 이를 어떻게 활용하는가?

주식매수 선택권은 미리 정한 가액—행사가액—으로 정해진 수량의 주식을 매수할 수 있는 권리이다. 주식의 가치가 상승하면 이 권리의 가치도 함께 상승하고 주식의 가치가 0이 되더라도 이 권리는 손해를 입지 않는다. 왜냐하면 주식의 가격이 행사가액을 초과하면 이 권리를 행사하여 수익을 얻고 주식의 가격이 행사가액 미만일 때에는 권리를 행사하지 않아서 손실을 입지 않아서이다. 주식매수 선택권은 주로 회사의 이사, 감사, 집행임원, 핵심 직원과 같이 회사의 설립 또는 경영에 기여할 수 있는 사람들에게 부여하여 직무에 충실하도록 유도하는 성과보상제도이다. 또한 회사가 자본이 충분하지 않더라도 핵심 인재를 확보하고 유지하는 수단으로 활용할 수 있다.

주식매수 선택권이 행사되면 기존 주주의 지분율이 희석되기에 회사가 주식매수 선택권을 지나치게 많이 부여하면 벤처투자자들이 해당 회사에 투자를 꺼리는 요인이 될 수 있다. 따라서 이를 감안해서 주식매수 선택권을 부여해야 한다. 참고로 상법과 벤처기업법에는 주식매수 선택권을 부여할 수 있는 한도가 정해져 있다.

5. 회사의 경영과 관련된 사항들

주식회사는 소유와 경영이 분리되어 별도의 업무집행기관이 필요하다. 회사의 업무집행을 일상적으로 담당하는 기관이 이사회이다. 이사회는 자산취득과 같은 중요한 의사결정과 다른 사내이사의 업무집행을 감독하는 역할을 한다. 창업자는 소유와 경영을 함께 하는 데 비해 벤처 투자자들은 소유하되 경영에 간섭하지 않는 것이 원칙이다. 하지만 투자자들은 특별한 형태로 경영에 참여하는 데 그것은 회사의 이사회에 투자자가 선임하는 이사를 투입하는 형태이다.

투자자의 이사선임권/이사회 참관권은 언제 작동되는가?

일반적으로 엔젤투자 및 시리즈 A 단계에서는 투자자의 이사선임권이 포함되지 않고 시리즈 B 이상의 후속투자에서 주주 간 계약서에 포함되는 경우가 흔하다. 이때에 투자자가 지명하는 이사는 회사의 창업자들로 구성된 이사들에 비해 역량이 부족한 경우가 많기에 기타 비상무이사로 선임되도록 규정한다. 기타 비상무이사는 회사에 상근하지 않으며 경영에 관여하지 않는 임원이다. 이사 선임권을 규정할 때에는 이사의 선임권뿐만 아니라 해임권에 대해서도 규정하는 것이 좋다. 이 규정이 없을 때에는 투자자가 원하는대로 지정한 이사를 해임하지 못할 수 있어서이다.

투자자는 직접 기타 비상무이사를 선임하여 다른 이사들—창업자와 핵심 직원—을 감독하는 것이 유리하지만 회사가 협상력이 큰 경우에는 이사선임권 대신에 이사회 참관권을 계약에 추가하여 이사회에서 논의되는 안건들을 사전에 검토하고 의사 과정을 확인하는 형태로 이사회에 영향력을 행사할 수 있다.

경업금지/겸직금지 조항은 무엇인가?

벤처투자와 관련된 경업금지 조항은 회사의 이해관계인이 자기 또는 제3장의 계산으로 회사의 영업부류에 속한 거래를 방해 또는 일정기간 동안 회사의 영업과 비슷한 제3자의 영업에 참여하는 것을 금지하는 것이다. 여기서 자기 또는 제3자의 계산으로 하는 거래는 그 경제적 효과가 명의에 상관없이 자기 또는 제3자에게 귀속되는 거래를 말한다. 영업부류에 속한다는 의미는 동종 영업뿐만 아니라 회사의 영업의 대체제 또는 시장분할 효과를 가지는 영업, 시장에서 회사와 경쟁을 유발할 수 있는 영업을 모두 포함한다. 창업자는 이 조항으로 인해 동종업계에서의 고용기회를 놓칠 경우를 대비하여 일몰조항을 설정해 두는 것이 좋다.

겸직금지 조항은 근로자가 재직중인 회사의 사업과 관련된 기술 등을 이용하여 별도의 개인 사업을 하거나 회사의 매출에 중대한 영향을 끼치는 사업에 경영진, 기술고문 및 직원으로 참여하는 행위를 금지하는 것을 말한다. 하지만 근로자의 직업선택의 자유와 근로권을 과도하게 제한하는 경우에는 무효로 처분될 수도 있다.

특히 이사회의 이사가 업무집행 과정에서 얻은 정보를 활용하여 사적 이익을 추구하는 것을 미연에 방지하기 위해서 상법은 이사에 대하여 경업금지 의무를 부과하고 있다. 이럼에도 불구하고 회사가 이사의 경업행위로 인해 손해를 입었다면 회사는 해당 이상을 상대로 손해배상을 청구하고 이사가 경업행위로 얻은 이득을 회사에 귀속시키는 개입권을 행사할 수 있다.

CHAPTER 08

가치 평가

1. 가치 평가 알아가기
2. 상대가치 평가법
3. 내재가치 평가법

이 장에서 논의하는 Rich versus King 관점

당신의 회사에 대한 가치 평가는 투자자가 제시할 것이다. 당신이 투자자의 제안을 평가하기 위해서는 기본적인 방법론에 대한 이해가 필수적이다. 모든 가치 평가에는 가정이 수반되는데 가정에 기반해 산출된 가치는 쌍방간의 협상 과정에서 변할 수 있다. 투자자의 가치 평가를 수용할지 아니면 거부할지는 경영자의 의사결정이다. 따라서 가치 평가는 계약의 가이드라인이 되며 최종 결과는 협상을 통해 얻어진 계약서 상에 명시된 금액이다. 회사의 지분을 투자자에게 비싸게 팔수록 부자와 지배권이 유지된다.

이 장은 상대가치 평가법과 내재가치 평가법을 적용하여 LinkedIn의 가치를 평가하는 HBSP의 사례를 제시하였다. 관심있는 창업가는 본문에 제시한 해당 사례를 참고하기 바란다.

CH 08. 가치 평가

기업가는 왜 가치 평가를 이해해야만 하는가?

사실 기업가는 가치 평가와 같이 어려운 과정에 대해 자세히 알고 싶어하지 않을 것이다. 그 이유는 대개는 투자자들이 가치 평가의 결과를 제시하고 기업가는 그 제시를 받아들일지 아니면 거부할지를 결정하는 것이 일반적이기 때문이다. 하지만 기업가가 가치 평가에 대해 잘 이해한다면 그것은 투자자가 고려하고 있는 투자대상인 자신의 기업에 대한 투자 기회를 어떻게 인식하는지 잘 이해하게 되기 때문에 기업가가 투자자와의 협상을 결렬시키지 않고 투자자와 기업가 모두에게 이익이 되는 합의에 도달할 수 있게 돕는다. 따라서 기업가의 가치 평가에 대한 이해는 회사의 생존을 좌우하는 자금조달에 성공할 가능성을 높일 수 있다.

벤처 자금조달 협상에는 기업가가 자금조달에서 판매하는 기업의 일부 지분에 대한 투자자의 현금과 교환이라는 거래의 측면 이외에도 더 많은 것이 존재한다. 기업가가 회사를 정상궤도에 올리기 전까지는 항상 힘써야 하는 자금조달 협상의 맥락에서 가치 평가는 적어도 세 가지 이유로 기업가에게 중요하다.

- 기업가는 잠재적인 투자자가 벤처기업의 가치를 어떻게 평가할 것인지 더 잘 이해할 수 있다.
- 기업가는 벤처가 자신에게 어떤 가치가 있어야 하며 그것이 투자자에게 미치는 가치와 어떻게 다른지 더 잘 이해할 수 있다.
- 기업가는 대체 거래 구조가 투자자와 기업가의 전반적인 가치와 재정적 청구 가치에 어떻게 영향을 미치는지 이해해야 한다.

1. 가치 평가 알아가기

1.1 가치 평가의 원칙은 무엇인가?

가치 평가는 두 가지 기본 원칙에 기반한다.

첫째, 현재가치의 원칙이다. 이는 투자의 과실은 미래에 발생하고 비용은 현재 발생하는데 이를 공정하게 비교하기 위해서는 과실과 비용의 현재가치를 계산해서 어느 것이 더 큰지를 비교하자는 것이다. 당연히 과실의 현재가치가 비용의 현재가치보다 큰 경우에는 투자를 진행해도 된다.

둘째, 위험 프리미엄 원칙이다. 이는 투자자가 은행의 예금과 같이 안전한 투자가 아닌 창업기업에 투자하도록 유인하려면 그들의 위험 추구에 적합한 추가적인 보상을 지급해야 한다는 것을 의미한다. 투자자에게 제공하는 추가적인 보상을 위험 프리미엄이라고 부른다. 예를 들어 1년 만기 적금에 대한 이자율이 3%라면 창업 기업이 제공하는 위험 프리미엄으로 10%를 가정하여 투자자는 1년에 13%의 수익률을 기대하는 것이다. 위험 프리미엄은 현재가치를 계산할 때 필요한 할인율을 결정하는 데 영향을 미친다.

1.2 가치 평가 방법론에는 어떤 것이 있는가?

벤처 및 성숙 기업의 가치를 평가하기 위하여 이론적으로 타당하고 경험적으로 검증된 가치 평가 도구가 많이 존재한다. 가치 평가는 크게 상대가치 평가법(Relative Valuation)과 내재가치 평가법(Intrinsic Valuation)으로 나뉜다. 또한 기업가치를 주주 입장에서 보는 주식가치(Equity Value)와 기업의 이해관계자를 모두 아우르는 전체적 입장에서 보는 사업가치(Enterprise Value)를 산정하는 방법이 존재한다. 사업가치를 발견하면 몇 단계를 거쳐서 주식가치를 찾을 수 있다.

상대가치 평가법은 주가 자료가 없는 비상장기업의 가치 평가에 해당하는 기업공개(IPO) 시의 공모가격 결정이나 기업의 인수금액 또는 합병가액의 산정에 자주 활용된다.

상대가치 평가법은 시장의 가치 평가가 항상 옳다는 가정하에서 가치 평가 대상과 가장 유사한 기업들(Comparable Firms)을 찾아서 그 기업의 가치 평가 배수(Multiple)를 찾는 방법이다.[1] 상대가치 평가법에 사용되는 대표적인 가치 평가 배수에는 주가/이익 비율(Price Earnings Ratio: PER), 주가/장부가 비율(Price Book-value Ratio: PBR), 주가/매출액 비율(Price Sales Ratio: PSR)과 EV/EBITDA 등이 있다. 주식가치 평가법에는 주가/이익 비율, 주가/장부가 비율, 주가/매출액 비율이 활용되고 사업가치 평가법에는 EV/EBITDA 배수가 사용된다.

내재가치 평가법은 기업의 본질적인 실적에 해당하는 미래의 이익 또는 현금흐름의 추정치를 산출하고 이를 할인하여 각각의 현재가치를 찾고 모든 현재가치를 합하여 그 회사의 가치를 산정하는 방법이다.

따라서 이 방법에는 비교대상을 찾지 않아도 되는 장점이 있지만 미래의 실적을 추정하기 위해서 많은 가정을 해야만 하는 단점이 존재한다. 주주가치 측정 방식에는 배당할인 모델(Dividend Discount Model: DDM)과 초과이익 모델(Residual Income Model: RIM) 등이 존재하고 당기순이익에 기반하여 현금흐름을 추정하며 주주의 요구수익률, 즉 자기자본비용을 할인율로 적용한다. 주주가치를 산정하면 주식 1주의 가치를 바로 확인할 수 있다. 반면에 사업가치 측정방식에는 잉여현금흐름 모델(Free Cash Flow Model: FCFM)과 경제적 부가가치 모델(Economic Value Added Model: EVAM) 등이 존재하고 영업이익에 기반하여 현금흐름을 추정하며 가중평균 자본비용(Weighted Average Cost of Capital: WACC)을 할인율로 사용한다.

2. 상대가치 평가법

상대가치 평가법은 어떻게 가치를 평가하는가?

이 평가법의 기본적인 원리는 서로 다른 두 회사가 동일한 미래 현금 흐름을 생산할 것으로 예상되고 동일한 위험에 노출되면 두 회사는 동일한 가치를 가져야 한다는 것이다. 이상적인 상대가치 평가법은 가치 평가의 대상이 되는 기업과 동일한 현금흐름과 동일한 위험을 가지는 기업—이를 쌍둥이 기업(Identical Firm)이라 일컬음—을 찾는 것이다. 쌍둥이 기업을 찾아서 그 기업의 시장가치를 확인하면 평가대상기업의 가치도 쌍둥이 기업의 시장가치와 동일한 값으로 추정한다. 하지만 이런 기업은 실제에

1 따라서 주식시장이 투자자들의 투자의향의 과다로 인한 버블 상태일 때나 투자의향의 과소로 인한 저평가 상태일 때에는 상대가치 평가법이 더이상 적절한 방법이 아닐 수 있다.

표 8.1 상대가치 평가법의 배수 결정법 예시

유사회사	주가/이익 비율	주가/장부가 비율	EV/매출액	EV/EBITDA
회사1	32.23	13.38	3.65	24.25
회사2	27.69	6.88	2.18	16.39
회사3	38.42	4.92	1.87	17.94
회사4	18.54	7.45	4.02	28.15
회사5	17.93	5.76	3.27	26.78
회사6	22.34	19.12	2.94	25.33
회사7	13.83	8.73	0.71	12.78
평균 배수	24.43	9.46	2.66	21.66

서는 존재하지 않기에 최대한 유사한 기업들(Comparable Firms)을 찾는 것이 현실이다.

상대가치 평가법은 아래와 같이 일반적으로 3단계의 과정을 거친다.

① 가치 평가 대상과 현금흐름과 위험이 유사한 기업 또는 기존의 거래들을 선발한다.

② 해당 기업들의 본질적인 성과에 해당하는 매출, 이익, 현금흐름 대비 시장가치의 비율을 산정하여 가치 평가 배수를 결정한다.

③ 이렇게 구해진 가치 평가 배수에 가치 평가 기업의 본질 성과에 대한 추정치를 곱하여 회사의 가치를 산정하는 단계를 거친다.

상대가치 평가법의 예시인 〈표 8.1〉에서 1열에 해당하는 회사1에서 회사7까지를 선발하는 것이 상대가치 평가의 1단계에 해당한다. 예시에는 7개의 회사가 선택되었지만 유사한 회사의 개수는 평가대상 회사에 따라 다르다는 것에 유의한다. 2열부터 5열에 해당하는 가치 평가 배수들의 값을 해당 회사로부터 산정하고 각 배수의 평균값을 계산하는 것이 2단계에 해당한다. 해당 가치 평가 배수의 평균 값에 평가대상 회사의 주당순이익 또는 주당자기자본 추정치처럼 가치 평가 배수 산정 시 분모로 활용되는 실적예상치를 곱하여 주식가치를 산정하는 것이 3단계이다. 예를 들어 주당순이익 추정치가 1,530원인 경우에 주식가치는 1,530원에 주가/이익배율의 평균 값인 24.43을 곱한 값인 37,371원이다. EV/EBITDA 배수에 평가대상 회사의 EBITDA 추정치를 곱해서 사업가치(Enterprise Value: EV)를 알아낸 경우 이를 주식가치로 전환하는 방법은 다음과 같다. 사업가치는 시가총액—주가와 주식 수의 곱에 해당—과 타인자본 가치를 합하고 현금성 자산을 제한 값이다. 따라서 구한 사업가치에 현금성 자산을 더하고 타인자본 가치를 제하면 시가총액을 구할 수 있다. 이 시가총액을 주식 수로 나누면 주식가치를 구할 수 있다.

상대가치 평가법의 3단계 중에서 가장 중요하고 어려운 업무는 평가할 대상과 유사한 기업을 찾는 1단계이다. 어떤 기업이 가치 평가의 대상이 되는 기업과 유사한 기업인지를 판단하는 것에는 경험과 평가가 수반된다.[2] 예를 들면 카카오뱅크가 상장할 때 이 회사와 비교할만한 기업이 기존의 은행인지 아니면 IT 회사들인지를 정하는 것에 따라서 가치 평가 배수가 크게 달라지기 때문이다. 일반적으로 은행의 가치 평가 배수에 비해 IT 회사의 가치 평가 배수가 높다. 따라서 신규 상장할 카카오 뱅크가 기존 은행과 비슷한 부분과 정보통신 회사와 비슷한 부분을 정해서 각 부문에 대한 가중치를 결정하고 이 가중치들을 2단계에서 구한 각각의 가치 평가 배수와 3단계에서 얻어진 기업의 본질 성과 추정치의 곱을 가중평균하여 가치 평가 대상기업의 가치를 산정한다. 예를 들어 카카오뱅크의 영업에서 은행부문의 성격이 40%이고 IT기업의 성격이 60%라고 가정하고 은행과 IT부문의 주가/이익배율은 각각 5.2와 30.7이라고 가정한다. 그리고 카카오뱅크의 주당순이익 추정치가 2,500원인 경우 카카오뱅크의 주식가치는 51,250원인데 그 이유는 아래 수식에 의해 자명하다.

$$0.4 \times 5.2 \times 2{,}500 + 0.6 \times 30.7 \times 2{,}500 = 51{,}250$$

상대가치 평가법의 2단계에서 사용되는 가치 평가 배수에는 PER, PBR, PSR 등 주식가치를 직접 산정 가능한 배수가 있고 EV/EBITDA와 같이 사업가치를 먼저 찾고 여기서 주식가치를 산정하는 간접적인 배수가 있다. PER이 경우는 기업의 실적에 해당하는 주당순이익과 비교해서 주가가 몇 배인가를 측정하는 비율이라서 매우 직관적이고 자주 쓰이는 배수이지만 회사가 아직 주당순이익이 발생하지 않는 상황에서는 사용이 어렵다. 여러 가지 가치 평가 배수를 적용하면 기업가치에 대한 최고가와 최저가 그리고 평균가도 구할 수 있기에 대개는 대부분의 가치 평가 배수를 함께 사용한다. 상대가치 평가법에 대한 실제 적용사례를 확인하고 싶은 독자는 HBSP에서 발간한 Linkedin valuation 사례를 찾아서 다양한 데이터를 검토하고 실제로 위에서 설명한 3단계를 적용해보기 바란다.[3] 이 사례에는 상대가치 평가법과 내재가치 평가법을 적용하기 위한 충분한 데이터를 제공하기 때문에 독자는 이 장에서 설명하는 두 가지 다른 방법으로 주식가치를 산정하는 경험을 느낄 수 있다.

---

2 이런 이유로 상대가치 평가법은 과학이 아니라 예술이라고 말한다.

3 링크드인(LinkedIn)의 기업공개 시 공모가격 산정을 위해서 상대가치 평가법과 내재가치 평가법을 적용하는 사례는 https://hbsp.harvard.edu/product/112006-PDF-ENG?Ntt=linkedin에서 찾을 수 있다.

상대가치 평가법은 평가방법이 쉽고 시장상황의 변동을 가치 평가에 반영하는 장점이 있지만 평가시점과 계약시점의 평가액이 달라질 수 있고 비교대상으로 선택할 수 있는 상장사가 없을 경우에는 가치 평가가 어려움 단점이 존재한다.

3. 내재가치 평가법

3.1 배당할인 모델

내재가치(Intrinsic Value) 평가법은 어떻게 가치를 평가하는가?

이론적으로 내재가치 평가법은 기업이 장래에 거둘 수익 및 이익을 추정하고 현금흐름으로 전환하여 이들을 현재가치로 환산한 값들을 전부 더하여 기업의 가치를 산정하는 것이다. 이에 대한 쉬운 사례는 아래 수식에서 보이는 것처럼 경영학과 학부생들이 재무관리 시간에 배우는 배당할인 모델로 주가를 구하는 것이다.

$$P_0 = \sum_{t=1}^{t=\infty} \frac{E[Div_t]}{(1 + r_e)^t}$$

위 수식에서 P_0는 투자자가 배당할인 모델을 적용해서 산정한 오늘 당장의 주식의 가치를, $E[Div_t]$는 t년도 후에 회사가 주주에게 지급할 주당 배당금액에 대한 투자자의 기댓값을, r_e은 주식 투자자가 미래에 발생하는 현금흐름, 즉 배당 기댓값을 할인하는 할인율을 각각 의미한다. 또한 위 수식에서 $\sum$는 인덱스에 해당하는 모든 값들을 더하는 것을, $\frac{E[Div_t]}{(1 + r)^t}$는 t년도의 지급 배당금 기대치, 즉 $E[Div_t]$의 현재가치—$E[Div_t]$를 1과 r의 합에 t 제곱한 값, 즉 $(1 + r)^t$으로 나눈 값—를 의미한다. 따라서 위의 식은 차년도부터 무한 미래의 배당지급액 추정치에 대한 현재가치들을 모두 더한 것이 오늘의 주식 가치임을 표시한다.

앞으로의 수식에서는 표현을 간략히 하기 위해서 현금흐름에 해당하는 부분은 모두 기댓값이라는 것을 생략한다. 하지만 현금흐름—배당금액 포함—에 대해서는 이 값들이 항상 추정치임을 유념해야 한다.

$$P_0 = \sum_{t=1}^{t=N} \frac{Div_t}{(1 + r_e)^t} + \sum_{t=N+1}^{t=\infty} \frac{Div_t}{(1 + r_e)^t}$$

위의 수식은 내재가치 평가법의 기본적인 얼개를 이해하기 쉽게 앞의 수식을 다르게 표현한 것이다. 방정식 오른쪽의 첫째 부분은 가까운 미래에는 주당 배당금이 일정한 규칙을 따르지 않을 것으로 예상하고 차기 N년도까지는 어쩔 수없이 주당 배당금을 추정해야만 하고 내년부터 N년도 배당 기대치들의 현재가치들을 계산하여 모두 합한 것을 의미한다. 방정식 오른쪽의 둘째 부분은 $N+1$년도부터 무한대의 미래까지 발생할 배당금액에 대한 추정치를 구하고 이 값들의 현재가치를 계산하여 합하는 것을 의미한다. 따라서 내재가치 평가법에서 중요한 의사결정은 N값을 결정하는 것이다. 이는 회사가 처한 상황에 따라서 달라진다. 어떤 기업은 N값으로 3 또는 5를 취하고 다른 기업은 N값이 10을 넘을 수도 있다.

내재가치 평가법은 대개 이 둘째 항목을 성장연금의 현재가치로 대체한다. 왜냐하면 무한대의 미래까지 추정하는 것은 불가능에 가깝고 또한 가능하더라도 매우 귀찮기 때문이다. 이 문제를 해결하기 위해 $N+1$년도 이후에는 배당금이 일정하게 증가한다는 가정을 도입한다.

$$\sum_{t=N+1}^{t=\infty} \frac{Div_t}{(1+r_e)^t} = \frac{Div_{N+1}}{r_e - g}$$

위의 수식에서 g는 배당금이 해마다 증가하는 배당성장률을 의미한다. 일정한 배당성장률 가정을 도입하면 위의 수식에서 보이는 것처럼 $N+1$년도 배당 추정치를 할인율과 배당성장률과의 차이—$(r_e - g)$—로 나누어 주면 $N+1$년 이후의 모든 배당금액들을 현재가치로 환산한 값들의 합—방정식의 왼쪽을 의미함—을 단순한 비율로 계산할 수 있는 마법이 발생한다. 이를 통해 얻은 값을 대개는 최종 가치(Terminal Value) 또는 연속 가치(Continuation Value)라고 부른다. 여기서 최종 가치는 투자자가 N년 후에 주식을 팔았을 때 받는 판매 금액, 즉 P_N이라고 간주해도 된다. 이 최종가치가 $t=N$ 시점에서의 가치이기 때문에 다시 한번 현재가치로 환산해야 한다. 따라서 배당할인 모델에서 오늘 주가는 아래의 수식으로 구한다.

$$P_0 = \sum_{t=1}^{t=N} \frac{Div_t}{(1+r_e)^t} + \frac{\frac{Div_{N+1}}{r_e - g}}{(1+r_e)^N}$$

결과적으로 위의 수식에서 보이는 것처럼 오늘 주식의 가치는 방정식 오른쪽의 첫째 항목에 표시된 가까운 미래— $t=1$ 시점부터 $t=N$ 시점까지 —에 발생할 배당금액들의 현재가치 합과 방정식 오른쪽의 첫째 항목에 표시된 먼 미래— $t=N+1$ 시점에서 $t=\infty$ 시점까지 —에 발생할 배당금액들의 현재가치의 합, 즉 최종 가치의 현재가치를 더하여 계산한다. 따라서 내재가치 평가법에서 중요한 둘째 의사결정은 배당성장률, 즉 g값을 결정하는 것이다. 배당성장률을 너무 크게 설정하면 주가의 대부분을 최종가치가 차지하고 너무 작게 설정하면 최종가치가 중요한 회사의 주가를 저평가하는 실수를 범하게 되기 때문이다.

회사가 비정상적인 성장은 전혀 없고 내년부터 일정한 성장을 반복하는 아주 특별한 상황에서 당장 내년도부터 회사가 일정한 비율로 배당금액을 늘린다고 가정하면 오늘 그 회사의 주식 가치는 아래의 간단한 비율로 표현된다.

$$P_0 = \frac{Div_1}{r_e - g} = \frac{Div_0(1 + g)}{r_e - g}$$

위의 수식은 주식의 가치는 단순히 내년도 회사가 지급할 주당배당금을 추정해서 그 값을 할인율과 배당성장률의 차이— $(r_e - g)$ —로 나눈 값이라는 것을 의미한다. 실질적으로 차년도 배당금은 회사가 이미 지급한 배당금액에 (1 + g)를 곱해서 구한다. 이 수식의 간결함이 놀랍지 않은가?

3.2 현금흐름할인법

3.2.1 배당할인 모델을 스타트업에 적용할 수 있는가?

스타트업 기업은 배당할인 모델을 적용해서 적정 주가를 산정하기 어렵다. 왜냐하면 회사가 배당을 주주에게 지급하기보다는 회사가 보유한 유보금을 무조건 자산을 구입하는데 사용하고 모자라는 현금을 신규 주주에게 조달하는 것이 일상적이기 때문이다. 따라서 기업이 미래에 만들어낼 자유현금흐름(Free Cash Flow)을 추정하고 이 값들을 그 기업의 자기자본비용으로 할인하는 전통적인 현금흐름할인법(Discounted Cash Flow: DCF)을 사용하여 스타트업 기업의 사업가치(Enterprise Value)를 추정한다. 사업가치는 다른 회사가 해당 회사를 인수하려고 할 때 지불해야 하는 최저 금액을 의미한다. 이 방법으로 추정된 기업가치는 EV/EBITDA 배수를 추정하고 활용하는 상대가치 평가법과 일맥상통한다.

기업가치를 산정한 후에 이를 활용해서 주가를 산정하기 위해서는 기업가치에 대한 정의가 담긴 아래의 식을 활용한다.

$$EV = MVE + MVD - excess\ cash$$

위의 식에서 *MVE*는 회사의 시장가 자기자본으로 주가(P_0)에 주식 수(Number of Shares: NoS)를 곱한 값을, *MVD*는 회사의 시장가 타인자본으로 채권 가격에 발행 채권의 수를 곱한 값을, *excess cash*는 영업을 위해 필요한 현금 보유량을 초과하는 현금 보유량을 각각 의미한다. 위의 기업가치 등식을 주가를 계산하는 공식으로 변환하면 다음과 같다.

$$P_0 = \frac{EV + excess\ cash - MVD}{NoS}$$

3.2.2 내재가치 평가법으로 사업가치를 어떻게 구하는가?

사업가치를 추정하기 위해서는 미래에 예상되는 영업현금흐름(Operational Cash Flow: OCF)을 추정하고 이 값들을 자기자본회전율(r_e)로 할인한 값들을 모두 더하는 것이다. 아래에서 표현된 영업현금흐름(OCF)은 추정치, 즉 기댓값($E[OCF]$)을 의미함을 기억해야 한다.

$$EV_0 = \sum_{t=1}^{t=\infty} \frac{OCF_t}{(1 + r_e)^t}$$

배당할인 모델에 적용했던 방식을 반복하면 기업가치는 아래의 수식에서 보이는 것처럼 $t=1$ 시점부터 $t=N$ 시점까지 추정한 영업현금흐름을 할인한 현재가치들의 합과 $t=N+1$ 시점에서 $t=\infty$ 시점까지 발생할 영업현금흐름들의 현재가치의 합을 더한 것이다.

$$EV_0 = \sum_{t=1}^{t=N} \frac{OCF_t}{(1 + r_e)^t} + \frac{\frac{OCF_{N+1}}{r - g}}{(1 + r_e)^t}$$

위의 수식을 다른 관점에서 표현하면 오늘의 기업가치는 앞으로 N년간 그 기업이 발생시킬 영업현금흐름들을 현재가치로 환산한 값들의 합과 N년 후에 다른 투자자에게 인수될 때의 기업 가치, 즉 EV_N를 현재가치로 환산한 값을 더한 것이다. 이 방식은 앞서 봤던 배당할인 모델에서 오늘 주식의 가치를 산정할 때 차후 N년간 받을 배당금액의 현재가치로 환산한 값과 N년에 주식을 판매한 가격을 현재가치로 환산한 값의 합으로 구한 것과 동등하다.

$$EV_0 = \sum_{t=1}^{t=N} \frac{OCF_t}{(1 + r_e)^t} + \frac{EV_N}{(1 + r_e)^t}$$

회사의 영업현금흐름이 당장 내년도부터 일정하게 성장한다고 가정하면 오늘 그 회사의 기업가치는 아래의 간단한 비율로 표현된다.

$$EV_0 = \frac{OCF_1}{r_e - g} = \frac{OCF_0\,(1 + g)}{r_e - g} \rightarrow \frac{EV_0}{OCF_0} = \frac{(1 + g)}{r_e - g}$$

EBITDA가 영업현금흐름의 추정치라고 간주하면 위의 수식은 상대가치 평가법에서 사용하는 EV/EBITDA 배수에 대해서 이론적인 추정치를 제공한다.

3.2.3 영업현금흐름 추정치는 어떻게 구하는가?

영업현금흐름은 미래에 예상되는 매출 값을 추정하는 것에서 시작한다. 예상 매출액은 이론적으로 제품당 단가에 제품 판매량을 곱하면 된다. 하지만 제품의 판매량을 추정하는 것은 매우 어려운 일이다. 특히 현재 매출이 전혀 없는 상태의 창업기업의 경우는 거의 불가능에 가깝다. 따라서 매출액을 추정하는 것이 영업현금흐름 추정의 오차를 가장 많이 발생시키는 과정이다.

이 매출 추정치에서 이자비용을 제외—즉 자금조달은 자기자본으로만 한정한다고 가정—한 각종 비용들을 제한 예상 순이익을 구한다. 이는 재무제표에서 손익계산서를 계산하는 방법과 동일하다.

이렇게 구한 예상 순이익에 영업현금흐름을 구할 때 적용하는 일반적인 보정법을 적용하여 구한다. 일반적인 보정법이란 감가상각과 같은 대표적인 비현금 비용들을 더하고 실질적인 현금 유출이 발생하는 자본지출과 순운전자본의 증가량의 합을 빼는 것을 의미한다.

3.3 초과이익 모델

3.3.1 현금흐름할인법은 창업기업에 적합한가?

현금흐름할인법의 약점은 회사의 가치를 결정할 때 최종가치가 많은 비중이 차지한다는 점이다. 이 문제는 근시일 내에는 이익이 발생하지 않고 고성장이 필요한 기업에게 특히 사실이다. 하지만 성숙한 산업의 경우는 안정적인 현금흐름이 발생하기에 회사의 가치가 최종가치보다는 근시일에 발생하는 현금흐름에 의해서 결정된다. 창업기업이 고성장 산업에 속한다면 현금흐름할인법도 그다지 좋은 선택은 아니다.

배당할인 모델과 원리적으로는 동일하지만 추정이 어려운 배당금이 아니라 회계적 지표를 이용하는 초과이익 모델(RIM)은 배당할인 모델과 현금흐름할인법의 약점을 극복할 수 있다. 초과이익 모델은 다음과 같은 장점을 가지고 있다.

- 회사의 가치 평가에 자기자본의 장부가액을 활용하기 때문에 추정의 주관성과 최종가치의 영향력을 줄인다.
- 현금흐름할인법의 약점인 최종가치 추정 시 분석자의 자의성을 최소화하는 객관적인 방법이다.
- 미래의 배당금을 예측하기 위해 경영자가 적용하는 배당정책을 파악하기 어렵거

나 미래현금흐름이 음인 경우에도 가치 평가가 가능하고 이론적으로 배당할인 모델과 같은 결과 값을 도출한다.

여기서는 3.1절에서 소개한 배당할인 모델을 이용하여 초과이익 모델(RIM)의 수식을 유도할 것이다. 앞에서 설명한 배당할인 모델을 이용하기 위해서 기초 자기자본(BVE_{t-1})과 기말 자기자본(BVE_t) 간에 순이익이 양일 때 항상 성립하는 다음의 수식을 활용한다. 아래의 수식에서 순이익은 NI로 순 배당금은 Div로 표시된다.

$$BVE_t = BVE_{t-1} + NI_t - Div_t$$

위의 수식에서 배당금을 좌측에 두고 나머지 항목들을 오른쪽으로 이동하면 다음의 수식으로 바뀐다.

$$Div_t = NI_t + BVE_{t-1} - BVE_t = NI_t - (BVE_t - BVE_{t-1}) = NI_t - \Delta BVE_t$$

위의 수식에 정리된 관계를 배당할인 모델에 대입하면 다음과 같은 결과를 얻는다.

$$V_0 = \frac{Div_1}{(1+r_e)^1} + \frac{Div_2}{(1+r_e)^2} + \frac{Div_3}{(1+r_e)^3} + \cdots$$

$$V_0 = \frac{NI_1 - \Delta BVE_1}{(1+r_e)^1} + \frac{NI_2 - \Delta BVE_1}{(1+r_e)^2} + \frac{NI_3 - \Delta BVE_3}{(1+r_e)^3} + \cdots$$

$$V_0 = \frac{NI_1(BVE_1 - BVE_0)}{(1+r_e)^1} + \frac{NI_2(BVE_2 - BVE_1)}{(1+r_e)^2} + \frac{NI_3(BVE_3 - BVE_2)}{(1+r_e)^3} + \cdots$$

위의 수식을 같은 시간항을 가지는 BVE끼리 모으고 동일한 할인율을 가지도록 정리하면 최종적으로 아래의 수식과 같다.[4]

$$V_0 = BVE_0 + \frac{NI_1 - r_e \times BVE_0}{(1+r_e)^1} + \frac{NI_2 - r_e \times BVE_1}{(1+r_e)^2} + \frac{NI_3 - r_e \times BVE_2}{(1+r_e)^3} + \cdots$$

위의 수식에서 $NI_t - r_e \times BVE_{t-1}$을 초과이익(Residual Income)이라고 부른다. 그 이유는 순이익에서 투자자가 얻을 것으로 예상하는 자기자본의 수익인 $r_e \times BVE_{t-1}$을 초과하는 순수익이기 때문이다. 이 초과이익을 자기자본수익률인 ROE를 대입하고 비정상 수익(Abnormal Earnings: AE)으로 정의하면 다음과 같이 정리된다.

---

4 이 수식의 유도 과정을 알기 원하는 독자는 HBSP의 다음 문서를 참고하시오. https://hbsp.harvard.edu/product/122070-PDF-ENG

$$AE_t = NI_t - r_e \times BVE_{t-1} = (ROE - r_e) \times BVE_{t-1}$$

주식의 가치를 비정상수익으로 재정리하면 배당성장 모델과 비슷한 형태를 가진다.

$$V_0 = BVE_0 + \frac{AE_1}{(1 + r_e)^1} + \frac{AE_2}{(1 + r_e)^2} + \frac{AE_3}{(1 + r_e)^3} + \cdots$$

$$V_0 = BVE_0 + \sum_{t=1}^{\infty} \frac{AE_t}{(1 + r_e)^t}$$

위 수식에서 첫째 항은 회계사가 추정하는 주식 투자자가 받아야 하는 미래 현금흐름의 최솟값을 의미한다. 둘째 항은 회사의 경영자가 효율적인 경영을 통해 발생시키는 경제적 부가가치(EVA)의 현재가치를 의미한다.

3.3.2 초과이익 모델에서 초과이익의 의미는 무엇인가?

초과이익 모델에서의 초과이익을 달리 표현한 비정상 이익($AE = (ROE - r_e) \times BVE_{t-1}$)은 자기자본수익률(ROE)가 증가해야 비정상 이익이 증가함을 암시한다. 널리 알려진 듀퐁 항등식(Dupont Decomposition)에 나오는 자기자본수익율 비율의 변형들은 초과이익을 늘리기 위해 회사의 경영자가 어떤 항목에 신경을 써야 하는지를 암시한다.

먼저 자기자본수익률의 첫째 변형을 고려해보자.

$$ROE = \frac{\text{순이익}(NI)}{\text{자기자본}(E)} = \frac{\text{순이익}}{\text{자기자본}} \times \frac{\text{매출액}}{\text{매출액}} = \frac{\text{순이익}}{\text{매출액}} \times \frac{\text{매출액}}{\text{자기자본}}$$

위의 수식에서 순이익을 매출액으로 나눈 비율을 매출액순이익율이라고 하고 이 비율은 매출액 100원에서 얻어지는 순이익이 클수록 높아진다. 매출액순이익 비율은 제품의 차별화를 통해 얻어지는 주고객의 충성도와 각종 비용의 절감을 통해 향상시킬 수 있다.

다음으로 자기자본수익률의 둘째 변형을 고려해보자.

$$ROE = \frac{\text{순이익}}{\text{매출액}} \times \frac{\text{매출액}}{\text{자기자본}} \times \frac{\text{총자산}}{\text{총자산}} = \frac{\text{순이익}}{\text{매출액}} \times \frac{\text{매출액}}{\text{총자산}} \times \frac{\text{총자산}}{\text{자기자본}}$$

위의 수식에서 매출액을 총 자산으로 나눈 비율을 총 자산회전율이라고 하고 이 비율은 동일한 자산에서 보다 많은 매출액을 만들 수 있을 때 비율이 증가한다. 즉 자기자본수익률을 향상시키기 위해 불용자산을 매각하거나 장기적으로 매출을 신장시키는 자산을 구입하여 동일한 자산보유액으로 매출을 올려야 한다. 마지막으로 총 자산을 자기자본으로 나눈 비율을 자기자본승수라고 부른다. 이 비율은 회사가 총 자산에서 부채의 양을 늘리면 증가한다. 하지만 부채의 증가는 회사의 위험도 결과적으로 주식 투자자의 요구 수익률(r_e)을 늘리기 때문에 단순히 부채의 증가가 비정상 이익의 증가로 귀결되지는 않는 점에 유의해야 한다.

3.4 내재가치 평가법에서의 할인율

3.4.1 투자자에게 적용하는 자기자본회전율은 어떻게 구하는가?

위의 기업가치 산정 방법론에서 할인율로 사용하는 자기자본회전율(r_e)은 두 가지 요소로 구성되어 있다. 첫째는 프로젝트가 발생시키는 현금흐름을 무위험 자산에 투자했을 때 얻는 수익률, 즉 무위험 수익률이다. 둘째는 투자자가 위험한 자산에 투자하도록 유인하기 위해서 지급되는 추가적인 수익률 소위 위험 프리미엄이다. 이는 미래 현금 흐름의 위험도에 따라서 결정된다.

$$r_e = r_f + RP$$

위에서 r_e는 자기자본회전율을, r_f는 무위험 수익률을, RP는 위험 프리미엄을 의미한다.

자기자본회진율은 창입기입에 내한 시분투사사들이 요구하는 수익률—자기자본비용—의 관점에서 바라볼 수 있고 창업자가 벤처를 창업해서 달성하려는 수익률의 관점에서 바라볼 수도 있다. 투자자의 관점에서 보는 자기자본비용은 전통적인 기업재무 방법론과 대동소이하다. 왜냐하면 투자자들은 벤처투자 이외의 다른 증권들에 다각화된 투자를 진행할 수 있기 때문이다. 이 경우에는 재무관리에서 배우는 CAPM(Capital Asset Pricing Model) 방법론을 통해서 자기자본비용을 추산할 수 있다. CAPM 방법론에서 제시하는 위험 프리미엄은 다음과 같다.

$$RP_i = \beta_i\,[r_M - r_f],\ \beta_i = \frac{\mathrm{Cov}(r_i,\ r_M)}{\sigma_M^2} = \frac{\mathrm{Corr}(r_i,\ r_M)\sigma_i}{\sigma_M}$$

위의 수식은 개별 주식에 투자하는 위험 프리미엄은 그 주식이 가지고 있는 체계적 위험도인 β와 주식시장 전체에 투자할 때의 위험 프리미엄을 곱하여 구한다는 것을 보인다. 우리가 개별주식의 체계적 위험을 측정하는 방법은 개별주식과 주식시장의 수익률 간의 공분산 값을 주식시장 수익률의 분산 값으로 나누는 것이다.

하지만 대부분의 창업기업은 비상장기업이라서 주가를 관측할 수 없고 따라서 그 기업의 체계적 위험도를 측정하기 위해서는 필수적인 월간 수익률을 계산할 수 없다. 이를 해결하기 위해서 어쩔 수 없이 상장된 기업들 중에서 창업기업의 현금흐름과 위험도가 유사할 것으로 판단되는 기업들을 찾아서 이들 기업들의 체계적 위험도를 위의 수식에 기술된 방식으로 측정하고 창업 기업의 체계적 위험도에 대한 측정치로 대체해서 사용하게 된다.

또 하나의 문제는 위와 같은 방법으로 상장회사의 체계적 위험도를 측정하더라도 비상장회사의 체계적 위험도로 바로 사용하기 어렵다는 점이다. 왜냐하면 주식시장에서 쉽게 처분하고 현금화가 가능한 상장 주식의 체계적 위험도에 비해 비상장 주식에 투자하는 투자자는 현금화가 매우 어렵기 때문에다. 따라서 그들이 추가적으로 부담하는 비유동성 위험에 대한 보상으로 얼마가 적정한지를 평가해야 한다. 일반적으로 이러한 비유동성 위험 프리미엄은 유사 상장기업의 체계적 위험도에 1보다 큰 값—예를 들어 2와 같은 숫자—을 곱하는 방식으로 산정한다.

3.4.2 창업가에게 적용하는 자기자본회전율은 어떻게 구하는가?

기업가는 최소한 몇 년 동안 대부분의 시간과 개인적으로 축적한 재산의 상당 부분을 벤처에 투자해야 한다. 결과적으로, 기업가는 벤처의 분산 불가능한 위험뿐만 아니라 전체 위험도 필연적으로 부담하게 된다. 창업가의 요구 수익률을 결정하는 요소로서 총 위험에 초점을 맞추는 것은 부분적으로 창업 벤처가 시장 자산이 아니기 때문에 적절하다. 우리는 고려 중인 벤처가 기업가에게만 한정적이며 다른 사람이 쉽게 복제할 수 없다고 가정한다. 이 경우 창업자의 자기자본회전율은 그의 재산의 금융시장에 투자해서 얻는 수익률에 대한 기회비용으로 찾을 수 있다.

다음의 사례를 살펴보면 투자자의 자기자본회전율과 창업가의 자기자본 회전율이 어떻게 차이가 나는지를 이해할 수 있을 것이다. 총 자산이 3억인 개인이 1년 안에 성과를 거둘 벤처에 1억을 투자할지 여부를 고려한다. 벤처 투자는 아래의 세 가지 가능성과 그에 따른 보상이 수반한다.

시나리오	개연성	1년차 보상	수익률
대성공	1/3	2억	100%
평범한 보상	1/3	1억 2천 5백만	25%
실패	1/3	5천 3백만	-47%

이 경우 기대 수익률은 25.3%이고 총 위험에 해당하는 수익률의 표준편차는 60%이다.

$$E(r) = 1/3 \times (100\% + 25\% - 47\%) = 26\%$$

$$\sigma(r) = \sqrt{1/3 \times [(100\% - 26\%)^2 + (25\% - 26\%)^2 + (-47\% - 26\%)^2]} = 60\%$$

무위험 수익률이 4%, 시장수익률이 12%, 시장수익률의 표준편차 15%, 벤처 수익률과 시장 수익률의 상관계수가 0.5라고 가정하면 벤처의 체계적 위험도는 2.0이다.

$$\beta_i = \frac{\text{Corr}(r_i, r_M)\sigma_i}{\sigma_M} = \frac{0.5 \times 0.6}{0.15} = 2.0$$

포트폴리오가 잘 분산된 투자자는 이에 대해 20%의 수익률을 요구한다.

$$r_v = r_f + \beta_i(r_M - r_f) = 4\% + 2.0 \times (12\% - 4\%) = 20\%$$

위에서 가정한 것처럼 창업가가 두 개의 위험자산, 즉 벤처와 시장에 각각 1/3과 2/3를 투자했을 때 이 포트폴리오의 표준편차는 26.5%이다.

$$\sigma_{port} = \sqrt{(1/3)^2 \times 15\%^2 + (2/3)^2 \times 60\%^2 + 2(2/3)(1/3)60\%15\%0.5} = 26.5\%$$

그리고 창업가가 이 포트폴리오에 요구하는 수익률은 18.1%이다.

$$r_{port} = r_{port} + \frac{\sigma_{port}}{\sigma_M}[r_M - r_f] = 4\% + \frac{26.5\%}{15\%}[12\% - 4\%] = 18.1\%$$

포트폴리오의 수익률은 벤처의 기대수익률과 시장의 기대수익률의 가중평균과 같아야 한다는 조건을 통해 창업가가 벤처에 대해 30.3%의 수익률을 요구한다는 것을 알 수 있다.

$$r_{port} = w_v r_v + w_M r_M \rightarrow r_v = \frac{r_{port} - w_M r_M}{w_v} = \frac{18.1\% - 2/3 \times 12\%}{1/3} = 30.3\%$$

이는 기업가의 포트폴리오와 동일한 총 위험을 달성하기 위해 활용된 시장 포트폴리오에 대한 투자를 포기하기 위해 기업가가 벤처에서 얻어야 하는 수익이다. 벤처에 대해 기업가가 요구하는 수익률은 다각화된 투자자가 요구하는 20%보다 훨씬 높으며, 예상되는 프로젝트 수익률인 26%보다 높다. 이 사례는 기업가가 새로운 벤처에 그의 재산 전부를 투자하지 않더라도 기업가가 요구하는 수익률은 다각화된 투자자가 요구하는 수익률보다 훨씬 높다는 것을 분명히 보여준다.

3.4.3 투자자와 기업가의 자기자본회전율은 차이는 어떻게 해소될 수 있는가?

벤처 파이낸싱 시장의 많은 투자자들은 다각화되어 있기 때문에 투자자들은 분산 불가능한 위험, 즉 시장 위험을 기준으로 가치를 평가해야 한다. 하지만 기업가는 창업을 위한 투자로 인해 다각화 능력을 어느 정도 희생해야 하기 때문에 기업가의 자본 기회비용은 투자자의 기회비용보다 높다. 따라서 기업가와 투자자가 벤처의 예상 현금 흐름과 위험에 동의하고 동일한 권리를 보유한다면 기업가의 과소다각화는 투자자가 더 높은 가치 평가에 도달한다는 것을 의미한다.

투자자가 가진 지분 청구권은 기업가의 지분 청구권과 동일하지 않다. 투자자들은 종종 거래를 더욱 매력적으로 만드는 옵션 및 선호 사항 등을 요구한다. 예를 들어, 많은 투자자의 청구권은 전환우선주의 형태로 이루어진다. 전환성은 투자자가 벤처의 성공을 기업가와 공유할 수 있게 해주며, 우선주는 벤처가 실패하여 청산되는 경우 투자자가 기업가보다 먼저 잔여재산에 대한 청구할 수 있게 보장한다. 이러한 이점 때문에 투자자는 주어진 수준의 투자에 대한 대가로 더 작은 소유권을 받아들인다.

기업가와 투자자는 벤처의 위험과 기대 수익에 대해 동의하지 않을 것이다. 종종 기업가는 더 낙관적이다. 개발 시기, 달성 가능한 매출, 수익성 등에 대한 기대치의 차이로 인해 투자자와의 계약이 더욱 어려워진다. 차이점을 명확하게 이해하면 기대치가 다르더라도 양 당사자가 수용할 수 있는 자금조달 방식을 설계하는 것이 쉬워진다.

위에 기술한 세 가지는 기업가와 투자자의 계약을 통해 해결되기 때문에 우리는 자연스럽게 계약에 대해 고려하게 된다.

CHAPTER 09

자본비용

이 장에서 논의하는 Rich versus King 관점

타인자본에 의한 자금조달은 지분율 유지라는 당근과 과다 의존시에 파산에 이를 수 있는 채찍이 상존하고 있다. 자기자본에 의한 자금조달은 항상 지분율 희석이라는 대가를 치르지만 파산으로부터 자유롭다. 창업 초기에는 자기자본 조달에 전적으로 의존해야만 한다. 회사가 성장하여 타인자본에 의한 자금조달을 시작하면 창업가는 부채 부담으로 인한 파산에 이를 가능성과 지분율 희석이라는 두 가지 선택의 기로에 놓인다. 우리는 여기서 부자의 길과 왕의 길 중에서 하나를 선택해야 한다.

1. 자본구조
2. 부채 자본비용
3. 보통주식 자본비용
4. 가중평균 자본비용 추정
5. 자본비용 추정 사례
6. 자본비용을 추정할 때 추가적으로 고려해야 하는 점들

이 장은 Harvard Business School Publishing(HBSP)에서 출간한 Heinz의 자본비용 산정사례를 제시하였다. 관심있는 독자는 해당 사례에 대한 본문의 기술 내용을 참고하기 바란다.

CH 09. 자본비용

창업가가 외부로부터 자금을 조달하려고 할 때 고려해야 하는 것은 해당 자금을 조달할 때 수반되는 비용이 얼마인지를 파악하는 것이다. 이번 장에서는 회사가 자금을 조달하는 두 가지 원천인 타인자본과 자기자본에 의한 자본조달에 수반되는 각각의 기회비용인 자본비용에 대해 논의할 것이다. 그리고 회사가 현재 자본구조를 유지한다고 가정했을 때 회사의 기업가치를 평가할 때 사용되는 기업의 전체 자본비용에 해당하는 가중평균 자본비용을 할인율로 활용한다. 어떻게 계산하는 지도 논의할 것이다. 가중평균 자본비용이란 기업의 전체 자본비용을 의미하 계산할 때 가중치는 타인자본과 자기자본의 비중을 이용하는 데 이는 그 회사가 선택한 자본구조에 영향을 받는다. 따라서 자본구조에 대한 이론을 간략하게 설명하고 이어서 타인자본과 자기자본비용을 각각 계산하는 방법 및 가중평균 자본비용을 계산하는 방법에 대해 논의할 것이다.

1. 자본구조

자본구조(Capital Structure)는 기업이 타인자본과 자기자본에 의한 자금조달의 구성비율을 의미한다. 기업은 채권자에게 차입하거나 지분증권인 주식을 매도하는 형태로 자본을 조달한다. 한 회사의 자본구조는 〈표 9.1〉에서 보이는 것처럼 재무상태표의 부채와 자기자본 항목에서 쉽게 확인할 수 있다.

〈그림 9.1〉에서 (a)는 회사가 자기자본, 즉 주식으로 100% 자본 조달한 경우의 자본구조를 시각화한 것이다. 이는 창업한지 오래 되지 않은 대부분의 기업들이 가지는 자본구조에 해당한다. (b)는 회사가 주식에 의해 90% 부채에 의해 10% 자본 조달한 경우를 시각화한 것이다.

표 9.1 재무상태표와 자본구조

자산	부채와 자기자본
유동자산	채무
유형자산	우선주
무형자산	자기자본(주식)

그림 9.1 개념적인 자본구조

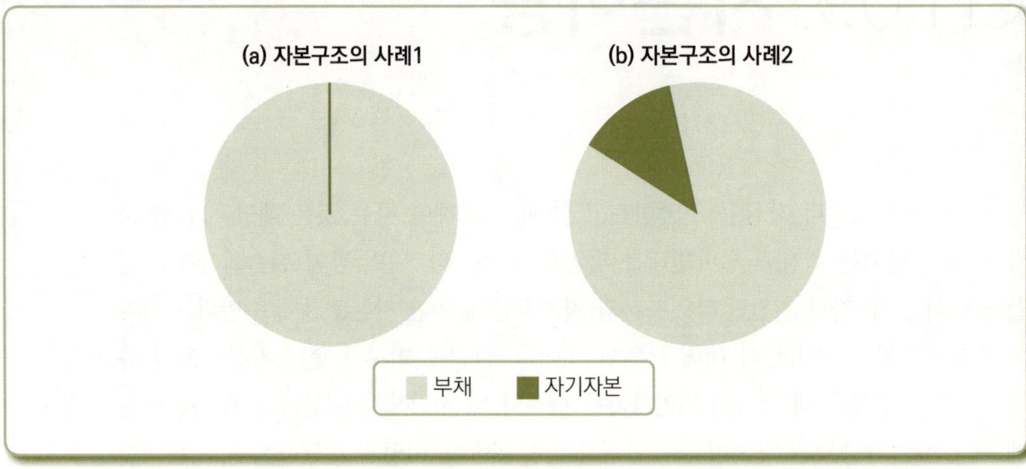

자본구조는 기업이 과거부터 현재까지 자금을 조달한 결과물이다. 회사가 주식을 발행하여 부채를 상환하게 되면 자기자본의 비율은 증가하고 타인자본의 비율은 감소한다. 반대로 회사가 채권자로부터 차입한 금액을 자사주 매입에 사용하는 경우에는 타인자본의 비율은 증가하지만 자기자본의 비율은 감소한다. 이러한 형태로 현재의 자본구조에 현저한 변화를 가져오는 것을 자본재구성(Recapitalization)이라 말한다. 자본재구성은 기업사냥꾼들이 차입매수(Leveraged Buyout: LBO) 방법으로 한 회사를 적대적으로 인수합병하려고 할 때 그 회사가 인수합병 시도를 무산시키기 위해 사용하는 방어기제로 활용되기도 한다.[1] 자본재구성은 외부세력에 의한 차입매수의 기업지배구조 개선 효과—부채 증가로 인한 이자 비용에 대한 세금 감면의 증가 및 채권자의 경영자 감시 효과 등—를 회사가 자체적으로 실행해서 더 이상 기업지배구조 개선의 효과가 없도록 하는 것이다.

또한 기업이 미래에 자본을 조달할 때 현재의 자본구조와 동일한 자본구조를 유지할 것이라는 가정하에서는 기업이 어떻게 자금조달을 진행할지를 유추할 수 있다. 즉 자본조달의 총량이 정해졌을 때 부채와 자기자본을 통해 각각 얼마를 조달할지 쉽

---

1 영풍이 공개매수의 방법으로 고려아연 주식을 매입하여 경영권을 획득하려는 시도를 고려아연이 동일한 공개매수 방법으로 자사주를 매입하여 경영권을 방어하는 수단으로 사용하는 사례는 다음의 공시를 살펴보시오.

- 영풍의 공개매수 공시: https://dart.fss.or.kr/dsaf001/main.do?rcpNo=20241004000150
- 고려아연의 공개매수 공시: https://dart.fss.or.kr/dsaf001/main.do?rcpNo=20241011000066

고려아연이 자사주를 매입하기 위한 자금을 마련하기 위해 금융기관 차입과 사모사채 발행을 통해서 단기차입금을 증가하는 사례에서는 전형적인 인수합병 방어기제로 사용되는 자본재구성을 목격한다. 고려아연의 단기 차입금 증가 방안 공시에서 자세한 내용을 살펴보시오.

- 고려아연의 단기차입금 증가 공시: https://dart.fss.or.kr/dsaf001/main.do?rcpNo=20241002800238

게 계산할 수 있게 한다.[2] 이 방법은 4장의 4절에서 추정 재무제표를 작성할 때 사용할 수 있는 하나의 선택지이다. 4장의 4절에서는 논의를 간단하게 하기 위해 모두 자기자본의 형태로 조달한다고 가정하였지만 회사가 현재의 자본구조를 유지한다고 가정하여 부채의 증가량과 자기자본의 증가량을 각각 구하는 방법을 취할 수도 있다.

2. 부채 자본비용

부채 투자자가 기업의 채권을 매입하거나 대출을 하는 경우 그들은 자금을 다른 곳에 투자할 기회를 포기하는 것이다. 이러한 대안 투자에서 얻을 수 있는 기대 수익률이 부채 투자자가 감내하는 기회 비용이다. 따라서 기업이 이들 부채 투자자로부터 자금을 유치하기 위해서는 그들의 기회비용에 해당하는 대안투자—동일한 위험을 가진다고 가정—의 기대 수익률과 동등하거나 상회하는 수익률을 제공해야 한다. 이를 부채 자본비용이라고 말한다.

기업의 부채 자본비용은 그 회사가 이미 발행한 부채를 상환하기 위해 새로운 채권을 발행할 경우에 새로운 부채 투자자에게 제시하는 이자율이고 이는 기존 부채가 발행될 당시에 설정했던 이자율인 표면금리(Coupon Rate)와는 다르다는 사실을 이해해야 한다. 기존 채권의 거래가격을 관측할 수 있다면 쉽게 만기 수익률(Yield to Maturity: YtM)을 계산할 수 있다. 만기 수익률은 기존 채권을 매입할 때 채권의 만기까지 보유하고 약속된 이자와 원금의 전액을 받을 때 투자자가 실현하는 투자 수익률을 의미한다. 또한 만기 수익률은 현재의 채권 가격과 미래에 수취하는 모든 이자와 원금의 현재가치들의 합과 동일하게 만드는 수익률이고 이는 내부 수익률에 해당한다.

내부수익률을 직관적으로 이해하기 위해 〈그림 9.2〉를 살펴보자. 〈그림 9.2〉는 독자가 내부 수익률의 개념을 이해하기 위해 필자가 생성한 순현재가치 프로파일이다. 여기서 x축은 할인율이고 y축은 순현재가치를 의미한다. 순현재가치는 미래의 현금흐름들을 할인하여 현재가치로 계산한 값들의 합에서 오늘 투자하는 금액을 제한 값이다. 아래의 수식에서 현금흐름$_1$, 현금흐름$_2$, 현금흐름$_n$은 각각 1년 후, 2년 후, n년 후에 투자자가 수취하는 현금액을 의미하고 R은 미래의 현금흐름을 할인하는 할인율에 해당한다.

2 기업이 현재의 자본구조를 그대로 유지하는 경우는 기존의 자본구조가 최적의 상태이기 때문일 수 있다.

그림 9.2 할인율의 증가로 인한 순현재가치 변화와 내부 수익률

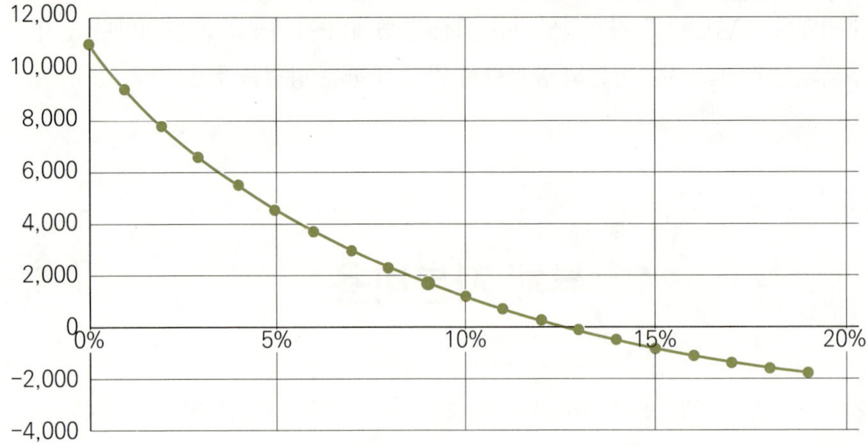

$$\text{순현재가치} = \frac{\text{현금흐름}_1}{1+R} + \frac{\text{현금흐름}_2}{(1+R)^2} + \frac{\text{현금흐름}_3}{(1+R)^3} + \cdots + \frac{\text{현금흐름}_n}{(1+R)^n} - \text{투자원금}_0$$

〈그림 9.2〉에서 보이는 것처럼 투자원금과 미래의 현금흐름이 모두 양의 값을 가지는 일반적인 투자의 현금흐름을 가질 때 순현재가치는 할인율이 0일 때 가장 큰 값을 가지고 할인율이 증가하면 단조적으로 감소한다. 특별히 할인율이 0일 때의 순현재가치는 미래에 수취하는 금액들의 합에서 현재의 투자원금을 제한 값이다. 할인율이 증가하면 미래에 수취할 금액들의 현재가치가 감소하여 순현재가치가 감소한다. 할인율이 매우 커지는 경우에는 결과적으로 순현재가치가 음의 값을 갖게 된다. 〈그림 9.2〉에서 순현재가치를 0으로 만드는 할인율 R을 내부수익률이라고 말한다. 12%에서는 순현재가치가 양의 값을 가지고 13%에서는 순현재가치가 음의 값을 가진다. 따라서 내부수익률은 12%와 13% 사이에 존재한다. 엑셀에서 IRR 함수를 통해서 구한 내부수익률은 12.92%이다.

미래에 수취할 금액들과 오늘 투자하는 금액, 즉 채권의 가격이 확정되어 있는 경우 순현재가치는 할인율에 따라 달라지게 된다. 회사의 채권이 1년에 한 번만 이자를 지급하고 만기가 n년이 남아 있으며 현재 채권가격이 얼마인지 안다고 가정할 때 내부수익률(Internal Rate of Return: IRR)을 수식으로 표현하면 다음과 같다.

$$\text{채권가격} = \frac{\text{이자}_1}{1+IRR} + \frac{\text{이자}_2}{(1+IRR)^2} + \frac{\text{이자}_3}{(1+\text{IRR})^3} + \cdots + \frac{\text{이자}_n}{(1+\text{IRR})^n} + \frac{\text{원금}}{(1+IRR)^n}$$

위에서 이자_1, 이자_2, 이자_n은 각각 1년 후, 2년 후, n년 후에 지급하는 이자액을

의미하고 일반적인 채권의 경우는 이 이자액들이 모두 동일한 값을 가진다. 이 동일한 이자액은 회사가 채권을 발행할 당시에 채권자에게 지급하기로 약속한 이자율인 표면금리에 원금을 곱하여 구한다. 따라서 위의 수식을 아래와 같이 간단하게 정리된다.

$$\text{채권가격} = \frac{\text{원금} \times \text{표면금리}}{1+IRR} + \frac{\text{원금} \times \text{표면금리}}{(1+IRR)^2} + \frac{\text{원금} \times \text{표면금리}}{(1+IRR)^3} + \cdots + \frac{\text{원금} \times \text{표면금리}}{(1+IRR)^n} + \frac{\text{원금}}{1+IRR^n}$$

3. 보통주식 자본비용

부채 투자자와 마찬가지로 지분증권 투자자도 기업의 주식을 매입할 때 기회비용을 치르고 이를 보통주식 자본비용이라고 말한다. 자본비용의 가장 중요한 동인은 위험과 수익률의 상환관계이다. 즉 투자자가 보다 큰 위험을 감내하기 위해서 그 투자로부터 보다 높은 수익률을 기대할 것이다. 주식 투자자들은 부채 투자자에 비해 보다 큰 위험을 감수한다. 왜냐하면 회사가 청산할 때 보통주식 투자자는 가장 마지막에 청산 배당금을 지급받기 때문이다. 따라서 보통주식 투자자를 잔여재산 청구권자라고도 부른다. 부채 중에서 특히 채권의 경우는 시장에서의 거래가격만 관측하면 쉽게 자본비용을 환산할 수 있지만 보통주식 투자자들의 자본비용은 직접 관찰할 수 없고 몇 가지 모델을 통해서 추정해야만 한다.

우리가 보통주식 자본비용을 추정하기 위해서 사용하는 첫째 모델은 일정성장 배당 모델(Constant Dividend Growth Model: CDGM)이다. 이 모델은 현재 주가, 내년도 배당 기대금액, 미래의 일정한 배당 성장률의 세 가지 입력 요소만 있으면 쉽게 보통주식 자본비용을 추정할 수 있게 한다. 다만 이 모델은 배당을 지급하지 않고 주식이 거래되지 않는 신생기업에는 적합하지 않다는 약점이 있다. 현재의 주가를 P_0, 1년 후 배당 기대금액을 Div_1, 일정한 배당 성장률을 g로 표시할 때 보통주식 자본비용은 아래의 수식으로 구할 수 있다.

$$\text{보통주식 자본비용} = \frac{Div_1}{P_0} + g$$

세 가지 요소들 중에서 현재의 주가는 상장회사의 경우 매우 쉽게 알 수 있고 1년 후 배당 예상액도 추정이 가능하지만 가장 구하기 힘든 것이 배당 성장률이다. 회사의 배당성향이 일정할 때 배당성장률과 순이익이 장기 성장률이 같아지기 때문에 배당 성장률 대신에 주식 분석가들이 자주 사용하는 순이익의 장기 성장률로 배당 성장률을 대체하는 경우가 많다.

보통주식 자본비용을 추정하기 위해서 가장 많이 사용하는 모델은 자본자산가격결정 모델(Capital Asset Pricing Model: CAPM)이다. 이 모델의 개발자인 윌리엄 샤프는 그 공로를 인정받아 1980년에 노벨 경제학상을 수상하였다.[3] 이 모델의 핵심 아이디어로 투자자들이 고려하는 대안에 대한 기대수익률은 다음 두 가지 요소에서 비롯된다.

- 인플레이션과 화폐의 시간가치를 보상하기 위해 요구하는 기본적인 무위험 이자율
- 투자의 체계적 위험의 양에 따라 증가하는 위험 프리미엄

재무관리에서 고려하는 투자의 위험에는 체계적 위험과 비체계적 위험이 있다. 체계적 위험은 포트폴리오 분산을 통한 다각화에도 제거할 수 없는 위험이고 비체계적 위험은 개별 주식이 가지는 위험이다. 주식 시장은 비체계적 위험을 감수하는 데 전혀 보상이 없지만 체계적 위험을 감수할 때는 추가적인 보상, 즉 기대수익률의 증가를 허용한다.

자본자산가격결정 모델 또한 세 가지 요소가 있어야 보통주식 자본비용을 추정할 수 있다. 그 세 가지 요소는 무위험 이자율 R_f, 주식의 체계적 위험도인 베타 β_i, 시장 위험 프리미엄인 $R_{Mkt} - R_f$이다. 이 세 가지 요소가 주어졌을 때 회사 i의 보통주식 자본비용은 아래의 수식으로 구한다.

$$R_i = R_f + \beta_i \times (R_{Mkt} - R_f)$$

무위험 이자율과 시장 위험 프리미엄은 개별 회사에 상관없이 모든 회사에 공통적이지만 개별 회사의 체계적 위험도인 베타는 아래의 수식을 통해 구한다.

$$\beta_i = \frac{\text{공분산}(i\text{ 회사 주식수익률, 주식시장수익률})}{\text{분산}(\text{주식시장수익률})}$$

위의 수식은 회사 i의 체계적 위험도인 β_i가 전체 주식시장의 수익률을 x축으로 하고 회사 i의 주식 수익률을 y축으로 하여 선형회귀분석을 실행하여 구한 기울기 값이라는 것을 의미한다.

〈그림 9.3〉은 코카콜라(Coca Cola)와 애플(Apple) 주식의 월간 수익률을 y축으로 설정하고 주식시장의 대용치로 S&P500 지수의 월간 수익률을 x축으로 설정하여 산

3 Sharpe, W. F. (1964). Capital Asset Prices: A Theory of Market Equilibrium under Conditions of Risk, Journal of Finance 19, pp. 425-442.

그림 9.3 S&P500과 월간 수익률로 추정한 애플과 코카콜라의 체계적 위험도

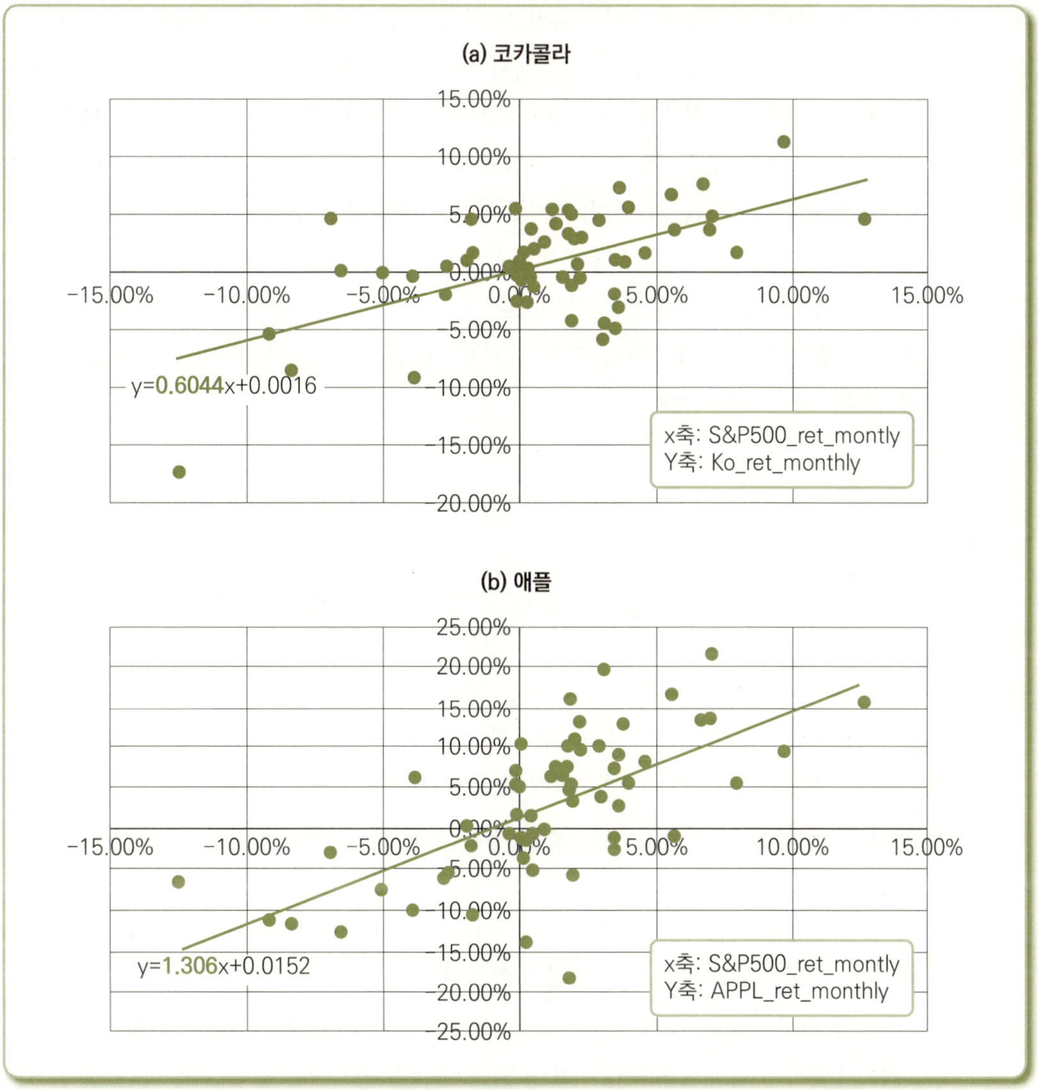

점도를 그리고 선형 회귀계수를 구하여 두 회사의 체계적 위험도를 구한 것이다. 이 추정은 저자가 야후 파이낸스를 통해 이전 60개월의 월간수익률을 구하여 2020년도 12월에 실시한 것이다. 코카콜라의 체계적 위험도는 0.6인데 비해 애플의 체계적 위험도는 1.3으로 큰 차이가 난다. 이러한 추정치에 대한 설명은 다음과 같다. 코카콜라의 경우는 필수재의 성격을 가져서 매출 및 이익이 세계 경제상황에 크게 의존하지 않고 일정하기에 체계적 위험도가 낮다. 하지만 애플의 경우는 내구재의 특성을 지녀서 세계 경제의 상황에 따라 매출 및 이익이 크게 변하기 때문에 체계적 위험도가 높다. 따라서 자본자산가격결정 모델은 코카콜라 주식을 매입하는 투자자들은 애플

주식을 매입하는 투자자들에 비해 기대수익률이 낮다고 예측한다. 그리고 해당 주식에 대한 기대수익률을 추정함으로써 그 회사의 주식 자본비용도 추정할 수 있다.

자본자산가격결정 모델을 이용해서 주식 자본비용을 실제로 추정하기 위해서는 무위험 이자율과 시장 위험 프리미엄을 모두 추정해야 한다. 무위험 이자율은 일반적으로 파산 위험이 없는 미국 국채 수익률을 사용하는데 자본자산가격결정 모델은 기업 투자자의 투자 기간과 일치하는 무위험 이자율을 사용해야 한다고 주장한다. 대부분의 재무 분석가들은 무위험 이자율을 구하기 위해 만기가 10년 이상인 장기 국채의 수익률을 사용하는 것에 동의한다. 시장 위험 프리미엄은 S&P500 지수의 연간 수익률에서 무위험 이자율을 제한 값으로 정의하고 이 값들의 역사적 평균 값으로 추정하는 것이 일반적이다.

4. 가중평균 자본비용 추정

기업의 전체 자본비용은 주식과 채무의 개별적인 자본비용을 가중평균하여 구한다. 이렇게 하는 이유는 간단하다. 여러 주식으로 포트폴리오를 구성했을 때 전체 수익률은 각 주식에 대한 가중치에 각 주식의 수익률을 곱해서 구하기 때문이다. 따라서 회사의 이해관계자인 부채 투자자의 자본비용과 주식 투자자의 자본비용을 가중평균해서 구해야 기업의 전체 자본비용을 구할 수 있다. 이렇게 구한 기업의 전체 자본비용을 가치 평가와 자본 예산계획에 활용한다.

가중평균 자본비용(Weighted Average Cost of Capital: WACC)을 계산할 때 필요로 하는 가중치는 회사의 재무상태표에 있는 부채와 자기자본 값을 사용하는 것이 아니라 주식과 채무의 시장가치를 각각 계산하여 이 둘을 합한 값인 자산의 시장가치로 나눈 값이다.

$$\text{부채의 가중치} = \frac{\text{부채의 시장가치}}{\text{자산의 시장가치}},\ \text{주식의 가중치} = \frac{\text{주식의 시장가치}}{\text{자산의 시장가치}}$$

주식의 시장가치(Market Value of Equity: MVE)는 주가에 주식의 수를 곱해서 구하고 마찬가지로 채무의 시장가치(Market Value of Debt: MVD)도 채권 가격에 발행한 채권의 수를 곱해서 구한다.

$$\text{부채의 시장가치} = \text{회사채 가격} \times \text{회사채의 수},\ \text{주식의 시장가치} = \text{주가} \times \text{주식 수}$$

가중평균 자본비용을 계산할 때 이해해야 하는 부분은 주식 투자자에 대한 배당은 영업에 필요한 비용으로 인정되지 않지만 부채 투자자에 대한 이자지급은 영업에 필요한 비용으로 인정되어서 세금을 줄이는 효과가 있다는 점이다. 따라서 이를 가중평균 자본비용을 계산할 때 이자의 세금 감면 효과를 감안해야 한다. 세전 부채의 자본비용에 1에서 세율을 뺀 값을 곱한 값이 세후 부채의 자본비용이다. 따라서 두 가지의 가중평균 자본비용 계산법이 존재한다. 첫째는 이자의 세금감면 효과를 고려하지 않은 세전 가중평균 자본비용이다. 둘째는 이자의 세금감면 효과를 고려한 세후 가중평균 자본비용이다. 가중평균 자본비용을 r_{WACC}로 표시하고 부채의 가중치와 자본비용을 w_D와 r_D로 각각 표시하며 주식의 가중치와 자본비용을 w_E와 r_E로 각각 표시할 때 세전 가중평균 자본비용(r^{BT}_{WACC})은 아래의 수식으로 표현된다. 부채와 주식의 가중치를 계산할 때에는 시가총액을 기준으로 산정한다. 따라서 부채의 가중치는 부채의 시가총액(MVD)을 주식과 부채의 시가총액의 합으로 나눈 값이고 주식의 가중치는 주식의 시가총액(MVE)을 주식과 부채의 시가총액의 합으로 나눈 값이다.

$$r^{BT}_{WACC} = w_D \times r_D + w_E \times r_E, w_D = \frac{MVD}{MVD+MVE} \ \& \ w_E = \frac{MVE}{MVD+MVE}$$

세후 가중평균 자본비용(r^{AT}_{WACC})에는 부채의 세금 감면효과를 반영해야 한다. 세후 가중평균 자본비용을 정의하기 위해서는 회사의 세율(t_c)을 고려해야 한다. 아래의 수식으로 세후 가중평균 자본비용이 표현된다.

$$r^{AT}_{WACC} = w_D \times r_D \times (1 - t_c) + w_S \times r_S,\ w_D = \frac{MVD}{MVD+MVE} \ \& \ w_E = \frac{MVE}{MVD+MVE}$$

5. 자본비용 추정 사례

이 사례는 저자가 학과의 지원을 받아 재무관리 수업 시간에 다루었던 HBSP의 하인즈(Heinz) 사례를 참고하여 Apple 회사의 자본비용을 추정한 것이다.[4] 먼저 회사가 가지고 있는 부채와 주식의 시장가치를 구하는 방법을 이해하자.

4 Heinz의 자본비용 추정 사례는 다음의 웹페이지에서 구할 수 있다. https://hbsp.harvard.edu/product/UV5147-PDF-ENG

그림 9.4 야후 파이낸스 홈페이지에서 회사의 별칭 입력

먼저 회사의 주가, 시가총액, 체계적 위험도 β를 확인하기 위해서 야후 파이낸스(Yahoo Finance; https://finance.yahoo.com/)를 방문한다.

〈그림 9.4〉의 예시에서 보이는 것처럼 Search for news, symbols or companies 입력 창에 애플 주식의 별칭(Ticker symbol)인 APPL을 입력하고 오른쪽에 있는 돋보기 버튼을 클릭한다.

〈그림 9.5〉에 보이는 것처럼 회사에 대한 요약(Summary)이 표시된 주가 226.34달러를 확인하고 왼쪽 창에서 Statistics을 선택하여 클릭한다.

회사에 대한 통계가 나온 〈그림 9.6〉 Valuation Measures 화면에서 시가총액에 해당하는 Market Cap의 Current 값인 3.47 trillion dollars을 찾는다. 사실 정확한 시가총액을 찾기 위해서는 가장 최근의 분기 보고서(10 Q report) 또는 연차 보고서(10 K report)에서 총 발행 주식 수를 찾는 것이 더 정확하다.[5]

그림 9.5 야후 파이낸스 애플 주식 요약 화면

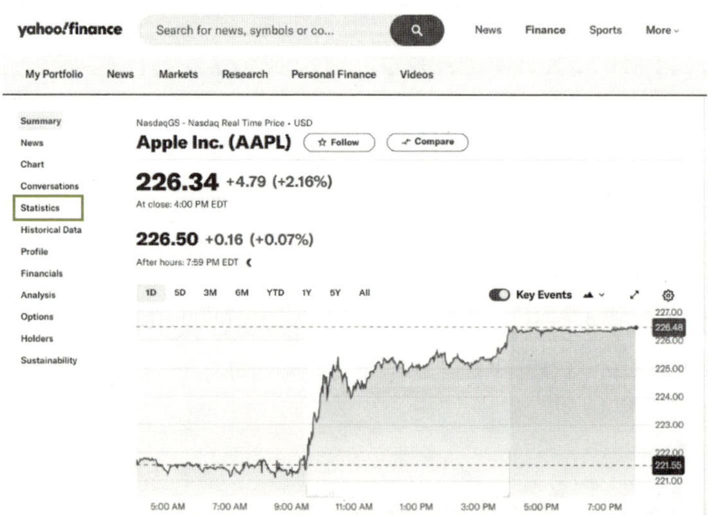

그림 9.6 야후 파이낸스 Valuation Measures 화면

Valuation Measures

	Current	3/31/2024	12/31/2023	9/30/2023	6/30/2023	3/31/2023
Market Cap	3.47T	2.65T	2.99T	2.68T	3.05T	2.61T
Enterprise Value	3.51T	2.68T	3.04T	2.72T	3.10T	2.67T
Trailing P/E	35.20	26.67	31.41	28.73	32.88	28.00
Forward P/E	30.58	26.32	29.15	25.77	29.41	27.86
PEG Ratio (5yr expected)	2.37	2.11	2.31	2.18	2.66	2.79
Price/Sales	9.27	6.99	7.94	7.10	8.08	6.89
Price/Book	46.78	35.49	47.90	44.17	49.08	45.99
Enterprise Value/Revenue	9.19	6.96	7.94	7.09	8.06	6.89
Enterprise Value/EBITDA	26.38	20.10	23.56	21.46	24.51	20.84

마지막으로 〈그림 9.7〉에 보이는 Trading Information 항목에서 베타 값인 1.24를 찾는다.

그림 9.7 야후 파이낸스 Trading Information 화면

Financial Highlights

Fiscal Year	
Fiscal Year Ends	9/30/2023
Most Recent Quarter (mrq)	3/30/2024
Profitability	
Profit Margin	26.31%
Operating Margin (ttm)	30.74%
Management Effectiveness	
Return on Assets (ttm)	22.07%
Return on Equity (ttm)	147.25%

Trading Information

Stock Price History	
Beta (5Y Monthly)	1.24
52 Week Range [3]	20.00%
S&P 500 52-Week Change [3]	26.25%
52 Week High [3]	226.45
52 Week Low [3]	164.08
50-Day Moving Average [3]	195.08
200-Day Moving Average [3]	184.61
Share Statistics	

5 에드거(Edgar)에서 찾은 2024년 5월에 발간된 분기보고서(10 Q)에서 찾은 애플(Apple) 보통주식의 총 수는 15,334,082,000이다. 이 주식 수에 주가 226.34달러를 곱하면 주식의 시가총액인 3.47072×10^{12}달러를 구할 수 있다.

그림 9.8 야후 파이낸스 US Treasury Bonds 선택 화면

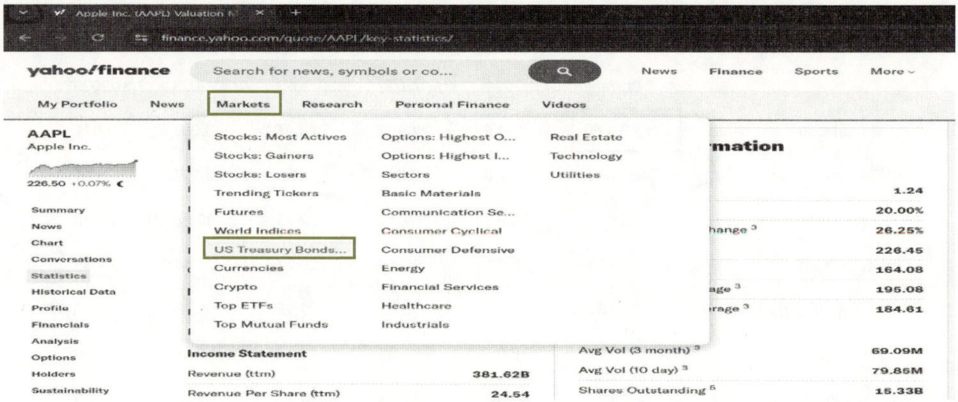

보통주식의 자본비용을 추정하기 위해 필요한 입력 요소인 무위험 이자율을 추정하기 위해서 〈그림 9.8〉에 보이는 것처럼 Markets 버튼을 누르고 US Treasury 항목을 선택한다.

〈그림 9.9〉에 보이는 것처럼 10년 만기 미국채의 만기수익률에 해당하는 ^TNX의 price 값인 4.272%을 찾는다. 이 값이 무위험 이자율이다.

보통주식 자본비용을 구하기 위해서는 시장 프리미엄을 추정해야 하는데 대개 이 값을 5%로 설정한다. 따라서 자산자본가격결정 모델(CAPM)을 통해서 쉽게 애플의 보통주식 자본비용을 아래와 같이 계산할 수 있다.

$$R_i = R_f + \beta_i \times (R_{Mkt} - R_f) = 4.272 + 1.24 \times 5.00 = 10.472\%$$

이제 부채의 자본비용을 구하기 위해 장기채무의 시장 가치와 현존하는 장기채무의 가격과 만기수익률을 구해야 한다. 이 데이터를 구하기 위해 FINRA의 Fixed Income Data 웹페이지(https://www.finra.org/finra-data/fixed-income)에 접속하여 〈그림 9.10〉처럼 검색창에 AAPL을 입력하고 돋보기를 누른다.

〈그림 9.11〉처럼 검색 결과로 나타나는 모든 채권들의 리스트를 하나씩 클릭한다.

채권의 별칭인 CUSIP을 클릭하면 나오는 화면에서 채권 만기일(Maturity Date), 최종거래 가격(Last Trade Price), 최종거래 만기수익률(Last Trade Yield), 최종거래일(Last Trade Date)을 확인한다(그림 9.12).

채권이름, 채권 만기일, 최종거래 가격, 최종거래 만기수익률, 최종거래일 값들을 별도의 엑셀 스프레드 시트에 저장한다. 만기가 10년 내외 남은 채권들만 찾고 각각의 시장 가격과 만기 수익률을 저장한다.

그림 9.9 야후 파이낸스 10년 만기 미국채의 만기수익률 화면

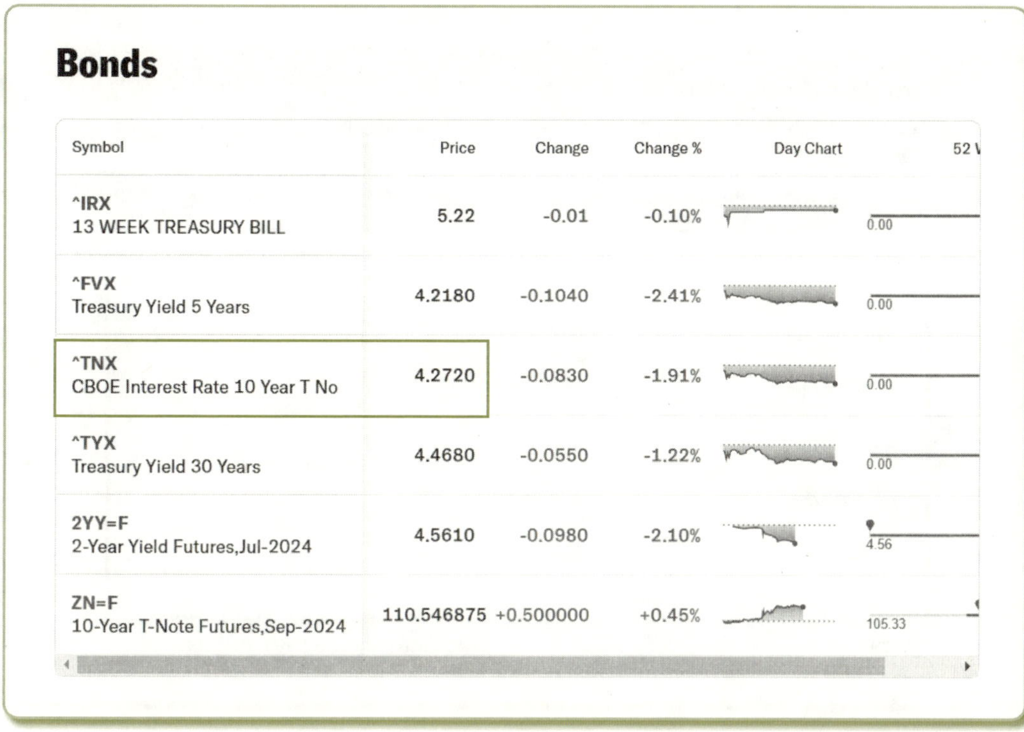

Bonds

Symbol	Price	Change	Change %	Day Chart	52 W
^IRX 13 WEEK TREASURY BILL	5.22	-0.01	-0.10%		0.00
^FVX Treasury Yield 5 Years	4.2180	-0.1040	-2.41%		0.00
^TNX CBOE Interest Rate 10 Year T No	4.2720	-0.0830	-1.91%		0.00
^TYX Treasury Yield 30 Years	4.4680	-0.0550	-1.22%		0.00
2YY=F 2-Year Yield Futures,Jul-2024	4.5610	-0.0980	-2.10%		4.56
ZN=F 10-Year T-Note Futures,Sep-2024	110.546875	+0.500000	+0.45%		105.33

그림 9.10 FINRA 홈페이지에서 AAPL 입력 화면

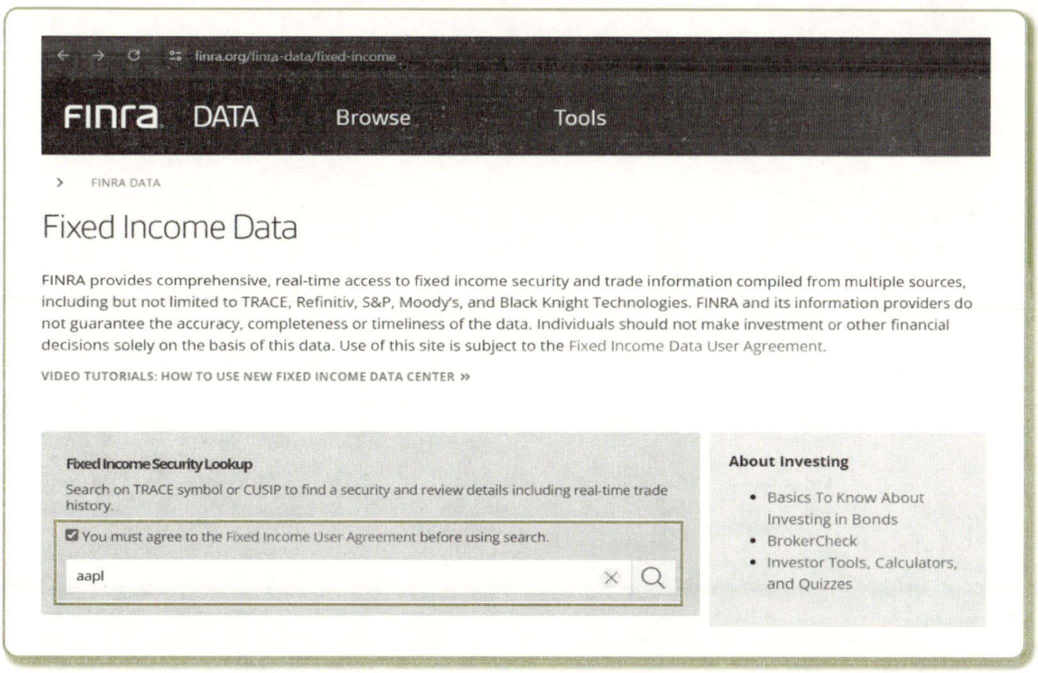

그림 9.11 AAPL 발행 전체 채권정보 표시 화면

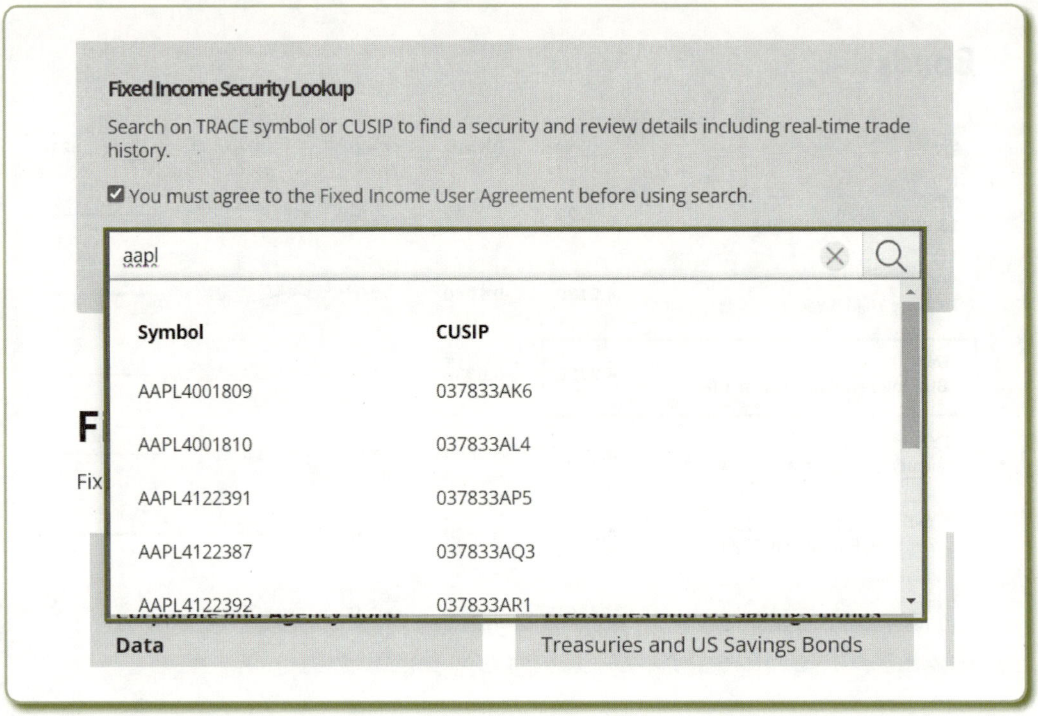

그림 9.12 AAPL의 개별 채권정보 표시 화면

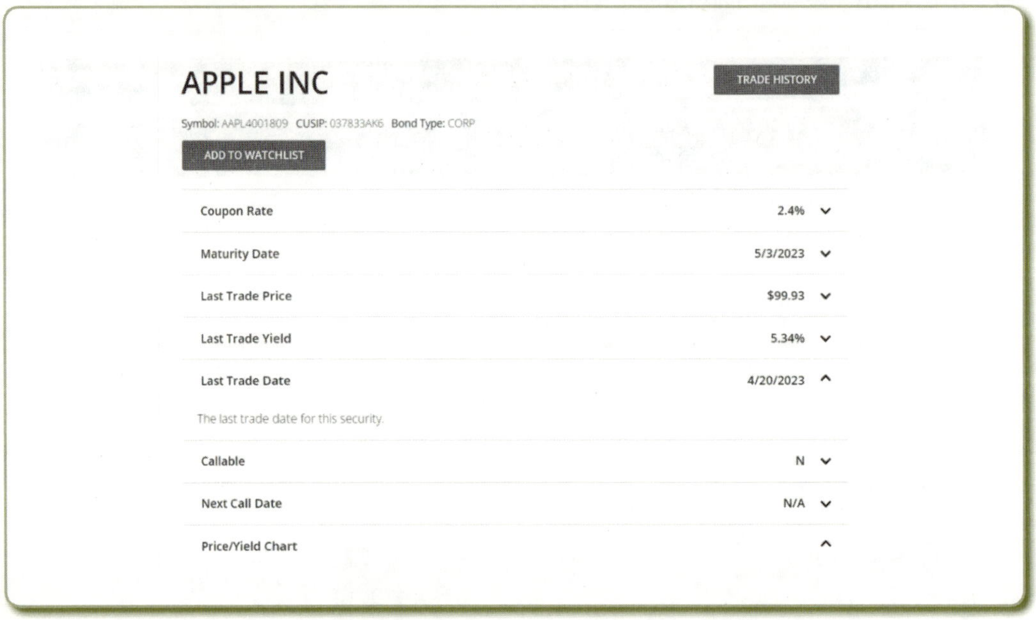

표 9.2 AAPL의 개별 채권의 만기일, 최종 가격 등 정리 화면

Symbol	Maturity Date	Last Trade Price	Last Trade Yield	Last Trade Date
AAPL4001809	5/3/2023	$99.93	5.34%	4/20/2023
AAPL4001810	5/4/2043	$85.03	5.10%	7/5/2024
AAPL4122391	5/6/2019	$100.00	N/A	5/1/2019
AAPL4122387	5/6/2019	$100.00	2.43%	5/2/2019
AAPL4122392	5/6/2021	$100.02	0.10%	5/3/2021
AAPL4122390	5/6/2024	$99.98	5.75%	5/2/2024
AAPL4122386	5/6/2044	$93.91	4.93%	7/5/2024
AAPL4208636	2/7/2020	N/A	N/A	1/29/2020
AAPL4208638	2/7/2020	$96.95	N/A	2/5/2020
AAPL4208635	2/9/2022	$99.97	11.74%	2/8/2022

채권의 발행액을 확인하기 위해 Bondsupermart 홈페이지에서 돋보기 버튼을 누르고 오른쪽 화살표를 누르면 채권의 목록이 나온다(그림 9.13).

이 목록에 제시된 채권들 중에서 만기일이 일치하는 채권을 선택하고 해당 페이지의 Bond Information에서 발행총액(Total Issue Size)을 확인하여 〈표 9.2〉의 엑셀 시트에 추가한다(그림 9.14).

그림 9.13 Bondsupermart 홈페이지 채권정보 검색 화면

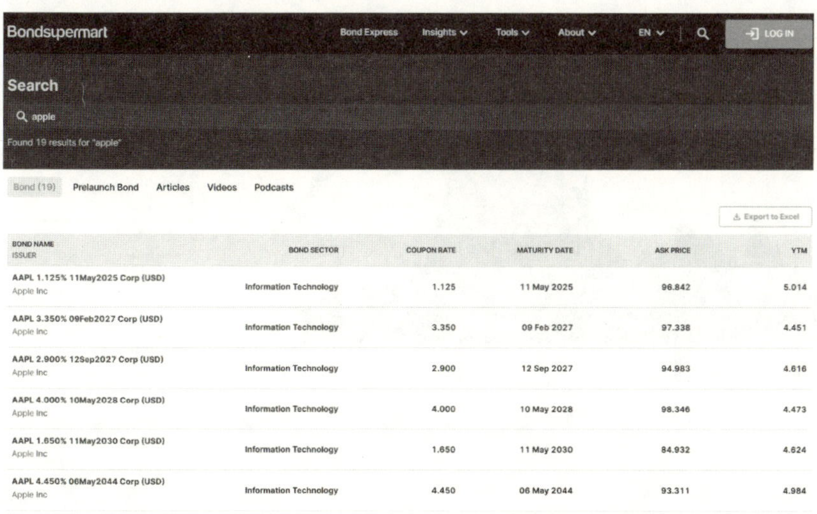

그림 9.14 Bondsupermart 개별 채권정보 표시 화면

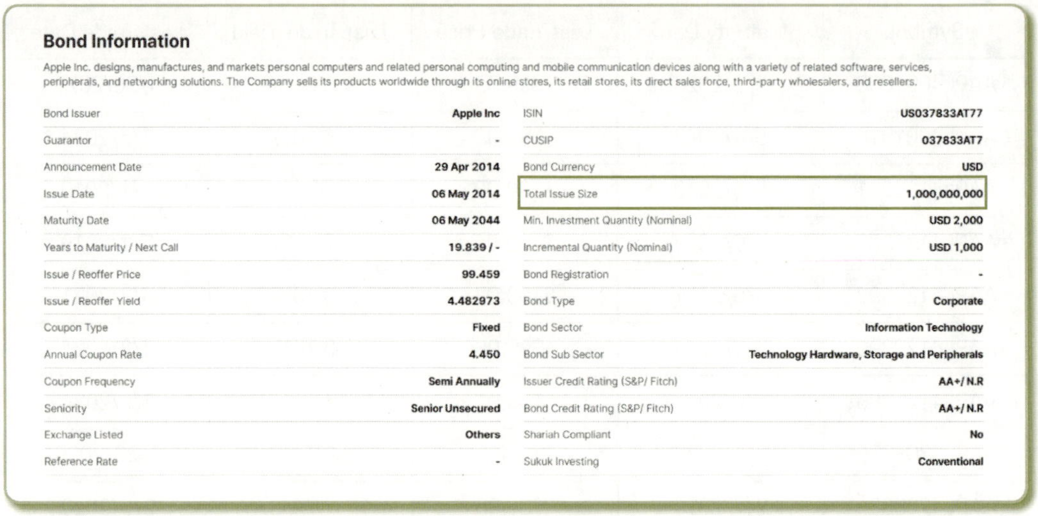

Bond Information

Apple Inc. designs, manufactures, and markets personal computers and related personal computing and mobile communication devices along with a variety of related software, services, peripherals, and networking solutions. The Company sells its products worldwide through its online stores, its retail stores, its direct sales force, third-party wholesalers, and resellers.

Bond Issuer	Apple Inc	ISIN	US037833AT77
Guarantor	-	CUSIP	037833AT7
Announcement Date	29 Apr 2014	Bond Currency	USD
Issue Date	06 May 2014	Total Issue Size	1,000,000,000
Maturity Date	06 May 2044	Min. Investment Quantity (Nominal)	USD 2,000
Years to Maturity / Next Call	19.839 / -	Incremental Quantity (Nominal)	USD 1,000
Issue / Reoffer Price	99.459	Bond Registration	-
Issue / Reoffer Yield	4.482973	Bond Type	Corporate
Coupon Type	Fixed	Bond Sector	Information Technology
Annual Coupon Rate	4.450	Bond Sub Sector	Technology Hardware, Storage and Peripherals
Coupon Frequency	Semi Annually	Issuer Credit Rating (S&P/ Fitch)	AA+/ N.R
Seniority	Senior Unsecured	Bond Credit Rating (S&P/ Fitch)	AA+/ N.R
Exchange Listed	Others	Shariah Compliant	No
Reference Rate	-	Sukuk Investing	Conventional

만약에 Bondsupermart에서 해당 채권을 찾지 못하는 경우에는 Business Insider를 찾아보기 바란다(그림 9.15).

시장 거래 가격(Last Trade Price)을 100으로 나눈 값에 채권 발행액을 곱하면 그것이 해당 채권의 시장가치에 해당한다. 애플의 부채 시장가격은 만기가 도래하지 않은 채권들의 시장가치의 합이다(표 9.3).

채권의 시장가격을 이용해 가중치를 계산하고 각 채권의 만기수익률에 가중치를 곱하여 부채의 세전 자본비용을 계산한다.

그림 9.15 Business Insider 개별 채권정보 표시 화면

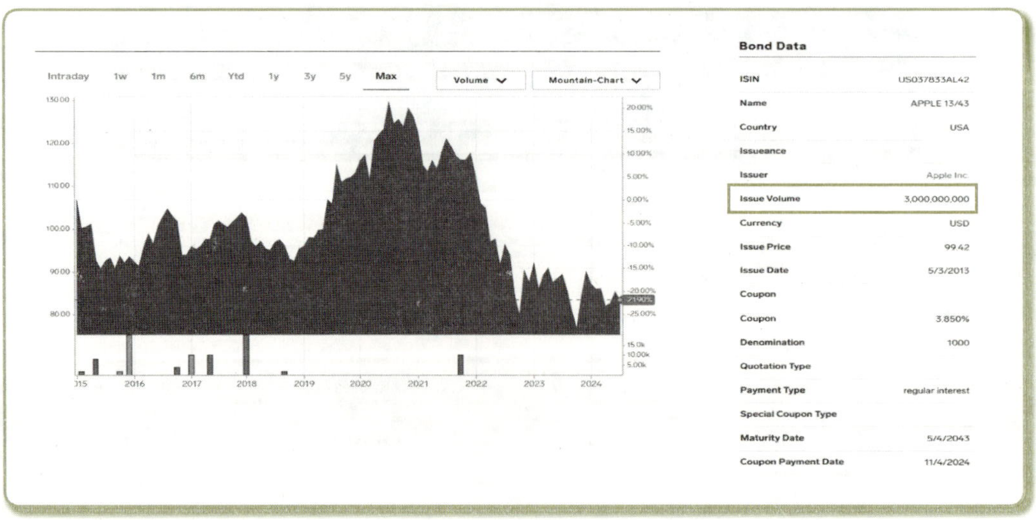

표 9.3 AAPL의 개별 채권의 시가총액 정리 화면

Symbol	Maturity Date	Last Trade Price	Last Trade Yield	Last Trade Date	Total Issue Size	MVD
AAPL4001809	5/3/2023	$99.93	5.34%	4/20/2023		
AAPL4001810	5/4/2043	$85.03	5.10%	7/5/2024	3,000,000,000	$2,550,900,000.00
AAPL4122391	5/6/2019	$100.00	N/A	5/1/2019		
AAPL4122387	5/6/2019	$100.00	2.43%	5/2/2019		
AAPL4122392	5/6/2021	$100.02	0.10%	5/3/2021		
AAPL4122386	5/6/2044	$93.91	4.93%	7/5/2024	1,000,000,000	$939,100,000.00
AAPL4208636	2/7/2020	N/A	N/A	1/29/2020		
AAPL4208639	2/7/2020	$96.95	N/A	2/5/2020		
AAPL4208635	2/9/2022	$99.97	11.74%	2/8/2022		
						$3,490,000,000.00

$$R_D^{BT} = w_{D1} \times r_{D1} + w_{D2} \times r_{D2},$$

$$w_{D1} = \frac{2{,}440{,}900}{3{,}490{,}000} \quad \& \quad w_{D2} = \frac{939{,}100}{3{,}490{,}000}$$

$$r_D^{BT} = w_{D1} \times r_{D1} + w_{D2} \times r_{D2} = \frac{2{,}440{,}900}{3{,}490{,}000} \times 5.10 + \frac{939{,}100}{3{,}490{,}000} \times 4.93 = 5.06$$

부채와 주식의 시장가격을 이용해 가중치를 구하고 이 가중치를 부채와 주식의 자본비용에 곱하여 가중평균 자본비용을 구한다. 이 값은 세전 가중평균 자본비용이다.

$$r_{WACC}^{BT} = w_D \times r_D + w_E \times r_E,$$

$$w_D = \frac{3.490 \times 10^9}{3.471 \times 10^{12}} \quad \& \quad w_E = \frac{3.471 \times 10^{12}}{3.474 \times 10^{12}}$$

$$r_{WACC}^{BT} = w_D \times r_D + w_E \times r_E = 0.001 \times 5.06 + 0.999 \times 10.472 = 10.467$$

세후 자본비용을 계산하기 위해서는 Apple의 세율을 계산해야 한다. 세율은 손익계산서에서 쉽게 파악할 수 있다. 참고로 2023 회계연도의 사업보고서에서 찾은 세전 이익과 세금은 각각 113,736과 16,741이다. 따라서 세율은 14.7%이다. 위의 수식에서 사용된 가중치를 사용한다.

$$r_{WACC}^{AT} = w_D \times r_D \times (1 - t_c) + w_S \times r_S,$$

$$w_D = \frac{MVD}{MVD + MVE} \quad \& \quad w_E = \frac{MVE}{MVD+MVE}$$

$$r_{WACC}^{AT} = w_D \times r_D \times (1 - t_c) + w_E \times r_E$$
$$= 0.001 \times 5.06 \times (1 - 0.147) + 0.999 \times 10.472 = 10.466$$

6. 자본비용을 추정할 때 추가적으로 고려해야 하는 점들

보통주식 자본비용을 추정하기 위해 CAPM을 주로 사용하지만 추가적으로 고려해야 하는 것들이 존재한다. 왜냐하면 시장 위험이 투자자들이 감내하는 유일한 위험이 아니라는 사실 때문이다. CAPM은 이론적으로는 매우 아름답지만 실증분석에서는 그다지 좋은 결과를 보여주지 못했다. 이를 타파하기 위해서 재무연구자들은 새로운 모델들을 지속해서 개발하였다.

첫째 파마(Fama)와 프렌치(French)는 1992년 논문을 통해 시가총액이 작은 주식(Small Stock)을 사고 큰 주식을 파는 무비용 포트폴리오를 구성했을 때 추가적인 수익률을 얻고 또한 주가당기순익비율(PER)이 작은 가치 주식(Value Stock)을 사고 주가당기순이익비율이 큰 성장 주식(Growth Stock)을 매도하는 무비용 포트폴리오를 구성했을 때에도 추가적인 수익률을 얻기 때문에 이 두 가지 투자 스타일을 투자자가 감내하는 위험요소라고 주장하였다.

둘째 벤처캐피탈리스트들은 주식시장에서 거래되는 상장주식이 아닌 비상장주식에 투자하는 데 이는 그들에게 다각화로는 제거하기 어려운 투자의 비유동성 위험을 감내하도록 만든다. 따라서 이러한 비유동성에 대한 추가적인 보상이 필요하다. 파스터와 스탬보(Pastor and Stambaugh)의 2003년도 논문은 이러한 비유동성 위험을 추정하는 모델을 개발하였다.

첫째와 둘째 위험 요소들을 추가한 모델은 아래와 같다.

$$R_i = R_f + \beta_i^{Mkt} \times (R_{Mkt} - R_f) + \beta_i^{value} \times VALUE + \beta_i^{liquidity} \times LIQUIDITY$$

CHAPTER 10

투자회수

이 장에서 논의하는 Rich versus King 관점

투자회수는 창업가에게 투자한 투자자들이 수익을 실현하고 회사와 결별하는 과정이다. 이 과정에서 창업가에게 가장 좋은 경우는 구주매출 일부와 신주발행으로 기업을 공개하여 대규모 자금을 조달하면서도 큰 부자에 이르게 되고 회사의 지분을 상당히 유지하는 경우이다. 반대로 가장 나쁜 경우는 기업공개와 인수합병을 모두 실패한 상태에서 회사가 정리되는 것이다. 이것은 창업가와 투자자가 모두 불행해진 결과이다. 가장 현실적인 경우는 창업가 본인의 지분을 전부 매각하고 부자가 되는 경우이다. 이 경우에 창업가는 다시 창업을 하거나 투자자로 변신하는 선택을 할 수 있다. 창업가가 가장 좋은 경우를 달성하려면 창업시부터 자금조달과 지분구조에 대한 명확한 이해를 가져야만 한다.

1. 투자회수 의사결정
2. 기업공개
3. SPAC
4. 인수합병

기업공개는 관련 법제도의 상당 부분을 한국거래소 및 금융감독원의 관리, 규제에 따라 진행하므로, 그 상세한 내용을 관련 홈페이지에 게시하고 있다. 따라서 관심 있는 독자는 한국거래소 홈페이지(https://listing.krx.co.kr/main/main.jsp)를 참고하기 바란다. 또한 한국거래소의 발간과 관련한 가이드 및 법무법인 지평의 지평 IPO실무연구(2024)를 참고하였다.

CH 10. 투자회수

창업가는 사모투자자들이 왜 자신의 회사에 투자하는 그 이유를 파악해야만 한다. 창업자는 그의 회사에 투자하는 투자자들이 그들의 투자금을 회수하도록 충분한 돈을 벌고 성공적으로 그 회사를 탈출하는 기회를 제공하는 것을 목표로 설정하고 최선의 노력을 다해야 한다. 투자회수는 초기 투자자들인 사모투자자들의 수익 달성이라는 목표를 이루는 매우 중요한 마지막 단계이다.

투자자들이 투자금을 회수하는 방법은 주식시장에 상장하는 기업공개(Initial Public Offerings: IPO), 타 회사 또는 사모투자회사로의 인수합병(Mergers & Acquisitions: M&A), 회사의 투자자 지분 매입, 폐업(Shut Down)과 같이 매우 다양하다. 이 중에서 폐업과 같은 경우에는 수익을 실현하지는 못하지만 그 회사에 묶여 있던 자금을 회수해서 유망한 다른 회사에 투자할 기회를 제공한다는 점에서 의미가 있고 기업공개나 인수합병은 투자자들이 수익을 실현하도록 돕는다. 성공적인 투자회수가 이루어지려면 회사는 충분히 성숙해서 투자회수를 반기는 단계에 있어야 하고 투자자들 또한 인내심을 발휘해서 최상의 조건에서 투자를 회수하는 데 동의해야 한다. 투자회수의 시기나 방법은 창업자와 이해관계가 일치하는 소수의 사람들의 손에 의해 결정된다. 창업가와 사모투자자들 간의 이해가 상충하는 경우가 있지만 이러한 이해상충은 사모투자자들이 매입하는 증권들과 그 증권의 약정에 의해 감소한다.

이 장에서는 투자자와 경영자의 투자회수 의사결정이 어떻게 이루어지는지 살펴보는 것으로 시작한다. 그리고 가장 성공적인 투자회수인 기업공개의 자세한 내용에 대해 알아본다. 마지막으로 가장 빈도가 높은 인수합병에 대해서 살펴보는 것으로 마무리한다.

1. 투자회수 의사결정

사모투자회사[1]의 일반파트너(GP)가 그들의 포트폴리오 회사들을 평가할 때는 언제 어떤 방법으로 회수할 것인가를 항상 고민한다. 가끔은 인수합병이나 폐업이 전혀 예기치 않은 상태에서 발생하기도 하지만 거의 대부분의 투자회수는 기회를 창출하고 다른 투자자들과 경영진이 동의하도록 설득하는 데 많은 노력이 수반된다.

먼저 회사가 투자회수에 적합한 상태에 도달했는지를 판단하는 기준은 피투자회사의 경영성과, 주식시장의 활황도, 피투자회사가 속한 산업군에 대한 전망, 사모투자회사의 내부 사정 등에 영향을 받는데 그 중에서도 피투자회사의 경영성과가 가장 중요하다. 사모투자회사는 그들이 쏟는 노력에 대한 한계 비용이 피투자회사의 기업가치 한계 증가보다 큰 경우로 판단할 때 투자회수 적기가 도래했다고 판단한다.

피투자회사의 이사회에 있는 모든 VC 투자자들이 투자회수 적기라고 동의한다면 그들은 최선의 회수 방법이 무엇인지 결정해야 한다. 투자자들은 기업공개, 타 회사로의 인수합병, 타 사모투자회사로의 이차 매각, 폐업 들의 대안들 중에서 가장 좋은 방안을 선택한다. 모든 투자자들이 선택된 방안에 대해 동의하면 투자회수 과정은 쉽게 진행되지만 투자자들 간에 이견이 발생하면 일차적으로 이견을 가진 투자자를 설득하려고 노력한다. 이 노력이 수포로 돌아가는 경우에는 더 이상 보유를 원하지 않는 투자자의 지분을 매입하게 된다.

사모투자회사가 가장 선호하는 투자회수 방법은 기업공개이다. 역사적으로 이 방법에 의한 투자회수가 가장 높은 수익률을 보였기 때문이다. 대표적인 사례로 클라이너 퍼킨스와 세콰이어 캐피탈이 구글에 대한 투자를 이 방식으로 회수했고 매우 놀라운 수익률을 보여주었다. 하지만 가장 빈도가 높은 투자회수 방법은 인수합병이다. 러너, 소렌슨, 스트롬버그가 전 세계 사모투자회사가 개입된 거래의 투자회수의 형태를 조사한 2009년도 연구에 의하면 인수합병이 79%, 기업공개는 6%, 폐업을 포함하는 나머지 투자회수가 15%를 차지한다.[2] 〈표 10.1〉은 그들이 발견한 투자회수 방법별로 분류한 빈도를 정리하였다.

창업자의 입장에서 두 가지 주요한 투자회수 방법인 기업공개와 인수합병은 크

1 벤처캐피탈은 사모투자의 일종으로 사모 형태의 투자유형을 따른다.

2 Lerner, Sorensen, Stromberg. "What Drives Private Equity activity and Success Globally" in The Global Economic Impact of Private Equity Report 2009 https://www3.weforum.org/docs/WEF_IV_PrivateEquity_Report_2009.pdf

표 10.1 국제적 사모투자 거래의 투자회수 경로 요약

(단위 %)

	벤처캐피탈	성장 자본	차입매수	전반
기업공개	3.5	10.4	7.1	6.0
인수합병	78.2	75.1	83.6	78.7
폐업	18.2	14.6	9.3	15.3

게 다른 함의를 지닌다. 첫째 기업공개는 창업자가 투자회수 이후에도 지분을 유지하고 회사에 남을 가능성이 높지만 인수합병은 창업자가 지분을 매각하고 결과적으로 창업한 회사를 떠나는 경우가 대부분이다. 둘째 기업공개는 대체로 인수합병보다 높은 가치 평가를 받는다. 하지만 기업공개는 인수합병에 비해 불확실성이 높다. 기업공개가 가능한 시장상황이 매우 유동적인데 반해 인수합병에 대한 기회는 항상성이 높다. 그리고 회사가 기업공개 시 책정하는 가격은 그 과정에서 바뀔 수 있고 기업공개 이후에도 경영자와 투자자들은 보호예수 기간에 주식을 팔 수 없다. 커밍(Cumming)의 2008년도 논문에 의하면 이러한 차이점으로 인해서 VC의 영향력이 창업가의 영향력에 비해 높은 경우에는 인수합병이 선택될 가능성이 높았지만 반대의 경우는 기업공개가 선택될 가능성이 보다 높았다.[3] 창업가는 기업공개 또는 인수합병으로 회수자금을 챙겼을 때 다시 창업을 하거나 투자자로서 제2의 인생을 설계하여 창업생태계의 저변확대에 기여할 수 있기 때문이다. 다음 커뮤니케이션 공동창업자 중의 하나인 이택경 매쉬업벤처스 대표이사가 다음을 코스닥에 상장하고 퇴사한 후에 2013년 전문엔젤투자자로 선정되고 초기 스타트업 전문투자사인 매쉬업엔젤스를 설립하여 스타트업 생태계에서 다양한 활동을 하고 있다.[4] 매쉬업엔젤스는 2024년에 매쉬업벤처스로 사명을 변경하였다. 창업가의 입장에서 인수합병은 자금회수와 기업 내 영향력 유지 측면에서 열위인 선택이다. 하지만 창업가는 투자회수 경로의 비율을 고려한다면 인수합병도 고려해야만 한다. 휴대폰용 네비게이션앱인 '김기사'를 개발하고 카카오에 626억에 매각한 3명의 공동창업자들이 2018년에 김기사랩을 설립하고 스타트업 후배를 양성하는 것도 인수합병과 관련해서 가장 적합한 사례이다.[5]

3 Douglas Cumming, (2008) "Contracts and Exits in Venture Capital Finance" Review of Financial Studies 21, 1947-1982

4 이택경 대표 파트너의 이력은 나무위키(https://namu.wiki/w/이택경)에서 참고

5 김기사랩의 회사 뉴스 페이지(https://www.kimgisacompany.com/news) 참고

2. 기업공개(IPO)

IPO는 실질적으로 상장(上場)이라는 표현과 실무상 거의 동일하게 사용하는 개념이다. 정확하게 표현하자면 IPO는 비상장회사가 상장 과정에서 진행하게 되는 첫 번째 공모(公募)를 일컫는다. 대체로 기업공개(企業公開)라고도 하고 이러한 과정을 통해 영업 및 재무와 지배구조와 같은 내부 사정이 일반 투자자에게 공개되고 IPO 이후에도 공시되므로 이를 기업공개라고 부르기도 한다.[6]

상장이란 한국거래소가 정한 요건을 충족한 기업이 발행한 주권을 증권시장에서 거래할 수 있도록 허용하는 것으로, 주권을 상장한다는 것은 어디까지나 당해 주권이 증권시장을 통해 자유롭게 거래될 수 있도록 허용 받는 것을 의미할 뿐이며, 당해 주권의 가치를 보증받는 것은 아니다. 따라서 거래소는 원활한 유동성을 유지하고 공정한 가격을 형성할 수 있도록 매매거래대상인 주권에 대하여 일정한 기준에 따라 심사하여 기업의 자금조달과 투자자의 보호를 도모하고 있다.[7]

2.1 IPO를 추진하는 이유

2.1.1 자금조달 수단으로서 IPO

IPO는 기업이 대규모 자금을 조달하는 중요한 방법으로 기업이 성장과 확장을 위해 필요한 자본을 확보하는 데 필수적이다.

- IPO를 통한 자본확대를 통해 기업은 주식을 공개적으로 판매하여 대규모 자본을 조달할 수 있다. 이 자본은 새로운 프로젝트, 연구개발(R&D), 설비투자, 시장확장, 인수합병(M&A) 등에 사용될 수 있다.
- IPO를 통해 자본을 조달하면 부채비율을 낮출 수 있다. 이는 기업의 재무구조를 안정시키고, 금융비용을 줄여 재무건전성을 높이는 데 기여한다.
- IPO는 일회성 자금조달이 아니라, 이후 추가적인 주식 발행을 통해 지속적으로 자본을 조달할 수 있는 기반을 마련해 준다.

6 지평IPO실무연구 2024

7 KRX homepage

2.1.2 투자유치조건 이행

많은 스타트업과 초기 단계 기업들은 벤처캐피탈(VC)이나 사모펀드(PE)로부터 초기자금을 유치하는데, 이러한 다수의 투자자들은 IPO를 통해 자본회수를 기대한다. 벤처캐피탈과 같은 초기투자자들은 투자회수를 위해 IPO를 선호한다. 이는 투자자들이 투자를 통해 얻은 지분을 공개시장에서 판매하여 현금화할 수 있는 방법이기 때문이다. 이러한 투자자들은 초기투자계약 시, 일정기간 내에 IPO를 추진하기로 한 약속을 회사가 이행하도록 강제한다. 또한 IPO 과정에서 기업은 규제기관의 엄격한 심사를 통과하고, 공시의무를 준수하게 되므로, 이는 투자자들에게 높은 신뢰를 제공한다. 이러한 과정을 통해 향후 추가적인 투자유치에도 긍정적인 영향을 미치게 된다.

2.1.3 성장이익공유

IPO는 기업의 성장과 그 이익을 창업자, 초기 투자자, 임직원 및 일반투자자들과 공유하는 중요한 수단이다. IPO는 창업자, 초기 투자자 및 임직원들에게 주식의 유동성을 제공한다. 이들은 주식을 공개시장에서 판매하여 현금화할 수 있으며, 이는 초기투자에 대한 보상을 받을 수 있는 기회를 제공한다. 또한 상장된 주식은 직원들에게 스톡옵션을 제공하는 데 유리하다. 이는 우수한 인재를 유치하고 유지하는 데 중요한 인센티브가 되기 때문이다. 상장을 통해 직원들은 회사의 성장에 따른 주가 상승의 과실을 직접 누릴 수 있다.

2.1.4 공공 신뢰성 및 브랜드 가치 제고

상장기업은 공시의무와 규제준수를 통해 높은 투명성과 신뢰성을 확보하게 된다. 이는 기업의 브랜드가치를 제고하고, 고객, 파트너, 투자자들로부터 더 큰 신뢰를 얻는 데 기여한다.

2.1.5 시장가치 평가

IPO를 통해 기업은 시장에서의 기업가치를 평가받을 수 있다. 이는 기업의 전략적 방향 설정 및 경영의사결정에 중요한 참고자료가 된다.

이와 같이, IPO는 자금조달, 투자유치조건 이행, 성장이익 공유, 공공 신뢰성 및 브랜드 가치 제고, 시장가치 평가라는 여러 가지 동기를 바탕으로 추진된다. 각 동기는 기업의 성장과 발전에 중요한 역할을 하며, IPO를 통해 기업은 더 높은 단계로 도약할 수 있는 기회를 얻게 되기 때문이다.

2.2 IPO의 혜택[8]

2.2.1 기업에 대한 혜택

- 공모를 통한 유상증자 용이(자본시장법 제165조의6): 상장법인은 정관이 정하는 바에 따라 이사회의 결의로써 주주의 신주인수권을 배제하고 불특정 다수인(당해 기업의 주주를 포함한다)을 상대로 하여 신주를 모집할 수 있다.
- 의결권 없는 주식의 발행한도 특례(자본시장법 제165조의15): 비상장법인은 의결권 없는 주식을 발행주식 총 수의 25%까지 발행할 수 있다. 그러나 상장법인이 외국에서 주식을 발행하거나 외국에서 발행한 해외 전환사채, 해외 신주인수권부사채, 기타 주식과 관련된 증권 또는 증서의 권리행사로 발행하는 의결권 없는 주식은 발행한도의 계산에 산입되지 않는다.
- 주식배당의 특례(자본시장법 제165조의13): 비상장법인은 주식배당을 이익배당총액의 1/2를 초과하지 못하나, 상장법인은 이익배당총액에 상당하는 금액까지 주식배당을 할 수 있다.
- 주주총회 소집절차의 간소화(상법 제542조의4): 비상장법인의 주주총회의 소집통지는 주주총회일 2주전에 각 주주에게 서면으로 하게 되어 있으나, 상장법인의 주주총회 소집통지는 의결권 있는 발행주식 총 수의 1% 이하를 소유하는 주주에 대하여 정관이 정하는 바에 따라 주주총회일 2주전에 2개 이상의 일간신문에 각각 2회 이상 공고하거나 금융감독원 또는 한국거래소가 운용하는 전자공시시스템을 통하여 공고함으로써 이를 갈음할 수 있다.

2.2.2 주주에 대한 혜택

- 주식양도소득에 대한 비과세(소득세법 제94조, 동법시행령 제157조제4항): 상장주식은 대주주 등을 제외하고 주식양도에 따른 양도소득세를 부과하지 않고 있기 때문에 상장을 위해 모집하거나 유가증권시장을 통하여 양도하는 경우에는 양도소득세가 면제된다. 그러나 비상장주식은 양도차익의 20%(중소기업의 경우 10%, 대주주의 1년 미만 보유한 중소기업 외의 법인의 주식의 경우 30%, 대주주의 그 외의 주식의 경우 양도차익이 3억 원 이하는 20%, 3억 원 초과는 25%)를 세금으로 납부해야 한다.
- 상속 및 증여 재산의 시가평가(상속 및 증여세법 제63조 및 동법시행령 제53조): 비상장법인이 발행한 주식을 상속 또는 증여할 경우 상속세 및 증여세법에서 정한 산

---

8 KRX homepage

식으로 평가하나, 상장법인이 발행한 주식을 상속 또는 증여할 경우 평가기준일 전·후 각각 2개월간 최종시세의 평균액으로 평가한다.

- 증권거래세 탄력세율 적용(증권거래세법 제8조 및 동법시행령 제5조): 비상장법인의 발행주식을 양도하는 경우 0.5%의 증권거래세율이 적용되지만, 유가증권시장을 통해 양도되는 상장법인의 주식은 0.1%(0.15%의 농특세 추가부담)의 세율이 적용된다.
- 소수주주권 행사완화 등(상법 제542조의6, 제542조의7): 상장법인의 경우 상법상 소수주주권 및 집중투표제 행사요건(1%)등이 완화되어 적용된다.

2.3 코스닥 상장의 장점

2.3.1 세제상의 혜택

- 양도소득세 비과세(소득세법 제94조, 동법시행령 제157조 제4항): 코스닥시장을 통하여 주식을 양도하는 경우 양도소득세 비과세된다. 단, 발행주식 총 수의 2% 이상 또는 시가총액 15억 원 이상을 소유한 주주(특수관계인 포함)가 양도하는 경우 양도소득세 과세한다.

> 시가총액은 2019년 12월 31일 현재 10억 원 이상(2020년 4월 1일 양도분부터), 2020년 12월 31일 현재 3억 원 이상(2021년 4월 1일 양도분부터)으로 변경 적용

- 상속 및 증여 재산 평가 시 코스닥시장 시세 인정(상속세법 및 증여세법 제63조 및 동법 시행령 제52조의2): 코스닥 상장주식의 상속 또는 증여 시 동주식의 평가액은 평가기준일 전·후 각 2개월간 종가 평균액으로 한다. 단, 평가기준일(상속 → 상속개시일, 증여 → 증여일) 전후 2개월 이내에 매매거래가 정지되거나 관리종목으로 지정된 사실이 없어야 한다.
- 증권거래세 절감(증권거래세법 제8조 및 동법시행령 제5조): 비상장주식을 양도하는 경우 0.5%의 증권거래세율이 적용되지만, 코스닥시장을 통해 양도되는 상장주식은 0.25%의 세율이 적용된다.

2.3.2 자금조달 능력 증대

- 신규 상장 시 공모를 통한 자금조달: 상장을 위한 공모 시 불특정 다수로부터 필요자금을 일시에 조달할 수 있는데, 이는 상장 후 공모증자가 용이하기 때문이다. 상장을 위한 공모결과 주식이 분산되어 있으므로 유상증자 시 다수의 투자자(소액주

주)로부터 자금을 조달할 수 있으며, 주가를 참작한 발행가 결정이 용이하다.

- 일반공모증자 가능(자본시장과 금융투자업에 관한 법률 제165조의 6): 일반공모증자(주주의 신주인수권을 배제하고 불특정 다수인을 대상으로 신주를 모집하는 것)가 가능하다.
- 의결권 없는 주식의 발행한도 확대(자본시장과 금융투자업에 관한 법률 제165조의 15): 상법상 의결권 없는 주식은 발행주식 총 수의 1/4까지 발행할 수 있으나, 코스닥상장법인이 외국에서 발행하는 의결권 없는 주식 및 외국에서 발행한 전환사채·신주인수권부사채 등의 권리행사로 인하여 발행하는 의결권 없는 주식은 한도계산 시 제외한다.

2.3.3 코스닥 상장에 따른 추가적인 장점

- 자기주식 취득 방법 확대(자본시장과 금융투자업에 관한 법률 제165조의 2): 상법에서 정한 방법 외에 코스닥시장을 통하거나 공개매수의 방법으로 자기주식을 취득할 수 있다. 이를 통해 경영권방어, 주가관리 등이 용이하게 된다.
- 주식배당한도 확대(자본시장과 금융투자업에 관한 법률 제165조의 13): 이익배당 시 이익배당총액까지 주식으로 배당할 수 있다.
- 주식이동 상황명세서 제출의무 면제(법인세법 제119조): 소액주주가 소유한 주식(상장전에 주식을 취득한 경우에는 당해주식의 액면금액의 합계액이 5백만 원 이하인 주주의 주식과 중소기업의 주식으로서 코스닥시장을 통하여 양도되는 주식에 한함)의 이동에 대하여는 주식이동상황명세서 제출의무가 면제된다.
- 경영합리화 도모: 기업의 재무내용 공시를 통해 동 업종 타사와의 비교가 용이하고, 주가를 통해 경영실적이 객관적으로 평가받게 되어 경영합리화를 도모하게 된다.

2.4 코넥스 시장의 혜택

2.4.1 상장유지 부담 완화

1) 공시관련 부담완화

- 수시공시 부담 완화: 코넥스시장은 공시의무사항을 상장폐지 등 시장조치 관련사항, 주요사항보고서 수준의 중요사항, 지배구조 변동사항 등으로 최소화하여 상장법인과 지정자문인의 공시부담을 완화하였다. 2024년 현재 지정자문인의 공시 및 신고대리 의무는 상장 후 1년간이며, 그 이후에는 상장법인이 직접 수행한다.

- 증권신고서 제출의무 완화 (자본시장법시행령 제11조): 코넥스시장 참여자를 대상으로 주식을 발행하는 경우 증권신고서 제출이 면제됨에 따라 기업이 자금수요가 있는 경우 신속한 자금조달이 가능하다.
- 분/반기보고서 제출의무 면제 (자본시장법 제165조): 코넥스시장 상장기업은 분기 및 반기보고서 제출의무가 면제된다. 다만, 투자정보 부족 등을 보완하기 위해 기업 현황보고서를 반기에 1회 제출하도록 하고 있다. 기업 현황보고서는 지정자문인이 있는 기업(일반기업 및 지정자문인 계약을 체결한 스타트업)은 지정자문인이, 지정자문인이 없는 기업은 상장법인이 직접 제출하도록 되어 있다.

2) 회계 및 지배구조관련 부담완화

- 회계 및 지배구조 관련 부담완화(외부감사법 시행령 제6조 및 제14조 및 자본시장법 제165조의19): 코넥스시장은 한국채택국제회계기준(K-IFRS) 적용, 증권선물위원회의 감사인지정 및 사외이사·상근감사 선임의무가 면제된다.

2.4.2 규제완화 및 코스닥 이전상장 특례

1) 투자촉진을 위한 규제완화

- 합병 등의 규제완화(자본시장법시행령 제176조의5 내지 6): 코넥스시장 상장법인의 원활한 합병 등을 지원하기 위하여 코넥스시장 상장기업과 비상장기업 간에 합병을 하는 경우 상장기업에 적용되는 합병 등의 특례규정(합병 가액산정 기준 및 외부평가기관 평가의무) 및 거래소 우회상장 규제를 적용 받지 않는다.
- 의무보유 규제 완화 및 수수료 면제: 코넥스시장은 상장기업의 자유로운 M&A, 자금조달 편의성 및 투자자금의 원활한 회수를 위해 별도의 의무보유 규제를 적용하지 않고 있다. 다만, 특례상장으로 상장한 기업(스타트업 기업부 소속 상장사)에 한하여 상장에 동의한 지정기관투자자는 보유주식을 6개월간 의무보유 해야 한다. 한편, 코넥스시장은 초기 중소기업의 비용부담을 줄이기 위해 상장수수료 및 연부과금을 면제하고 있다.
- 코스닥 이전상장 특례: 한국거래소는 코넥스 상장기업이 일정수준 이상의 경영성과를 달성하거나, 우수한 시장평가를 받는 경우 코스닥시장으로 보다 쉽게 이전상장할 수 있도록 '신속이전상장(Fast Track)', '코넥스 전용 이익 미실현' 제도를 도입하여 운영하고 있다.

신속이전상장제도를 통해 코넥스시장 상장법인의 코스닥시장 이전상장 시 심사요건의 특례*

- 질적심사 중 기업계속성 심사 면제
- 일정요건을 충족하는 경우 경영안정성 심사도 면제
- 심사기간 단축(45영업일→30영업일)

신속합병상장에 의해 코스닥 상장 SPAC과 합병하는 경우 심사요건의 특례

- 질적심사 중 기업계속성 심사 면제
- 심사기간 단축(45영업일→30영업일)

* 이 특례제도는 신속이전상장제도를 통해 이전상장하는 경우에만 해당

2) 코스닥 이전상장 지원

- 신속이전상장 제도 및 요건: 신속이전상장 제도는 총 여섯 가지 트랙(Track)으로 운영되고 있으며, 이전상장을 희망하는 기업은 여섯 가지 트랙 중 요건에 맞는 트랙을 선택하여 이전상장을 신청할 수 있다.

그림 10.1 신속이전상장 유형별 요건

트랙 1	트랙 2	트랙 3	트랙 4	트랙 5	트랙 6
• 매출액 100억 이상 • 영업이익 시현	• (직전연도) ROE 10% 이상 • (최근연도) 법인세비용 차감전 계속사업 이익 20억 이상 & ROE 10% 이상	• 법인세비용 차감전 계속사업 이익 20억 이상 • ROE 20% 이상	• 매출액 200억 이상 • 매출액 증가율 10% 이상 • 영업이익 10억 이상	• 소액주주 지분율 10% 이상 • 코넥스시장 일평균 시가총액 2천억 이상 (자본금 규모 초과) • 기준시가 총액 3천억 이상	• 소액주주 지분율 20% 이상 • 최근 1년 일평균거래 대금 10억 이상 • 기준시가 총액 1,500억 이상

* 공통요건: 코넥스시장 상장이후 1년 경과 & 지정자문인의 이전상장 추천 필요(지정자문인 선임이 6개월 이상 경과한 법인에 한함)

** 트랙 1, 5, 6 중 기준시가총액은 상장예정주식수 × 공모가

*** 트랙 1, 3, 4, 5의 경우 최근 사업연도 기준

출처: KRX홈페이지

- 기술평가 부담 완화: 비상장기업이 코스닥 기술특례상장 제도를 이용하기 위해서는 전문평가기관 2곳으로부터 A&BBB 등급 이상을 받아야 하지만, 코넥스 상장법인(상장기간 1년 이상 경과)은 1개 평가기관으로부터 A등급만 받아도 기술특례상장 신청이 가능하다.

2.5 IPO요건

증권시장의 진입기준인 IPO요건은 개별국가의 자본시장규제 및 발전정책, 개별산업 육성정책, 국가 간 또는 역내 증권시장간 상장유지 및 경쟁상황, 문화적 차이 등을 반영하여 규제수준이 다르다.

국내의 경우 국내산업발전의 및 고도화를 지원하기 위해 지속적으로 문턱을 낮추고, 다양한 상장방식으로 상장을 활성화함으로써 기업의 직접 자금조달을 지원해 오고 있으며, 투자자 보호를 위해 시의적절하게 IPO요건을 조절하여 왔다.

상장은 비상장기업에게 증권시장을 통해 해당 주식의 시장성을 부여하는 과정으로, 우량한 비상장기업을 골라내고, 거래의 용이성확보를 위해 충분한 유동성요건을 갖추어야 하며, 불특정 소액주주보호를 위해 투명한 내부통제절차를 갖추고, 회사의 주요내용을 투자자에게 알릴 수 있는 공시 통제시스템을 갖출 것을 요구하게 된다.

IPO요건은 크게 형식적인 심사요건과 질적 심사요건으로 나뉘는데, 형식적 요건은 정량적 요건으로 상장예비심사를 청구할 수 있는 자격요건을 의미한다. 또한 질적 요건은 기업의 계속성, 경영투명성, 경영안정성, 투자자 보호 등과 관련한 정성적 요건으로 심사를 통해 상장적격 여부를 판단하고 있다.

즉, 형식적 요건은 영업활동기간, 기업규모, 경영성과, 주식분산, 감사의견, 지배구조 양도제한 등의 정량적 요소를 말하며, 질적 요건은 영업의 지속성이나 재무안정성과 같은 계속기업요건과 경영 투명성과 안정성, 공익실현 및 투자자 보호 등에 해당하는 정성적이며 실질적인 요건을 말한다.[9]

2.5.1 유가증권시장 IPO요건

유가증권시장 IPO요건의 항목별 상장요건을 〈표 10.2〉로 정리하였다. 보다 자세한 내용은 상장규정세칙을 참고해야 한다.

---

9 출처: 지평IPO실무연구(2024) 24page

표 10.2 유가증권시장 상장요건

<table>
<tr><th colspan="2">상장요건</th><th>일반회사</th><th>지주회사</th></tr>
<tr><td rowspan="2">규모 요건 (모두)</td><td>기업규모</td><td>자기자본 300억 원 이상</td><td>좌동</td></tr>
<tr><td>상장주식 수</td><td>100만 주 이상</td><td>좌동</td></tr>
<tr><td rowspan="3">분산 요건 (모두)</td><td>주식 수</td><td>다음 중 하나만 충족하면 됨
① 일반주주소유비율 25% 이상 또는 500만 주 이상(다만, 상장예정주식 수 5천만 주 이상 기업은 상장예정주식 수의 10% 해당 수량)
② 공모주식 수 25% 이상 또는 500만 주 이상 (다만, 상장예정주식 수 5천만 주 이상 기업은 상장예정주식 수의 10% 해당 수량)
③ 자기자본 500억 이상 법인은 10% 이상 공모하고 자기자본에 따라 일정규모 이상 주식 발행
• 자기자본 500억~1,000억 원 또는 기준시가총액 1,000억~2,000억 : 100만 주 이상
• 자기자본 1,000억~2,500억 원 또는 기준시가총액 2,000억~5,000억 : 200만 주 이상
• 자기자본 2,500억 원 이상 또는 기준시가총액 5,000억 이상 : 500만 주 이상
④ 국내외동시공모법인은 공모주식 수 10% 이상 & 국내공모주식 수 100만 주 이상</td><td>좌동</td></tr>
<tr><td>주주수</td><td>일반주주 500명 이상</td><td>좌동</td></tr>
<tr><td>양도제한</td><td>발행주권에 대한 양도제한이 없을 것</td><td>좌동</td></tr>
<tr><td rowspan="5">경영 성과 요건 (택1)</td><td>매출액 및 수익성</td><td>매출액: 최근 1,000억 원 이상 및 3년 평균 700억 원 이상 & 최근 사업연도에 영업이익, 법인세차감전계속 사업이익 및 당기순이익 각각 실현 & 다음 중 하나 충족
① ROE: 최근 5% & 3년 합계 10% 이상
② 이익액: 최근 30억 원 & 3년 합계 60억 원 이상
③ 자기자본 1천억 원 이상 법인: 최근 ROE 3% 또는 이익액 50억 원 이상이고 영업현금흐름이 양(+)일 것</td><td>좌동</td></tr>
<tr><td>매출액 및 기준시가총액</td><td>최근 매출액 1,000억 원 이상 & 기준시가총액 2,000억 원 이상
• 기준시가총액 = 공모가격 × 상장예정수식 수</td><td>좌동</td></tr>
<tr><td>기준시가총액 및 이익액</td><td>기준시가총액 2,000억 원 이상 & 최근 이익액 50억 원 이상</td><td>좌동</td></tr>
<tr><td>기준시가총액 및 자기자본</td><td>기준시가총액 5,000억 원 이상 & 자기자본 1,500억 원 이상</td><td>좌동</td></tr>
<tr><td>기준시가총액</td><td>1조 원 이상</td><td>좌동</td></tr>
</table>

표 10.2 유가증권시장 상장요건 (계속)

상장요건		일반회사	지주회사
안정성 및 건전성 요건	영업활동기간	설립 후 3년 이상 경과 & 계속적인 영업활동(합병 등이 있는 경우 실질적인 영업활동기간 고려)	좌동(주요자회사의 실질적인 영업활동 기간 고려)
	감사 의견	최근 적정, 직전 2년 적정 또는 한정(감사범위 제한에 따른 한정 의견 제외)	좌동(개별 및 연결 재무제표)
	의무보유	최대주주 등 소유주식 & 상장예비심사신청 전 1년 이내 최대주주 등으로부터 양수한 주식 : 상장 후 6월간 상장예비심사신청 전 1년 이내 제3자배정 신주: 발행일로부터 1년간. 단, 그날이 상장일로부터 6월 이내인 경우에는 상장 후 6월간	좌동

1) 외국기업지배지주회사(국내SPC*)의 경우 지주회사 상장요건 준용

- 주식소유를 통해 자회사의 사업내용을 지배하는 것을 주된 사업으로 하는 국내회사(공정거래법상 지주회사에 해당되지 않는 실질적인 지주회사)
  - 경영성과(매출액, 이익 등)를 연결 재무제표 기준으로 심사하고, 영업활동기간의 경우 자회사의 실질적인 영업활동기간 고려. 다만, 사업실체가 외국기업이라는 점을 감안하여 외국기업 상장과 관련한 투자자 보호제도적용
- 국내영업소설치 의무화, 상장주선인 최소투자의무(5%), 반기 감사보고서 제출, 상장심사기간(45일 → 65일)

2) 우량기업의 경우 상장심사 간소화(Fast Track)

- 우량기업 요건에 해당하는 기업에 대해서는 질적심사 중 '기업계속성' 심사 면제하여 상장심사기간 단축(45일 → 20일)
- 우량기업 요건: 자기자본 4천억 원 & 매출액 7천억 원(3년 평균 5천억 원) & 이익액 3백억 원(매 사업연도 이익실현 및 3년합계 6백억 원)

출처: KRX홈페이지

2.5.2 코스닥기업의 상장요건

코스닥시장 IPO요건의 항목별 상장요건을 〈표 10.3〉으로 정리하였다. 보다 자세한 내용은 상장규정세칙을 참고해야 한다.

코넥스기업의 코스닥 신속이전상장요건은 앞서 설명한 2.4절 코넥스시장의 혜택 중 코스닥 이전상장의 지원(그림 10.1)을 참고하면 된다.

표 10.3 코스닥시장 상장요건

(2024.1.1. 개정규정 기준)

<table>
<tr><th rowspan="2">구분</th><th colspan="2">일반기업(벤처 포함)</th><th colspan="2">기술성장기업</th></tr>
<tr><th>수익성·매출액 기준</th><th>시장평가·성장성 기준</th><th>혁신기술 트랙</th><th>사업 모델 트랙</th></tr>
<tr><td>주식분산
(택일)</td><td colspan="4">① 소액주주 500명 이상(상장신청일 기준) & (a) or (b)
(a) 소액주주 25% 미만 소유 시(신청일 기준) : 공모 10% 이상 & 소액주주 지분이 25% 이상
(b) 소액주주 25% 이상 소유 시(신청일 기준) : 공모 5% 이상(10억 원 이상)
② 소액주주 500명 이상(상장신청일 기준) & 공모 10% 이상 & 공모주식 수가 일정주식 수 이상
③ 소액주주 500명(상장신청일 기준) & 공모 25% 이상
④ 소액주주 500명(상장신청일 기준) & 국내외 동시공모 20% 이상 & 국내공모주식 수 30만 주 이상
⑤ 신청일 기준 소액주주 500명 & 모집에 의한 소액주주지분 25%(or 10% 이상 & 공모주식 수가 일정주식 수 이상)</td></tr>
<tr><td rowspan="2">경영성과 및
시장평가 등
(택일)</td><td rowspan="2">① 법인세차감전계속사업이익 20억 원[벤처: 10억 원] & 시총 90억 원
② 법인세차감전계속사업이익 20억 원[벤처: 10억 원] & 자기자본 30억 원[벤처: 15억 원]
③ 법인세차감전계속사업이익 있을것 & 시총 200억 원 & 매출액 100억 원[벤처: 50억 원]
④ 법인세차감전계속사업이익 50억 원</td><td rowspan="2">① 시총 500억 & 매출 30억 & 최근 2사업연도 평균 매출증가율 20% 이상
② 시총 300억 & 매출액 100억 원 이상[벤처 50억 원]
③ 시총 500억 원 & PBR 200%
④ 시총 1,000억 원
⑤ 자기자본 250억 원
(코넥스 이전상장 이익미실현 요건) 시총 750억 원 & 코넥스 일평균 거래대금 1억 원 이상 & 소액주주 지분율 20% 이상</td><td colspan="2">• 자기자본 10억 원
• 시가총액 90억 원</td></tr>
<tr><td>전문평가기관의 기술 등에 대한 평가를 받고 평가결과가 A등급 & BBB등급 이상일 것
(외국기업의 경우 A등급 & A등급 이상일 것)</td><td>상장주선인이 사업 모델을 평가하여 추천한 중소기업일 것</td></tr>
<tr><td>감사의견</td><td colspan="4">최근사업연도 적정</td></tr>
<tr><td>경영투명성
(지배구조)</td><td colspan="4">사외이사, 상근감사 충족</td></tr>
<tr><td>기타 요건</td><td colspan="4">주식양도 제한이 없을 것 등</td></tr>
<tr><td>질적 요건</td><td colspan="4">기업의 성장성, 계속성, 경영의 투명성 및 안정성, 기타 투자자 보호, 코스닥시장의 건전한 발전, 업종별 특성, 고용창출효과 및 국민경제적 기여도 등을 종합 고려</td></tr>
</table>

출처: KRX홈페이지

1) 벤처기업기준

벤처기업의 기준은 〈표 10.4〉를 참고하면 된다.

표 10.4 벤처기업기준

(2021.2.12. 민간주도 벤처확인제도 시행일 기준)

구분	기준	확인기관
공통기준	중소기업기본법에 의한 중소기업	
벤처투자유형	① 법령상 적격투자기관으로부터 총 투자액 5천만 원 이상 ② 자본금 대비 투자금액 10% 이상	한국벤처캐피탈협회
연구개발유형	① 기업부설연구소, 연구전담부서, 기업부설창작연구소 등 보유 ② 직전 4분기 연구개발비 5천만 원 이상, 총 매출액의 5~10% 이상 ③ 사업성 평가 우수	중소벤처기업 진흥공단 신용보증기금
혁신성장유형	① 기술성 및 사업성 평가 우수	기술보증기금 한국생산기술연구원 한국발명진흥회 한국과학기술정보연구원 한국생명공학연구원 농업기술실용화재단 연구개발특구진흥재단

출처: KRX홈페이지

벤처기업 확인절차[10]는 다음과 같다.

- 벤처기업 신청시스템: www.smes.go.kr/venturein
- 벤처기업 확인: 확인기관 신청 → 전문평가기관 평가 → 벤처기업확인위원회 심의·의결 → 확인기관 확인서 발급(유효기간: 3년)

10 벤처인증 및 벤처기업과 투자자에 대한 주요혜택에 관한 내용은 부록 참조

2) 기술성장기업 상장특례

기술성장기업

- 특례대상기업: 전문평가기관 중 2개 기관의 기술평가 결과가 일정등급 이상일 경우 기술성장기업으로 상장예비심사 신청자격을 부여한다.

전문평가기관(25개사)

- 기업평가업무 수행기관 중 기술보증기금, 나이스평가정보, 한국평가데이터, 이크레더블, 나이스디앤비, SCI평가정보, 한국기술신용평가 등 7개사
- 정부산하 연구·평가기관 중 한국과학기술연구원, 한국과학기술정보연구원, 한국보건산업진흥원, 한국산업기술기획평가원, 한국전자통신연구원, 정보통신기술진흥센터, 한국생명공학연구원, 한국기계전기전자시험연구원, 한국식품연구원, 해양수산과학기술진흥원, 농업기술실용화재단, 한국인터넷진흥원, 정보통신정책연구원, 금융보안원, 한국에너지기술평가원, 국토교통과학기술진흥원, 한국발명진흥회, 한국산업기술진흥원 등 18개사

특례적용

기술성장기업 상장특례 대상기업은 일반·벤처기업 대비 일부 외형 요건이 면제 또는 완화

2.5.3 코넥스시장의 상장과 요건

코넥스시장은 초기 중소·벤처기업에 최적화된 시장으로 이들 기업의 상장이 용이하도록 주력시장인 유가증권시장 및 코스닥시장에 비해 진입요건을 완화함으로써 성장초기 중소·벤처기업이 자본시장을 통해 원활히 자금조달을 할 수 있도록 하고 있다.

1) 지정자문인 제도

지정자문인 제도도입

코넥스시장은 아직 우리 자본시장에는 생소하지만 해외 신시장에서 운용되는 지정자문인 제도를 도입하였다. 지정 자문인제도는 코넥스시장의 핵심요소로 지정자문인 자격(인수업인가)을 갖춘 증권사 1개사와 지정자문인 선임계약을 체결해야 신규 상장 신청이 가능하다(기술특례상장 및 크라우드펀딩 특례상장 제외). 또한 코넥스시장 상장기간동안 지정자문인 선임계약을 유지해야 하며 만약 계약이 해지되는 경우 다른 지정자문인과 신속히 지정자문인 계약을 체결해야 한다.

지정자문인은 초기 중소·벤처기업이 코넥스시장에 용이하게 상장할 수 있도록 지원하며, 상장기업에 자본시장관련 법규준수에 대한 자문·조언·지도, 공시 및 신고 대리, 기업의 정보생성 및 주식의 유동성공급 업무를 담당함으로써 상장기업으로서 의무이행에 어려움을 느끼는 초기 중소·벤처기업을 지원하여 기업의 부담을 완화해주는 역할을 수행한다. 다만, 일정요건을 갖춘 코넥스기업이 지정자문인의 공시대리 또는 유동성공급업무를 희망하지 않는 경우 담당 지정자문인은 해당업무를 수행하지 않을 수 있다. 지정자문인은 기업의 후견인으로서 역할을 담당하는 외에 상장예정법인의 상장적격성을 심사하고 지정자문인 계약해지 등을 통해 부실기업을 선제적으로 퇴출하여 코넥스시장 건전성유지와 투자자 보호를 위한 실질적인 역할을 담당하게 된다.

상장심사기간 단축

코넥스시장은 해당기업에 대해 잘 아는 지정자문인이 사전에 상장적격성을 심사하므로 신규 상장 절차를 간소화하고 상장심사기간을 대폭 단축하여 주 시장인 유가증권시장 및 코스닥시장의 경우 신규 상장 신청일부터 상장일까지 기간이 약 3개월이 소요되는 데 반해 코넥스시장의 경우는 15일 이내로 단축(직상장의 경우)하였다.

회계기준 및 지배구조 준수의무 완화

기업이 상장을 추진함에 있어 부담으로 작용하는 증권선물위원회의 감사인 지정 및 한국채택국제회계기준(K-IFRS) 의무적용이 코넥스시장에서는 면제되고 있다. 또한 사외이사 및 상임감사 선임의무도 면제되고 있어 코넥스 상장기업의 부담을 완화하고 있다.

지정기관투자자 제도도입

코넥스시장은 2015년 7월 6일 기술평가기업을 위한 상장특례제도와 함께 지정기관투자자 제도를 도입하였다. 지정기관투자자는 중소기업증권에 대한 전문적인 가치평가능력 및 투자실적 등을 고려하여 거래소가 지정하는 기관투자자이다. 지정기관투자자가 6개월 이상 보유하고 있는 주식등의 비율이 10% 이상이거나 주식 등에 대한 투자금액이 30억 원 이상인(보유비율 또는 투자금액 산정 시 다른 지정기관투자자가 보유중인 주식 등을 합산할 수 있음) 중소기업은 상장특례제도를 활용하여 코넥스시장에 상장할 수 있다. 이 경우 해당 지정기관투자자로부터 특례상장에 대한 동의를 얻어야 한다. 한편, 지정기관투자자는 특례상장에 동의한 피투자기업이 코넥스시장에서 1년 이내에 지정자문인 계약을 체결할 수 있도록 후원하는 등의 역할을 수행한다.

2) 상장요건

외형 요건 심사

코넥스시장은 아직 실적이 가시화되지 않은 성장초기 중소·벤처기업이 원활하게 코넥스시장에 상장할 수 있도록 매출액·순이익 등의 재무요건을 적용하지 않고 있다. 그 밖에 초기 중소·벤처기업 실정에 부합하지 않는 요건은 폐지하거나 완화하고, 증권의 자유로운 유통과 재무정보의 신뢰성 확보를 위한 최소한의 요건만 적용하도록 하였다.

코넥스시장의 진입요건

- 외형 요건: 〈표 10.5〉에 나타나 있다.
- 질적 요건: 코넥스시장은 지정자문인이 신규 상장신청기업의 상장적격성을 심사하고 있으며 한국거래소에서는 해당기업의 상장이 공익과 투자자 보호에 적합한지 여부를 위주로 심사하고 있다. 이와 관련하여 한국거래소는 지정자문인이 제출한 상장적격성 보고서를 토대로 경영진의 시장건전성 저해행위 여부, 경영투명성, 회계정보 투명성, 투자위험 등을 종합적으로 검토하여 공익과 투자자 보호에 부적합한 사유가 없는지에 대해 심사한다.

표 10.5 코넥스시장상장 외형 요건

구분	내용	비고
중소기업 여부	중소기업기본법 제2조에 따른 중소기업에 해당될 것	
지정자문인	지정자문인 1사와 선임계약을 체결할 것	특례상장은 제외
주식양도제한	주식의 양도제한이 없을 것 * 다만, 법령 또는 정관에 의해 제한되는 경우로서 그 제한이 코넥스시장에서의 매매거래를 저해하지 않는다고 인정되는 경우는 예외	
감사의견	최근 사업연도 감사의견이 적정일 것	
액면가액	100원, 200원, 500원, 1,000원, 2,500원, 5,000원 중 하나일 것	액면주식에 한함

출처: KRX홈페이지

2.5.4 코넥스시장의 특례상장

한국거래소(KRX)에서는 일반상장과 별도로 창업·초기기업에 자본시장 조기진입을 통한 성장기회를 제공하기 위해 두 종류의 특례상장제도를 마련하고 있다. 특례상장제도는 일반상장기업의 외형 요건 중 지정자문인 선임의무를 제외하고 모두 동일하며, 추가로 기술평가등급 또는 크라우드펀딩 자금조달 실적 등의 요건이 있다.

1) 기술특례상장

창업초기기업의 코넥스시장 상장지원을 위하여 2015년 7월 상장규정 개정을 통해 기술특례 상장제도를 마련하였다.

기술특례상장의 외형 요건

중소기업기본법 제2조에 따른 중소기업으로서 기술신용평가기관 등으로부터 BB 이상의 기술평가등급을 받고 지정기관투자자(VC 등)의 상장동의를 받은 기업은 지정자문인 선임계약 없이 코넥스시장에 상장할 수 있다.

기술특례 상장의 질적 요건

지정자문인이 없는 기술특례 상장기업은 한국거래소가 지정자문인을 대신하여 질적 심사 과정에서 기업전반을 심사한다. 특히, 기술특례상장의 경우 기술성, 공시능력 및 경영투명성을 토대로 공익과 투자자 보호 적격 여부를 심사하고 있다.

표 10.6 기술특례상장의 외형 요건

구분	내용	비고
투자유치	거래소가 지정하는 기관투자자(지정기관투자자)가 10% 이상 지분 보유 또는 투자금액이 30억 원 이상(6개월 이상)	주1) 주2)
기술력	기술신용평가기관(TCB) 또는 기술전문평가기관으로부터 일정 수준(BB) 이상 기술등급 확보	주3)
투자자 동의	지정기관투자자의 특례상장 및 지분 매각 제한 동의	

주1) 지정기관투자자(2022.4. 기준 24사)

주2) 주식 이외에 주식관련사채권 투자 포함(잔존만기 2년 이상인 경우에 한함)

주3) 기술신용평가기관(TCB) 및 기술전문평가기관 현황

기술신용평가기관	NICE평가정보, 한국기업데이타, 이크레더블, 나이스디앤비, SCI평가정보
기술전문평가기관	한국과학기술연구원, 한국과학기술정보연구원, 한국보건산업진흥원, 한국산업기술평가관리원, 한국생명공학연구원, 한국전자통신연구원, 정보통신기획평가원, 기술보증기금, 농업기술실용화재단, 한국기계전기전자시험연구원, 한국식품연구원, 해양수산과학기술진흥원, 정보통신정책연구원, 한국인터넷진흥원, 금융보안원, 국토교통과학기술진흥원, 한국에너지기술평가원, 신용보증기금, 한국건설생활환경시험연구원, 한국발명진흥회, 한국산업기술시험원

출처: KRX홈페이지

2) 크라우드펀딩 특례상장

정부의 크라우드펀딩 발전방안(2016. 11. 7.)에 따라 투자형 크라우드펀딩(온라인 소액공모)를 통해 일정규모 이상 자금조달에 성공한 스타트업의 코넥스시장 상장을 통한 지속성장을 지원하기 위해 신설하였다.

크라우드펀딩 특례상장의 외형 요건

크라우드펀딩에 성공한 기업과 한국거래소의 스타트업 기업전용 장외시장인 KSM시장(KRX Startup Market, 2016.11.14. 개설) 등록 전후로 크라우드펀딩에 성공하여 KSM 등록기간이 일정기간 이상인 기업에 대해 외형 요건을 차등화하고 있다. 또한 정책금융기관 등이 추천한 기업의 경우 외형 요건 중 펀딩규모 요건을 완화하였다.

크라우드펀딩 특례상장의 질적 요건

지정자문인이 없는 크라우드펀딩 특례상장의 경우 기술특례상장시와 마찬가지로 한국거래소가 지정자문인을 대신하여 질적 심사 과정에서 기업전반을 심사한다. 이 경우 신생창업기업의 특성을 감안하여 상장심사는 최소화하되 정기·수시공시 등의 공시업무능력과 경영투명성 등에 초점을 맞춰 심사한다.

표 10.7 크라우드펀딩 특례상장의 외형 요건

구분	일반 크라우드펀딩기업	KSM등록 크라우드펀딩기업주의
펀딩규모	3억 원 이상(추천기업: 1억 원 이상)	1.5억 원 이상(추천기업: 0.75억 원 이상)
참여 투자자수	50인 이상(전문투자자 2인 포함)	20인 이상(전문투자자 2인 포함)

* KSM 등록 후 6개월 경과 및 한국거래소가 정하는 일정요건 충족 기업

출처: KRX홈페이지

3) 특례상장기업 관리

소속부 구분

특례상장기업이 일반상장기업과 쉽게 구분될 수 있도록 별도의 소속부 제도를 도입하여 관리하고 있다. 지정자문인을 통해 상장한 기업은 일반기업부로 배정되며, 지정자문인 없이 특례상장을 통해 상장된 기업은 특례상장의 유형에 따라 스타트업 기업부 또는 크라우드펀딩 기업부로 배정된다.

지정자문인 선임의무

특례상장기업은 상장일부터 1년 이내에 지정자문인 계약을 체결하고 그 계약을 유지해야 한다. 상장기업이 동 기간이 경과한 후에도 지정자문인 계약을 체결하지 못하는 경우 상장이 폐지된다. 다만, 해당기업이 이의신청을 하는 경우 상장공시위원회의 심의를 거쳐 1년 범위 내에서 상장폐지 유예가 가능하다.

> **지정자문인의 역할**
> - 기업실사 및 상장적격성 심사
> - 신규 상장 절차 등에 대한 조언, 자문 및 신규 상장 사무처리
> - 금융관련법규에 대한 상시적이고 지속적인 조언
> - 공시 및 신고 대리(상장 후 1년간)
> - 주식의 유동성공급호가 제출의무 이행(상장 1년 후부터 면제 가능)
> - 기업 현황보고서 작성 및 게시
> - 기업설명회 개최 권고 및 지원
> - 지정자문인 업무관련 내용의 기록 및 보관
> - 기타 거래소가 필요하다고 인정하는 업무

의무보유

기술특례상장기업의 경우 특례상장을 동의한 지정기관투자자의 보유지분에 대하여 매각제한 의무가 발생한다. 즉, 코넥스시장 상장을 동의한 지정기관투자자는 상장 후 최초 6개월 간 매각제한 이후 매 1개월마다 현재 소유주식 등의 10% 이내에서 매각 가능하다. 다만, 법령상 의무를 이행하거나 기업의 인수·합병(주식 등을 취득·교부 받은 자는 잔여기간 동안 동일 의무이행 필요)하거나, 다른 지정기관투자자 대상 장외 대량매도(시간외 대량매매 포함)하는 경우는 매각제한에서 예외로 한다.[11]

2.6 IPO절차

상장을 위해서 기업은 상장을 준비하는 사전준비 과정과 한국거래소의 및 금융감독원의 심사를 걸쳐 공모 과정과 상장절차를 진행하게 된다.

상장준비의 시작은 대표주관사를 선정하는 일부터 시작된다. 대표주관사는 기업이 성공적으로 상장할 수 있도록 다양한 지원과 서비스를 제공하며, IPO의 전반적인 절차를 관리한다.

대표주관사의 역할은 다음과 같다.

- 상장시기, 목표 자금조달 규모, 주식가격 범위설정 등의 상장 전략을 수립한다. 이를 위해 시장상황을 분석하고, 기업의 재무상태와 성장 가능성을 평가한다.
- 주관사는 기업실사 및 가치 평가를 하게 되는데, 기업의 재무상태, 경영구조, 비

11 KRX 홈페이지

그림 10.2 증권시장의 상장 과정

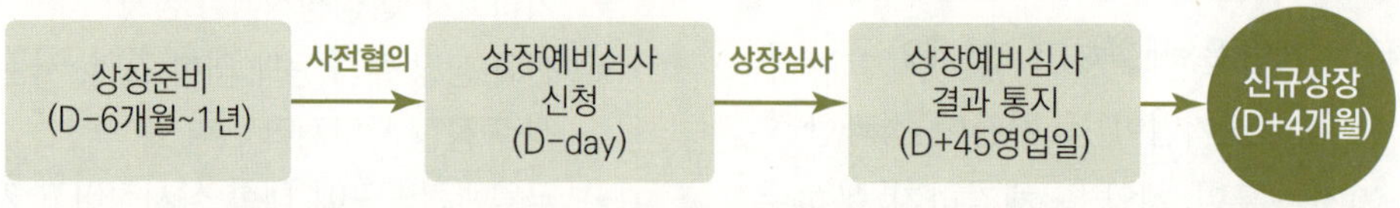

상장 준비사항	상장심사 절차	공모 후 신규 상장 신청
• 감사인지정 신청 • 대표주관회사 선정 • 정관 및 내부통제시스템 등 정비 • 명의개서대행계약 체결 • 우리사주조합 결성 • 회계감사 및 법률 검토 • 기업실사 • 상장예비심사신청서 작성	• 제출서류의 검토 및 질의 응답 • 현지심사 및 경영진 면담 • 상장공시위원회 심의	• 주식분산요건 심사 (공모비율, 일반주주수) • 기준시가총액요건 충족 여부 심사 (기준시가총액요건 적용 시에 한함)

출처: 2024 KRX 가이드북

즈니스 모델 등을 철저히 조사하는 실사(Due Diligence) 과정을 진행한다. 이를 통해 기업의 가치를 평가하고, 투자자들에게 제공할 정보를 검토 및 준비한다. 이 과정에서 발견된 잠재적인 문제를 해결하고, 필요한 조치를 취하는 것도 주관사의 역할이다.

- 증권신고서를 작성하여 금융당국에 제출한다. 이 문서는 기업의 재무정보, 경영진정보, 비즈니스 모델, 위험요소 등을 포함하며, 투자자들에게 제공될 중요한 정보보고서이다. 증권신고서를 통해 기업의 투명성을 높이고, 투자자들의 신뢰를 얻는 것이 중요하다.
- IPO를 홍보하고, 투자자들의 관심을 끌기 위해 로드쇼(Roadshow)를 주관한다. 로드쇼는 기업경영진이 투자자들을 만나 회사의 비전과 성장 가능성을 설명하는 과정으로 이를 통해 투자자들의 관심을 유도하고, 주식의 수요를 파악한다.
- 시장의 수요와 공급을 고려하여 최종 주식가격을 결정한다. 이를 위해 기관투자자들과 협상을 진행하고, 최적의 가격을 도출한다. 이후 주식을 배정하고, 공모절차를 진행한다.
- IPO가 성공적으로 완료된 후에도 대표주관사는 기업이 상장 후 시장에서 안정적으로 자리 잡을 수 있도록 지원한다. 기업과의 지속적인 협력을 통해 주가 안정화, 추가 자금조달, 투자자관계(IR) 등의 활동을 지원하게 된다.

IPO시 지정감사인은 기업의 재무제표와 관련 정보를 독립적으로 감사하여 투자자들에게 신뢰할 수 있는 재무 정보를 제공하는 중요한 역할을 한다.

- 지정감사인은 기업의 재무제표가 회계기준에 따라 정확하게 작성되었는지 확인한다. 이를 통해 재무제표의 신뢰성을 높이고 투자자들에게 정확한 재무정보를 제공해야 한다.
- 지정감사인은 기업의 내부통제시스템을 점검하여 재무제표 작성 과정에서의 오류나 부정행위 가능성을 최소화해야 한다.
- 지정감사인은 감사결과에 따라 재무제표에 대한 의견을 제시하게 되는데, 이는 '적정', '한정', '부적정', '의견거절' 등의 형태로 표현되며, 투자자들은 이를 통해 기업의 재무상태와 투명성을 판단할 수 있다.
- 지정감사인은 기업이 관련법규와 규정을 준수하고 있는지 확인한다. 이는 기업이 법적 문제를 일으킬 가능성을 줄이고, 안정적인 상장절차를 보장하게 된다. 즉, 지정감사인의 역할은 IPO 과정에서 기업의 재무투명성과 신뢰성을 확보하는 데 필수적이며, 투자자들이 믿고 투자할 수 있는 환경을 조성하는 데 기여한다.

한국거래소의 상장심사는 IPO전 진행하는 예비심사와 공모 후 진행하는 본심사로 구분된다.

- 예비심사는 형식적 심사요건 및 질적 심사요건의 충족 여부를 판단하는 상장자격 여부에 대한 실질적인 심사이다.
- 본심사인 신규 상장 심사는 공모이후 그 결과를 반영하여 예비심사에서 확인하지 못한 주식분산요건, 시가총액요건 등의 충족 여부 및 예비심사 이후 본 심사 전까지 중요한 변동사항을 확인하여 상장자격이 계속 유지되는지를 최종 확인하는 절차이다.

금융감독원의 공모심사는 기업에 대한 정보 및 투자위험이 투명하고 사실과 다름이 없이 증권신고서 및 투자설명서에 기재되어 투자자에게 공시되는지를 심사하는 것으로 공모투자자 보호에 심사목적이 있다.[12]

신규 상장 절차는 〈그림 10.3〉과 같으며 보다 자세한 절차와 일정에 관련해서는 KRX 가이드북의 세부사항 및 부록을 참고하길 바란다.

12 지평 IPO실무연구 2024

그림 10.3 신규 상장 절차

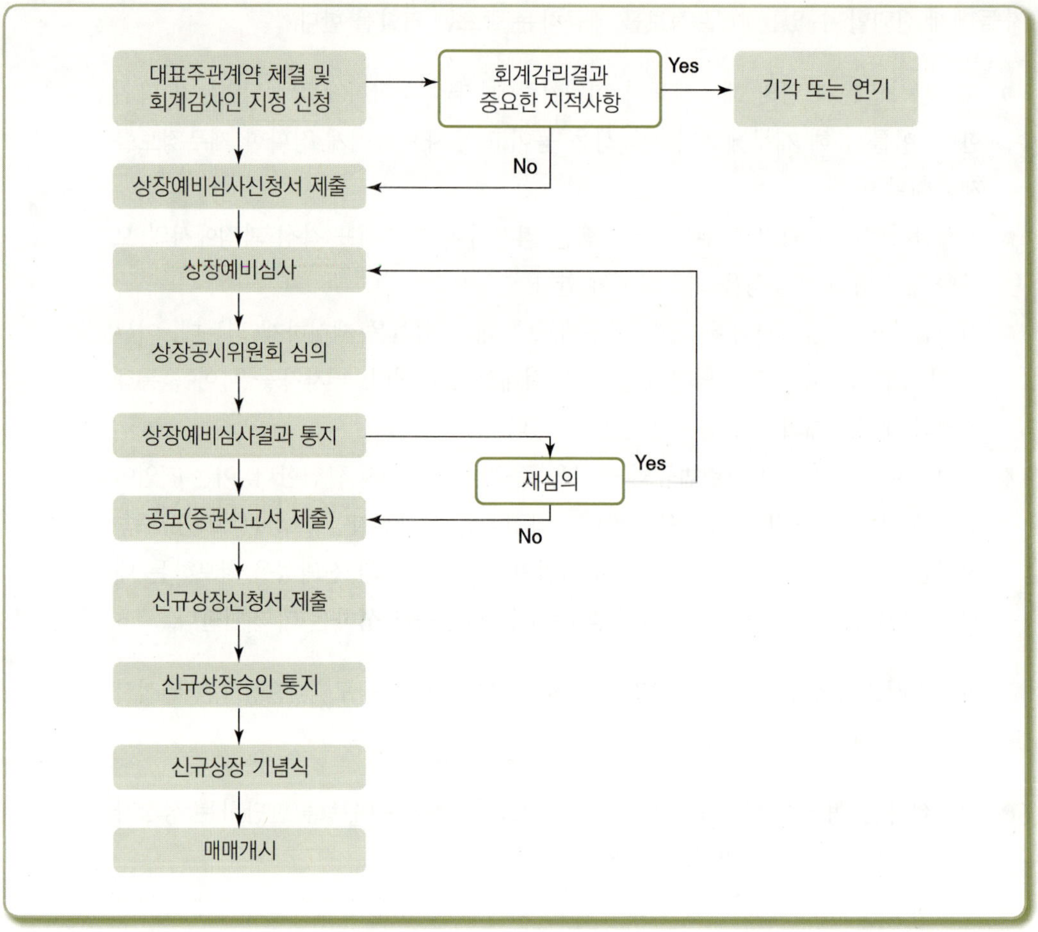

출처: 2024 KRX가이드북

3. SPAC

SPAC는 'Special Purpose Acquisition Company'의 약어로 우리말로는 '기업인수목적회사'라 한다. 'SPAC(기업인수목적회사)'은 공신력 있는 M&A 전문가와 금융회사 등이 다른 기업에 대한 M&A를 목적으로 설립하여 특별 상장되는 페이퍼 컴퍼니(Paper Company)로 정의된다. 즉, SPAC은 실체가 없는 서류상의 회사로 목표는 오로지 기업인수이다. SPAC은 설립 단계에서 일정기간 내에 우량업체를 인수하는 것을 조건으로 다수의 개인 및 기관투자가들로부터 공개적으로 투자자금을 모은다. 투자자금이 마련되면 SPAC은 거래소에 상장되고, SPAC의 경영진들은 상장 후 36개월 이내에 대상기업을 찾아내 인수를 성사시켜야 한다. 인수대상기업은 원칙적으로 상장 또는 비상장기업 모두가 가능하나, 일반적으로 증시에 상장되어 있지 않은 비상장 우량기업이 인수대상이 된다. SPAC이 유망한 비상장기업을 발굴하여 인수한 후 해당기업의 가치가 증대되어 주가가 상승하면 투자자들은 주식을 처분하여 투자수익을 향유할 수 있다. 인수대상이 된 비상장기업 입장에서는 SPAC에 인수됨으로 인해 복잡한 절차가 뒤따르는 신규 상장과 부작용이 많은 우회상장을 하지 않고도 상장기업으로 등록이 되고, 자금을 보다 손쉽게 조달하는 것이 가능하다. SPAC에 인수되더라도 해당기업의 경영권은 보장이 되는 것이 일반적이다. SPAC의 본고장은 미국이며, 1993년 GKN증권(GKN Securities Corp.)의 회장인 데이빗 누스바움(David Nussbaum)이 SPAC을 통한 기업인수에 최초로 성공하였고, 2000년대에 들어 활성화가 되면서 많은 기업들이 SPAC을 통해 미국 증시에 상장이 되었다. 우리나라에서는 지난 2009년 12월 15일에 자본시장법 시행령 개정안이 통과되면서 SPAC의 설립이 허용되었고, 금융위원회의 승인을 거쳐 2009년 12월 21일부터 시행에 들어갔다. 대우증권이 설립한 '그린코리아SPAC'이 2010년 3월 3일에 상장되면서 우리나라 제1호 SPAC으로 기록이 되었다.[13]

3.1 SPAC의 참여자

SPAC의 설립과 운영에 관여하는 참여자는 크게 SPAC의 설립을 주도하는 스폰서(Sponsor) 및 경영진, 주식의 공모에 참여하는 일반투자자, 그리고 SPAC과 합병을 하는 대상기업(Target Company)으로 구분할 수 있다. 그 밖에 SPAC의 공모 및 상장을 주관하는 인수인과 공모자금을 보관하는 수탁 금융기관이 있는데, 엄밀한 의미에서 이들은 SPAC의 참여자라기보다는 SPAC에대하여 기업금융 및 신탁서비스를 제공하는 기관으로 볼 수 있다.

3.2 SPAC의 상품구조

일반적으로 SPAC은법인설립, IPO 및 상장, 합병이라는 단계적 사이클에 따라 그 목적을 달성한다.

13 출처: 기획재정부 경제용어집

3.2.1 설립 단계

SPAC이 탄생하기 위해서는 법인의 실체를 구성해야 하는데, 이러한 법인설립 작업은 통상 소수의 스폰서가 주도한다. SPAC은 주식회사 형태이므로 그 설립은 주식회사의 설립절차를 따르며 스폰서는 설립 당시에 발행되는 주식을 인수한다. 미국에서는 스폰서에게 주식뿐만 아니라 워런트도 발행하는데 워런트는 추후 M&A에 성공할 경우 신주를 인수할 수 있는 권리가 표창된 증권으로서 독립적으로 거래될 수 있다.

3.2.2 IPO 및 상장 단계

SPAC은 설립 후 상장을 위하여 IPO를 실시하는데, 이 때 가장 중요한 특징 중의 하나가 공모자금의 별도 예치 또는 신탁이다. SPAC은 합병 실패시에도 일반주주에게 일정한 수준의 투자금액을 보장해주기 위하여 공모자금의 일정비율 이상을 제3의 금융기관에 예치하고 인출을 제한한다. 공모자금 중 의무적으로 예치 또는 신탁된 금액을 제외한 금액은 SPAC의 운영비용, IPO비용, M&A비용 등에 충당된다. IPO가 완료되면 SPAC은 그 발행주권을 거래소에 상장한다. 대부분의 해외거래소는 일반적으로 M&A 외에 다른 사업목적을 가지고 있지 않은 SPAC의 특성을 반영하여 상장의 특례를 인정하고 있다. 한편, 스폰서 및 경영진의 부당내부거래를 차단하기 위하여 이 단계에서는 합병대상법인의 특정(Pre-identifycation)이 금지된다.

그림 10.4 SPAC 설립 및 공모 시 증권 및 자금의 흐름

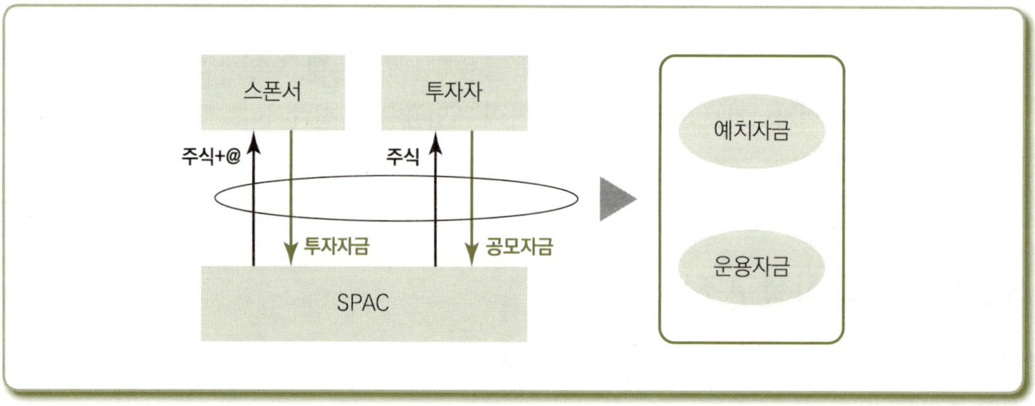

출처: 기업인수목적회사(SPAC) 제도해설, 2010

그림 10.5 SPAC 대상회사 합병구조

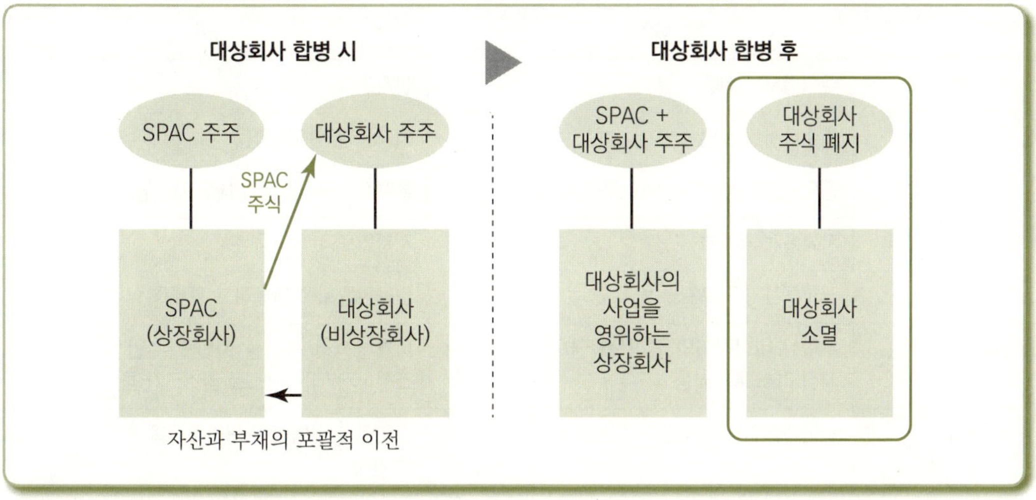

출처: 기업인수목적회사 제도해설, 2010

3.2.3 합병 단계

SPAC의 경영진은 일정한 시한 내에 합병을 완료하기 위해 상장 후 합병대상법인을 탐색한다. 일반적으로 합병대상법인의 가치는 의무예치금액의 일정비율 이상이 되어야 하고, 스폰서와 이해관계가 있는 회사는 합병대상이 될 수 없다. SPAC이 M&A를 하기 위해 필요한 주주총회결의요건은 해당국가의 회사법에서 정하는 바에 따르게 된다. 한국형 SPAC은 M&A 방식이 합병으로만 제한되므로 대상법인이 결정되면 합병을 최종적으로 결정하기 위한 주주총회가 개최된다. 통상 SPAC이 M&A를 확정하기 위한 주주총회에서는 경영진과 스폰서의 의결권이 제한되며, 일반주주의 의사에 따라 결의내용이 정하여 진다. 주주총회에서 합병을 승인하면 합병대상법인은 합병등기를 거쳐 상장기업이 된다. 따라서 거래소는 합병이 완료되기 전에 합병대상법인의 상장적격성을 심사한다. 일정한 기한 내에 합병을 완료하지 못하는 경우에는 예치 또는 신탁된 금액을 일반주주에게 반환하는 등 청산 절차를 진행해야 한다.

3.3 PEF와 우회상장과의 비교[14]

SPAC과 PEF(Private Equity Fund, 사모펀드)는 모두 기업인수합병을 통한 가치상승을 목표로 하지만, 여러 측면에서 차이가 있다.

14 기업인수목적회사(SPAC) 제도해설, 2010

표 10.8 SPAC와 PEF의 비교

구분	SPAC	PEF
설립 형태	주식회사로 설립	합자조합
의결권	주주로서 의결권	의사결정권한이 없음
투자자 수 제한	공모펀드로 투자자수에 제한이 없음	투자자 수가 49명 이내로 제한됨
양도 가능 여부	자유롭게 거래가 가능	지분양도가 어려움
규제사항	집합투자기구 규제를 받지 않음	금융위원회에 등록하고 규제를 받음
리스크	우량한 비상장기업을 공모자금으로 인수하여 시장 리스크가 낮음	비효율적인 기업을 차입으로 인수하여 구조조정하게 되는 구조로 리스크가 큼
경영권	합병대상기업의 독립적 경영을 보장	경영권을 장악하여 구조조정을 통해 기업가치를 제고

그렇다면 우회상장과 SPAC상장은 어떤 차이를 가지고 있는지 비교해 보자.

우회상장은 비상장기업이 상장기업과 합병을 통해 상장심사나 공모절차 없이 증권시장에 진입하는 것을 의미한다. SPAC도 상장 후 비상장기업과 합병하는 방식으로 우회상장의 일종이긴 하지만, 일반적인 우회상장과는 몇 가지 차이가 있다.

- 일반적으로 거래소의 규제대상이 아닌 우회상장은 한계기업의 증시퇴출을 지연시켜 시장건전성을 훼손할 우려가 있지만, SPAC은 재무구조가 투명하여 이러한 우려가 적다.
- 일반적인 우회상장은 부실한 비상장기업이 적격성 심사 없이 시장에 진입할 수 있지만, SPAC은 우량한 비상장기업을 대상으로 하므로 이러한 가능성이 낮다.
- 일반적인 우회상장은 경영진 간의 모의로 시세조종 등의 불공정거래 우려가 있지만, SPAC은 합병대상기업의 사전 특정이 금지되어 이러한 가능성이 낮다.
- 일반적인 우회상장은 대규모자금 투입으로 M&A 이후 부작용이 발생할 수 있지만, SPAC은 특정한 대주주가 없어 이러한 부작용을 차단할 수 있다.

3.4 SPAC IPO의 장점과 단점

SPAC IPO의 장점과 단점은 〈표 10.9〉와 같다.

표 10.9 SPAC IPO의 장점과 단점

장점	단점
1. IPO 단축: SPAC 합병은 일반적으로 36개월 정도 걸리는 반면, IPO는 일반적으로 12~18개월이 소요된다. 2. 사전 가격 결정: IPO 가격은 상장 시점의 시장 상황에 따라 결정되지만, SPAC에서는 거래가 완료되기 전에 가격을 협상할 수 있으므로 변동성이 큰 시장에서 더 유리하다. 3. 추가 자금조달 가능: SPAC 스폰서는 원래 자본 외에도 부채나 PIPE(공개 주식에 대한 사적 투자) 자금을 조달하여 거래를 지원하고 합병된 회사의 성장을 촉진할 수 있다. 4. 마케팅 비용 절감: SPAC 합병은 광범위한 로드쇼를 통해 투자자의 관심을 끌 필요가 없다. 5. 스폰서의 전문성: SPAC 스폰서는 종종 경험 많은 금융 및 산업 전문가들이다. 그들은 자신의 인맥 네트워크를 활용하여 경영 전문성을 제공하거나 이들 중 한 명이 이사회에서 역할을 맡을 수 있다.	1. 지분희석: SPAC 스폰서는 별도의 투자 없이 일반적으로 SPAC의 20% 지분을 소유하며, 추가 주식을 구매하기 위한 워런트도 보유한다. 2. 주식 상환으로 인한 자금 모집 부족: 초기 SPAC투자자는 SPAC합병 전에도 주식을 상환할 수 있다. 만약 상환 요구가 예상을 초과한다면 현금 확보가 불확실해지고 SPAC은 PIPE 자금조달을 통해 부족한 자금을 채워야 할 수도 있다. 최근에는 평균 상환비율이 85%에 달하여 SPAC을 통한 자금확보에 어려움을 겪고 있다. 3. 공개회사 준비기간 감소: 전통적인 IPO보다 훨씬 짧은 기간 내에 SEC 보고서 작성 및 공개 회사 기능을 준비해야 한다. 4. 제한된 범위의 재무 검토: SPAC IPO는 전통적인 IPO와 같은 엄격한 사전 검토를 요구하지 않으므로 잠재적인 재무 재평가, 부정확한 가치 평가 또는 소송 등의 위험이 있을 수 있다.

출처: 2024해외IPO안내 Samil PWC Capital Market Group

3.5 최근 IPO시장 동향

2023년 한 해 동안 집계된 글로벌 IPO건수는 총 1,298건으로 2022년 1,415건에 비해 8% 감소했으며, 총 조달금액은 1,232억 달러로 1,843억 달러였던 전년대비 33% 하락한 것으로 나타났다. 미국시장 제외한 주요국가의 자본시장은 여전히 위축된 모습을 보였으며, 특히 9월 이후 주목되었던 IPO가 연이어 무산되면서 시장열기가 꺾였다. 실제로 IPO를 철회·연기한 기업의 수는 전체 IPO 건수의 54%를 차지해 2014년~2021년 평균상장철회율 16.5%에 비해 급증하였다. 통화정책에 따른 고금리 유지도 IPO시장에 부정적인 영향을 미쳤다. 2024년 1분기의 글로벌 IPO건수는 전년 동기대비 7% 감소하였고, 조달금액은 7% 증가하여 287건으로 237억 달러를 조달하였다.

소비재부문은 유일하게 전년대비 IPO 규모와 금액이 모두 증가했지만 기술부문은 미국 대형기업들에 대한투자자 반응이 미온적이었다. 생성형 AI 관련 스타트업들이 아직 벤처캐피탈(VC) 투자 단계에 머무르며 하락세를 이어갔다. 그럼에도 불구하고 322억 달러를 조달하며 전체시장을 견인했다. 또한 헬스케어·생명과학 부문의 IPO 규모와 금액은 중국과 미국에서 크게 감소했고, 사모펀드(PE)와 벤처캐피탈(VC)의 펀딩을 받은 기업수가 2021년 이후 78% 급감하는 모습을 보였다. 지역별로는 미주지역에서 전년대비 15% 증가한 153건의 IPO가 성사되었고, 총 227억 달러를 조달하며 전년대비 규모가 3배(155%) 가까이 늘어났다. 다만, 중국과 홍콩의 IPO규모와 금액이 계속 하락하며 어려운 한 해를 보낸 아시아태평양 지역에서는 총 732개 기업이 상장해 694억 달러를 조달했다. 전년대비 조달금액이 44% 줄어들었고, 금액 기준으로는 전체 글로벌 시장의 57%를 차지했다. 유럽, 중동, 인도, 아프리카(EMEIA) 지역은 전년 대비 7% 증가한 413건, 39% 감소한 311억 달러를 기록했다. 특히 인도 주가지수는 역사적 최고치를 경신하며 상승추세를 나타내고 있으며, 2023년 12월에는 홍콩거래소의 시가총액 규모를 넘어서는 기록을 세우기도 하였다.[15]

국내시장은 유가증권시장의 경우 신규 상장기업 수는 전년대비 증가하였으나 공모금액은 감소했다. 신규 상장기업 수는 2022년 대비 1사 증가하였으나, 공모규모는 2022년의 LG에너지솔루션(공모금액: 12.7조 원) 같은 대규모 상장이 없어 크게 감소했다.

- 신규상장: (2022년) 9사 → (2023년) 10사(이전상장 3사 포함, 再상장 제외)
- 공모금액: (2022년) 13.5조 원 → (2023년) 1.3조 원

코스닥시장의 경우 신규 상장기업 수(132사)는 2022년대비 증가하였는데, 공모금액(2.8조 원)은 소폭 감소했다. 공모시장 열기 및 IPO 건전성 제고, 기술특례상장 제도개선 등을 통하여 신규 상장(SPAC 제외)기업 수는 2022년 대비 11사 증가했다.

- 신규상장: (2022년) 129사 → (2023년) 132사(+3사, +2.3%)
- 공모금액: (2022년) 3.0조 원 → (2023년) 2.8조 원 (-0.2조 원, -6.5%)
  - ▶ 2022년 → 2023년: 일반기업(56사 → 60사), 기술특례기업(28사 → 35사), SPAC(45사 → 37사)[16]

지난 몇 년간의 유가증권시장과 코스닥시장의 상장추이를 살펴보면 〈표 10.10〉, 〈표 10.11〉과 같다.

2023년은 IT붐 이후 2023년 신규상장 기업 수는 〈표 10.11〉과 같이 132사로 2000년대 초반 IT붐 이후 최대치를 기록하였으며, SPAC을 제외한 경우에도 95사로 IT붐 이후 역대 최대를 기록했다. 기술성장특례상장 활성화 정책 등으로 인하여 신규 상장기업은 35사로 특례제도 도입(2005년) 이후 역대 최대 기록을 거두었다. 그러나 공모금액은 2023년 코스닥 신규 상장을 통해 조달한 공모금액은 2.77조 원으로, 코로나19(COVID-19)로 인한 확장적 통화정책으로 유동성이 풍부하였던 2021~2022년

15 2024 해외IPO안내 Samil PWC Capital Market Group

16 출처: 2023년 증권시장 결산 보도자료(KRX 2023.12.28)

표 10.10 유가증권시장 연도별 IPO현황

(단위: 社)

구분			2020년	2021년	2022년	2023년
국내기업	신규 상장	일반	5	15	5	8
		SPAC	—	1	—	—
		리츠	6	5	3	2
	SPAC 합병상장		—	—	—	—
	재상장		3	5	1	9
외국기업	신규 상장		—	1	—	—
합계			14	27	9	19

* 이전상장 0사(2020년) → 2사(2021년) →1사(2022년) → 3사(2023년)

출처: 지평IPO실무연구 2024

표 10.11 코스닥시장 연도별 IPO현황

(단위: 社)

구분			2020년		2021년		2022년		2023년	
			일반	특례	일반	특례	일반	특례	일반	특례
국내기업	신규 상장	일반	40	23	44	30	40	26	46	31
		SPAC	19	—	24	—	45	—	37	—
	SPAC 합병상장	존속합병	16	1	15	—	11	2	4	—
		소멸합병	—	—	—	—	4	—	10	4
	재상장		2	—	1	—	1	—	—	—
외국기업	신규 상장		1	1	—	1	—	—	—	—
합계			78	25	84	31	101	28	97	35
			103		115		129		132	

* 이전상장 12사(2020년) → 13사(2021년) →6사(2022년) → 7사(2023년)

출처: 지평IPO실무연구 2024

보다는 감소하였으나, 2020년 대비 증가하였다.

2023년 기술성장특례 상장기업은 非바이오26개사, 바이오 9개사로 다양한 업종의 기술성장특례 상장이 이루어졌으며 非바이오 기술성장특례 상장기업 수는 역

그림 10.6 코스닥 공모금액 현황

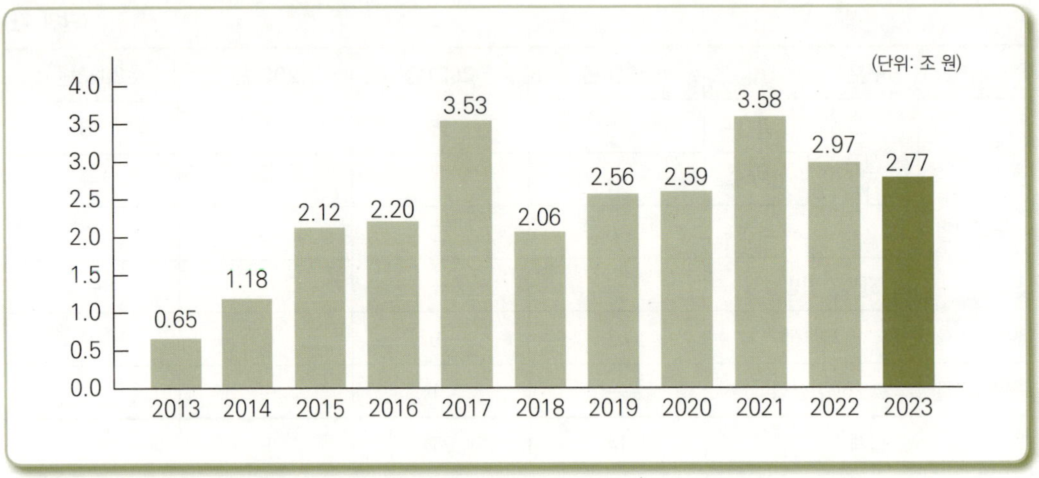

출저: 2023년 코스닥 신규 상장 현황 및 주요특징, KRX보도자료 2023.12.27

대 최대를 기록하였다. 기술성장특례 상장기업 중 非바이오 업종의 경우 소프트웨어, 반도체, 디지털 컨텐츠. IT 부품 등 다양한 업종의 기업들이 시장에 진입하였고, 바이오 업종의 경우 신약기업이 6개사로 가장 높은 비중을 차지하고 있다. 이것은 기술특례기업 상장활성화 및 표준기술평가제 시행 등의 결과로, 최근 국내외 금리인상 등으로 기업의 자금조달 환경이 악화된 상황에서 코스닥시장이 기술력과 성장성이 있는 중소벤처기업의 중요한 자금조달 창구 역할을 하고 있다고 볼 수 있다. 2023년 신규 상장기업의 업종별 현황을 보면 소프트웨어 업종 기업이 19사로 3년 연속 가장 많이 상장되었으며 보안, 의료, 자동화 등 솔루션 업체들의 상장이 활발 하게 진행되었다. 또한 반도체 산업에 대하여 '반도체 미래기술 로드맵'과 같은 정부의 지속적 지원 정책과 설비투자 회복기대감 등으로 2023년 17사가 코스닥시장에 상장(2021년 3사, 2022년11사)하게 되었다.

코스닥시장에 상장된 소·부·장(소재·부품·장비산업) 인증기업 중 기술성장 특례제도를 통한 상장기업 수(2023년 15사) 및 비중(2023년 53.5%)은 지속적으로 증가 중이며, SPAC의 경우 2023년에 37사가 상장되어, SPAC도입(2009년)이후 세 번째 순위(2015년 45사, 2022년 45사) 기록하기도 하였다. 2023년 말 기준 코스닥시장에 상장되어 있는 SPAC수는 2022년말 69사대비 85사로 증가하여, 향후 중소벤처기업이 SPAC합병을 통해 조달할 수 있는 자금여력 확대되고 있다.

※ 상장되어 있는 SPAC의 총 공모금액: 2022년 말 0.72조 원 → 2023년 말 1.05조 원[17]

17 2023년 코스닥시장 신규 상장 현황 및 주요특징, 보도자료 KRX, 2023.12.27

4. 인수합병

4.1 인수합병

사모투자회사의 일반파트너(GP)가 그들의 포트폴리오 회사들을 평가할 때는 항상 언제 투자를 회수할지 그리고 어떤 방법으로 투자를 회수할지 고민한다. 가끔은 인수합병이나 폐업이 전혀 예기치 않은 상태에서 발생하기도 하지만 거의 대부분의 투자회수는 기회를 창출하고 다른 투자자들과 경영진이 동의하도록 설득하는 데 많은 노력이 수반된다.

인수합병은 인수하는(Acquiring) 하나의 기업이 인수당하는(Target) 다른 기업의 주식 또는 자산을 현금으로 매입 또는 인수회사의 주식으로 지불하는 인수(Acquisitions)와 2개의 기업이 합쳐져서 새로운 회사가 탄생하고 병합 회사의 이름으로 주식을 발행하는 합병(Mergers)을 통칭하는 것이다.

기업이 외적인 성장을 위해 취할 수 있는 전략은 회사 내부에서의 성장인 유기적 성장, 글로벌 시장으로의 확장, 제품 다양화, 인수합병(M&A), 그리고 전략적 제휴 등 다양하다. 회사는 시간이 오래 걸리는 유기적 성장보다는 주로 인수를 통해서 다른 산업이나 시장으로 쉽고 빠르게 진출할 수 있다. 따라서 인수가 합병에 비해 보다 빈번하게 발생한다. 인수의 형태는 주식인수와 자산인수 두 가지로 크게 나뉜다. 주식인수는 다른 기업의 경영관련 의사결정권 속칭 경영권 확보가 가능한 다량의 주식을 매입하는 것이다.[18] 주식인수에서 피인수기업의 기존주주가 보유한 주식을 매입하는 것을 구주매입, 피인수기업이 새로 발행하는 주식을 매입하면 신주인수라고 말한다 SK텔레콤이 2012년 2월에 하이닉스의 채권단이 보유한 구주 6.4%와 하이닉스가 제3자 배정방식으로 발행하는 신주 14.7% 지분을 인수한 것이 대표적인 인수 사례이다.[19] 신주인수로 하이닉스에 유입된 자금은 회생의 기반이 된 설비확장과 기술개발에 유용하게 사용되었다. SK그룹은 하이닉스를 인수하여 반도체 산업에 진출하고

18 이것이 인수합병을 경영권 시장이라고 부르는 이유이기도 하다. 회사 내부에서 경영자가 주주보다 자신의 이익을 우선할 때 회사 내부에서 경영자를 교체하는 기업지배구조 장치가 작동하기 어려워 주가가 많이 하락하는 경우에는 기업 외부에서 회사를 정상화하려는 세력이 존재하고 이들이 주식을 대량으로 매입한 후에 주주총회에서 기존의 경영자를 교체하고 새로운 경영자를 선임하여 기업회생 전략을 실행하여 주주가치를 제고하는 것을 경영권 시장이라고 하고 대표적인 경영권 시장 참가자가 사모펀드이다. 경영권 시장은 다른 회사와의 경쟁과 더불어 경영자의 도덕적 해이를 방지하는 대표적인 외부 규율에 속한다.

19 SKT, 마침내 3조 4천억 원 하이닉스 인수 – ZDNet korea의 기사를 참고

결과적으로 재계 2위로 도약할 수 있었다.[20] 성공적인 인수의 추가적인 사례로 마이크로소프트의 비즈니스 인맥 SNS 기업인 링크드인(LinkedIn) 주식을 현금으로 262억 달러를 지불하고 매입한 인수가 있다. 마이크로소프트는 인수 조건으로 링크드인의 기존 회사명과 경영진 등의 사업 아이덴티티를 인수 이후에도 보장하기로 했다.[21] 인수 초기 실패로 여겨졌던 이 인수는 당초에 의도했던 시너지가 발휘되어 링크드인의 인상적인 매출 성장과 마이크로소프트 제품에 대한 충성 사용자의 증가라는 상생효과를 발휘하게 되었다.[22]

회사가 IPO를 통한 회수가 어려울 것으로 판단한 창업가나 재무적 투자자는 투자회수를 위해 인수를 통해 기업을 매각하는 경우에 다음의 절차를 일반적으로 거치게 된다.[23]

인수합병 전략 수립 및 검토

- 매도자는 매각 시점 검토, 주간사 선정, 회계법인, 법무법인 등의 외부자문사 선임, 매각 일정 등을 결정하는 사전준비를 완료
- 매수자는 시너지를 낼 수 있는 사업분야 파악, 해당 사업분야 매물의 과소를 파악, 인수대금의 규모 및 조달방식 검토

잠재적 매도자/매수자 접촉

- 매도자는 잠재적 인수후보자에게 회사명이 명시되지 않은 투자안내문(Teaser Letter)과 사전수요조사를 실시하여 인수의향을 타진하고 우선순위가 높은 인수후보자에게 매각기업의 이름 실적과 전망 및 법적인 절차를 기술한 투자안내서(Information Memorandum)을 제공하고 매입자에게서 비밀유지 서약서를 수신
- 매수자는 매각될 기업의 가치와 시너지효과에 기반한 인수가격 산정 및 자금조달 계획에 따라 매수 여부를 결정하고 인수하기로 결정한 기업은 투자안내서에 기초하여 인수제안가격을 결정하고 예비 입찰에 인수가격과 다른 계획이 담긴 인수의향서(Letter of Intent)를 제출

---

20 '최태원 승부수' SK하이닉스 인수 10년…재계 2위 도약 견인차 됐다 | 중앙일보 (joongang.co.kr)의 기사를 참고

21 마이크로소프트와 링크드인 인수의 부대 조건은 https://www.businesspost.co.kr/BP?command=article_view&num=29248의 기사를 참고

22 마이크로소프트와 링크드인 인수의 시너지 효과는 https://www.hankyung.com/article/202307039834i의 기사를 참고

23 보다 자세한 내용은 삼일회계법인이 2022년도에 발간한 M&A Guide Book(https://www.pwc.com/kr/ko/services/samilpwc_mna_guide-book.pdf)을 참고

실사 및 기업가치 평가

- 매도자는 인수의향 기업들의 인수의향서를 검토하여 우선협상대상자와 예비우선협상대상자를 선정하거나 유찰한다. 이후에 매도자는 우선협상대상자에게 실사에 필요한 데이터 및 대략 4주간의 정밀실사 기간을 제공하고 우선협상대상자는 자문사의 도움을 받아 회계 및 법적 문제를 검토
- 매수자는 매도자와 양해각서(MOU)를 체결하고 매도자가 제공하는 데이터를 활용하여 정밀실사를 실시하고 거래가격 산정을 위해 기업가치 평가를 수행

거래 협상 및 계약 체결

- 매도자와 우선협상대상자는 실사결과를 토대로 인수가격을 중점적으로 최종협상 실시하고 최종협상 결과 합의된 내용을 바탕으로 본계약을 체결
- 최종계약에 포함할 매수 혹은 매도자의 진술 및 보장, 선행조건, 계약해제 등 주식매매계약의 필수 조항들을 서로 확인하고 협상하고 협상이 타결되면 매도자와 우선협상대상자가 주식매매계약서와 주주 간합의서를 통해 최종계약 체결

거래 종결

- 거래 종결을 위한 선행조건을 이행
- 우선협상대상자가 기업결합신고를 완료하고 법인등기를 하면서 인수대금의 잔금을 지급하면 인수가 종료

사후통합(Post Merger Integration: PMI)

- 매도자인 인수대상회사와 매수자인 인수회사 간 효과적인 통합을 위해 인력구조조정, 조직통폐합, 문화 및 시스템의 통합 과정을 진행

기업을 인수할 때는 특별한 규제가 없이 매도회사와 매입회사 간의 합의에 의해 인수가격을 결정한다. 인수가격의 결정은 인수의 3단계와 4단계에 해당하는데 이론적으로 매입회사가 인수가격을 결정하기 위해서는 다음의 단계를 거친다.

① 인수대상회사의 미래 현금흐름을 추정하고 이 현금흐름들을 자본비용으로 할인하는 현금흐름할인법, 인수대상회사와 유사기업들에게서 EV/EBITDA와 같은 배수를 도출하고 인수대상회사의 추정 EBITDA에 이 배수를 곱해 기업가치를 산정하는 시장기준접근법, 회계장부 가치를 기준으로 하는 기업가치를 산정하는 자산기준 접근법 등의 여러 가지 방법론을 활용하여 인수대상회사의 기업가치(Enterprise Value)를 산정

② 인수대상회사에게 지불할 추가적인 보상인 프리미엄을 결정하기 위해 인수로 인한 효율성 제고와 시너지 효과로 인한 기업가치 증가분을 추정
③ 인수대상회사의 기업가치와 프리미엄을 더해 인수가격 결정

인수대상회사가 상장기업인 경우에는 시가총액을 공정가치로 평가하고 비상장기업인 경우에는 기업가치를 추정해야만 한다. 이익이 발생하지 않는 벤처기업의 경우에는 현금흐름할인법을 적용하기 어렵기 때문에 매출액에 일정한 승수를 곱하는 매출액 승수법을 주로 사용한다. 매출이 발생하지 않는 초기 벤처기업의 경우는 월평균 사용자수에 일정한 단가를 적용하여 인수가격을 결정하는 가입자 단가법이 사용되기도 한다.

타 회사의 지분을 의미있는 수준까지 인수하기 위해서는 막대한 양의 자금이 조달되어야 한다. 이러한 자금조달의 압박으로 인해 인수를 실행한 기업이 재무적인 곤경에 처하는 일이 발생하는데 이를 승자의 저주라고 한다. 이는 과다한 프리미엄을 지급하기 위해 부채에 의한 자금조달에 무리수를 두는 경우에 발생하는 것이다. 여기서는 일반적인 자금조달이 아니라 인수합병이라는 특수한 상황에서 자금조달 방법에 대해 고찰한다.

자기자본 조달

- 자기자본 항목에서 순이익에서 주주배당을 제외한 유보금을 누적한 금액인 내부유보금이 제일 먼저 사용된다. 삼성전자의 경우 내부유보금의 규모가 수백조가 달하기 때문에 통상적인 인수에 자금조달의 부담이 없이 인수를 진행할 수 있다.
- 그 다음 자기자본 조달 방식은 신주발행이다. 주식 시장에 유상증자를 통해 자금을 조달할 수는 있지만 이 방식은 기존 주주의 지분이 희석되는 단점이 있어서 제3자배정 유상증자를 통해 발행한 주식을 인수대상 회사에게 지불의 수단으로 사용하는 경우가 일반적이다. 제3장배정 유상증자는 매수기업의 주식과 매도기업의 주식을 교환하는 일종의 지분스왑으로 파트너십을 구축하기 위한 전략으로 자주 활용된다.

부채 조달

- 인수기업이 인수자금을 금융기관으로부터 대출하는 것을 인수금융이라고 한다. 인수금융에는 단기 대출인 한도대출(Line of Credit)과 중장기 대출인 기간대출(Term Loan)을 보통 패키지로 사용한다. 한도대출은 사용할 수 있는 한도가 정해지고 한도 내에서 언제든지 현금을 인출하면 인출한 총액에 대한 이자를 내는 대

출인데 반해 기간대출은 바로 약정한 금액을 받고 일정한 금액의 이자를 만기까지 상환하다가 만기에 원금을 갚는 대출이다.

- 인수금융의 대표적인 사례로는 사모지분투자회사인 클레이튼 듀빌리어 앤드 라이스(Clayton Dubilier & Rice: CDR), 칼라일 그룹, 메릴린치 글로벌 사모투자회사 연합이 포드 자동차의 자회사인 허츠(Hertz)의 94억 달러의 대출을 상환하는 조건으로 56억 달러의 발행주식을 인수가 있다. 따라서 인수에 필요한 금액은 150억 달러였는데 인수자금조달을 위해 연합이 30억 달러의 자기자본을 투자하였고 120억 달러의 신규대출을 일으켰다.[24] 신규대출 중에서 70억 달러는 자산담보 회전한도대출(Asset Backed Revolving Line of Credit)이었고 50억 달러는 은행대출과 공모채권 발행의 결합인 기간대출이었다.[25]

재무적 투자자 활용

- 재무적 투자자는 수익성을 내기 위해 유망한 인수 거래에 참여하는 투자자를 의미하고 대개는 사모펀드, 연기금, 자산운용사를 말한다. 이들은 경영권이 목적이 아니기 때문에 인수기업이 큰 기업을 인수할 때 선택하는 투자자들이다. 재무적 투자자는 지분투자에 참여하더라도 지분을 취득하기보다는 전환사채(Convertible Bond: CB), 신주인수권부사채(Bond with Warrant: BW)와 같은 주식과 채권의 혼합형 증권에 투자한다. 인수기업의 가치가 올라가면 혼합형 증권을 주식으로 전환하기나 유상증자에 참여하고 그렇지 않은 경우는 채권을 만기까지 보유하여 정해진 수익률을 달성한다.
- 재무적 투자자는 인수회사에게 보증이나 담보 또는 IPO 등과 같은 수익률 보장을 요구하기도 한다. 재무적 투자자는 인수대상기업이 비상장회사라면 일정한 기간 내에 최저 공모가격 이상으로 기업공개를 실시하도록 요구하고 이를 이행하지 못할 경우엔 정해진 수익률로 투자금을 상환하게 만드는 자금회수 보장을 요구하기도 한다.

합병기업과 합병대상기업 사이의 관계에 따라서 합병은 다음과 같이 분류된다. 대금 지급 방법에 따라서 여러 가지 유형의 합병이 존재한다.

24 이 인수는 자기자본에 비해 Hertz의 중고 자동차 자산을 담보로 막대한 부채에 의한 조달로 인수를 실행하는 대표적인 차입매수(Leveraged Buyout, LBO)의 사례이다. 차입매수는 대상기업을 상장폐지한 후에 비상장기업 상태에서 구조조정과 비수익 사업부문 매각을 통해 기업가치를 올린 후 기업공개 또는 재매각을 통해 수익을 올리는 인수합병 전략이다.

25 CDR의 Hertz 인수와 관련된 자금조달에 관해서는 https://www.buyoutsinsider.com/cdr-steers-huge-sale-of-hertz/를 참고

① 수평적 합병(Horizontal Merger): 합병기업과 합병대상기업이 동일한 산업에서 경쟁관계에 있을 때를 수평적 합병이라고 한다. 이 경우 합병의 이유는 주로 규모의 경제 실현과 중복되는 부서를 통폐합하여 비용을 절감하는 것이 합병의 이유가 된다. 하지만 이러한 합병이야말로 독과점 심사의 대상이 된다.

② 수직적 합병(Vertical Merger): 합병대상기업이 합병기업의 제품을 사거나 반대로 합병대상기업의 제품을 합병기업이 사는 관계에 있을 때를 수직적 합병이라고 한다. 이 경우는 범위의 경제가 주요한 합병의 사유가 된다. 은행과 증권 보험과 같이 다양한 금융기관을 모두 영위하는 유니버셜 뱅킹에서 소비자 정보는 각 사업부문에서 공유하면서 하나의 유니버셜 뱅킹의 다양한 사업부문을 이용하도록 유도하는 효과가 있다. 이것이 소위 말하는 범위의 경제에 해당한다.

③ 다각화 합병(Conglomerate Merger): 합병대상기업과 합병기업이 전혀 무관한 산업에서 있을 때 이를 사업다각화 줄여서 다각화 합병이라고 한다. 기업이 다각화 합병을 하는 이유는 위험감소, 매출 및 수익성 안정으로 인한 부채 여력(Debt Capacity)의 증가, 상장기업과 비상장기업의 합병 시 비상장기업 주주의 유동성 증가 등이다. 이러한 합병은 1960년대 미국에서 크게 유행했지만 1980년대 유행한 적대적 인수합병을 통해 성과가 나빠진 다각화 기업에서 사업부문을 인수하는 스핀오프(Spin-Off)의 유행을 가져왔다.

합병의 형태에는 흡수합병과 신설합병이 존재한다.[26]

흡수합병(Absorption Merger)에서 합병하는 기업은 합병대상기업을 통합하여 대상기업의 자산, 부채, 직원을 모두 흡수한다. 합병하는 기업(존속기업)은 존속하고 합병대상기업(소멸기업)은 법적으로 소멸한다. 하나의 사례로 구글은 2014년에 알파고를 개발한 인공지능 기업인 딥마인드를 인수하고 2023년에는 자회사인 구글 브레인과 딥마인드를 합병하고 구글 딥마인드라고 명칭하였다.[27] 이 합병으로 구글은 인공지능 분야에 대한 경쟁력을 강화할 수 있었다. 또다른 흡수합병의 사례는 신한은행이 조흥은행을 합병한 것이다. 이 합병에서 조흥은행이 존속법인으로 되고 신한은행은 소멸법인으로 정하였지만 합병 후에 법적으로는 신한은행이 소멸했지만 나중에 존속법인이 조흥은행이 회사명을 신한은행으로 개명한 사례가 있다.

---

26 흡수합병과 신설합병에 대한 자세한 내용은 https://jcinus.com/%EC%9D%B8%EC%88%98%ED%95%A9%EB%B3%91-%EC%82%AC%EB%A1%80/를 참고

27 자세한 내용은 https://www.theverge.com/2023/4/20/23691468/google-ai-deepmind-brain-merger를 참고

신설합병(Amalgamation Merger)에서 합병하는 2개의 기업은 새로이 생성되는 기업에 자산, 부채, 직원을 이관하고 기존의 기업들은 법적으로 소멸한다. 신설합병을 하는 하나의 이유는 기존 기업들이 법적 소송과 같은 문제가 있을 경우 기존 회사가 이를 떠안기보다는 신설 기업에 자산을 이관하고 법적으로 소멸할 기업이 소송을 전담할 수 있기 때문이다. 2015년에 하인즈(Heinz)와 크래프트 푸드(Kraft Foods)가 합병하여 크래프트 하인즈(Kraft Heinz)라는 회사를 신설하고 신설회사 지분의 51%는 하인즈의 주주에게 나머지 49%는 크래프트에 배정된 것이 신설합병의 사례이다.[28]

합병 특히 절차가 간단한 흡수합병은 다음의 절차를 일반적으로 거치게 된다.

사전준비

- 합병에 관련된 법률, 회계, 세금 문제 검토
- 합병 절차 및 일정 계획, 합병가액 산정 및 합병비율 결정
- 합병 계약서 및 신고서 작성

합병계약 체결

- 합병 참여기업 각각이 이사회에서 합병을 결의
- 합병의 목적, 비율, 일정 등이 포함된 합병계약 체결 후 이를 금융위원회에 신고하고 거래소에 공시

주주총회 승인

- 존속기업은 주주총회 소집 통지일부터 주주총회 전일까지 합병반대의사 접수
- 존속기업은 주주총회를 개회하여 합병 승인을 받음
- 합병은 주주총회 특별결의사항이라서 발행주식 총 수의 1/3 찬성과 총회에 출석한 주식 총 수의 2/3 찬성을 동시에 만족해야 승인됨

채권자 이의 제출

- 존속 기업은 채권자들에게 합병을 통지하고 그들로부터 이의 제출을 수령

합병 등기

- 주주총회 승인과 채권자 이의 제출이 완료된 후에 존속기업은 합병을 등기하여 합병을 완료

합병 신고

- 존속기업은 합병 등기 후에 합병 사실을 증권거래소에 신고

---

28 자세한 내용은 Forbes의 기사인 Analysis Of the Kraft-Heinz Merger (forbes.com)를 참고

- 존속법인이 신주를 발행하고 합병 비율에 따라서 소멸법인 주주에게 발행신주를 배분
- 합병반대의사를 표시하여 주식매수청구권을 부여받고 청구권을 행사한 주주에게는 주식매수 청구대금을 지급

기업 간에 합병할 때 가장 첨예한 문제는 합병비율을 결정하는 것이다. 합병비율이란 합병회사들의 주식을 교환하는 비율을 의미한다. 예를 들어 A라는 존속기업이 B라는 소멸기업을 흡수합병하고 합병비율이 1(A):0.4(B)로 결정되었다면 B기업의 주식 100주를 보유하는 주주는 그 100주가 소멸되지만 존속기업 A의 신규로 발행한 주식 40주를 받는 것이다.

합병비율은 세금회피, 경영권 편법승계와 같이 대주주의 사익편취 수단으로 악용될 수 있기 때문에 합병가액을 결정하는 방식에 대해서는 법적인 규제가 존재한다. 우리나라에는 기업합병 주체별로 합병가액을 결정하는 네 가지 방식이 존재한다.

① 상장법인과 상장법인 간의 합병은 자본시장법에 의한 평가를 진행하고 기준주가에 기반하여 합병비율을 산정
② 상장법인과 비상장법인 간의 합병은 상장법인은 자본시장법에 의한 평가를 적용하고 비상장법인은 증권의 발행 및 공시 등에 관한 규정에 따라 평가
③ 비상장법인과 비상장법인 간의 합병에서 특수관계자가 존재할 경우에는 상속세 및 증여세법에 따라 평가
④ 비상장법인과 비상장법인 간의 합병에서 특수관계자가 부재할 경우에는 계약당사자 간의 합의로 결정

상장회사 간 합병 및 상장회사와 비상장회사 간의 합병비율 결정에서 활용되는 기준주가는 이사회 결의일과 합병 계약일 중 빠른 날의 전일을 기산일로 하여 다음의 산식에 의해서 계산된다.

주당 기준주가 =

$$\frac{\text{최근 1개월 거래량가중평균주가} + \text{최근 1주일거래량가중평균주가} + \text{기산일 전일 종가}}{3}$$

4.2 적대적 인수합병

4.2.1 적대적 인수합병 및 방어책 논의

인수합병에는 대상회사의 대주주 및 경영진이 인수합병에 협의하는 우호적(Friendly) 인수합병과 경영진과 이사회와의 협의하지 않고 대상회사를 주식을 일반 주주로부터 매수해서 인수합병을 시도하는 적대적(Hostile) 인수합병이 있다. 인수합병이 경영권 시장의 형태로 경영자의 도덕적 해이를 방지하는 대표적인 외부 규율의 역할을 수행하는 순기능이 있는 반면에 적대적 인수합병은 자본주의의 대표적인 폐혜라고 비판받은 이유이기도 하다. 적대적 인수합병은 회사의 창업자에게 있어서 가장 악몽 같은 회수이다. 이는 코스닥에 상장한 회사들 중에서 기업사냥꾼이 무자본 인수합병으로 기업을 탈취하는 사례에서 잘 드러난다.[29] 그 이유는 경영권을 빼앗기면서 금전적인 보상도 제대로 얻지 못하기 때문이다. 따라서 기업사냥꾼들이 어떻게 적대적 인수합병을 시도하고 이를 방어하기 위해서는 어떤 대책을 마련해야 하는지를 살펴본다.

적대적 인수합병을 시도하는 개인 또는 그룹은 대상회사의 주식을 공개매수(Tender Offer) 방식으로 매수해서 주주총회에서 경영진 교체를 위한 안건을 상정하고 공개매수로 늘린 투표권을 주주총회에서 위임장 대결(Proxy Contest)에 활용하고 여기서 승리하면 기존 경영진을 교체한다.[30] 적대적 인수합병 추구 그룹은 기존 경영진을 교체한 후에는 대체로 회사를 비상장회사로 변경하기 위해 자진해서 상장폐지를 신청한 후에 인력과 조직을 개편하여 운영의 효율성을 확보하고 재상장을 위해 노력한다.

한국에서의 최근 적대적 인수합병의 사례는 다음과 같다.[31]

우리나라에서 공개매수를 통해 적대적 인수합병을 시도한 대표적인 사례로는 2019년에 행동주의 펀드인 KCGI, 반도건설, 조현아의 3자 연합이 한진칼의 경영권을 인수하려던 시도가 있다.[32] 이 시도는 위임장 대결까지 진행되었지만 이명희 조현민 등의 조양호 전회장 일가와 한국산업은행 및 델타항공이 우호 세력으로 2020년 주주총회에서 현 경영진인 조원태 회장의 선임을 지지하여 결국은 무산되었다.

2022년 단군이래 최대의 직원 횡령 사건에 연루된 오스템임플란트는 KCGI가 지배구조 개선을 목표로 지분율을 6%로 늘렸다고 공시하자 대주주인 최규옥 회장이

---

29 https://blog.naver.com/leewonsup1/223480131445 참고

30 보다 자세한 적대적 인수합병 절차와 방어법에 대해서는 https://www.leeko.com/upload/upFile/201701//RESE201701031306264148256.pdf를 참고

31 과거의 적대적 인수합병 사례는 https://www.etnews.com/20230308000235를 참고

32 이에 대한 자세한 내용은 김동운의 2024년 논문 https://www.kci.go.kr/kciportal/ci/sereArticleSearch/ciSereArtiView.kci?sereArticleSearchBean.artiId=ART003061360을 참고

2023년 1월에 MBK파트너스와 UCK파트너스 컨소시엄에 지분을 매각하였고 컨소시엄은 두 차례의 공개매수를 통해 지분율을 96%로 늘렸다. 추후에 컨소시엄은 자진 상장폐지를 신청하였고 거래소는 2023년 8월에 상장폐지를 승인했다.[33]

2023년도 SM엔터테인먼트 경영권 분쟁 사례는 한국에서 적대적 인수합병에 의한 경영권 시장이 매우 고도화되었음을 보여주는 증거이다. 이 경영권 분쟁에는 SM엔터테인먼트, HYBE, 카카오엔터테인먼트의 3개 회사가 법무법인 광장, 김&장, 태평양을 법률 자문회사로 각각 선임하여 세간의 관심을 끌었고 결과적으로 카카오(Kakao)가 SM엔터테인먼트를 인수했지만 카카오의 배재현 투자총괄대표가 시세조종 혐의로 구속되었고 2024년 7월 23일 카카오의 창업자인 김범수 경영쇄신위원장도 시세조종에 가담한 혐의로 구속 영장이 발부되었다.[34]

4.2.2 적대적 인수합병 방어법

경영진이 적대적 인수합병으로부터 회사를 방어하는 기제는 사전예방 차원의 방어행위와 위협에 당면해서 성공을 저지하기 위한 사후적 방어행위로 구분한다.

예방적 방어 행위로는 다음의 방법들이 존재한다.

- 투자자와의 우호적 관계를 강화하기 위하여 기업실적 및 경영환경 등을 홍보
- 정관에 인수합병 주주총회 승인에는 보편적인 다수결의제(1/2 이상 찬성)의 요건보다 강화된 초다수결의제(2/3 이상 찬성)의 요건을 적용하는 것으로 추가/변경
- 이사의 수에 대한 상한 적용 또는 자격을 제한
- 매해 새로 선임하는 이사의 비율을 1/3로 하여 공격회사가 한 번에 이사회를 장악하기 어렵게 만드는 이사의 교차 임기제(Staggered Board)를 도입
- 우리사주조합을 확대하여 우호세력 확보
- 의결권이 없지만 자기주식(속칭 자사주) 취득하여 이를 우호세력에게 매도
- 비자발적으로 퇴직하는 임원에게 고액의 퇴직금을 지급하는 황금 낙하산(Golden Parachute) 제도 도입
- 제3자가 대상회사 발행주식 총 수의 일정한 비율 이상을 취득하는 경우에 기존 주주들이 낮은 가격으로 대상회사 주식을 추가로 매수하거나 자신의 보유 주식

33 이에 대한 자세한 내용은 https://news.einfomax.co.kr/news/articleView.html?idxno=4277268를 참고

34 SM엔터테인먼트 경영권 분쟁과 관련한 내용 정리는 https://namu.wiki/w/SM%EC%97%94%ED%84%B0%ED%85%8C%EC%9D%B8%EB%A8%BC%ED%8A%B8%20%EA%B2%BD%EC%98%81%EA%B6%8C%20%EB%B6%84%EC%9F%81를 참고

을 고가에 매도할 수 있는 권리를 행사할 수 있게 하는 독약 계획(Poison Pill Plan) 도입

사후적 방어 행위에는 다음의 방법들을 사용할 수 있다.

- 경영진이 기자회견, 보도자료 등으로 주주 및 사회구성원에게 인수의 부당성을 설득
- 대상회사가 제3의 회사를 인수합병하여 대상의 매력도를 낮추거나 공격 회사와 경쟁관계에 있는 회사를 인수합병하여 독점규제법의 적용을 받게 만듦
- 경영진에 우호적인 제3자인 백기사(White Knight)를 물색하여 대상회사의 지분을 취득하게 만듦
- 대상회사가 공격회사의 경영권을 획득하기 위하여 공격회사의 주식을 공개 매수하는 역공개매수(Pac Man)를 실시
- 신주 또는 전환사채와 신주인수권부사채를 발행하여 우호적인 제3자에게 배정
- 공격 회사를 소송
  - ▶ 의결권의 부존재확인 또는 행사금지가처분 신청
  - ▶ 공개매수 규정의 위반, 주식 대량보유상황 보고의무 위반, 특별법상 의결권 제한에 해당하는 경우에는 의결권 무효화 소송

Appendix

부록

주주간계약서(예시)

벤처기업 인증제도

벤처기업과 투자자에 대한 주요혜택 정리

우리나라 다양한 벤처지원기관

벤처 관련 각종 협회들

“선진 벤처투자시장 도약방안” 추진전략

주주간계약서(예시)

주주 김OO, 이 OO, 박 OO(이하 개별적으로 또는 총칭하여 "주주"라 한다)은 **주식회사 ◇◇◇◇**(이하 "회사"라 한다)를 공동으로 운영하는 과정에서 상호 신뢰를 바탕으로 아래와 같이 약정하고 이를 준수할 것을 확인한다.

▶ 필요에 따라 전문을 통해 총발행 주식수와 주주 각자의 지분율을 표시할 수 있다.

제1조 목적

본 주주간 계약은 회사 운영에 대한 제반 사항을 규정하고, 주주간 발생할 수 있는 분쟁에 대한 합리적인 해결 방안을 모색하며 향후 회사 경영의 효율성을 높이고 주주간의 경제적 이익을 보호하고 도모하는데 그 목적이 있다.

▶ 필요에 따라 별도의 항목으로 주주 각자의 역할과 업무의 범위를 조항으로 삽입하기도 한다.

▶ 필요에 따라 별도의 항목으로 주주간의 합의 방식을 정하고, 합의나 협의해야 할 내용을 나열할 수 있다.

제2조 겸업의 금지

주주는 다른 주주의 사전 서면 동의가 없는 한, 회사가 수행하고 있는 사업과 동종의 사업을 독자적 또는 제3자와 동업으로 경영하거나, 타인의 동종 사업장에 종사하거나 또는 동종의 사업체에 대한 지분을 본인 명의 또는 타인 명의로 취득하는 등 동종의 사업에 관여하는 행위를 일체 행하여서는 아니 된다.

제3조 경업의 금지

3.1. 당사자들은 본 계약기간 동안 회사를 통하여 아래 경업금지 대상사업을 수행하며, 상대방 당사자의 사전서면 동의 없이 국내외에서 아래 경업금지 대상사업과 (i) 동일 또는 유사한 사업을 영위하거나 (ii) 동일 또는 유사한사업을 영위하는 회사를 신설하거나, (iii) 동일 또는 유사한 사업을 영위하는 회사에 경영권을 행사할 목적으로 투자할 수 없다.

3.2. 경업금지 대상사업: <u>△△△△</u> 분야의 제품을 개발, 제조, 유통, 판매 또는 이와 관련된 부수적인 서비스사업

제4조　주식의 처분 제한

주주는 본 계약 체결일 이후 3년째 되는 날(이하 "양도제한기간")까지 다른 주주의 사전 서면 동의가 없는 한, 보유하고 있는 회사의 주식 또는 신주인수권(이하 "보유주식")의 전부 또는 일부를 제3자에게 양도, 매각하거나 담보를 설정하는 등의 처분행위 일체를 행할 수 없다.

제5조　우선매수권(Right of First Refusal)

4.1. 우선매수권. 주주는 양도제한기간이 경과한 이후 어느 당사자(이하 본 조에서 "매도주주")가 보유주식의 전부 또는 일부를 제3자(이하 본 조에서 "예정양수인")에게 양도하고자 하는 경우 당사자 이외의 주주(이하 본 조에서 "다른 주주") 또는 다른 주주가 합의하여 지정하는 자로 하여금 예정양수인에게 양도하고자 하는 조건과 같은 조건으로 양도대상주식을 우선적으로 매수할 수 있는 권리(이하 "우선매수권") 를 행사할 수 있다.

4.2. 행사방법. 매도주주는 상대방 당사자에 대한 사전 서면통지(이하 본조에서"양도통지")로 위 주식을 예정양수인에게 제안된 것과 동일한 가격으로 매수할 것을 요청하여야 한다. 이경우 매도주주는 양도통지에 보유주식을 예정양수인에게 양도하고자 한다는 취지, 예정양수인의 명칭과 주소, 양도대상 주식수, 주당 양도가격, 양도예정일 기타양도의 주요조건 (이하 본 조에서 "양도조건")을 명시하여 상대방 당사자에게 서면으로 교부하여야 한다. 다른 주주는 우선매수권을 행사하여 양도대상주식을 매수하기를 원하는 경우 처분통지를 수령한 날로부터 30일 이내 이내에 상대방 당사자는 양도대상 주식의 전부에 대하여 직접 또는 제3자를 통하여 매수할 것인지 여부를 선택할 수 있다.

제6조　동반매도권(Tag Along Right)

5.1. 동반매도권(Tag Along Right). 양도제한기간이 경과한 이후 어느 당사자(이하 본 조에서 "매도주주")가 보유주식의 전부 또는 일부를 제3자(이하 본 조에서 "예정양수인")에게 매도하고자 하는 경우, 당사자들은 아래 절차에 따라 상대방 당사자에게 자신의 보유주식의 전부 또는 일부가 매도주주가 예정양수인에게 매도하는 조건과 동일한 조건으로 예정양수인에게 함께 매도되도록 요구할 수 있다.

5.2. 행사방법. 매도주주는 보유주식을 예정양수인에게 양도하고자 한다는 취지, 예정양수인의 명칭과 주소, 양도대상 주식의 수, 주당 양도가격, 양도예정일 기타양도의 주요조건(이하 본 조에서 "양도조건")을 상대방 당사자에게 사전에 서면으로 통지(이하 본조에서 "양도통지") 하여야 한다. 매도주주로부터 양도통지를 수령한 날로부터 30일 이내에 상대방 당사자는 통지된 조건에 따라 보유주식의 전부 또는 일부를 동반매도 할 것인지 여부를 선택할 수 있다.

제7조 근속 의무

(1) 주주는 본 계약체결일로부터 ○**년**간 회사의 임직원으로서 재직하여야 한다.

(2) 주주가 위 기간 내에 회사를 퇴직하거나, 회사로부터 해고를 당하는 등 사유로 회사의 임직원으로 재직하지 아니하게 될 경우, 해당 주주는 다른 주주에게 본인이 보유하고 있는 회사 주식의 전량을 액면가로 매도하여야 한다.

(3) 단 이 OO은 20XX년 X월 X일부터 회사의 임직원으로 재직하는 것으로 한다.

제8조 중도 해지

(1) 주주는 서면합의에 의하지 아니하고는 본 계약의 유효기간 중에 일방적으로 본 계약을 해지할 수 없다.

(2) 주주가 본 계약상의 의무를 위반할 경우 타 주주는 **2주**의 기간을 정하여 이행을 최고할 수 있으며, 최고에도 불구하고 위반 주주가 위 계약상의 의무를 이행하지 아니할 경우 타 주주는 본 계약을 해지할 수 있다.

(3) 본 계약 해지에 대해 귀책사유 있는 주주는 회사에 대해 보유하고 있는 모든 권리(주식을 포함한다)를 포기하여야 하며, 그 사유가 있는 날로부터 **30일** 이내에 회사의 대표이사에게 모든 권리를 양도하고 제반 비용 일체를 부담한다. 본 조에 의하여 본 계약 해지에 귀책사유 있는 주주가 보유한 회사의 주식을 타 주주에게 양도하는 경우, 1주당 양도가격은 **액면가**로 한다.

제9조 계약의 변경

본 계약은 주주 전원의 서면 합의로만 변경될 수 있다.

제10조 계약기간

본 계약은 계약 체결일로부터 효력이 발생하며 다음 중 하나의 사유가 발생할 때까지 존속한다.

1. 주주간에 이 계약을 종료시키기로 하는 서면합의가 있는 경우
2. 회사가 해산, 청산을 거치는 등 법인격이 소멸된 경우

제11조 완전 합의

본 계약은 주주간 완전한 합의를 구성하며, 본 계약에 정해진 사항을 제외한 구두 또는 서면

의 명시적인 또는 암시적인 약속, 조건 또는 의무는 존재하지 아니한다. 본 계약은 본 계약이 규정하는 사항에 관한 이전의 모든 합의를 대체한다.

제12조 비밀 유지 의무

주주는 타 주주의 사전 서면 동의가 없는 한 본 계약, 본 계약에 따른 거래 및 회사와 관련된 모든 정보에 대한 비밀을 유지하여야 하고, 본 계약상 권리 또는 의무를 이행하기 위한 목적 이외에는 다른 어떠한 목적으로도 이를 사용하여서는 아니 된다.

제13조 권리 및 의무의 양도 금지

주주는 본 계약에서 명시적으로 달리 정하지 아니하는 한 본 계약에 따른 본인의 권리, 의무, 지위의 전부 또는 일부를 타 주주의 사전 서면동의 없이 양도, 이전할 수 없다.

제14조 불가항력

주주는 화재, 폭풍, 홍수, 지진, 사고, 전쟁, 반란, 폭동, 기타 민란, 전염병, 격리, 천재지변, 정부조치 등 본인의 통제를 벗어난 사유에 의해 본 계약 조건을 이행 또는 준수하지 못하는 경우 이에 대한 책임을 지지 아니한다.

제15조 손해배상

어느 당사자가 자신의 책임 있는 사유로 본 계약상의 의무를 이행하지 아니하여 상대방 당사자에게 손해가 발생한 경우, 해당 당사자는 상대방 당사자가 입은 일체의 손해 및 비용(지연이자, 소송비용, 법률, 회계 기타 자문 비용을 포함하되, 이에 한정하지 아니함)을 배상하여야 한다.

제16조 관할

이 계약은 대한민국법을 그 준거법으로 하며 이에 따라 해석되고, 협의에 의하여 이 계약과 관련된 분쟁을 해결할 수 없는 경우에는 그 분쟁은 **서울중앙지방법원**을 관할법원으로 하여 해결한다.

(서명, 날인을 위한 여백입니다)

당사자들은 이상의 내용을 증명하기 위하여 첫머리에 기재된 일자에 이 계약서 3부를 작성하여 각각 서명 또는 기명 날인한 후 1부씩 보관한다.

20 년 월 일

김 OO **(주민등록번호)** (인)
주소

이 OO **(주민등록번호)** (인)
주소

박 OO **(주민등록번호)** (인)
주소

※ 참고사항

이 주주 간 계약서는 법무법인(유)지평의 사례본을 참고한 예시이다. 다음 사항을 참고하기 바란다.

1. 본 주주 간 계약서는 예시로 작성한 스타트업 표준 주주 간 계약서 양식으로, 참고용으로 제공하는 것이며, 법적 효력 또는 표준적 효력이 없음.
2. 본 계약서는 스타트업이 "주식회사"를 설립하여 함께 "주주"로서 동업을 하는 경우를 전제로 작성되었음.
3. 본 계약서의 개별 조항은 구체적인 상황에 따라 개별적 검토 후 수정/삭제/변경될 필요가 있음.
   (이에 대해서는 전문 변호사의 자문을 받기 바람.)
4. 본 계약서 그대로 사용함으로써 발생하는 분쟁 기타 손해에 대하여 저자는 법적인 책임을 부담하지 않음.

벤처기업 인증제도

- 「벤처기업육성에 관한 특별법」에 규정된 일정 요건을 갖추고 기술의 혁신성과
- 사업의 성장성이 우수한 기업을 벤처기업으로 발굴하고 지원하기 위한 제도
- 1998년 시행 이후 지속적인 법 개정을 거쳐, 2021년 2월 12일 혁신성·성장성 중심의 '민간 주도 벤처기업확인제도'로 전면 개편되어 시행 중
- 벤처기업확인을 위한 전체 과정(신청·평가·심의·의결)을 벤처기업확인기관 ((사)벤처기업협회)을 통한 단일창구로 진행
- https://www.smes.go.kr/venturein/home/viewHome(홈페이지)
- https://www.smes.go.kr/venturein/board/viewMovieCardBoard?menuId=4130000&bbsSn=4142(관련 동영상)

벤처기업과 투자자에 대한 주요혜택 정리

벤처기업에 대한 혜택

- 코스닥시장 상장 용이
- 벤처기업에 대해서 법인세 차감 전 계속사업이익, 매출액 등 재무요건을 완화 적용
- 기술신용보증기금의 우선적 신용보증
- 기술신용보증기금의 벤처기업에 대한 우선적 신용보증
- 주식매입선택권에 대한 조세특례
- 종업원 등에게 부여된 주식매입선택권을 행사하여 얻는 이익은 근로소득, 사업소득 또는 기타소득으로 보지 않음
- 기타 자금, 신용보증, 기업입지, 기술개발, 고급인력, 판로 등에 대한 지원

벤처기업 투자자에 대한 혜택

- 중소기업창업투자회사 등에 대한 조세특례
- 중소기업창업투자회사 또는 신기술사업금융업자가 벤처기업에 출자한 주식 또는 지분을 양도함으로써 발생하는 양도차익에 대해 법인세 비과세
- 중소기업창업투자회사 또는 신기술사업금융업자가 벤처기업으로부터 받는 배당소득에 대해 법인세 비과세

중소기업창업투자조합 등에 대한 조세특례

- 중소기업창업투자조합 또는 신기술사업투자조합이 벤처기업에 직접 출자함으로써 취득한 주식 또는 출자지분의 양도에 의해 발생하는 양도차익에 대해 소득세 비과세
- 개인투자자에 대한 조세특례
- 개인이 중소기업창업투자조합, 신기술사업투자조합 또는 벤처기업에 직접 출자함으로써 취득한 주식 또는 출자지분의 양도에 의해 발생하는 양도차익에 대해 소득세 비과세
- 개인이 중소기업창업투자조합, 신기술사업투자조합, 벤처기업증권투자신탁의 수익증권 또는 벤처기업에 직접 출자하는 경우 출자 또는 투자금액의 10%를 종합소득금액에서 공제

우리나라 다양한 벤처지원기관

(아래 기관들의 홈페이지를 통해 각 기관의 벤처지원 프로그램을 확인하세요)

1. 중소벤처기업부(Ministry of SMEs and Startups: MSS)

중소기업과 창업 기업을 위한 정책 수립, 창업 활성화 및 생태계 구축을 위한 정부 기관.

주요 프로그램

- 창업지원 패키지: 창업 준비 단계부터 사업화까지 단계별로 지원하며, 예비 창업자를 위한 프로그램도 포함.
- 청년창업사관학교: 청년 창업자를 대상으로 사업화 자금 지원, 창업 교육 및 멘토링 제공.
- 정책자금 지원: 중소기업과 창업 기업을 위한 저금리 대출 및 자금 지원 프로그램.
- 특징: 정부의 창업 정책을 총괄하며 다양한 부처와 협력하여 창업 지원을 종합적으로 관리.
- 홈페이지: https://www.mss.go.kr

2. 창업진흥원(Korea Institute of Startup & Entrepreneurship Development: KISED)

중소벤처기업부 산하 기관으로 창업 기업의 사업화, 자금 지원, 교육 및 멘토링을 제공.

주요 프로그램

- 초기창업패키지: 창업 3년 이내의 초기 창업 기업에게 자금을 지원하고, 사업화 성공률을 높이기 위한 멘토링 및 네트워킹 제공.
- 예비창업패키지: 창업을 준비하는 예비 창업자들에게 초기 자금을 지원하고, 시장 진출을 위한 사업화 과정 지원.
- 창업도약패키지: 성장기에 접어든 창업 기업들이 사업을 확장하고 성장을 도모할 수 있도록 지원.
- 글로벌 창업 프로그램: 해외 시장 진출을 원하는 창업자를 위한 교육 및 네트워킹, 글로벌 진출 자금 지원.
- 특징: 예비창업부터 도약기까지 창업 전 단계를 아우르는 종합 지원 프로그램 운영.
- 홈페이지: https://www.kised.or.kr

3. 기술보증기금(Korea Technology Finance Corporation: KOTEC)

기술 기반 창업 기업의 자금 조달을 위해 신용 보증과 기술 평가를 제공하는 전문 기관.

주요 프로그램

- 기술보증: 기술 창업 기업이 금융 기관에서 대출을 받을 수 있도록 보증을 제공하여 자금 조달을 지원.
- 벤처인증: 기술력 있는 창업 기업을 대상으로 벤처기업 인증을 부여하고, 이와 연계된 혜택을 제공.
- 스타트업 지원: 기술력을 바탕으로 한 스타트업을 위한 맞춤형 보증 상품 및 투자 연계 지원.
- 특징: 기술력 평가를 바탕으로 보증과 투자를 연계하여 기술 기반 창업 기업의 자금 문제 해결에 기여.
- 홈페이지: https://www.kibo.or.kr

4. 신용보증기금(Korea Credit Guarantee Fund: KODIT)

창업 초기 기업과 중소기업의 자금 조달을 돕기 위해 신용 보증 제공.

주요 프로그램

- 창업기업 보증: 창업 초기에 자금력이 부족한 기업에 신용 보증을 제공하여 금융기관에서 대출을 받을 수 있도록 함.
- 투자보증: 투자 유치를 원하는 창업 기업에게 신용 보증을 제공하여 투자 유치 기회를 확대.
- 재도전 지원: 실패 후 재창업을 원하는 기업가를 위한 재기 지원 프로그램 운영.
- 특징: 신용 보증을 통해 창업 기업의 자금 조달에 실질적인 도움을 주며, 실패 후 재도전 지원도 제공.
- 홈페이지: https://www.kodit.co.kr

5. 중소기업진흥공단(Small & Medium Business Corporation: SBC)

중소기업과 창업기업의 자금 지원, 경영 컨설팅, 기술 개발 지원 등 다방면에서 기업성장을 돕는 공공기관.

주요 프로그램

- 정책자금 지원: 중소기업과 창업 기업의 성장과 발전을 위해 저금리 융자를 지원.
- 청년창업사관학교: 우수한 창업 아이디어를 보유한 청년 창업자를 선발하여 자금과 멘토링을 제공하며, 사업화 전 과정 지원.
- 창업보육센터: 창업 초기 기업들이 안정적으로 사업을 운영할 수 있도록 공간, 자금, 멘토링을 제공.
- 특징: 자금 지원뿐만 아니라 창업자와 기업가들에게 다양한 교육과 컨설팅 서비스를 제공하여 경영 능력 향상에 기여.
- 홈페이지: https://www.kosmes.or.kr

6. 한국벤처투자(Korea Venture Investment Corp: KVIC)

모태펀드 운영을 통해 벤처투자 시장 활성화와 창업 기업에 대한 자금 공급을 책임지는 공공기관.

주요 프로그램

- 모태펀드: 정부가 출자한 자금을 민간 벤처캐피털에 배분하여 창업 및 벤처기업에 투자하도록 유도.
- 벤처투자 활성화: 창업 생태계 조성을 위해 초기 단계 스타트업에 대한 벤처 투자 활성화 프로그램 운영.
- 해외 벤처 투자 유치: 해외 투자자와 국내 창업 기업을 연결하여 글로벌 투자 유치를 지원.
- 특징: 모태펀드를 활용해 벤처캐피털과 창업 기업 간 자금 흐름을 촉진하여 창업 생태계 조성에 기여.
- 홈페이지: https://www.kvic.or.kr

7. 중소기업기술정보진흥원(Korea Technology and Information Promotion Agency for SMEs: TIPA)

중소기업과 창업기업의 기술 개발을 지원하고, 이를 통해 창업 생태계를 발전시키는 기관.

주요 프로그램

- 기술개발지원: 창업기업이 기술 개발을 통해 경쟁력을 강화할 수 있도록 자금 및 기술 컨설팅 제공.
- R&D 지원: 중소기업의 연구개발(R&D)을 촉진하고, 이를 통한 시장 경쟁력 확보 지원.
- 창업기업 기술금융 지원: 기술력을 보유한 창업 기업에 금융 지원을 통해 자금 조달과 기술 상용화 지원.
- 특징: 기술력을 가진 창업 기업들이 성공적으로 시장에 진입할 수 있도록 전폭적인 기술 개발 지원.
- 홈페이지: https://www.tipa.or.kr

8. 한국콘텐츠진흥원(Korea Creative Content Agency: KOCCA)

콘텐츠 산업 창업자를 위한 자금 지원 및 글로벌 시장 진출을 지원하는 기관.

주요 프로그램

- 콘텐츠 창업 지원: 콘텐츠 제작 및 유통을 위한 창업자에게 자금 및 창작 공간 제공.
- 콘텐츠 글로벌 진출 지원: 국내 콘텐츠 창업 기업들이 해외 시장에 진출할 수 있도록 네트워크와 지원 자금 제공.
- 콘텐츠 창작자 지원: 다양한 콘텐츠 창작자들에게 창작 지원금과 교육 프로그램 제공.
- 특징: 창업 기업이 콘텐츠 제작에서 글로벌 시장 진출까지 다양한 단계에서 필요한 자금과 지원을 받을 수 있음.
- 홈페이지: https://www.kocca.kr

9. 창조경제혁신센터(Creative Economy Innovation Center)

전국 각 지역별로 창업 생태계를 조성하고, 창업자들에게 맞춤형 지원을 제공하는 기관.

주요 프로그램

- 멘토링 프로그램: 창업자와 멘토를 연결하여 사업초기 문제를 해결하고 성공가능성을 높임.
- 자금 지원: 창업 초기 기업에게 자금 지원과 함께 투자 연계를 연계하여 사업 확장을 지원. — 지역 특화 프로그램: 각 지역별로 특화된 산업 분야에 맞춘 창업 지원 프로그램을 운영하며, 해당 지역의 창업 생태계 활성화를 돕는 다양한 활동을 제공. — 창업자 네트워크 구축: 창업자와 투자자, 멘토 등 다양한 관계자를 연결하여 네트워킹 기회를 제공.
- 특징: 전국적으로 분포된 센터들이 각 지역의 창업 생태계를 지원하며, 정부의 창조경제 정책을 실현하는 중요한 역할을 수행.
- 홈페이지: https://ccei.creativekorea.or.kr

10. 특허청(Korean Intellectual Property Office: KIPO)

창업기업이 기술 및 아이디어 보호를 위해 특허, 상표, 디자인 등 지식재산권을 확보하고, 이를 통해 시장에서 경쟁력을 가질 수 있도록 지원.

주요 프로그램

- IP 기반 창업 지원: 특허나 상표를 기반으로 한 창업 기업에게 자금과 법률적 지원을 제공.
- IP-R&D 전략 지원: 창업 기업이 특허 정보를 바탕으로 연구개발(R&D)을 할 수 있도록 자문과 기술 지원 제공.
- 특허기반 창업기업 육성: 지식재산을 통해 창업할 수 있는 기업에 대한 자금 및 멘토링을 지원하며, 지식재산권을 이용한 사업화 전략을 제공.
- 특징: 창업 기업이 기술적 경쟁력을 보호하고 사업화할 수 있도록 지식재산 관련 지원을 종합적으로 제공.
- 홈페이지: https://www.kipo.go.kr

11. 국토교통부(Ministry of Land, Infrastructure and Transport: MOLIT)

스마트시티, 교통, 국토관리 등 국토교통 분야에서 창업을 지원하며, 관련 스타트업에 자금과 규제 완화 혜택을 제공.

주요 프로그램

- 스마트시티 창업 지원: 스마트시티 관련 기술을 보유한 창업 기업에게 자금과 시범사업 참여 기회를 제공.
- 교통기술 창업지원: 교통 및 물류 관련 신기술 창업자에게 지원금과 규제 완화 혜택 제공.
- 국토관리 기술지원: 건설, 환경, 국토관리와 관련된 혁신적인 기술을 개발하는 창업기업에 자금 지원.
- 특징: 스마트시티와 교통 혁신 분야에서의 창업을 촉진하며, 혁신 기술 창업자를 위한 다양한 규제 완화 및 지원책 마련.
- 홈페이지: https://www.molit.go.kr

12. 산업통상자원부(Ministry of Trade, Industry and Energy: MOTIE)

산업 및 에너지 분야 창업을 촉진하며, 제조업 및 산업 기술 혁신에 관련된 창업 기업을 지원.

주요 프로그램

- 산업기술 혁신지원: 산업 기술 기반 창업 기업에게 연구개발(R&D) 자금과 기술 개발 지원.
- 에너지 기술 창업 지원: 에너지 혁신 기술을 보유한 창업 기업에게 자금 지원 및 규제 완화 혜택 제공.
- 산업창업 지원: 제조업, 소재 및 부품 관련 창업기업에게 다양한 창업자금을 지원하고, 산업 생태계와 연계된 투자유치 기회제공.
- 특징: 에너지와 제조업을 포함한 다양한 산업 분야에서 창업을 지원하며, 기술 혁신 창업자들을 위한 자금과 법적 지원을 제공.
- 홈페이지: https://www.motie.go.kr

13. 한국에너지기술평가원(Korea Institute of Energy Technology Evaluation and Planning: KETEP)

에너지 기술창업기업에 대한 연구개발 및 자금지원을 통해 에너지분야 혁신창업을 촉진.

주요 프로그램

- 에너지 R&D 지원: 에너지기술을 보유한 창업 기업에게 연구개발 자금과 기술적 자문 제공.
- 에너지기술 창업지원: 에너지효율, 신재생에너지, 탄소배출 감소와 관련된 기술을 가진 창업자를 위한 지원 프로그램 운영.
- 시범사업 참여기회 제공: 에너지 혁신기술을 보유한 창업기업이 시범사업에 참여할 수 있는 기회를 제공.
- 특징: 에너지 관련 기술 창업을 지원하며, 지속 가능한 에너지 산업 발전을 위해 창업자들이 연구개발을 지속할 수 있도록 지원.
- 홈페이지: https://www.ketep.re.kr

각 도시별 산업진흥원

지역경제와 산업을 촉진하고 기업의 성장을 도모하기 위해 역할을 수행하고 있으며, 특히, 각 산업진흥원은 해당 지역의 특화된 산업과 기술을 기반으로 창업, 연구개발(R&D), 기술 상용화, 글로벌 진출 등을 지원하고, 창업기업 및 중소기업이 지역경제에서 중요한 역할을 할 수 있도록 다양한 맞춤형 지원을 제공하고 있다.

산업진흥원의 주요 공통 역할

- 지역 산업 특화 육성: 각 지역의 특화된 산업(예: 부산의 해양산업, 대구의 첨단기술, 광주의 광산업 등)을 육성하고 관련 기업에 자금, 기술, 네트워크를 지원함으로써 지역 산업의 경쟁력을 강화.
- 창업 생태계 조성: 창업자들이 성공적으로 시장에 진입할 수 있도록 창업초기 단계에서 필요한 자금지원, 창업 공간제공, 교육 및 멘토링 프로그램을 운영하며, 창업자가 겪는 어려움을 줄이고 성공 확률을 높이는 생태계를 조성.
- 중소기업 지원: 중소기업이 지역 내에서 안정적으로 성장할 수 있도록 자금 지원, 기술 개발 지원, 판로 개척, 마케팅, 경영 컨설팅 등을 제공하여 기업의 경쟁력을 제고.
- 연구개발 및 기술 상용화: 각 지역의 기업들이 혁신적인 기술을 개발하고 이를 상용화할 수 있도록 연구개발(R&D) 지원을 제공하며, 산학연 협력을 통해 기업과 대학, 연구기관 간의 기술 이전과 협업을 촉진.
- 글로벌진출 및 수출지원: 지역기업들이 글로벌시장으로 진출할 수 있도록 맞춤형 지원프로그램을 제공하며, 수출관련 교육, 네트워크, 마케팅지원을 통해 기업의 해외 진출기회를 확대.
- 일자리 창출 및 고용 연계: 지역 내 일자리 창출을 위한 다양한 프로그램을 운영하며, 창업 및 중소기업 성장에 필요한 인재를 양성하고 고용과 연계된 지원을 통해 지역 경제 활성화를 도모.

또한, 한국에는 벤처기업과 스타트업을 지원하고, 벤처 생태계 발전을 위해 다양한 협회들이 활동하고 있다. 이 협회들은 벤처기업의 성장을 돕기 위한 정보 제공, 네트워크 구축, 정책 제안, 교육 및 컨설팅 등을 제공하고 있다. 아래는 주요 벤처관련 협회를 참고해 보자.

벤처 관련 각종 협회들

1. 벤처기업협회(Korea Venture Business Association: KOVA)

벤처기업의 권익 보호와 성장 지원을 목적으로 설립된 협회로, 벤처기업과 정부, 투자자 간의 협력 증진을 도모.

주요 활동

- 벤처기업 인증 및 지원: 벤처기업 인증을 통해 세제혜택, 금융지원 등 다양한 혜택 제공.
- 네트워킹 및 교육: 벤처기업 간의 네트워크형성, 다양한 교육프로그램과 컨설팅서비스 제공.
- 정책건의 및 벤처 생태계구축: 정부에 벤처기업 관련 정책건의 및 제도개선 활동.
- 홈페이지: https://www.venture.or.kr

2. 한국벤처캐피탈협회(Korea Venture Capital Association: KVCA)

벤처캐피탈 업계의 발전을 도모하고, 투자촉진을 통해 벤처기업의 성장을 지원하는 협회.

주요 활동

- 투자정보 제공: 벤처투자 관련 데이터베이스 구축 및 투자동향 정보제공.
- 네트워킹 및 교육: 벤처캐피탈 업계와 스타트업을 연결하는 네트워크제공 및 관련 교육프로그램 운영.
- 법제개선 및 정책제안: 벤처캐피탈 업계와 벤처기업의 성장을 위해 정책건의 및 제도개선 활동.
- 홈페이지: https://www.kvca.or.kr

3. 한국여성벤처협회(Korea Women Venture Association: KWVA)

여성벤처기업인의 창업과 경영활동을 지원하고, 여성기업가의 권익을 증진하기 위한 협회.

주요 활동

- 여성기업가 지원: 여성 벤처기업인에게 창업 및 경영지원, 교육프로그램 운영.
- 네트워킹 및 멘토링: 여성기업가 간 네트워킹 기회제공 및 성공적인 여성 CEO멘토링 프로그램 운영.
- 정책제안 및 지원: 여성 벤처기업인을 위한 제도개선 및 정책건의.
- 홈페이지: https://www.kwva.or.kr

4. 한국엔젤투자협회(Korea Business Angels Association: KBAA)

엔젤투자자의 권익보호 및 투자활성화를 목표로 하며, 벤처기업과 엔젤투자자를 연결.

주요 활동

- 엔젤투자 정보제공: 엔젤투자 관련 법률, 투자동향 정보제공.
- 투자자 교육 및 네트워킹: 엔젤투자자들을 위한 교육 프로그램 운영, 벤처기업과 투자자 간의 네트워크 형성.
- 정책 제안 및 제도 개선: 엔젤투자 활성화를 위한 정책 제안과 제도 개선 활동.
- 홈페이지: https://www.kbaa.or.kr

5. 코리아스타트업포럼(Korea Startup Forum: KSF)

스타트업의 성장을 지원하고, 스타트업 생태계 활성화를 위해 설립된 비영리 단체.

주요 활동

- 스타트업 정책제안: 스타트업을 위한 정책개선 및 규제완화 제안.
- 네트워킹 및 협력: 스타트업 간의 네트워킹 기회제공, 관련기관 및 투자자와의 협력구축.
- 스타트업 교육 및 정보제공: 창업자와 스타트업을 위한 교육 프로그램 및 최신정보 제공.
- 홈페이지: https://www.kstartupforum.org

6. 한국청년기업가정신재단(Korea Entrepreneurship Foundation: KEF)

청년창업과 기업가정신을 확산시키기 위한 비영리재단으로, 창업지원과 교육프로그램을 운영.

주요 활동

- 청년창업지원: 청년창업자를 대상으로 자금지원, 멘토링, 컨설팅 제공.
- 기업가정신 확산: 청년 창업자의 역량강화를 위한 교육 프로그램 및 워크숍 제공.
- 네트워킹 및 창업환경 조성: 청년 창업자 간 네트워크 형성 및 창업 생태계 조성에 기여.
- 홈페이지: https://www.koef.or.kr

7. 한국핀테크산업협회(Korea Fintech Industry Association: KFIA)

핀테크 스타트업을 지원하고, 핀테크 산업의 성장을 촉진하기 위한 협회.

주요 활동

- 핀테크 스타트업 지원: 핀테크 관련 창업 지원, 법률적 지원 및 컨설팅 제공.
- 정책건의 및 규제개선: 핀테크 산업 활성화를 위한 규제 완화 및 정책 건의 활동.
- 네트워킹 및 정보제공: 핀테크 관련 스타트업과 기업 간 네트워크구축, 최신기술 및 법률 정보 제공.
- 홈페이지: https://www.kfia.or.kr

8. 대한상공회의소(Korea Chamber of Commerce and Industry: KCCI)

기업 간 교류를 촉진하고, 벤처 및 스타트업을 포함한 기업의 경영환경 개선을 지원하는 기관.

주요 활동

- 기업지원 및 교육: 스타트업을 위한 다양한 경영컨설팅 및 교육프로그램 운영.
- 정책건의 및 제도개선: 기업경영환경 개선을 위한 법적제도 개선 및 정책건의 활동.
- 국내외 네트워킹: 국내외 기업 및 투자자 간의 네트워크 구축을 통해 기업의 성장을 지원.
- 홈페이지: https://www.korcham.net

9. 중소기업중앙회(Korea Federation of SMEs: KBIZ)

중소기업의 권익보호 및 성장을 위한 정책을 제안하고, 벤처 및 스타트업의 성장을 돕는 기관.

주요 활동

- 정책제안 및 제도개선: 중소기업과 스타트업의 성장을 위한 정책제안 및 규제완화 활동.
- 교육 및 컨설팅: 중소기업과 창업자를 위한 다양한 교육 프로그램과 경영컨설팅 제공.
- 네트워크 및 협력 구축: 중소기업과 벤처기업 간의 네트워크 형성과 협력기회 제공.
- 홈페이지: https://www.kbiz.or.kr

10. 한국무역협회(Korea International Trade Association: KITA)

수출 스타트업을 위한 지원을 제공하며, 무역 관련 창업기업을 위한 교육 및 네트워크 제공.

주요 프로그램

- 무역 아카데미, 스타트업 글로벌 진출 지원프로그램.
- 홈페이지: https://www.kita.net

"선진 벤처투자시장 도약방안" 추진전략

중소벤처부 보도자료(2024.10.2)

비전: 글로벌 4대 벤처투자 강국으로 도약

목표

- 국내 벤처투자: (2023)11 → (2027)16 → (2030)20조 원
- 해외(글로벌) 투자유치: (2023)0.2 → (2027)1 → (2030)2조 원

1. 글로벌 투자유치
- 해외(글로벌) 투자자의 국내 벤처투자 참여 촉진
- 국내 창업기업(스타트업)·벤처투자사(벤처캐피탈)의 세계화(글로벌화) 촉진
- 벤처투자 외환거래 및 세금신고 절차 개선

2. 국내 투자자 확충
- 금융권의 벤처투자 참여 여력 확충
- 산업자본의 벤처투자 참여 촉진
- 신규 벤처투자 참여주체 확대

3. 벤처투자 균형성장 도모
- 비수도권 벤처투자 활성화 총력 지원
- 창업초기 창업기업(스타트업)에 안정적 투자자금 공급
- 세컨더리·M&A 등 중간 회수시장 활성화
- 모태펀드 시장 보완 역할 강화

4. 글로벌 수준 투자환경 조성
- 세계 표준(글로벌 스탠다드) 수준으로 투자규제 완화
- 투자계약 선진화 및 기반 조성
- 벤처투자 시장의 사회적 신뢰 확보

세부추진 방안

첫째, 해외(글로벌) 투자자금의 국내 벤처투자 시장 유입을 촉진.

해외의 풍부한 유동성을 끌어들이기 위한 해외(글로벌) 투자유치 모펀드(K-VCC*)를 싱가포르에 첫 번째로 설립한다. K-VCC는 국내 벤처투자사(벤처캐피탈)가 적은 비용으로 국제적(글로벌)펀드를 설립하고, 해외(글로벌) 투자 유치에 나설 수 있도록 뒷받침하는 플랫폼 역할을 수행한다. 2027년까지 싱가포르에 2억 달러 규모 펀드 조성을 추진하고, 이후 중동, 미국 델라웨어 등 세계적(글로벌) 금융 허브에 추가 설립을 검토할 계획이다.

* 가변자본기업(VCC: Variable Capital Company): '싱가포르 통화청'에서 인가하는 전환형 펀드(Umbrella Fund) 제도로, 내부에 독립적인 펀드를 운영 가능

국제적(글로벌)펀드를 매년 1조원 추가 조성하여 2027년까지 15조원 규모로 확대하고, 세계적인 벤처투자사(벤처캐피탈)를 국내 유치하기 위한 유인책(인센티브)도 강화한다.

전 세계 투자자와 벤처투자사(벤처캐피탈)를 초청하는 국제적(글로벌) 벤처투자 협력행사도 확대해 나간다.

* 해외 벤처투자사(VC) 등이 모태펀드 출자액 이상 국내 벤처·창업기업(스타트업) 의무 투자하는 펀드
** 'K-딥테크 타운('26년초 개소)' 입주 우대, 국제적(글로벌)펀드 출자사업 우대 등

외국인 투자자를 위한 '국제적(글로벌) 벤처투자 통합신고센터'를 개소하여 투자 과정에서의 외국환거래 편의성을 제고하고, 관계부처 합동 매뉴얼*도 제작하여 국내 벤처투자에 수반되는 행정절차를 쉽게 파악할 수 있도록 지원한다.

* 중기부·기재부·국세청 등 관계부처 합동으로 벤처투자 통합 안내 매뉴얼 제작

둘째, 국내 벤처투자 시장 참여 주체를 확충.

은행이 보다 과감하게 벤처투자에 나설 수 있도록 일정 요건을 만족하는 정책 목적의 벤처펀드에 위험가중치 특례를 적용하고, 금융권의 벤처펀드 참여 확대에 대한 유인책(인센티브*)도 신설한다.

* 벤처투자조합 출자 확대 시 우선손실충당 등 제공, 우수기관 포상 확대 등

대기업의 개방형 혁신을 촉진하는 '딥테크 밸류업 프로그램'을 본격 운영하고, 그 과정에서 대기업이 스타트업에 투자까지 집행하는 경우 모태펀드가 매칭 투자하는 '밸류업 펀드'도 신설한다.

* 검증된 심층기술(딥테크) 벤처·창업기업(스타트업과) 세계적(글로벌) 대기업 양측에 수요 기반 매칭 및 특화 지원('24.8월 출범, 삼성전자·현대차 등 대기업 8개사 참여)

대기업·공기업 등의 상생협력기금을 활용한 벤처투자 참여*를 뒷받침하기 위하여 한국벤처투자가 운용하는 '상생협력 모펀드'를 조성하고, 기업형 벤처캐피탈에 대한 외부자금 모집 및 해외투자 규제 완화도 지속 추진한다.

* 상생협력법 시행령 개정('24.6월)에 따라 상생협력기금의 벤처펀드 출자 가능
** (외부자금 모집) 펀드별 40→50% 이내, (해외투자) 총자산 20→30% 이내

벤처투자조합 출자경험이 없는 연기금 등 기관투자자가 참여할 수 있는 'LP 첫걸음 펀드'를 신설하고, 모태펀드가 우선손실충당, 풋옵션 등 파격적인 유인책(인센티브)을 제공하여 벤처투자 시장의 신규 참여주체를 확대해 나간다.

그간 업계에서 지속 건의해온 퇴직연금의 벤처투자 참여 관련하여, 연금 가입 기업, 연금사업자를 대상으로 의견수렴, 수요확인 등 논의를 시작한다.

셋째, 벤처투자 시장의 균형적인 성장을 도모.

비수도권 전용 벤처펀드를 2027년까지 1조 원 추가 조성한다. 이는 '스타트업 코리아 펀드*'에 신설하는 '지방시대' 분야로 조성되며, 우선손실충당 등 유인책(인센티브) 부여를 통해 지역 거점기업, 지방은행 등의 지역 벤처투자 참여를 이끌어 나간다.

* 조성목표: (기존) 초격차 등 2조 원(2024~2027) → (추가) '지방시대' 1조 원 추가(2025~2027)

중기부·행안부·지자체 간 '지역벤처투자 협의회'를 신설하고, 모태펀드 자펀드 전반의 지역투자 유인책(인센티브)도 강화하는 등 지역 벤처투자 활성화를 총력 지원한다.

* 지역펀드 운용사 선정 시 지역 소재 및 지역 투자실적 보유 운용사 우대 등

창업초기 창업기업(스타트업)에 안정적으로 투자자금을 공급하기 위하여 모태펀드 창업초기 분야 출자 확대를 추진하고, 창업기획자가 보육부터 투자까지 전 주기 지원하는 자회사 설립 방식의 투자(컴퍼니 빌딩) 허용범위를 확대한다.

글로벌 세컨더리 펀드를 2025년 1억달러 규모로 조성하고, M&A와 세컨더리 분야 규제를 대폭 완화하는 한편, '기업승계 M&A 펀드(2025안. 200억 원 출자)'를 신설하는 등 중간 회수시장도 보강한다.

* 벤처펀드가 보유한 투자기업 지분에 대해 주요 출자자 및 계열회사 매각을 제한적 허용 등

모태펀드 자펀드의 도전적인 투자를 뒷받침하기 위하여 관리보수 체계를 전면 혁신하고, 국내 벤처투자 시장의 균형성장 및 모태펀드의 시장 보완 기능 강화를 위한 모태펀드 존속기한 영구화도 검토한다.

* 관리보수 지급체계 다양화, 일시적인 경영악화 기업에 대한 관리보수 삭감유보 허용 등

넷째, 세계적(글로벌) 수준의 벤처투자 환경을 조성.

벤처투자회사의 투자 자율성과 관련된 규제를 국제적(글로벌) 표준 수준으로 대폭 완화하는 한편, 선진 벤처투자 시장에서 보편화된 투자·관리업무의 분업화도 허용하여 펀드 운용 전문성을 제고한다.

* 의무투자 대상확대(창업·벤처기업 → 전체 중소기업), 펀드별 의무투자(20%) 폐지 등

투자자 사전동의권이 투자자와 창업기업(스타트업)의 권리를 균형 있게 보장하도록 표준 투자계약서를 개정하는 등 국제적(글로벌) 표준에 부합하는 계약제도를 확산하고, 벤처투자 시장에 대한 사회적 관심을 높여 우수 인재가 유입될 수 있도록 대학생 벤처투자 경진대회 및 벤처투자사(벤처캐피탈) 인턴십 프로그램 운영도 추진한다.

* 피투자기업의 주요한 경영사항에 대해 투자자의 사전동의를 받도록 규정

벤처투자회사에 대한 성과평가 실시, 벤처투자조합의 수익률 정례공표 등을 통해 벤처투자 시장을 보다 투명하게 공개하고, 벤처투자회사에 대한 관리감독 강화, 선제적 구조조정 시스템 구축도 추진하여 벤처투자 시장에 대한 사회적 신뢰도 높여 나간다.

참고문헌

도서

권오상. 2020. 혁신의 후원자 벤처캐피털. 클라우드나인.

김종일. 2023. 고급재무분석과 기업가치평가. 탐진.

박진우. 2023. 기업재무전략. 청람.

버티컬리포트 한국의 CVC들: 현황과 투자활성화 방안 2023.

법무법인 딜라이트, 스타트업얼라이언스. 2023. 투자유치를 위한 창업자를 위한 투자계약서 가이드북. Startup Alliance.

법무법인 지평 IPO 연구회. 2024. 지평 IPO 실무연구(2024). 법무법인 지평.

아산나눔재단. 2021 한국의 창업생태계 경쟁력 제고를 위한 국제비교 연구. 아산나눔재단.

애스워드 다모다란. 2020. 내러티브 & 넘버스: 숫자에 가치를 더하는 이야기의 힘. 한빛비즈.

한국거래소. (2010). 기업인수목적회사(SPAC) 제도 해설, 주식회사 에세이 퍼블리싱. (340쪽).

회계법인 마일스톤, 스타트업얼라이언스. 2023. J커브를 위한 스타트업 재무 가이드북. Startup Alliance.

2022년 사회적 기업실태조사(인증사회적 기업) 한국 노동연구원 고용노동부, 한국 사회적 기업진흥원

Angel Capital Association(ACA), MorganBrook Capital, Harvard Business School

Baumol, W. 2002. The Free-Market Innovation Machine: Analyzing the Global Miracle of Capitalism. Princeton University Press.

Berk, J., DeMarzo, P., Harford, J. 2021. Fundamentals of Corporate Finance. Pearson.

Feld, B. & Mendelson, J. 2013. Venture Deals. Wiley.

Gaugan, P. A. 2011. Mergers, Acquisitions, and Corporate Restructurings. Wiley.

Global Entrepreneurship Monitor. 2021. 2020/2021 Global Report, Global Entrepreneurship Monitor.

Larcker, D. & Tayan, B. 2016. Corporate Governance Matters. Pearson.

Lerner, J., Leamon, A., Hardymon, F. 2012. Venture Capital, Private Equity, and the Financing of Entrepreneurship. Wiley.

Metrick, A. & Yasuda, A. 2011. Venture Capital & the Finance of Innovation. Wiley.

Mullins, J. W. 2006. The new business road test: What entrepreneurs and executives should do before writing a business plan. Pearson Education.

Nexit Ventures, PitchBook, PwC/CB Insights MoneyTree Report

PWC/CB. 2020. Venture Capital Funding Report Q4 2020, Insights MoneyTree Report.

pwc.com/kr/ko/insights/global-trends/samilpwc-ipo-2024.pdf (343쪽)

Sahlman, W. A. 1988. "Note on Financial Contracting: Deals" Harvard Business School Note 288-014. Harvard Business School Publishing.

Smith, J. K., Smith, R. L., Bliss, R. T. 2011. Entrepreneurial Finance Strategy, Valuation & Deal Sturucture. Stanford University Press.

Stevenson, H. 1988. "Deal Structure" Harvard Business School Teaching Note 9-384-186. Harvard Business School Publishing.

The Business Research Company. 2024. Asset-based Lending Global Market Report.

Wealth Pursuits, Business Angel Institute, UpCounsel

Wealth Pursuits, Paul College UNH, Pitch Book

논문

손수정, 2018. 기업벤처캐피털(CVC) 기능에 대한 고찰과 정책시사점, 중소기업연구 38, 25-51.

Admati, A. R. & Pfleiderer, P. 1994. Robust Financial Contracting and the Role of the Venture Capitalist, Journal of Finance 9. 371-402.

Akerlof, G. A. 1970. The Market for "Lemons": Quality Uncertainty and the Market Mechanism, Quarterly Journal of Economics, 84. 488-500.

Amram, M. & Kulatilaka, N. 2000. Strategy and Shareholder Value Creation: The Real Options Frontier, Journal of Applied Corporate Finance 13, 15-28.

Block, Z. & MacMillian, I. C. 1985. Milestones for Successful Venture Planning, Harvard Business Review 63, 4-8.

Block, Z., & MacMillan, I. C. 1985. Milestones for Successful Venture Planning, Harvard Business Review, 63(5), pp. 184-196.

Brickley, J. & Dark, F. 1987. The Choice of Organizational Form: The Case of Franchising, Journal of Financial Economics 8. 401-420.

Brouwer, M. T. 2003. Weber, Schumpeter and Knight on Entrepreneurship and Economic Development, In: Metcalfe, J.S., Cantner, U. eds Change, Transformation and Development conference, 147-167.

Cumming, D. 2008. Contracts and Exits in Venture Capital Finance, Review of Financial Studies 21, 1947-1982

Fama, E. F. & French, K. R. 1992. The Cross-Section of Expected Stock Returns, Journal of Finance 47, 427-465.

Fisman, R. & Love, I. 2003. The Trade Credit, Financial Intermediary Development, and Industry Growth, Journal of Finance 58. 353-374.

Gompers, P. 1995. Optimal Investment, Monitoring, and the Staging of Venture Capital, Journal of Finance 5. 1461-1489.

Gompers, P. & Lerner, J. 2001. "The Venture Capital Revolution", Journal of Economic Perspectives 5. 145-168.

Gorman, M. & Sahlman, W. A. 1989. What Do Venture Capitalist Do?, Journal of Business Venturing 4. 231-248.

Hart, O. & Moore, J. 1990. Property Rights and the Nature of the Firm, Journal of Political Economy 98, 1119-1158.

Hellmann, T. & Puri, M. 2002. Venture Capital and the Professionalization of Start-up Firms: Empirical Evidence, Journal of Finance 57. 169-197.

Jensen, M. C. & Meckling, W. H. 1976. Theory of the Firm: Managerial behavior, agency costs and capital structure, Journal of Financial Economics 3, 305-360.

Kaplan, Steven, and Per Stromberg, 2003, Financial contracting theory meets the real world:An empirical analysis of venture capital contracts, Review of Economic Studies 70, 281-316.

Kaplan, Steven, and Per Stromberg, 2004, Characteristics, contracts, and actions: Evidence from venture capitalist analyses, Journal of Finance 59, 2177-2210

Pastor, L. & Stambaugh, R. F. 2003. Liquidity Risk and Expected Stock Returns, Journal of Political Economy 111, 642-685.

Sharpe, W. F. 1964. Capital Asset Prices: A Theory of Market Equilibrium under Conditions of Risk, Journal of Finance 19. 425-442.

Shleifer, A. & Vishny, R. W. 1997. A Survey of Corporate Governance, Journal of Finance, 52. 737-783.

Spence, M. 1973. Job Market Signaling, Quarterly Journal of Economics 87, 355-374.

Wasserman, N. 2008. The Founder's Dilemma, Harvard Business Review 86, 102-109.

찾아보기

가

가수금 42
가입자 단가법 350
가중평균 자본비용 279, 302
가지급금 42
가치제안 195
가치 창출 202
가치 평가 배수 278
감사의견 325, 332
개방형혁신 144
개인사업자 5, 8
거래신용 122
겸직금지 273
경업금지 273
경영성과 325
경영의사결정 319
경영자매수 138
경영 자문 108
경영 투명성 325
경영합리화 322
경쟁역학 212
경제적 부가가치 모델 279
계속기업요건 325
공개매수 355
공공부채 105
공공 신뢰성 319
공급자 금융 122
공모 132, 318
공모증자 321
공분산 289
공시대리 331
관리수수료 200
관리종목 321
교차 임기제 356
규제 샌드박스 제도 149
금산분리원칙 143
금융감독원 320
기술 기반 창업 68
기술보증기금 121, 131
기술성장기업 330
기술특례상장 333
기술평가 325
기술평가기업 331
기업가정신 65, 109
기업가치 349
기업가치 평가조항 232
기업공개 108, 133, 315, 316, 318
기업규모 325
기업벤처 140
기업벤처캐피탈 78, 140
기업형태 5
기회에 의한 창업 67
기회인식 단계 81

나

내부수익률 199, 298
내재가치 282
내재가치 평가법 278
냉정한 해석 96
네트워킹 108

다

다각화 합병 352
다운라운드 255
대출형 크라우드펀딩 138
대표주관사 335
데모 248
독립벤처 77
독립 창업 46
독약 계획 357
동반매도 요구권 270
동업 4, 44
동업계약서 48, 50
동업자 35
동업 창업 46
동의권 269
드라이파우더 186
드래그얼롱 270
드래그얼롱 권리 53
딜 소싱 206

라

라이프스타일 창업 68
로드쇼 336
리드 VC 240
리드 투자자 214
리미티드 라이어빌리티 컴퍼니 5

리스크프로필 200
리얼옵션 101
리픽싱 265

마

마일스톤 84, 255
만기 수익률 297
매입채무 159
매출액 승수법 350
매출채권 158
메자닌 조달 105
메자닌 파이낸싱 89, 129
멘토링 108
명성 202
모태펀드 131, 175, 183
모험자본 171
무역신용장 105
무위험 이자율 Rf 300
무한책임 운용사 188
미국벤처캐피탈협회 186
미국의 SBA 131
미국 중소기업청 118
민간부채 130

바

반복테스트 92
배당성장률 283
배당할인 모델 279, 282
백기사 357
법무법인 356
법인 100
법인세 14
베스팅 56, 264
베스팅조항 232
베타 β 289, 300
벤더 파이낸스 105
벤처 171
벤처 거래 마감 256
벤처기업기준 329
벤처기업육성에 관한 특별조치법 175
벤처기업인증 149
벤처기업 확인절차 329
벤처리스 117
벤처의 유형 66
벤처인증 329
벤처창업 75
벤처캐피탈 92, 100, 105, 132, 171, 198
벤처캐피탈 간의 공동투자 212
벤처투자유형 329
벤처투자 촉진에 관한 법률 144
변호사 233
병행매도 청구권 270
보상계약 215
보상형 크라우드펀딩 138
보통주식 264
복수의결권 제도 37
복제적인 창업 69
본심사 337
부가가치세 12
부채 파이낸싱 89
분/반기보고서 323
분배 대비 납입금 199
분산 값 289
불확실성 66
브랜드가치 319
브랜드 가치 제고 319
브릿지 파이낸싱 89
블록체인 138
비밀유지계약 250
비밀유지 서약서 348
비유동자산 154
비정상 수익 287
비체계적 위험 300
빠른 성장 단계 82

사

사내벤처 75
사내벤처 프로그램 140
사내 인큐베이터 140, 141
사모유치 132
사모채권 132
사모투자회사 316, 347
사모펀드 89, 111, 132, 172, 351
사업가치 278, 280
사업계획 90
사업계획서 247
사회적 금융 147
사회적 기업 3
사회적 창업 69
사회적 채권 147
사후통합 349
산업은행 183
상대가치 평가법 278
상속 320
상장 318
상장공시위원회 335
상장규정세칙 327
상장시기 335
상장예비심사 325
상장적격성 331
상장폐지 356

상환전환우선주식 268
생명공학 111
생존율 70
설비투자 318
성과기반계약 210
성과보너스 211
성과보수 110, 200, 215
성과평가 45
성장금융 183
성장 단계 17
성장 투자 172
세금 7
세금 감면효과 303
소상공인시장진흥공단 122
소셜벤처 3, 79, 146
소속부 334
소수주주권 321
소액주주 328
손익계산서 153
솔로 프로프라이어터십 5
수권자본제 38
수익극대화 180
수익 분배 198
수익 재투자 106
수직적 합병 352
수평적 합병 352
순현재가치 102
스마트계약 139
스케일링 전략 92
스타트업 109
스타트업 단계 81
스톡옵션 4, 53, 211
스톡옵션 계획 233
스폰서 340
스핀오프 352
시가평가 320
시드 투자 172
시장가치 평가 319
시장 위험 292
시장 타이밍 211
신디케이트 231
신설합병 353
신속이전상장 323
신주인수권부사채 89, 129, 351
실리콘밸리 111, 174
실사 109, 206
실질적인 요건 325
실패 70

아

암호화폐 138
양해각서 349
엑셀러레이터 140
엔젤 107
엔젤투자 107
엔젤투자자 92, 100, 105, 132, 236
엘리베이터 피치 245
역공개매수 357
역량 211
연구개발 318
연구개발 단계 81
연구개발유형 329
연기금 351
연기옵션 103
연속 가치 283
영속기업 3
영업의 지속성 325
영업현금흐름 285
영업활동기간 325
영업활동현금흐름 159
예비심사 337
오픈 이노베이션 140
외부전문가 19
외형 요건 332
요약본 245
우량기업 327
우리사주제도 254
우리사주조합 356
우선매수권 52, 53
우선 배당금 215
우선주 129
우선주 발행 256
우선주식 265
우선협상대상자 349
우회상장 341
운 211
운용 수수료 215
운전자본 158
원천징수세 13
위기관리 22
위임장 대결 355
위험 프리미엄 원칙 278
위험회피 180
유니콘기업 174
유동성공급 331
유동성공급업무 331
유동성 우선권 256
유동자산 154
유상증자 320
유한책임 투자자 188
유한책임회사 100
유한회사 7

의결권 234
의결권 없는 주식 320
의무보유 323
의사결정권 31
이사회 17
이사회 참관권 272
이전상장 323
이정표 84
인센티브 체계 215
인수 105, 347
인수금융 350
인수의향시 348
인수합병 108, 138, 315, 318, 347
인재유치 22
인적자본 206
일반공모증자 322
일반투자자 319
일정성장 배당 모델 299
임직원 319
임팩트 투자 146
잉여현금흐름 모델 279

자

자금조달 206, 318
자금조달 시점 153
자금회수 317
자기자본 326
자기자본회전율 285
자기주식 취득 322
자동 전환 265
자력갱생 89
자력갱생 조달 104
자본구조 102
자본금 4, 38
자본비용 101, 302
자본자산가격결정 모델 300
자사주 356
자산기반 대출기관 116
자산운용사 351
자유현금흐름 284
재무구조 318
재무레버리지 102
재무 모델 163, 247
재무상태표 153
재무성과 87
재무안정성 325
재무적 투자자 351
재무제표 153
재무활동현금흐름 159
재산 평가 321
적대적 인수합병 355
적정 자본금 38
전문평가기관 330
전환사채 89, 129, 351
전환상환우선주 89
전환우선주식 266
정관 4
정량적 요건 325
정부보조금 및 지원금 148
정책자금대출 148
제3자배정 유상증자 350
조합 8
종류주식 264
종합소득세 12
종합소득세율 13
주가/매출액 비율 279
주가/이익 비율 279
주가/장부가 비율 279
주식가치 278
주식가치 평가법 279
주식매도 청구권 271
주식매수 선택권 272
주식매수 청구권 271
주식배당 320
주식배당한도 322
주식분산 325
주식 상장 100
주식양도소득 320
주식양도제한 332
주식회사 4, 7
주주 간 계약서 36, 48, 50, 232
주주총회 16, 320
중소기업기술정보진흥원 121
중소기업창업지원법 174
중소벤처기업부 120
증권거래세 321
증권선물위원회 331
증권신고서 323, 336
증여 320
증자참여 우선권 269
지배구조 4, 16, 323
지배구조 양도제한 325
지분구조 3, 4
지분할당 232
지분형 크라우드펀딩 138
지분희석 방지조항 232
지속 가능 성장률 167
지정감사인 337
지정기관투자자 331
지정자문인 322, 330
직접공모 136
진술 및 보장 268
질적 심사요건 325
질적 요건 332

차

차입매수 138, 296
창업률 72
창업자 3, 319
창업자 역학 212
창업진흥원 120
철수옵션 103
청산배당금 264
청산우선권조항 232
체계적 위험 289, 300
초과이익 287
초과이익 모델 279
초기 성장 단계 81
초기 투자 172
초기 투자자 319
초다수결의제 356
총 투자대비 가치 199
최소수익률기준 216
최종 가치 283
출구 전략 92
출구 전략 단계 82
출항하는 배 63

카

캐피탈 콜 193
코넥스 175, 322
코스닥 시장 175
코퍼레이션 5
크라우드펀딩 92, 108, 138, 146, 330
크라우드펀딩 특례상장 334
클로백 조항 216
클리프 243
클리핑 57, 264

타

탄력세율 321
태그얼롱 270
태그얼롱 권리 53
테마섹 185
토큰 139
투자 라운드 92
투자심의위원회 200
투자안내문 348
투자안내서 348
투자유치 21
투자의사결정 206
투자자관계 336
투자자 보호 318, 325
투자자의 동의권 269
투자자의 이사선임권 272
투자제안서 21
투자활동현금흐름 159
투자회수 197, 315, 316
트랙 레코드 199
특례상장 330

파

파트너십 5
팔로워 VC 240
팔로워 투자자 214
팩토링 105, 124
펀드 청산 198
평균상장철회율 343
폐업 315
포트폴리오 관리 206
프랜차이즈 127
프랜차이징 105
프레젠테이션 246
프로젝트 318
피인수기업 347
피치덱 246
피투자회사 316
핀테크 111, 149
필요성에 의한 창업 68

하

한국거래소 320, 332
한국기술투자 174
한국벤처투자 121, 175
한국엔젤투자협회 110
한국의 중소벤처기업진흥공단 131
한국채택국제회계기준 331
합명회사 8
합병 347
합자회사 8
핵심직원 4
행사가 56
혁신 3
혁신성장유형 329
혁신적인 창업 69
현금 순환 157
현금흐름표 153
현금흐름할인법 284, 349
현재가치 278
협의권 269
형식적인 심사요건 325
확장옵션 102
환수 조항 201
황금 낙하산 356
회사의 형태 4
회사해산 및 청산 28
후기 투자 172

흑자도산 158
흡수합병 352
희석 방지조항 197, 255

기타

AI 111
C 코퍼레이션 100
IPO절차 335
KTB네트워크 175
K-스타트업 프로그램 122
LP와의 약정서 195
SBA 프로그램 118

A

Abnormal Earnings(AE) 287
Absorption Merger 352
Acquisitions 347
Amalgamation Merger 353
Angel 107
Angel Investment 107
Anti-Dilution Clause 232
Asset-Based Lender 116
Automatic Conversion 265

B

Birth Rate 72
Bond with Warrant(BW) 89, 129, 351
Bootstrap Financing 104
Bootstrapping 89
Bridge Financing 89
Business Plan 247

C

Call Option 271
Capital Asset Pricing Model(CAPM) 289, 300
Capital Call 193
Carried Interest 110, 215
C-Corporation 100
Clawback 201
Clawback Clause 216
Cliff 243
Cliffing 57, 264
Common Stock 264
Competitive Dynamics 212
Conglomerate Merger 352
Constant Dividend Growth Model(CDGM) 299
Continuation Value 283
Convertible Bond(CB) 89, 129, 351
Convertible Preferred Stock(CPS) 266
Convertible Redeemable Preferred Stock(RCPS) 89
Cooperative 8
Corporate Venture Capital(CVC) 78, 140, 182
Corporate Venturing 140
Corporation 5, 7, 100
Crowd Funding 138, 146
Crypto Currency 139

D

Deal Closing 256
Deal Sourcing 206
Debt Financing 89
Demo 248
Direct Public Offering(DPO) 136
Discounted Cash Flow(DCF) 284
Distributed Paid-in Capital(DPI) 199
Dividend Discount Model(DDM) 279
Drag Along Right 53, 270
Dual-Class Voting System 37
Due Diligence 109, 206

E

Early Growth Stage 81
Economic Value Added Model(EVAM) 279
Elevator Pitch 245
Employee Stock Ownership Plan(ESOP) 254
Enterprise Value(EV) 278, 280, 349
Equity Value 278
Equity Vesting Schedule 232
EV/EBITDA 279, 281, 349
Executive Summary 245
Exit Strategy 92
Exit Strategy Stage 82

F

Factoring 124
Fast Track 323
Financial Model 247
FinTech 149
Follower VC 240
Founder's Agreement 232
Founder's Dynamics 212

Franchise 127

Free Cash Flow 284

Free Cash Flow Model(FCFM) 279

Fundraising 206

G

General Partners(GP) 110, 188

General Partnership Company 8

Golden Parachute 356

H

Horizontal Merger 352

Human Capital 206

Hurdle Rate 216

I

Impact Investing 146

Information Memorandum 348

Initial Coin Offering(ICO) 138

Initial Public Offering(IPO) 89, 100, 105, 108, 133, 171, 315

Internal Rate of Return(IRR) 199, 298

Intrinsic Valuation 278

Intrinsic Value 282

Investment Decision-Making 206

Iterative Testing 92

K

K-IFRS 331

KONEX 175

Korea Business Angels Association(KBAA) 110

Korea SMEs and Startups Agency(KOSME) 131

Korea Technology Finance Corporation(KOTEC) 121, 131

Korea Technology Investment Corporation(KTIC) 174

Korea Venture Investment Corporation(KVIC) 121, 175

KOSDAQ 175

L

Lead VC 240

Letter of Intent 348

Leveraged Buyout(LBO) 89, 105, 138, 296

Lifestyle Entrepreneurship 68

Limited Company 7

Limited Liability Company(LLC) 5, 100

Limited Partnership Agreement(LPA) 195

Limited Partnership Company 8

Limited Partners(LP) 110, 188

Liquidation Preference Clause 232

Liquidity Preference 256

M

Management Buyout(MBO) 89, 105, 138

Management Fee 215

Market Timing 211

Mergers 347

Mergers & Acquisitions(M&A) 89, 108, 138, 171, 315, 318

Mezzanine Financing 129

Mother Fund 175

Multiple 278

N

National Venture Capital Association(NVCA) 186

Necessity-based Entrepreneurship 68

Non-Disclosure Agreement(NDA) 250

NPV 102

O

Open Innovation 140

Operational Cash Flow(OCF) 285

Opportunity-based Entrepreneurship 67

Opportunity Recognition Stage 81

P

Pac Man 357

Partnership 5

Poison Pill Plan 357

Portfolio Management 206

Post Merger Integration(PMI) 349

Pre-Emptive Rights 53

Preferred Stock 129, 256

Presentation 246

Price Book-value Ratio(PBR) 279, 281

Price Earnings Ratio(PER) 279, 281

Price Sales Ratio(PSR) 279, 281

Private Bonds 132
Private Equity Firms 89
Private Equity Fund(PEF) 341
Private Equity(PE) 111, 132, 172
Private Placement 132
Proxy Contest 355
Public Debt 105
Public Offering 132
Put Option 271

R

Rapid Growth Stage 82
Redeemable Convertible Preferred Stock(RCPS) 268
Refixing 265
Reinvesting Profits 106
Relative Valuation 278
Representation and Warranties 268
Research and Development Stage 81
Residual Income 287
Residual Income Model(RIM) 279
Restricted Stock Awards(RSAs) 59
Restricted Stock Units(RSUs) 57
Rights of First Refusal 269
Roadshow 336

S

Security Token Offering(STO) 139
Shut Down 315
Small Business Administration(SBA) 118
Small Business Innovation Research(SBIR) 119
Small Business Investment Company(SBIC) 131
Smart Contract 139
Social Bonds 147
Social Entrepreneurship 69
Social Finance 147
Social Venture 146
Sole Proprietorship 5, 8
Special Purpose Acquisition Company(SPAC) 324, 338
Spin-Off 352
Startup Stage 81
Stock Option Plan 233
Stock Options 272
Sustainable Growth Rate(SGR) 167

T

Tag-Along Rights 53, 270
Teaser Letter 348
Tech-based Entrepreneurship 68
Temasek 185
Tender Offer 355
Terminal Value 283
Total Value to Paid-in Capital(TVPI) 199
Trade Credit 122

V

Valuation Clause 232
Value Proposition 195
Vendor Financing 122
Venture Capital(VC) 132, 171
Venture Leasing 117
Vertical Merger 352
Vesting 264
Voting Rights 234

W

Weighted Average Cost of Capital(WACC) 279, 302
White Knight 357

Y

Yield to Maturity(YtM) 297